普通高等教育旅游管理专业规划教材

旅游策划学

沈祖祥　张　帆　编著

化学工业出版社

·北京·

内容简介

《旅游策划学》以旅游策划的科学原理与实务操作为主要内容,不仅为旅游策划提供了新的理论思想,而且也为喜欢认真摸索,从不同旅游策划中找寻灵感、线索和途径的读者提供了简洁干练、一目了然的新的操盘方法。全书分为理论必修课程、实务操作课程、策划实践课程三大模块,既系统阐述了旅游策划的理论、流程、技巧和方法,又分门别类、条分缕析了旅游发展战略策划、旅游项目创意策划、旅游产品策划和旅游节庆策划,并且从实操角度提供了乡村旅游策划、历史文化旅游策划、湿地公园旅游策划、森林公园旅游策划、地质公园旅游策划、花卉主题园旅游策划、康养旅游项目开发策划、露营地旅游活动策划的操盘原理、技巧和手法。

本书适合作为高等院校和职业技术院校旅游管理专业旅游策划学教学用书,而且适合作为各类、各级从事旅游策划和旅游规划的专业人士修行操练必备的案头书。

图书在版编目(CIP)数据

旅游策划学/沈祖祥,张帆编著.—北京:化学工业出版社,2022.2

普通高等教育旅游管理专业规划教材

ISBN 978-7-122-40525-8

Ⅰ.①旅… Ⅱ.①沈…②张… Ⅲ.①旅游业-策划-高等学校-教材 Ⅳ.①F590.1

中国版本图书馆 CIP 数据核字(2021)第 273003 号

责任编辑:王淑燕
责任校对:刘曦阳
装帧设计:关 飞

出版发行:化学工业出版社
　　　　　(北京市东城区青年湖南街 13 号　邮政编码 100011)
印　　装:天津盛通数码科技有限公司
787mm×1092mm　1/16　印张 18¾　字数 499 千字
2022 年 6 月北京第 1 版第 1 次印刷

购书咨询:010-64518888
售后服务:010-64518899
网　　址:http://www.cip.com.cn
凡购买本书,如有缺损质量问题,本社销售中心负责调换。

定　价:68.00 元

前　言

自 2013 年在化学工业出版社出版了《现代旅游策划学》以来，中国旅游业发生了一系列重大变化，旅游业步入了文旅融合新时代，高质量发展成为当今乃至未来相当长一段时期旅游发展的主旋律，旅游的数字化步伐不断加快。为适应这些变化，特别是高等教育的数字化教学趋势，需要出版新的旅游策划学教材。

本教材的亮点和特色主要体现在以下两个方面：

第一，坚持理论导向。在《现代旅游策划学》创建的"树根立魂"的理论基础上，这一次进一步将旅游策划提炼概括为"为旅游设计灵魂"，从而丰富和完善了"灵魂设计"理论的主旨要义。

第二，坚持创新导向。与《现代旅游策划学》的结构不同，本教材保留了对旅游策划原理多年的积淀，根据实践对旅游策划的需要，围绕特定的旅游地类型，增加了定点旅游策划模块。在内容上以旅游地资源为基底，结合市场偏好分析，充分研究国内外旅游策划理论研究重要成果和经典案例，运用创新思维将第二模块的战略、项目、产品和节庆活动等的策划艺术转化为适应于特定类型旅游地的具体思考，通过陈述策划地的现状与问题，采用开放性的表达方式，将争鸣、讨论、实训融于教材中，从数字出版发展的视野，利用强大的课程资源库，通过"微课视频"将任课老师的现场教学呈现给学习者，"教学课件"将作者长年的教学和策划实战分享给任课教师，"高清图片"和"解说视频"将策划地的照片和实景视频以形象化的方式呈现给读者，实现了互联网时代本科教材文字、课件、实景库"三位一体"的教材创新，是旅游策划理论的跨学科研究和旅游产业的跨界融合新趋势在教材编写方法中的创新。

本书主要以旅游高等教育本科生为适用对象，即作为全日制旅游高等院校、高等职业院校、继续教育学习阶段研读旅游管理、旅游策划和旅游营销等专业的教材，也可以作为学术型和专业型旅游专业硕、博研究生的学习参考读物，还可以作为旅游行业、旅游企业进行旅游策划工作的工具书和培训教材。

由于作者水平有限，书中不足在所难免，恳请各位同行和读者们不吝赐教。

编著者
2022 年 2 月

教学课件

目 录

模块一
理论必修课程

项目一
旅游策划学理论

学习目标

知识目标：

1. 了解策划的含义，掌握旅游策划的定义。
2. 分辨旅游策划与旅游规划的异同。
3. 掌握旅游策划的前沿理论。
4. 掌握旅游策划学的研究对象与研究方法。

微课视频

技能目标：

1. 掌握旅游策划概念的核心含义。
2. 厘清旅游策划与旅游规划之间的相互关系。
3. 把握旅游策划理论的科学内涵。

理论是学科的基石，一个学科只有当它形成了自己独有的理论体系，才会因特立独行而感到自在，这便是一门学科的实力和活力所在。

旅游策划应该是一门理论不断创新的学科，哪怕有些理论可能倏忽一时，也会打下自己的烙印。但令人遗憾的是，尽管我们早早嗅出了它的存在价值和出现意义，旅游策划也早已由当年的星星之火汇成如今的燎原之势，然而旅游策划的科学内涵仍不甚明晰，旅游策划学理论至今仍暂付阙如。

任务一　策划的主旨要义

【任务描述】

学习一般策划的概念；探索策划概念的发展及其不同时代、不同学科和不同实践中的内涵。

【任务实施】

在旅游策划中，"策划"构成了旅游策划运转的润滑剂。对"策划"一词含义的研究，特别是对"策划"这一概念所包含的内涵的论述，对于旅游策划概念的理解和把握具有基础性意义。因而我们首先需要讨论的是，什么是策划？它的概念是怎样的？它的由来及其演变发展轨迹是什么？它具有的深刻含义是什么？

一、策划的文化和时间脉络

（一）策划的文化脉络

追本溯源，早在春秋战国时期，先秦诸子百家著作如《吕氏春秋》《论语》《孙子兵法》《国语》等，就曾不止一次地记载和使用过"策"与"划"这样的字样。

中国古代策划都以"策""谋""筹谋""筹""筹策""算"等字或词来表达，如《汉书·张良传》中"运筹策帷幄中，决胜千里外"的"筹策"一词，《论语·述而》中"好谋而成者也"的"谋"字，《战国策》中的"策"字，表达的都是策划的意思，即策划、安排、出谋划策之意。"策划"作为一个词，比较晚出。"策划"一词，最早出现在《后汉书·隗嚣传》中："是以功名终申，策画复得"。

（二）策划的时间脉络

"策划"，中国古代多作"策画"。唐代诗人元稹《奉和权相公行次临阙驿》诗："将军遥策画，师氏密訏谋"；清代著名思想家魏源《再上陆制府论下河水利书》文："前此种种策画，皆题目过大，旷日无成，均可束之高阁"等，这些都是中国古代"策划"写作"策画"的例证。

现代汉语词汇赋予"策"字许多义项，其中有作名词用的，如"马鞭""杖""简""策书""文体""计谋""谋略"等；有作动词用的，如"策划""鞭打""驾驭""驱使""督促""勉励""谋划""以鞭击马"等。其中使用最多且义项最为集中的是"筹"字，即中国古代专以用来计算的一种"小筹""筹课""计策""筹策"等这些与现代策划意义相同的词，均是这种本义的引申。

二、策划的现代演绎和程序化追求

现代学者对策划有着全面而又系统的研究，但由于各自对策划内涵和外延的理解角度不同，因而对于策划这个概念的解释，有着各种各样莫衷一是的表达。归纳起来主要有以下几种：

1. 策划是一种创造性的思维活动

《策划人》一书作者文岗认为："策划的本质是刻意创新、灵活多变、不受拘束……是一种创造性的思维活动。"[1] 刘振明先生《商用谋略：策划老手》一书持同样的看法："策划的含义应该是为实现特定的目标，提出新颖的思路对策，并制定出具体实施方案的思维活动"，"策划归根结底是一项创造性的思维活动"。[2] 这种定义强调和突出的是策划的"活动"特征。

2. 策划是一种战略体系和一个系统工程

《策划为王》一书编著者王承英认为："策划是企业为达到商业目标所特别构筑的企业发展总体规划战略体系"，"是创造企业优势与创造竞争优势的系统工程"。[3]

3. 策划是一种程序，是一种沟通企业的手段和工具

熊源伟在其《公共关系策划》一书中写道："策划的步骤是以假定目标为起点，然后定出策略政策以及详细内部作业计划，以求目标之达成。最后还包括成效之评估及回馈，而返回到起点，开始了策划的第二个循环。策划是一种连续不断的循环……要策划、再策划以求

---

[1] 文岗. 策划人. 北京：当代世界出版社，1999：15-16.
[2] 刘振明. 商用谋略：策划老手. 北京：燕山出版社，1997：6，10.
[3] 王承英. 策划为王. 成都：四川大学出版社，1998：43，177-178.

计划之确实可行。"❶

4. 策划是一个过程

陈火金认为："策划是一个动态的过程。一个策划在具体的实施过程中，策划者应根据反馈的信息对策划的局部方案作相应的调整。"❷

5. 策划是决策和谋划

梁朝晖认为："策划就是策略、谋略，是为达到一定目标，在调查、分析有关材料的基础上，遵循一定的程序，对未来某项工作或事件事先进行系统、全面的构思、谋划。"❸

三、策划概念的正本清源及其主旨回归

策划定义的现代演绎，虽然都有自己的特色，但都程度不同地存在着研究的缺陷。或内涵和外延过于传统、过于狭窄，难以和现代多层次、多角度的策划需要相整合；或过分强调和突出了思维主体运用知识、智慧和能力进行思考运筹的过程，而忽略了思维活动成果。并且大多基于管理科学视角定位于"程序"和"过程"，体现出一种程序化追求的倾向。

从策划本原出发，结合现代语境，我们认为，策划一词的两个核心和关键是"谋"与"断"，策划就是"出谋划策，运筹帷幄"，是一种创造性、战略性、系统性谋划和决策活动。

任务二 现代旅游策划的多元概念及其更新解读

旅游策划是现代旅游学与现代策划学两门学科耦合的产物，无论在概念的内涵方面，还是在概念的外延层面，都有自己的特质，有着比策划更加丰富的旅游内涵。

【任务描述】

学习旅游策划的概念；辨析旅游策划概念与一般概念的区别，了解旅游策划概念发展的脉络。

【任务实施】

一、现代旅游策划的多元概念

什么是旅游策划？学者各执一词，莫衷一是。

沈祖祥、张帆早年在其《旅游策划学》书中主张，旅游策划是指旅游策划者为实现旅游组织的目标，通过对旅游市场和旅游环境等方面的调查、分析和论证，创造性地设计和策划旅游方案、谋划对策，然后付诸实施以求获得最优经济效益和社会效益的运筹过程。简而言之，旅游策划是对某一旅游组合和旅游产品进行谋划和构想的一个运筹过程。❹

蒋三庚认为，旅游策划是策划人员为达到一定目的，经过调查、分析与研究，运用其智力，借助于一定的科学方法、手段和技术，对旅游组织、旅游产品或旅游活动的整体战略和

---

❶ 熊源伟. 公共关系策划. 广州：中山大学出版社，1991：3-4.

❷ 陈火金. 策划方法学. 北京：中国经济出版社，1999：4.

❸ 梁朝辉. TOP 策划学经典教程. 北京：北京出版社，1998：9.

❹ 沈祖祥，张帆. 旅游策划学. 福州：福建人民出版社，2000：9.

策略运筹规划的过程。❶

杨振之认为，旅游策划是通过创意去整合、连接各种资源和相关因素，再通过对各细分目标市场需求的调查研究，为市场推出所需要的产品组合，并对其付诸实施的可行性进行系统论证的过程。❷

欧阳斌认为，旅游策划是为了满足旅游业发展自身需要和游客需要而设定的一种目标，并为实现这种目标所进行的思考和采取的行动。❸

肖星认为，旅游策划是旅游策划主体为达到一定目标，根据旅游地或旅游企业的旅游资源现实情况及旅游市场发展信息，预测旅游活动和旅游业变化的趋势，通过一定的途径和办法，对旅游地或旅游企业整体发展或局部某项工作或事件进行全面的构思、设计，制定和选择切实可行的执行方案，使旅游资源的利用与市场需求充分协调，从而形成正确决策和达到高效工作的创造性思维过程。❹

王衍用、曹诗图认为，旅游策划是以旅游资源为基础，通过创造性的思维分析旅游资源和旅游市场、设计旅游产品，实现旅游产品与旅游市场对接并同时实现旅游业发展目标的过程。❺

李庆雷认为，旅游策划是特定的机构或个人运用独特的方法，对特定环境下旅游产品的生产、营销与交换进行运筹和谋划，形成文案以指导未来的经营管理与活动，获取最佳效益的创造性思维活动，是一个实现旅游发展目标的过程。❻

旅游策划概念的模糊性还突出表现为与旅游规划概念雷同或同质："旅游规划是对未来的旅游发展状况的构想和安排，……，是一个连续性的过程。"❼

二、现代旅游策划概念的更新解读

旅游策划与创意的区别

作为一个在国内只有 20 多年根基的学术领域，旅游策划概念的模糊、混淆以及专家学者的各抒己见乃是一个不可避免的现象。但是如果一味放任这种现象蔓延，不仅无法提升旅游策划学理论水平，而且还会影响旅游策划在实际操作中的运用，因而有必要对旅游策划概念的内涵进行科学解读。

汉语"策划"一词的本义就是"有谋略的斧凿刻划"。东汉许慎《说文解字》中有"策，马箠也，从竹束声"，"划，锥刀曰划，从刀从画，画亦声"。《释名》"策书教会于上，所以驱策诸下也。策，才略智谋也"。

基于策划"有谋略的斧凿刻划"的本质属性，我们对旅游策划重新作出如下定义。

旅游策划就是为旅游"出谋划策"，"运筹帷幄"是旅游策划者为旅游组织实现其宏伟愿景目标，创造性地设计解决方案进行的一种谋划活动。

旅游策划具有缺一不可的"三性"（战略性、艺术性、创意性）特征，一是旅游战略的设定和谋略的设计，即着眼于宏观而不是微观，是整体而不是局部的"战略性"；二是作为一种创造性思维活动的旅游问题解决的方案和方法，跳出既有旅游策划概念解读中的"过程"描述，即着眼于策划学理论、方法论视角的"艺术性"；三是旅游方案的颠覆性思考、创造性命题、创意性设计，即旅游策划的"创意性"。

---

❶ 蒋三庚. 旅游策划. 北京：首都经济贸易大学出版社，2002：12.
❷ 杨振之，周坤，马勇. 旅游策划理论与实务. 武汉：华中科技大学出版社，2020.
❸ 欧阳斌. 中国旅游策划导论. 北京：中国旅游出版社，2005：3.
❹ 肖星. 旅游策划教程. 广州：华南理工大学出版社，2005：3.
❺ 王衍用，曹诗图. 旅游策划理论与实务. 北京：中国林业出版社，2008：2.
❻ 李庆雷. 旅游策划论. 天津：南开大学出版社，2009：4.
❼ 黄羊山. 旅游规划原理. 南京：东南大学出版社，2004：3.

任务三　旅游策划与旅游规划的界限

　　旅游策划和旅游规划，你中有我，我中有你，有着很多的相似点和关联性，是紧密联系的两个概念，在英文中，规划和策划均用"Planning"表达。在现实中，旅游策划与旅游规划常常也是混淆不清。

　　旅游策划与旅游规划，尽管有交集，有融合，但更有差异，是两个有着迥然不同内涵和外延，各有侧重、各有千秋的学科和方法，它们以各自的方式存在。旅游策划与旅游规划这种迥然不同的界限主要体现在四个方面。

【任务描述】

　　学习比较的方法，掌握从思维、内容、顺序和方法层面比较两种方法的异同。

【任务实施】

一、"谋"与"法"

　　旅游策划贵"谋"，旅游规划重"法"。

　　"规"，顾名思义，就是中规中矩、规范、规则的意思。"策"，顾名思义，有策略、策动的意思。东汉许慎《说文解字》："规，有法度也"，"策，马箠也，从竹束声"。《释名》中"策书教令于上，所以驱策诸下也。策，才略智谋也"。规划的本意就是"有法度的斧凿刻划"，策划的本意就是"有谋略的斧凿刻划"。

　　从"策"字本义出发，旅游策划贵"谋"，是一种"有谋略的斧凿刻划"。旅游规划重"法"，要求"中规中矩"。

二、"创造"与"合理"

　　旅游策划与规划的区别

　　旅游策划贵在"创造"，旅游规划重在"合理"。

　　旅游规划讲究的是规则和合法，通常有两层含义：一是符合法律程序，遵循旅游规划通则，履行法律程序；二是要求面面俱到，四平八稳。

　　旅游策划则是旅游策划者为实现旅游组织的目标，通过对旅游市场和旅游环境等的调查、分析和论证，创造性设计和策划旅游方案，谋划对策的一个过程和一种方法，旅游策划，关键在"创造"。

三、"先"与"后"

　　到底是先策划后规划，还是先规划后策划？旅游策划与旅游规划之间这种孰先孰后的关系，专家学者的认识并不完全一致。魏小安、贾云峰在《山川入划》一书中写道：旅游规划是从整体和全局的旅游资源考虑，工程庞大而笼统，是长期的战略实施过程；而策划则注重单个旅游产品的开发，目标具体而明确，是针对某个旅游产品短期的开发，通过创造性的运作，形成独特的有个性的旅游产品。通常，一个区域的旅游规划完成后，需要进一步进行策划。通过富有创意的策划，将规划中的理念、大战略转化成具体的、可观的、可触的产品，从而一步一步将规划变成现实。

从现象来看，规划与策划的确一个宏观、一个微观，对于单个的旅游产品而言，旅游策划比旅游规划更能收到切实有效的效果，旅游规划因为着眼于全局、系统和整体，因而具有相对长期的稳定性，而旅游策划往往能在短期内起到立竿见影的效果。在旅游开发现实中，旅游策划与旅游规划不断交替，互为基础和因果的确也是一个事实。四川省平昌县佛头山国家森林公园项目就是佛头山国家森林公园旅游规划完成后，进一步进行旅游策划的过程。

旅游策划是旅游规划的灵魂。旅游规划离不开旅游策划，一个区域的旅游发展，首先需要旅游策划，然后进行旅游规划（一般是旅游概念规划和旅游总体规划）。旅游规划完成后，需要进一步进行旅游策划，目的是做好下一步旅游详细规划。当旅游详细规划完成后，还要进一步进行旅游策划，目的是做好施工设计。由此可以清晰地看出，"策划引领，规划护航"，旅游应该"先策划，后规划"。

四、"做什么"与"怎么做"

旅游策划旨在解决"做什么"，旅游规划重在解决"怎么做"。

旅游策划与旅游规划，有其各自研究领域，解决各自不同的问题，旅游策划主要回答并解决"做什么"的发展方向问题，旅游规划则是在旅游策划的基础上具体细化"怎么做"的操作问题。

任务四　旅游策划理论与实践的变革

理论是学科的基石，实践的指针。迄今为止仍然没有一个具有系统思维特征的旅游策划理论的提出，因而需要我们筚路蓝缕，进行开拓和创新。

【任务描述】

学习旅游策划理论的演进，掌握旅游策划的真正目的，辨析旅游策划的科学性和艺术性。

【任务实施】

一、旅游策划的"灵魂设计"理论

"问题导向"是学术研究的基石，一切理论的建立都以解决问题，也即问题导向为出发点，旅游策划理论的建立自然不能例外。

当下旅游的根本问题是什么？不同的人会有不同的回答。有人认为是特色问题，有人认为是市场问题，有人认为是产品问题，有人认为是管理问题，有人认为是营销问题，有人认为是创意问题，有人认为是文化问题。

的确，无论是针对不断变化的市场进行设计，还是追求策划的独特性，其落脚点都是在于"创意"。面对当今竞争日趋激烈、产品同质现象日趋严重的旅游市场，"创意"已经成为旅游业上台阶、上水平的一个重要手段，同时也是旅游策划人员吸引市场眼球，击败竞争对手的制胜法宝。以在中东沙漠上建立起的世界著名旅游胜地迪拜为例，作为阿拉伯联合酋长国的第二大城市，迪拜以其突破天际的想象力和大胆卓越的创意力，推出了人造棕榈岛、帆船酒店、阿尔法塔等世界之最项目，使这座城市跻身于世界著名旅游城市的行列，彰显了其世界创意之都的风采和气派。然而，已如前文所述，旅游策划需要创意，但旅游策划不仅仅是创意，旅游策划中的创意依旧是解决问题的一种手段和工具，不是具体的问题和内容。

认为当下旅游最大的问题是文化缺失，更是带有全民性、普遍性和结论性的一种观点。文化是旅游的灵魂，没有文化的旅游，是缺少生命力的旅游。文化是旅游产品的核心价值所在，当它融入产品中后就与其他构成因素一起提升了产品的价值，从而使产品更多地表现出多种价值的一种综合叠加，使得策划设计出的旅游产品从同质化的产品中脱颖而出，成为塑造旅游特色的思想来源和迎接市场竞争的有力武器。文化在旅游产业中地位和在旅游策划中的作用正被越来越多的人所认识和接受。

然而，当下的问题是，文化对于一个国家和地区的旅游所产生的巨大影响，早已让人无法忽视了。换句话说，文化是旅游灵魂的理念已经深入人心。因而当下旅游的根本问题不是文化问题，而是灵魂问题。以江南古镇为例，旅游资源的相似性很多，同样的文化往往可以融入多个类似的旅游产品中。许多古镇挖掘了当地所拥有的独特文化资源，打造出了展示地域文化独特存在的符号性载体，古镇、老街、旧宅，酒吧、夜店、小吃，但就是没有灵魂。

二、 旅游策划就是"为旅游设计灵魂"

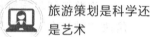 旅游策划是科学还是艺术

旅游的魅力来源于旅游的创新效应、创造品质及创意能级，"三创"缺一不可，方可成就旅游的"核心吸引力"。而衡量一个旅游城市或旅游产品的创新效应、创造品质及创意能级，应当达到以下三个层面：即本土的，本国的，本民族的，这便是旅游策划中的"根"的问题。但旅游策划仅仅解决旅游中的"根"的问题，显然远远不够，最难的是精神，也就是"魂"的问题，旅游要的不仅仅是文化，而是文化中的"精气神"。灵魂，实际上就是旅游的"精气神"，或者说是核心价值所在。

旅游策划是一个实现由"文化"到"灵魂"的"飞跃"的过程。第一个"飞跃"就是"树根"，也就是从现状中挖掘出属于本土、本国、本民族的那些"根文化"，进行评价、分析和研究。第二个"飞跃"就是"立魂"。挖掘那些"根"文化显然不是目的，必须对这些"根文化"进行提炼升华，完成从"物质"到"精神"的飞跃，重在精神、重在价值，而要完成第二个"飞跃"，"立魂"理念必须贯彻始终。

什么是旅游策划？旅游策划就是为旅游"设计灵魂"，为旅游"树根立魂"，从根本上解决旅游的"灵魂"问题，这便是旅游策划"树根立魂"理论的精义所在。

三、旅游策划艺术的解构与重塑

旅游策划到底是一门怎样的学科？是科学，抑或？

为了更深刻、更准确地把握旅游策划的理论精髓，有必要进一步深层次探索旅游策划的本质特性。

将旅游策划的核心元素、经典手法加以解构，抽象并大面积地排列、组合、重构的是一个属于旅游本身的艺术世界。

作为旅游管理和旅游决策的一种前导程序和总体构想，旅游策划是一种思想，更是一种创造、一种发现、一种理想和一种精神。

1. 旅游策划是一种思想

旅游策划是旅游策划者对于旅游组织或旅游产品的理解、认识和看法，是旅游思想在旅游领域的具体表现和应用。张家界好地公司策划的"西部慧谷"，即是张家界好地公司和张家界人民对张家界这一著名旅游城市依靠信息、依靠科技、依靠智慧发展旅游的思想的结晶。

2. 旅游策划是一种创造

缺乏创造性和创造力的旅游策划是没有生命力的旅游策划。"策划以创造思维为主，以发散思维为主。"❶ "这是一个策划的世界……我们感叹，没有市场，他们竟创造出了市场；我们惊诧，没有商品要素的产品，他们竟把它变成了炙手可热的商品。"❷ 由此可见，从一定意义上来说，旅游策划就是旅游创造。

3. 旅游策划是一种发现

发现是旅游策划的起点，旅游策划的过程也就是发现问题、构思问题和解决问题的过程。因此，旅游策划就其本质而言，具有发现的特性。

4. 旅游策划是一种理想

旅游策划是一项预知未来、描绘理想的工作，也就是说，旅游策划是针对未来可能将要发生的旅游事情而作的当前的决策，如果说，一般人都在妇女用品商店找时髦，在博物馆里找历史，那么旅游策划就应在五金店里找历史，在飞机场上找时髦，这就是旅游策划的理想本质。张家界好地公司策划的"西部慧谷"，着眼的即是张家界"高能智慧应用截流"的发展理想。

5. 旅游策划是一种精神

旅游策划的处境，始终是在一个超前、理性的概念与一个滞后、沉重的现实之间徘徊和挣扎。正视差距的存在，并且超越它，就能取得成功；无视差距的存在，就永远落在差距的后面，旅游策划也就只能成为一种梦想和一纸空文。因此，旅游策划衬托的是一种精神，一种没有市场就创造一个市场的精神，是一种身体力行、敢想敢做的精神。

🌱 知识拓展

旅游策划与旅游创意，可参考阅读以下书籍：李庆雷．旅游策划论．天津：南开大学出版社，2009.

任务五　旅游策划学的学科范畴及其研究价值

旅游策划学是一门既和旅游学有联系又和策划学分不开的新兴的交叉学科。对于一门新的学科，我们首先需要了解的是，它是一门怎样的学科？为什么被称为"旅游策划学"？旅游策划学的研究对象、研究内容是什么？

【任务描述】

了解旅游策划学的研究对象、研究内容和研究方法；掌握主要的认知方法。

【任务实施】

一、核心研究对象

旅游策划学是一门探索旅游策划的规律，研究其原理、原则、方法、技能及其在旅游策划实践中如何应用的学问，旨在通过对旅游策划原理、实务操作技巧及发展规律的研究，为

---

❶ 梁朝辉．TOP 策划学经典教程．北京：北京出版社，1998：9.
❷ 沈祖祥．世界著名旅游策划实战案例．郑州：河南人民出版社，2004：1.

旅游策划实践提供理论依据和指导。

旅游策划学主要包括两个部分，即旅游策划原理与旅游策划应用。（1）旅游策划原理：主要阐述旅游策划的基本概念、基本性质、基本特点、基本原则、基本内容、基本观点、基本理论、基本方法、技巧和操作程序等。（2）旅游策划应用：主要论述旅游策划活动中常见的一些专题性旅游策划的基本理论、方法及技巧，具体如旅游形象策划、旅游发展战略策划、旅游公关策划、旅游广告策划、旅游产品策划、旅游服务策划和旅游节庆策划等。

旅游策划学学科体系可以如图 1-1 所示。

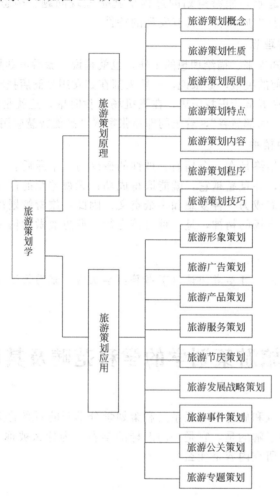

图 1-1　旅游策划学学科体系

二、主要研究内容

旅游策划学研究的对象和学科特点

旅游策划学主要研究以下几个方面的内容。

1. 旅游策划要素研究

旅游策划活动一般由旅游策划者、旅游策划目标、旅游策划对象及旅游策划方案四个基本要素构成。

旅游策划者是旅游策划活动和旅游策划系统的创造主体，在旅游策划诸要素中，居于首要位置。旅游策划者的阶级差别、时代差别、人格差别、文化差别、心理素质差别、精神面貌差别、职业道德差别，都将不同程度地、直接或间接地影响和作用于旅游策划活动。因此，旅游策划者的思想品格、道德风貌、策划时机、兴趣爱好、性格心理、行为方式、理念信仰等，是旅游策划研究的一个重要内容。

旅游策划目标是旅游策划的动力和指南，目的在于解决旅游组织在旅游发展战略中提出的对环境对象应达到的期望状态。具体来说，即要求弄清楚旅游策划究竟要"策划什么""策划到什么程度""取得什么样的策划效果"等问题。

旅游策划对象，即旅游策划组织环境，具有多变性、复杂性和不确定性等特点。

旅游策划方案是旅游策划思想的一种物化，由于旅游策划活动角度不同，标准不一，旅游策划技巧有优劣之分，旅游策划水平有高低之别，因而，旅游策划方案风格各异。旅游策划应该把旅游策划方案的特点、内容、表现手法和表现形式等作为自己的研究内容。

旅游策划是一项复杂的系统工程，是一个相互依存、互为关联的有机体系。旅游策划学科研究绝不是旅游策划者、旅游策划目标、旅游策划对象和旅游策划方案这四种要素的机械堆积，而是通过有意识、有目的地改造世界的行为使彼此之间相互联系和相互作用，因此，旅游策划四个基本要素之间的有机协调和优化整合，同样是旅游策划研究的一个重要内容。

2. 旅游策划内容研究

旅游策划包含一系列的具体内容，如旅游企业形象策划、旅游广告策划、旅游产品策划、旅游宣传策划、旅游市场营销策划、旅游服务策划、旅游节庆策划、旅游公关策划等。

3. 旅游策划个案研究

在旅游策划实践过程中，有许多成功的案例，也有许多失败的案例；既有许多优秀的案例，也有许多平庸的案例。通过对旅游策划个案的研究分析，可以有的放矢地帮助我们理清思路，用以指导具体的旅游策划实践。

4. 旅游策划艺术研究

旅游策划是一门艺术，是对术、势、时三要素的一种巧妙运用。旅游策划能否成功，不仅与旅游策划水平和旅游策划创意等要素有关，而且也与旅游策划艺术有着密切的关系。熟练掌握并巧妙运用旅游策划这门艺术，可以使旅游策划事半功倍，如鱼得水，游刃有余，反之则事倍功半，达不到旅游策划的目的和效果。

5. 旅游策划科学研究

旅游策划是一门揭示旅游策划运动规律的学科，而所谓旅游策划的运动规律，是指旅游策划形成、发展的一种趋势，以及它的发展过程与旅游策划实践活动之间一种内在的必然的联系。旅游策划科学研究，就是要研究旅游策划作为一门学科所应维护和保持的完整性、准确性和系统性，即研究旅游策划的基本规律和特点。

6. 旅游策划理论研究

旅游策划理论研究，主要是指旅游策划基本概念和范畴、旅游策划基本原理和理论等的研究。

7. 旅游策划思想研究

旅游策划是一个创造性的思维过程，到处迸发着旅游策划的思想火花和理论火花。旅游策划应该研究不同国家、不同流派、不同时期的旅游策划思想、旅游策划哲学、旅游策划思潮，以便让人们看到它在产生时的千姿百态和生机勃勃的力量，看到民族智慧的灿烂光辉。

8. 旅游策划文化研究

旅游策划首先是文化的产物。无论是旅游策划者和旅游策划目标，还是旅游策划对象和旅游策划方案，都离不开文化作为其基础、依托和背景。同时，旅游策划在具体运作和实践过程中，也在不断地创造着旅游策划文化。旅游策划理论、旅游策划文字、旅游策划思想，以及旅游策划者的策划心理、价值高低、人伦理念、审美情趣等，就是旅游策划文化最直接的内容和表现形式。因此我们认为，旅游策划过程，就是旅游策划文化的营造过程，旅游策划文化是旅游策划研究的重中之重。

9. 旅游策划影响研究

旅游策划是社会实践活动的产物，它的存在和发展是由它对人的社会实践活动的作用和价值所决定的。因此，旅游策划还应该研究制约和影响旅游策划的各种因素，如政治、经济、宗教、社会和文化等。

三、主体研究价值

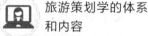
旅游策划学的体系和内容

1. 旅游发展的需要

旅游策划是对旅游发展的一种筹谋和谋划。"谋"是旅游策划的主要职能，旅游策划着眼于旅游的发展、宏观、全局和整体，因而，在旅游事业发展中具有提升高度的作用和影响。

2. 旅游竞争的需要

策划是竞争的产物，哪个时期、哪个领域存在竞争，哪个时期、哪个领域就需要策划。而且，竞争越激烈，策划活动就越频繁，策划思想也就越丰富。因此，可以说，策划是竞争的需要，旅游策划也是如此。

3. 旅游管理的需要

旅游策划是一门管理学科，而且是一门创造性很强的管理学科。对旅游策划的重视程度，旅游策划水平的高低，是衡量和判断一个旅游企业管理水平和管理能力的标志。借用数学语言，假设劳动力和技术装备因素为常量，管理因素为变量，那么，管理因素同生产力水平呈函数关系，即生产力水平随管理水平高低而升降。由此可见，旅游管理需要旅游策划。

4. 旅游实践的需要

旅游策划实践，需要旅游策划理论进行指导。在旅游策划实践过程中出现和遇到的问题，如旅游策划意识淡薄，旅游策划思维单调，旅游策划技巧单一，旅游策划创意少，雷同多，层次浅，水平低等现象，从根本上说，是旅游策划实践缺少旅游策划理论指导的结果。因此，旅游策划学科的构建，来自旅游策划实践的需要。

5. 旅游学科建设的需要

构建旅游策划学科，是旅游学学科建设的需要。随着旅游学学科体系的建立和旅游学研究的深入，旅游策划学科建设已经提上了刻不容缓的议事日程，只有这样，旅游学学科体系建设，才能根深叶茂，旅游学才能向纵深发展。

四、重点研究方法

旅游策划的意义与方法

旅游策划学研究方法，归纳起来主要有以下几个方面。

1. 以策划学理论和原理作为旅游策划学科建设的基础

旅游策划是策划学的一门分支学科，是策划学理论和原理在旅游领域的具体应用，旅游策划学科建设，应该而且必须以策划学基本理论作为理论基础。

现代策划学虽然历史并不长，但毕竟已经有了三四十年发展的历程。它不仅构建了一整套较为完善的理论体系，而且也积累了相当丰富的实践经验。因此，以策划学基本原理为理论基础，学习和借鉴策划学的理论和经验，是构建旅游策划学科体系的一个重要途径和方法。

2. 借鉴公关策划学和广告策划学等学科建设的经验

在策划学学科体系中，公关策划学、广告策划学是两门较早获得独立并取得相当成就的分支学科和应用学科，借鉴他们的成功经验，可以最大限度地帮助我们避免失误，少走弯路，尽快、尽早地建立一门具有相对独立意义的旅游策划学科。

3. 以中国旅游策划现状为根本点和出发点

策划学的基本原理和理论，公关策划学、广告策划学的成功经验，只能作为旅游策划的理论基础和借鉴，旅游策划既不能盲目照搬，也不能随意照抄，因为旅游策划毕竟是一门具有相对独立意义的策划学应用学科。旅游策划学科的构建，必须以旅游策划为自己的范围和研究对象，以旅游策划的现状和事实为根本点和出发点，只有这样，旅游策划的生命之树才会长青，旅游策划学才能健康有序地稳步发展。

 旅游策划的学习方法　　　　　 旅游策划学的本领

【关键概念】

旅游策划、旅游策划学、树根立魂。

【复习思考题】

1. 旅游策划与旅游规划究竟有无本质区别？
2. 旅游策划旨在解决"怎么做"的问题还是"做什么"的问题？
3. 简述旅游策划"树根立魂"理论的科学依据及其理论价值。
4. 旅游策划学的研究对象和研究内容是什么？

项目二
旅游策划流程

学习目标

知识目标：

1. 了解旅游策划程序的含义。
2. 掌握旅游策划的基本程序。
3. 掌握旅游策划程序的主要工作内容。

技能目标：

1. 掌握旅游策划程序概念的核心含义。
2. 了解旅游策划程序的步骤及前后步骤的相互关系。

微课视频

旅游策划是一项复杂的综合性的系统工程，是一个锐意创新、出奇制胜、不断谋求最佳效果的谋划过程。旅游策划没有完全相同的策划方案和固定不变的策划程序，因人而异，因事而异，因时而异。但在旅游策划程序的理论研究中，人们往往习惯于把旅游策划过程程序化，即把旅游策划过程划分为几个不同的阶段。为便于人们学习和掌握旅游策划这门学科，有必要研究旅游策划的流程。

旅游策划有"六大流程"，形成"六层构造"，大致可以分为"六个阶段"：第一阶段，界定目标；第二阶段，工作部署；第三阶段，基础研究；第四阶段，创意策划；第五阶段，修改论证；第六阶段，跟踪服务。

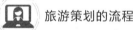 旅游策划的流程

任务一　界定目标

【任务描述】

学习界定目标的步骤及其内容。

【任务实施】

界定目标是旅游策划程序中的第一个流程，也即第一阶段的工作内容。

接受策划任务后就要对任务进行仔细分析，把握问题的实质和范围。要全面考虑各方面的需要和可能，了解委托方和策划单位要求，界定工作目标。

第一，界定问题。要弄清委托方的本意和要求，把有限的时间、智慧和财力专注其中。如果掌握不了委托方的本意，可能导致策划结果与委托者的本意相差太远而无法实施，浪费大量的人力、物力、财力，甚至失去了发展的大好时机。

第二，界定对象。了解委托方的本意后，不必立即着手进行策划，还要对委托方的本意进行研究，看是否可行，是否可以改进以获得更大的效果。如果委托方提出无意义的策划要求，或者是提出被委托方不感兴趣的策划要求，进行策划会令人提不起精神，无法发挥自己的智慧和才能。如果提出的策划难度很大，而自己又不能胜任，则最好放弃策划任务，以免给自己和他人带来不必要的麻烦。

第三，还要对委托方的能力和实力进行考察分析，看看委托方的本意是否符合实际情况，有没有实力和能力，策划结果能否被执行下去。如果这些问题都不太令人满意，那么就得慎重考虑进行策划的实际意义了。在旅游策划实践中，我们碰到过这样一个案例，某集团公司委托我们开发一个娱乐性质的主题公园，经我们调查核实，该公司既无地块，也无资金，只不过想从中介中盈利而已，经过反复权衡，我们最终决定放弃这次委托。结果证明，作出这样的决策是明智的，数月之后，该项目便不了了之。

第四，确定目标。确定目标是这一阶段工作重点。旅游策划的目标可能是委托方给定的，也可能是单位或领导给的，或是策划部门讨论出来的。为了使旅游策划顺利开展，旅游策划人员要

旅游策划流程的第一个阶段

同决定策划对象、主题的人好好商量，重新确定工作目标后，方可进行实际操作。

任务二　工作部署

【任务描述】

根据策划分工组建团队，掌握团队人员的素质条件；学习制订计划，明确各时间段旅游策划的具体工作安排。

【任务实施】

工作部署是旅游策划的第二个程序，即第二阶段的工作内容。

旅游策划公司接受委托任务后，通常会进行工作部署，着手推进组建团队、制订计划和组织分工三个方面的工作。

一、组建团队

问题是人发现的，它需要人来解决，旅游策划者的因素特别是旅游策划者的素质在旅游策划中起着决定性的作用。旅游策划者应具备以下素质：①应有强烈的问题意识，不仅能够掌握问题的实质，还能够发现新的相关问题。②应具备一定的旅游知识，了解旅游发展的趋势。③应有综合、归纳、联想的能力，富有创造性。综合别人的看法和意见，归纳出有意义的结论，再联想到自己的问题，然后创造性地提出解决问题的方案。

进行旅游策划的可能是企业所属的策划部门，也可能是被委托的专业策划公司或高等院校、研究所。如果是委托策划，一般需要委托单位和被委托单位双方签订一份合同或协议，明确双方的责任和权利，尤其要明确策划的内容和目标，以及策划所需的费用。

二、制订计划

旅游策划流程的第二个阶段

旅游策划是一个有计划有步骤的活动过程，什么时候开展市场调查，什么时候组织讨论，什么时候撰写策划报告书，什么时候完成策划任务，事先应根

据委托合同书上的要求进行周密的部署和安排。

三、组织分工

旅游策划要进行组织分工，明确团队成员各自的分工任务，做到职责分明。表 2-1 是四川省江油市李白故里旅游项目策划团队人员组织分工表。

表 2-1　李白故里旅游项目策划团队人员组织分工表

团队组成	具体职责	专业背景	组别
甲	1. 项目经理，项目主创。全面负责李白故里项目策划工作 2. 负责整个项目的工作思路、立意、战略、定位部分	历史	第一组
乙	1. 经理助理，负责与委托单位的联系与协调 2. 负责团队内部联络工作	行政	
丙	1. 经理助理，具体负责项目策划工作 2. 承担项目策划和产品设计工作	管理	
丁、戊	1. 策划师。负责资源和 SWOT 分析工作 2. 统筹基础分析策划工作	经济	第二组
己、庚、辛、	1. 文化专家。负责文化梳理与解读 2. 负责文化产品设计	中文、历史、哲学	
壬、癸、子	1. 设计师。全面负责图件制作 2. 负责文本制作	建筑、景观	第三组

任务三　基础研究

【任务描述】

基础研究阶段主要涉及三个层面的工作：实地考察、市场调研和收集资料。

【任务实施】

一、实地考察

实地考察是基础中的基础，具有综合性、战略性、全局性和系统性的特点。实地考察切忌走马观花，切忌浅尝辄止。尤其是第一次进场考察，力求获得两个"第一印象"，一是策划创意的"第一印象"，二是给委托方深刻印象的"第一印象"。

现场实地调查，重在"现实性"，体现"现场感"，所谓"百闻不如一见"是也。

实地考察主要考察两个方面。

一是地域考察。大致有如下一些内容：①地域风貌，包括人口、民族、经济发展水平、物资供应、人民生活水平、文化素质等；②地域建设，包括交通、游览、食宿、购物、文娱、医疗、邮政、银行、厕所等；③地域管理，包括管理体制、机构设置、立法工作等。

二是旅游考察。即对旅游资源进行详细考察，尽可能做到全覆盖，但同时又要突出重点。

二、市场调研

旅游市场的调研，以下内容可供参考。

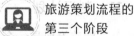
旅游策划流程的第三个阶段

1. 与旅游者有关

看法和态度：旅游目的地形象，对旅游目的地的反应；对宣传、广告和公共关系的反应，推销效益，旅游设施服务水平，旅游价格，旅游分配渠道。

旅游动机和行为：旅游的主要动机，旅游的方式（散客、家庭、团体，经济、豪华等），对旅游市场经营策略的反应，对未来旅游期望的变化趋势。

2. 与旅游市场有关

旅游市场的特点和趋势：旅游市场的大小，旅游市场的地理位置，旅游市场的人口分布特点，旅游市场细分情况，旅游市场分类。

旅游市场竞争：旅游目的地市场竞争的基本策略，竞争者旅游产品的长处和短处，竞争对手的市场经营策略，竞争对手的旅游价格策略。

3. 与旅游市场环境有关

旅游市场社会人口学情况：人口分布特点，城市化趋势，城乡人口的生活习惯和闲暇时间，文化、教育水平，不同的年龄群，家庭规模和消费习惯，社会风俗和传统习惯，劳动和就业。

经济政治环境：不同阶层的家庭及收入，对旅游产品的购买力，旅游客源地（国）的宏观经济形势与币值，消费者的政治倾向，旅游给目的地或旅游客源地（国）带来的政治影响，政府在开发旅游方面的作用，税收政策。

4. 与旅游目的地有关

（1）旅游资源：自然资源、人文资源。

（2）旅游设施和服务。

基础设施：内部交通道路系统，水、电、气、热的供应系统，废物、废气、废水的排污处理系统，邮电通信系统等，以及从客源地到目的地的外部交通基础设施。

旅游专门设施：住宿设施有宾馆、汽车旅馆、别墅、度假村、野营帐篷、游船、农舍等；提供餐饮的餐厅、咖啡屋、茶馆、烧烤场所等；提供交通服务的汽车、火车、飞机、游船、缆车等交通工具；提供娱乐服务的娱乐场所、影剧院、夜总会等；提供购物的旅游商店、摊点等；提供其他服务的旅行社、咨询服务处、医院、银行和保险公司等。

旅游服务：分基本服务和辅助服务，基本服务有客房服务、餐饮服务、交通服务、导游服务、购物服务、娱乐服务等；辅助服务有理发、医院、洗衣、金融、保险、通信咨询、出入境手续、托运、签证等。

（3）自然环境：气候条件、环境污染与保护措施。

三、资料收集

资料有原始资料和第二手资料两种。原始资料是指需由调查人员为本次调查目的直接从调查对象处搜集的信息资料。第二手资料是前一次或由他人所收集、整理并存放于某处的信息资料，也称为现有资料。

资料收集，要把握三个原则：

1. 第二手资料为主，原始资料为辅

旅游策划应当以搜集第二手资料为重点，只有当第二手资料不能满足需要时，才需着手搜集原始资料。这样做的好处是：①搜集资料所需时间短；②搜集资料所耗费的人力、财力、物力少；③有助于更精确、更有针对性地搜集原始资料。第二手资料的不足之处：所收集的资料往往不能很好地满足调查的目的，对解决问题不能完全适用；缺乏时间性，过时的资料比较多；缺乏精确性和可靠性。

2. 对方提供为主，自己收集为辅

资料收集，以委托方收集提供为主，旅游策划人拾遗补缺为辅。

3. 基础资料为主，专业资料为辅

资料收集要突出基础性、典型性和综合性，以历史文化资料为例，一般没必要从县志和市志中收集资料，分门别类、去粗取精、去伪存真，借助基础性、综合性、介绍性的基础资料，基本能解决问题。

下面为《长兴县旅游发展总体策划》所需提供的资料清单。

《长兴县旅游发展总体策划》所需配合提供资料清单

长兴县文化和广电旅游体育局：

为了按时保质完成《长兴县旅游发展总体策划》《长兴县旅游"十四五"规划》，根据实际需要，希望贵局协调长兴县各有关职能部门提供以下相关基础资料。

1. 长兴县自然资源和规划局：《长兴县城市发展总体规划》《长兴县土地利用规划》以及该局主持编纂或拥有的长兴县与文旅相关的规划。

2. 长兴县发展和改革局：《长兴县国民经济"十三五"发展规划》《长兴县国民经济"十四五"规划》以及该局有关旅游项目的其他立项或计划。

3. 长兴县交通运输局：《长兴县交通规划》及其相关资料。

4. 长兴县统计局：近五年《长兴县统计年鉴》。

5. 长兴县经济和信息化局：长兴县经济方面的规划及资料。

6. 长兴县农业农村局：《长兴县农业产业规划》《长兴县新农村建设计划》《长兴县林业规划》以及林业旅游项目、长兴县农业休闲项目。

7. 长兴县人民政府办公室：近五年政府工作报告。

8. 长兴县水利局：《长兴县水利规划》及有关水利旅游项目资料。

9. 长兴县商务局：《长兴县商业规划》及其他有关资料。

10. 长兴县各乡镇街道：近五年乡镇及街道政府工作报告、乡镇及街道旅游总体规划、各乡镇街道旅游介绍、设想及所属景点景区资料。

11. 长兴县文化和广电旅游体育局：

(1) 上几轮《长兴县旅游发展总体规划》《长兴县旅游"十三五"规划》。

(2) 长兴县旅游局历年工作报告。

(3) 长兴县旅游统计资料。

(4) 长兴县所有景区规划及相关资料。

(5) 长兴县文化、体育规划及相关资料。

(6) 长兴县历史文化方面相关资料。

12. 长兴旅游集团：

(1) 长兴旅游集团战略规划。

(2) 长兴旅游集团下属景区规划及资料。

(3) 长兴旅游集团营销资料。

(4) 长兴旅游集团旅游统计。

(5) 长兴旅游集团工作报告。

任务四　创意策划

【任务描述】

创意策划阶段的工作主旨就是捕捉璀璨创意，呈现精彩文案。

【任务实施】

一、捕捉璀璨创意

（一）创意的来源

旅游策划是为了找到能够解决问题的方法、方案，这种方法、方案就是旅游策划的创意。创意不是单凭某一个人的点子就可以简单得来的，而是经过系统的组织、整理，形成可以实现的构想和方案。[1]

一般来说，创意可能来自如下三方面：

1. 来自组织内部

有许多好的创意可能已经存在于旅游工作人员的脑海里，只不过他们的创意没有被发现，或者没有被重视，抑或还只是一个点子，因此需要策划人员对内部人员进行广泛的征询和调查。

2. 来自社会

对于某一方面的问题，可能在社会上已经存在解决方案，如在书籍中，在从事相同工作的人的意识里，已有成功的先例（社会上有很多关于成功策划案例的书籍）。这就需要策划人员阅读大量的资料、具有丰富的阅历，以及对此类问题解决方案的把握。

3. 来自策划人员的灵感

谈到某一具体的策划，也许人人都能说上几条意见，拿出几套解决方案，但要得到好的策划创意、好的解决方案，就不是人人能够做到的，这需要策划人员有丰富的经验和一定的素养。

（二）创意的线索

创意的来源

策划创意的获得并没有秘诀，好的策划创意往往来自创意的灵感，也就是创意暗示、创意联想、模糊印象、灵机闪现等，将灵感经过整理、变形、加工和组合，就形成创意。因此，寻找策划创意的线索就是要寻找创意的灵感。产生好的策划创意的人，并非一定要绝顶聪明，反应敏捷，关键在于他能否正确把握策划主题，能否深入地看待问题，能否有丰富的联想，能否掌握正确的策划方法。

以下是寻求策划创意线索的几种常见的方法：

1. 临时收集信息法

前面谈到了策划创意可能的三个来源，其中，第一和第二方面的来源，表明有现成的策划创意可供借鉴、借用。在广泛调查的基础上，我们可能会得到这些现成的策划创意。这是

---

❶ 李庆雷，王双全. 旅游创意策划：原理・方法・案例. 北京：清华大学出版社，2020.

最省时、省钱、省力的方法。

2. 添加新内容

前述方法基本上是照搬现成的策划创意，策划者并没有什么新的创意，也没有发挥自己的智慧。添加新内容是在收集来的好的策划创意的基础上，加减增补新的内容，加以修改、变更和加工，也就是说加上自己的重新塑造，改变若干切入点，或加以新的灵感与创意。

3. 感性认知法

仅靠现成的策划创意来应付策划的需要是不够的，同样，仅靠策划小组成员袖手枯坐、绞尽脑汁想点子也是不够的。必须积极走动，亲自去探寻，以求获得感性认识。在感性认识的基础上，往往会获得新的创意或灵感。感性认识法，就是参加到生产、经营、消费过程中，同各种生产者、批发商、零售商和消费者进行交谈，必要时还得拜访同业前辈及不同行业的人士，多开座谈会，多到有成功策划经验的企业去考察，从各种关系人士中获得创意和灵感。

4. 日积月累法

很多创意不是突然产生的，而是在日积月累的基础上产生的。策划者在日常的工作和学习过程中，慢慢地积累起有关旅游策划的资料和经验，在需要的时候，可以顺利地作出高效率的策划来。日积月累法常用的手段有：经常去参加策划方面的座谈会，听这方面的演讲，向前辈同行请教，摘抄，简报，记录，做卡片，并且将这些收集来的资料进行整理，分门别类。

5. 联想法

利用策划者的大脑，通过联想获得策划创意的方法就是联想法。联想法中还有一些具体的方法：①动脑会议法。策划小组成员在一起开会，让每个成员把他的想法说出来，然后让每个人根据大家的想法，动动脑子，再加上自己新的联想，提出新的看法，最后能获得比较一致的创意。②关键词法。实现收集一些与本策划有关的关键词写在卡片上，然后，翻阅卡片以寻求联想点。

（三）创意的捕捉

 创意的线索

旅游策划过程是一个不断捕捉璀璨创意的过程。创意来无影，去无踪，常常稍纵即逝。创意是什么？一种豁然开朗的感觉，一阵喷薄而出的能量，一股排山倒海的气势。

1. 第一部曲——众里寻他千百度

旅游策划创意可能早已出现在书籍中，或存在于旅游策划人员的脑海里，只不过他们的创意没有被发现，没有被重视，抑或还仅仅只是一个点子。

旅游策划创意第一阶段，要做大量繁杂的基础工作。不仅仅要到现场实地勘察，搜集资料，并且还要进行系统梳理和综合研究。而且这种梳理和研究，犹如大海捞针，常常找不着边际，冥思苦想，甚至哪怕悬梁刺股，也无济于事，正应验于那句著名的"众里寻他千百度"的诗句。

2. 第二部曲——却在灯火阑珊处

"蓦然回首，那人却在灯火阑珊处"。旅游策划创意，多是意念在闪烁，意义被发现。产生于"踏破铁鞋无觅处，得来全不费功夫"，一旦灵光闪现，常让人拍案而起，当年，策划浙江省安吉县竹博园景区时，就曾产生过这样的感觉。作为安吉县的一个王牌景区，由于受到中南百草园等新兴景区的分流冲击，竹博园发展明显滞缓。如何重振雄风？如何激活市场？想尽了办法，动足了脑筋，我们想到的，竹博园都想到了，我们没想到的，竹博园也都想到了。而当时我们正在德清县的下渚湖国家湿地公园进行规划策划，其中鸟岛观鸟给了竹博园策划极大的启发，当我们从引进熊猫作为项目创意亮点进行汇报时，获得一致认同。不仅竹博园没有想到，就是以前我们多次来竹博园也都不曾想到。

3. 第三部曲——奔流到海不复回

一旦捕捉到旅游策划的璀璨创意，整个思路就被激活，大有一种奔流到海不复回的感觉，主题定位、项目、市场，一下子全都有了方向。

（四）创意的秘诀

旅游策划创意的秘诀，在于捕捉创意的灵感。旅游策划创意问题并不可怕，也并不神秘。

旅游策划创意有三大秘诀：

1. "第一印象"——捕捉首因，第一的策划创意秘诀

心理学称之为"首因效应"，是一种感性认识方法。人在感觉时总是把由不同部分、不同属性组成的客观事物作为一个整体来反映。在感性认识的基础上，往往会获得旅游策划创意灵感。旅游策划中的"第一印象"，虽然感性大于理性，但对创意而言却常常具有全局性、灵机性和决定性的意义。从"第一"中找灵感，是旅游策划创意屡试不爽的秘诀。第一次考察，第一次交谈，第一次听说，第一次看到，"第一"中，常常能获得创意和灵感。

浙江德清县"中华游子文化节"策划就是通过"第一印象"捕捉获得的创意灵感。去往德清之前，实际上我并没有太多德清旅游的印象，只知道中国四大避暑胜地之一的莫干山就在德清。席间，旅游局领导热情洋溢介绍：德清有避暑胜地莫干山，有江南最大湿地下渚湖，有学术界公认的中国之瓷之源、丝之源以及防风故里……然而，这些我都没有感觉，但当在灿若星河的德清历史长河中提到孟郊时，顿时眼睛一亮，为之一震："啊？德清是孟郊故里？是真的？"直觉告诉我，德清旅游有"戏"，但是这"戏"不在莫干山、下渚湖，也不在丝之源、瓷之源，而在孟郊，在那篇举世闻名的《游子吟》。后来的德清旅游发展战略策划，就是因当时"孟郊故里"留下的"第一印象"滋生创意灵感，进而有了后来轰动全球的"中华游子文化节"。

2. "经验刺激"——灵光闪现，第二的策划创意秘诀

不能通过"第一印象"获得创意灵感，就要另辟蹊径，转而寻求"经验刺激"去捕捉策划创意灵感。

现代心理学认为，知觉的过程实质上是知觉者对感觉信息寻求最佳解释的过程，一个人看到或注意一种刺激，并不一定保证这种刺激已按原来所期望的方式或与客观实际一致的方式得到理解，也就是说，不同的知识经验，可以导致完全不同的知觉理解，而对某一事物的有关知识经验越丰富，其知觉的内容就越深刻、越精确。

经验刺激获得创意灵感秘诀的关键在"借"：借自己长期闯荡江湖积累的经验，借他山之石的案例；借集思广益的思想火花。

旅游项目策划尤其需要"借"力、"借"脑、"借"知识，甚至"借"创意。这是因为一是有些知识过于专业，二是有些文化过于繁杂。请专家上课，和权威交流，不仅事半功倍，而且常常能够灵光闪现。四川江油李白故里景区策划，走的就是专家路线，并由专家启发中找到了"静夜思"和"酒樽广场"的创意灵感。

3. "研究发现"——冥思苦想，第三的策划创意秘诀

通过"第一印象"和"经验刺激"获得创意，并不否认其作为问题提出而进行的基础研究。但旅游策划创意常常通过"第一印象"和"经验刺激"，而不是基础研究产生却是事实。

研究能够发现问题，但不一定能够获得创意，研究者不能为研究而研究，冥思苦想，甚至胡思乱想的研究才有可能产生创意的灵感。

"第一感觉"没找到，"经验刺激"没反应，也就只能靠研究发现了。江苏如皋顾庄生态园即为研究发现的案例，知道顾庄生态园吗？顾庄生态园是生态园吗？在接受顾庄生态园旅游策划之前，我和大家一样，并不知道顾庄生态园。当委托方如皋市如城镇人民政府领导告诉我，顾庄生态园就是如皋市盆景产业基地时，不免吃了一惊，因为我知道如皋，知道作为全国盆景艺术七大流派之一，以"云头、雨足、美人腰"闻名的如皋盆景，但却真不知道顾庄，以及盆景为特色的顾庄生态园。

顾庄生态园在"第一印象"和"经验刺激"都无法获得策划创意灵感的情况下，最后靠"研究发现"，捕捉到了创意灵感。原本一直以为，顾庄生态园存在的主要问题，是盆景多和寡的问题。但随着研究问题的深入，突然发现，顾庄生态园存在的问题，首先是名称问题，名不正，言不顺，于是就有了"顾庄中央盆景公园"的创意。

 旅游策划流程的第四个阶段　　 创意的过程　　 创意的成果　　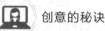 创意的秘诀

二、呈现精彩文案

（一）确立策划方案

在旅游策划过程中，往往会有几个策划创意，得到几个策划方案，但是实际操作却只能是一个策划方案，因此要选定和确立一个方案。

一个可行的方案，应具备以下三个条件。

1. 方案应具有可操作性

方案本身要符合单位和企业的实际情况，包括人力、物力、时间和财力；此外还要有此方案实施时所必须具备的外部条件。

2. 方案应得到领导的信任与支持

策划方案能否顺利推行，执行到底，与领导的信任和支持程度有很大的关系。因为，推行一个策划，往往需要大量的资金投入，而在推行之初，看不出任何效果，如果领导意志不坚定，对策划方案的信心产生动摇，支持与信任的程度降低，会使策划方案夭折。

3. 方案应得到其他部门的支持与配合

方案的实施除了领导的支持，还要其他部门的全力配合。作为旅游策划来说，如果是对一个地区进行策划，那么其他部门就是与旅游相关的部门，如园林、建设、环保、规划等；如果是对企业进行策划，那么其他部门就是企业内部的各个部门。因此，在策划方案制定之初，就必须与其他部门沟通、协商，最好请各个部门的领导直接参与策划。这种经过大家共同制定的策划方案，是大家所参与的、认可的方案，可以得到各个部门的全力支持和配合。

（二）形成策划文稿

如果策划方案只停留在策划者的脑海里，不为他人所知、所接受，策划思想和策划创意是不可能实施的。策划书作为策划的物质载体，是策划的文字化，它使策划由思想一步步地变为现实。因此，旅游策划方案必须整理成策划书，形成策划文本，提交给上级和相关部门，才能够推行下去。

旅游策划书可以有很多的内容，而且不同的专题策划书，其目标要求各不相同，在内容

上千差万别。但是旅游策划书包含一些基本内容，有的学者将其概括为"5W3H"，即：

What（什么）——策划的目标、内容；

Who（谁）——策划相关人员；

Where（何处）——策划场所；

When（何时）——策划的日程计划；

Why（为什么）——策划的假设、原因；

How（怎样）——策划的方法和整体系统运转；

How（怎样）——策划的表现形式；

How（怎样）——策划的预算。

如作具体细化，一份完整的旅游策划书应包括如下的内容：

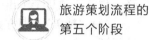 旅游策划流程的第五个阶段

（1）旅游策划的名称（主题）；

（2）旅游策划者的姓名（小组名、成员名）；

（3）旅游策划完成的时间；

（4）旅游策划的目的及内容概要；

（5）旅游策划的内容及详细说明；

（6）旅游策划的进度表（时间表）；

（7）旅游策划的预算和计划（人力、费用、物力）；

（8）旅游策划的相关资料；

（9）旅游策划如果有第二、第三方案，写出其概要；

（10）旅游策划实施需要注意的事项。

任务五　修改论证

【任务描述】

学习修改论证过程的时序和不同时间段的具体工作；掌握整合来自不同方面意见的技巧和应坚持的原则。

【任务实施】

初稿形成后，还要经历一个反复修改、专家论证的过程。

毕竟实施一项旅游策划需要较长的时间，花费较多的经费，所以一项策划在实施之前必须征求意见或答辩。征求意见是把策划书下发给各个相关部门的主要领导和其他人员，广泛征求他们的意见。答辩则要严格一些，由主要领导和相关部门的领导就策划的内容询问，策划小组就这些问题进行回答。更严格的答辩，不仅有主要领导和相关部门的领导，还要请一些这方面的专家参与。

策划小组应对策划书的内容作出比较详细的阐述，对提出的问题作出明确的答复，并认真记下各个方面的意见和建议，虚心接受批评，不能感情用事，对领导、专家的意见和建议不听不问，甚至顶撞对立。

一、修改：集思广益

初稿形成后，交由各方面讨论。从各方面反馈回来的意见和建议，要认真对待。意见和

建议有正确的，也有不正确的。通过对这些意见和建议进行整理，保留正确的；再根据正确的意见和建议，对策划书进行修改。如果意见不多，则可以少修改；如果意见较多，则需要进行较大的修改，甚至从头再来。所以，在调查阶段工作要做得细一些，尽可能多地获得资料信息；在确定策划创意阶段，要与领导和相关部门多沟通、多交流。

二、定稿：呈献精彩文案

 旅游策划流程中的修改论证阶段

在旅游策划过程中，由策划创意到策划方案，需要不断迸发创意的灵感。一个好的策划方案，是否"精彩"是关键。

一个精彩的策划方案，应具备以下三个"精"：

（1）"精彩"。即方案务必内容"出彩"。虽不至于闻所未闻，但的确让人耳目一新，思路、创意、项目个个出众，处处出彩。

（2）"精美"。即方案最好具有一定的可看性，形式"精美"。精彩美文、图文并茂，设计新颖，装饰时尚，让人眼睛一亮。

（3）"精准"。即方案一定要具有可操作性。要符合实际，可实施、能落地，不能天马行空，放之四海而皆准。

🌱 知识拓展

海南南湾猴岛旅游发展战略策划（目录）

第1章发展诉求与发展纲要：1.1导语，1.2发展诉求——战略谋划之初衷，1.3指导思想——战略谋划之理念，1.4纲要——战略谋划之定性。

第2章现状解读与问题研判：2.1概况描述，2.2资源评价，2.3市场分析，2.4问题研判。

第3章宏观比照与案例借鉴：3.1南湾猴岛三次创业背景研究，3.2海岛旅游格局比照研究，3.3国家AAAAA级景区离南湾猴岛有多远？3.4南湾猴岛创建国家AAAAA级景区亟须化解五大矛盾，3.5南湾猴岛创建国家AAAAA级景区亟须解决十大战略问题。

第4章理念创新与思路破题：4.1亟须解决的三个关键问题，4.2理念创新，4.3思路破题。

第5章旅游发展定位与目标愿景：5.1旅游发展战略定位，5.2旅游发展目标愿景，5.3旅游发展战略举措——"三核"驱动，助力南湾猴岛跃上世界级。

第6章空间结构与总体功能布局：6.1布局原则，6.2空间结构，6.3功能分区。

第7章项目策划：7.1一猴·一世界——生态旅游示范片区，7.2一缘·一境界——海滨休闲度假片区，7.3一镇·一风情——风情小镇体验片区。

第8章旅游产品设计与旅游产业安排：8.1旅游产品设计，8.2旅游产业安排。

第9章旅游营销与市场推广：9.1总体思路，9.2营销原则，9.3营销组合，9.4营销策略，9.5细分市场营销策略。

第10章基础设施与综合配套：10.1道路交通规划，10.2基础设施规划，10.3植被绿化规划，10.4保护培育规划，10.5游览服务设施规划，10.6居民拆迁安置方案。

第11章保障体系与投资运营：11.1主要技术经济指标，11.2建设时序安排与投资基本估算，11.3运营保障。

【思考与讨论】

阅读上述材料后，请分析：

1. 这是南湾猴岛旅游策划大纲还是旅游规划大纲？

2. 旅游规划与旅游策划反映在大纲上应该有怎样的区别？

三、论证：专家评审

 旅游策划流程中的
专家评审阶段

（一）汇报

答辩要求严格，而且一般都由专家主持。策划方案汇报评审，坚持"三要三不要"：①要"讲"不要"读"。做得好不如说得好，要激情宣讲，不要照本宣科。②要"精"不要"烦"。汇报力求简明扼要，围绕中心，突出重点，切忌面面俱到，夸夸其谈，让人厌"烦"。③要"恭"不要"倨"。答辩一定要谦卑，虽不至于毕恭毕敬，但却一定要"虚心"。

（二）修改

修改阶段涉及"三个一"的工作内容：①一个书面修改意见。在答辩过程中，肯定有各方面提出来的意见和建议，这些意见和建议，一是太多，二是可能相互矛盾，甚至完全对立，让甲方出具书面修改意见可以使修改工作有据可依。②一次全面修改意见。评审专家或委托方出具的修改意见，往往都比较原则、笼统，虽然寥寥数语，区区几条，但却牵一发而动全身，因此，要有一个统一的系统的和整体性的修改意见。③一份修改说明。要在文本中附上一份修改说明，对修改的情况和过程进行说明。

下面分别为《如皋顾庄生态园旅游项目策划》和《小昆山现代农业产业园旅游发展战略策划》的修改说明。

《如皋顾庄生态园旅游项目策划》修改意见

1. 立足长三角，与周边景区、同类景区对比，找出相对优势。

2. 注意局部景点与周边环境、视野范围等因素的协调：如云雨观光平台，三层阁楼，设置在景区最西南角，与东北角热闹景点视线较远，且毗邻益寿南路，喧嚣异常，无法达到最佳观光效果，应将其布置在景区中央。

3. 项目精简：二十个项目太多，有些重复冗余，如城南大道的生态游乐场与顾庄欢乐世界（也为游乐场），大师盆景园与名人盆景园。

4. 项目范围，更多要考虑休闲型、娱乐互动型、体验型项目。

5. 安排度假功能区。

6. 将城南大道老榆树包含在景点内。

7. 中华盆景树活体很难实现，建议去除或以雕塑代替。

8. 衔接景区道路与居民日常生活道路及运输道路。

9. 园区主干路绿化亮化要与区内现实相协调，不能推翻重建。

10. 明确社区参与的可操作性措施。

11. 确定商业模式和市场盈利点（沿四周均可用于商业开发）。

12. 有针对性的品牌推广方式，保障宣传经费投入产出效益。

13. 提高项目的可操作性，综合考虑当地实际情况，并对项目进行细化具体化（比如节庆项目），对运营、宣传等投入与产出进行细化平衡，保障项目日后的自我生存能力。

《小昆山现代农业产业园旅游发展战略策划》修改说明

《小昆山现代农业产业园旅游发展战略策划》（以下简称策划）论证会于2020年6月18日在小昆山镇召开。

会议认为，该策划富有创意，内容丰富、体系完整、定位清晰、主题明确。为进一步完善策划，更好地指导今后的建设发展，提出以下修改意见。

　　1. 突破边界：用地边界可突破现有16800亩，往南拓展，甚至放大到整个小昆山镇。

　　修改说明：根据《松江区小昆山镇总体规划暨土地利用总体规划（2017—2035年）》《上海市松江区小昆山镇郊野单元村庄规划（2017—2035年）》中对小昆山镇空间土地利用规划的分析，以农业园所在的汤村乡村单元和南面的泾德村乡村单元相连形成一个南北生态乡野空间带。以现代农业产业园为核心，往南拓展并辐射到松蒸公路，总面积21.86平方公里（32790亩），详见策划文本第16页。

　　2. 注意与其他规划紧密衔接。

　　修改说明：以《松江区小昆山镇总体规划暨土地利用总体规划（2017—2035年）》《上海市松江区小昆山镇郊野单元村庄规划（2017—2035年）》《松江区小昆山镇农林水三年行动计划示范镇建设实施规划》，以及小昆山现代农业产业园中的土地综合利用、绿地规划为依据，乡村空间单元的整合都在上述规划的指导下进行。详见策划文本第12-14页。

　　3. 在彰显水稻艺术这个特色前提下，丰富并深化艺术项目。

　　修改说明：在以水稻为亮点的主题引导下，艺术赋能，通过对水稻全方位展示，全产业增值，全价值链构建，以及水稻文化和小昆山文化主题的有机"提炼"，打造松江区江南文化品牌，彰显现代农业园艺术特色，将传统的水稻产业做出新意，做成艺术。在每个功能区都进行了艺术表达与呈现，尤其是以粮仓为艺术创意的游客中心，以稻草人艺术为主题的疯狂稻草人乐园，以及摩登花河、农艺风景大道这两轴的艺术创作，丰富了艺术内容，做出了新的高度。详见项目策划部分。

　　4. 充分考虑现有土地资源。

　　修改说明：依据上位规划《上海市松江区小昆山镇郊野单元村庄规划（2017—2035年）》中土地利用规划内容，尽量减少土地建设增量，充分利用现有商服用地，将其改造提升为景区服务用地，如水厂改为稻谷·江南水稻文化创意产业园（见策划文本第89页），昆峰生态农庄改造提升为游客服务中心（见策划文本第41页），将昆港路东侧林地改造为360°四季采摘园（见策划文本第94页）等。

　　5. 明确游客服务区选址在永丰路与西泾港公路交叉口区域，游客中心定在现有的昆峰生态农庄。

　　修改说明：永丰路与西泾港公路交叉口位于项目南面边界，外接小昆山镇主要道路文翔路，具备景区主入口的位置条件。另外，永丰路沿线有汤村村委、生态农庄、林地等现成的基础条件，可以打造为景区服务的集聚地。昆峰生态农庄具有餐饮、休闲、住宿三个功能，将建筑功能重新定位，并改造提升为游客服务中心，将农庄内空间场地打造为晒谷场粮仓艺术广场以及生态停车场（见策划文本第37页）。

　　6. 四季采摘园选址两个地方：一处在走马塘北侧昆港公路东面200亩，另一处在水厂与汤村庙遗址之间的60亩。

　　修改说明：四季采摘园原定在蔬菜大棚基地，由于增加采摘园面积，需占用基本农田。在蔬菜大棚基地东侧，与昆港路一路之隔，是一块林地，面积200亩，符合采摘园的用地条件。另外一块60亩，是水厂与汤村庙遗址之间的农田，水厂改造为稻谷创客村，汤村庙提升为汤村庙农耕源文化遗址公园，这块采摘园不仅起到连接作用，其中的奇趣农场项目同样具有艺术创作功能，三者融合成为一个体系。两块地合计260亩，采摘园的名称设计为360°四季采摘园，见策划文本第94页。

　　7. "沪上之巅"观光塔可设置在华营港两岸的景观用地中。

修改说明：由于园区场地平坦，缺乏制高点，"沪上之巅"观光塔的设计就是用来俯瞰全园，全园景色最好的地方应该是核心区的花田稻海，观光塔的建设不能占用基本农田，也不能设置在田间道路上，唯有华营港两侧的景观绿地比较合适，首先其位置临近核心区，不影响视线观赏，其次景观绿地属于景观用地，可以少量配套建设。具体详见策划文本第61页。

8. 有轨电车路线可充分利用田间道路。

修改说明：景区有轨电车（小火车）是一大亮点，也是景区重要吸引物，它的作用是串联景区景点，同时乘坐电车也起到观光作用。从观赏角度来看，有轨电车安排在花田稻海区比较合适，风景效果比较震撼。电车的布置线路为南北方向，南侧出发点为游客中心，北终点站为华昆路荷塘月色，电车连接了三大景区。长度1000米，路线设在稻海艺术区的田间道路中，见策划文本第57页。

9. 沿西泾港公路两侧可以打造艺术气息。

修改说明：西泾港公路作为连接主入口的南北轴线通道，适宜打造为一条具有艺术气息的景观大道。在策划中，我们将西泾港公路纳入两轴之一的陆轴——农园艺风景大道中，这条大道由永丰路、昆北支路、永昆路和西泾港公路围合而成的环路，整体定位为一条农艺园艺的环道，营造艺术氛围，增强园区的艺术主题特色。见景观概念方案文本第55页。

10. 汤村庙遗址处打造历代农具展示的文化长廊。

修改说明：汤村庙遗址是新石器时代古遗址保护地，发掘出松泽、良渚时期的石犁、石斧等农具。说明在当时的小昆山已经驯服水稻，开始规模化种植水稻，这标志着先民从渔猎采集的生存方式转移到稻米耕作的文化迭代，农耕文化正式成为中国传统文化的核心。而农具正是农耕文化的代表与象征。首先将汤村庙遗址区域策划为汤村庙农耕源文化遗址公园，然后将江南地区千百年来农耕农具的组合岛一起，打造农具的文化展馆，见策划文本第88页。

11. 充分利用现有建筑，猪舍可以改为萌宠乐园。

修改说明：依据《上海市松江区小昆山镇郊野单元村庄规划（2017—2035年）》中土地利用规划作为指导，尽量减少土地建设增量，充分利用现有商业服务用地，将其改造提升为景区服务用地，充分利用现有建筑改造，不增加建设指标。疯狂稻草人乐园的萌宠乐园需要给小动物们屋舍，在西侧临近处有一处猪舍，规模足够，将其改造为萌宠乐园所需的建筑（见策划文本第69页）。

12. 明确水八仙园的选址。

修改说明：水八仙是江南地区的传统食物，又称水八鲜，包括茭白、莲藕、水芹、芡实（鸡头米）、茨菇（慈姑）、荸荠、莼菜、菱八种水生植物的可食部分。建水八仙蔬菜园，将莲藕和松江红菱作为水上主要采摘体验项目。水八仙园的位置选在永昆南侧的昆秀生态园鱼塘，见策划文本第77页。

13. 考虑风筝项目。

修改说明：放风筝是老少皆宜的娱乐项目，既可以锻炼身体也可以陶冶情操，放风筝有着求福、吉祥的寓意。在乡村郊野只要有一块空地、一条道路都可以放风筝，但作为景区项目，风筝作为热闹欢快的活动，集中设置在稻田花海区域，在田间道路和秋收过后的稻田中放飞风筝。见策划文本第56页。

14. 华营港樱花花期不长，再斟酌一下，也可以考虑将经济林改造为多彩植物林。

修改说明：华营港（永昆路至永丰路段）全程以樱花作为单一花卉主题的话，确实存在花期过短的现象，现将华营港沿线分成四段，以四季为主题，春桃花梨花＋油菜花，夏合欢园，秋桂花园，冬梅花园，打造四季闻香，花期不断的水岸花香效果。见景观概念方案文本第 44 页。原有经济林地品种单一，可以在林地区域中间苗，腾出部分经济林，栽入银杏、合欢、红枫、海棠、桂花、紫薇等，丰富林相色彩，见策划文本第 107 页。

15. 增加种子馆。

修改说明：这里的种子不仅指水稻种子，还包含五谷，不仅是松江地区的粮食种子，更应是包罗世界粮食的种子。种子馆设置在稻米艺术中心主题一致，不用再单独建设。种子馆保存世界各类粮食种子，并通过艺术手法，展示装置设计，向游客提供多样化的科普展示。见策划文本第 84 页。

任务六　跟踪服务

【任务描述】

学习意见收集方法，把握跟踪服务中的时机。掌握意见反馈和策划案改进的要点。

【任务实施】

策划方案修改完成后，并不是旅游策划全部过程的完结，更不是该项旅游策划的终止。要圆满地完成整个策划工作，还有一道必不可少的程序——做服务，即方案的跟踪、反馈，特别是要为委托单位提供尽可能多的后续咨询等方面的服务，跟踪得好，服务得好，能巩固和扩大成果，达到事半功倍的效果；跟踪得不得力，服务不好，则有可能前功尽弃。因此，策划者要极为重视方案的跟踪、反馈工作。

同时，要主动征询和收集甲方对整个旅游策划项目方案（如旅游策划项目会）的意见。在甲方或他人眼里看来，本次旅游策划项目活动成功的地方在哪里？需要改进和注意的地方在哪里？通过收集这些反馈意见，对我们在以后进行类似的策划项目和制订旅游策划项目方案时能有所借鉴。表 2-2 是旅游策划阶段成果一览表。

表 2-2　旅游策划阶段成果一览表

工作阶段	工作内容	工作成果
现状调研阶段	①基础数据资料收集 ②技术分析、研究 ③查阅相关规划、政府文件、行业规范、法律法规	①现状研究分析报告 ②相关图纸 ③电子数据
初步方案论证阶段	①对五部分内容的分析论证 ②技术研究 ③方案规划 ④提交初步成果 ⑤和委托方接触，征求意见	①环境容量、旅游容量专题研究报告 ②旅游策划报告 ③可行性研究报告及相关交通流量分析、预测、选线的图纸 ④整体策划书面文件和所有相关图纸 ⑤节点设计图纸
成果编制阶段	①进一步完善策划内容和所有有关成果 ②提交有关部门审查	以上阶段的所有调整、深化后的成果
成果完成阶段	根据审查意见，完成合同要求的所有成果	最终成果
后续服务咨询阶段	对成果使用方在应用过程中遇到的一切问题要求和技术咨询，在任何时间给予技术上的后续服务	

【关键概念】

【关键概念】

程序、商务策划、旅游策划、服务策划、合同、目录、评审、方案。

【复习思考题】

1. 旅游策划分为哪几个阶段？各有怎样的程序？
2. 做方案阶段，旅游策划具体有怎样的内容要求？
3. 旅游策划中的"创意三部曲"有哪些内容？
4. 答辩阶段的"三要三不要"指的是什么？
5. 旅游策划方案有哪些具体要求？

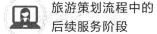

旅游策划流程中的
后续服务阶段

项目三
旅游策划技巧和方法

学习目标

知识目标：

1. 了解什么是旅游策划的"金三角"。
2. 掌握旅游策划技巧中"势"的含义。
3. 掌握旅游策划技巧中"时"的含义。
4. 掌握旅游策划技巧中"术"的含义。

微课视频

技能目标：

1. 掌握"旅游策划技巧"的核心要素。
2. 厘清旅游策划技巧中"势""时""术"的相互关系。
3. 能够根据项目的不同背景，灵活选用旅游策划的方法。
4. 掌握旅游策划的四种方法。

　　旅游策划虽无定式，但有基本的方法和技巧，正所谓"万变不离其宗"，掌握了基本的方法和技巧后，再结合实践加以领悟和训练，便能收到事半功倍的效果。

　　旅游策划技巧，是在旅游策划方法基础上的升华；旅游策划方法，则是旅游策划技巧统领下的细分。

任务一　旅游策划的技巧

【任务描述】

　　掌握旅游策划的技巧；把握旅游策划"势""时""术"的内涵并注重其应用。

【任务实施】

一、旅游策划技巧的"金三角"

　　旅游策划技巧由"势""时""术"三大核心要素构成，旅游策划技巧的"金三角"理论（图 3-1）实际就是对旅游"势""时""术"三要素的巧妙运用和相互推演。

　　"时"，关键是要"审时"，是指谋略根据形势的发展变化而决定运用的最佳时机，也即对谋略所处时间的策划。

　　"势"，关键在于"度势"，是指形势，"势"的运用，就是对谋略所处空间的策划。

　　"术"，核心在于变幻无穷地"出谋划策"，是指谋略所采用的具体招数，也是对谋略行使的方式。

"势""时""术"三者相互关联，相互作用，缺一不可。

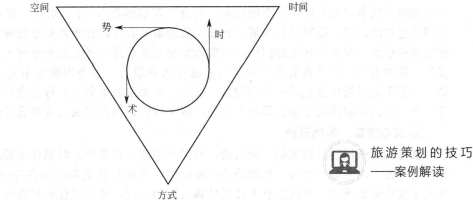

图3-1 旅游策划技巧"金三角"

二、旅游策划技巧中的"时"

审时是指对策划所处环境、时局和时间等客观因素的把握。时，就是时机、时间、机会和机遇。旅游策划中对"时"的把握最为复杂，也最为机动，因为时是可遇而不可求的。光凭旅游策划人员的主观判断，很难确定"时"什么时候出现，什么时候结束。正因为时来去不定，转眼即逝，所以人们尤为看重时机，甚至认为"时"是决定事情成败的关键，"万事俱备"，但因为"只欠东风"，即便是再好的策划，也只能付之东流。策划如能捕捉到时机，就能取得事半功倍的效果，如若与时机擦肩而过，那么，事后即使花费更多的气力，只怕也收不到时机之效。

（一）"时"的基本特征

旅游时机既有时机的一般特征，也有旅游时机特有的特性。具体来讲，旅游时机具有两重性的特点：一方面，旅游时机具有时机的偶然性。任何社会重大事件或者民间文化热点都有可能蕴藏着发展旅游的契机，这种契机的出现，是随机的、偶然的。另一方面，旅游时机具有随季节、时间变化的规律性特点。众所周知，旅游行业有所谓的"淡季"和"旺季"之分，这是由旅游的季节性特点决定的。无论是旅游景点、旅游产品还是旅游行为本身，都具有随季节变化而变化的季节性特点。因此，旅游时机的出现往往也随季节的交替呈现出一种规律性的变化。对于旅游策划者来讲，旅游时机的这种规律性特点给旅游策划带来了较大的便利。因为规律是可以把握的东西，旅游策划者可以根据季节、时间的变化对旅游时机的出现作出较为准确的判断，以便在时机来临之前做好充分的准备，创造出最佳的策划良机。

（二）"时"的巧妙捕捉

对旅游策划人员来说，时机的把握尤为关键。明智的旅游策划者总是审时度势，见机行事，故能运筹于帷幄之中，决胜于千里之外。旅游策划对于"时机"的把握必须做到以下几点：

1. 未雨绸缪，时刻准备

时机总是不露声色地悄悄来临，等人们稍有察觉，它又转眼即逝，一去不返。为了避免在时机突然造访之时措手不及，失之交臂，聪明的旅游策划者应该在平时未雨绸缪，针对可能出现的时机做好充分的、完全的准备。只有"万事俱备"，在"东风"真正来临之际，才能够迅速作出反应，适时抓住机遇。比如，旅游策划者可以在预测旅游高峰到来之前，合理配置旅游资源，安排设计旅游路线，按实际情况配备旅游服务人员和导游人员，使一切布置妥当，井然有序，这样就能在"旺季"来临时从容应对，避免因准备不充分而造成资源短缺、人手不足或管理混乱等一系列问题。反之，如果旅游策划者心存大意，疏于准备，即便是一年一季的旅游高峰也会忙得焦头烂额、疲于应付，白白错失大好的旅游时机。

2. 细心观察，准确预测

时机的出现虽然是偶然的、随机的，但偶然中蕴含着必然，时机在出现之前，总有一些细微的征兆。旅游策划者为了把握最佳策划时机，必须具备能够觉察各种微小征兆的能力，具有了这种觉察能力，也就能够大致预见到时机的出现，从而抓住策划良机。旅游策划者的这种洞察力并非天生，而是策划者在平时积累培养起来的。诸葛亮之所以能够预料万事，并非他有什么通天神术，而是他比常人更加留心观察、精于计算。旅游策划者只要细心观察环境，对人们通常不太注意的情况和细节多加留意，不放过任何有可能暗示着机会的微小变化，就能发现许多有价值的情况。好的旅游策划者应该对环境有敏锐的感受力，在细心观察客观环境细枝末节的同时，还具有分析和辨识的能力，对探察到的任何征兆都能够从中准确地预测到时机出现的情况。有时，甚至还能凭借积累的观察结果，推演出时机运行的大致轨迹。旅游策划者如果细心观察、准确预测，找到其中隐含的规律，就能把握住策划时机，成为旅游策划的王者。

3. 独特创意，别开生面

时机总是隐藏在不经意的事物之中，只有极少数高明的策划者才能剥开表象，发现并发掘其真正的价值。同样的机会，有的人看到了，不以为然，不屑一顾，有的人却视之为宝，借此飞黄腾达，为什么？这是由于高明的策划者具有独特的创意。正因为具有创造性的思维，他的眼光才会独到，才能捕捉到事物的细微方面。任何现象的发生和发展，都有可能隐藏着旅游的发展契机，旅游策划者如果具有独特的创意头脑，就能发现这种契机，并加以利用；反之，策划者如果思维平常，那么即便机会就在眼前，他也辨认不出来。俗话说："机遇永远不会光顾那些躺着等它的人。"旅游策划者应该主动出去，积极探求时机，在时机不佳或时机不至的情况下，可以通过有意识地运筹，自行设计并创造出最佳的旅游策划时机。

旅游者的心理往往受制于特定的时机。例如，在国庆期间，人们有较长的假期，时间都很宽松，于是有了想出门游玩娱乐的冲动，这种冲动很容易付诸旅游行为。从某种角度来说，时机直接影响着旅游者的消费心理，决定着旅游策划的成功率。如何利用旅游者在特定时机下的"时间心理"，开展旅游创意和宣传，是现代旅游策划工作的基本艺术之一。旅游策划者应该根据特定时机下旅游者特殊的惯性心理，推出相应的旅游策划，营造相应的旅游氛围。

在日常生活中，旅游策划者可捕捉的旅游策划时机是多方面的，常见的主要有：①社会节假日。包括国家性节日、民族性节日、外来节日、各种文化艺术节、纪念日等。例如，十一国庆节、七一建党节、八一建军节、五一国际劳动节等国家和国际性节日；元宵节、清明节、端午节、中秋节和重阳节等传统节日。此外，还有许多地方性的节庆活动，如上海艺术节、上海南汇桃花节、上海桂花节、洛阳牡丹节、宁波服装节、青岛啤酒节、山东潍坊风筝节等。②重大社会活动。在社会上具有一定影响的重大活动比较多，如各种体育盛会（奥运会、世界杯足球赛、亚运会、田径锦标赛、网球大满贯赛等）、政治活动、外交活动、教育活动、大型展览会等，这些都是可供旅游策划者捕捉的大好时机。旅游策划者如能抓住这些重大活动的机会，在活动期间或前后适时推出与活动相关的旅游活动，应该能收到很好的经济效益和社会效益。③公众热点。公众关心、议论的热点和焦点，往往也是旅游策划的最佳时机。20世纪末的日全食旅游便是一次成功的时机策划。例如，1999年8月11日是20世纪最后一次日全食出现的日子。这次日全食出现在世纪末，是百年中的最后一次，因此，赢得了媒体和科学界的普遍关注，成为公众关注的热点。罗马尼亚布加勒斯特市是欧洲唯一位于日全食覆盖带上的首都，因此，他们对这次日全食的兴趣尤其浓厚。为了吸引尽可能多的旅客前去布加勒斯特观看日全食，布加勒斯特市在8月11日即日全食出现的当天晚上，举行了男高音歌唱家帕瓦罗蒂的专场音乐会。为吸引游客，德国慕尼黑在环绕1972年奥林匹克体育馆的公园内举行了日全食歌舞晚会，来自非洲、亚洲和拉丁美洲的舞蹈演员表演了精彩的节目，观众达4000万人。为了看到世纪末的日全食，不少日本人报名参加了观日食旅行团。据日本旅游部门统计，这次出国看日食的日本游客有1000多人，每人花费50万日元（合4350美元）左右。

旅游策划的技巧——
"时"的巧妙捕捉

三、旅游策划技巧中的"势"

（一）"势"是一种"大势"

"势"，是旅游策划"金三角"中最根本性的因素，历来为兵家所看重。《兵经·势》说道："猛虎不据卑址，勠鹰岂立柔枝？故用兵者务度势。"那么到底什么是"势"呢？旅游策划中的"势"具体指的又是什么呢？旅游策划中的"势"是指组织本身环境形势的发展变化，也就是通常所说的"氛围""大环境""形势""趋势""潮流"等，具体包括三个层面的含义，即"大势""趋势""形势"，核心是指"大势"。

（二）"势"的融会贯通关键在于"度势"

旅游策划中对"势"的把握关键要做到融会贯通，简单来说，就是"度势"。"度势"是指分析环境、时局、格局中对旅游策划有利的因素，主动创造出一种局面，使这些有利因素进一步发展，进而推动旅游策划的顺利进行。常用的技巧有"借势""顺势""转势""造势""融势"这五种。

1. 借势

借势，顾名思义，就是善于借他人之势，为我所用，俗话叫作"借船出海"。借势最常用的招数就是借名人效应，这招在旅游策划中经常使用，最经典的莫过于山东省高密市借助莫言获得诺贝尔文学奖，策划推出了"红高粱之旅"，着实让高密旅游火了一把。

2. 顺势

顺势，也就是顺应潮流之势，也就是常说的跟随市场发展趋势。凉山火把节就是一次出色的顺势策划。

凉山州是全国最大的彝族聚居区，地方民族特色浓郁，异族风情保存完整。火把节是彝族人民特有的一年一度最隆重最盛大的节日，俗称"彝族年"，自汉唐起已沿袭一千多年。作为全国十大少数民族节庆活动之一，每年农历6月24日，在著名的航天城西昌，聚居在那里的彝族同胞会在夜晚点燃火把在旷野中游行，纪念自己心目中的英雄。同时，他们还会穿上民族盛装，载歌载舞，举办声势浩大的选美、赛马、摔跤、射箭等各种狂欢活动，被列入国家第一批非物质文化遗产。这一盛会现在已经不再是只属于彝族人民的狂欢节了，近年来越来越多的省内外游客为感受彝家风情慕名而来。凉山州也以此为契机，将火把节作为西昌的城市名片，在保留原有传统元素的前提下不断推出更多如大型歌舞、乡村旅游等新鲜元素。

3. 转势

转势，就是将某种"势"，通过一定的手段和方法，转化为另一种对自己有利的"势"，也就是通常所说的把劣势转化成优势。

遂昌地处钱塘江、瓯江源头，既是浙江省的经济欠发达地区，也是革命老区。作为传统的林业大县，"靠山吃山"是山区长期形成的生产生活方式。20世纪90年代，依托"小三线"企业基础，工业经济一度在丽水市独领风骚。然而，受区位条件、功能定位等制约，进入21世纪以来，山区固有的发展模式和传统工业化路子难以为继，也无法让遂昌脱颖而出。随着乡村休闲旅游的悄然兴起和表现出的强劲势头，遂昌快速成为旅游界的一匹黑马。

但是，遂昌作为新兴旅游目的地，还存在着许多先天不足，例如资源独异性不明显、缺乏引领性的核心景区以及旅游六要素不齐全等。

党的十八大把生态文明建设提到了前所未有的高度，这是着眼于全面建成小康社会、实现社会主义现代化和中华民族伟大复兴，推进中国特色社会主义作出的"五位一体"总体布局。遂昌顺应发展潮流和向往，让试点成为示范，全力推进山区科学发展示范区建设。遂昌旅游成功转势，浙江省首批旅游综合改革试点县开始迈向全省乃至长三角区域乡村休闲旅游的引领区。

4. 造势

所谓造势，简单地说，就是制造声势，或者说，是营造一种声势。造势是广告宣传策划中最常用的一种方法，企业为了树立品牌形象，引导消费，往往都要采用造势这一手法。造势一般都是大手笔的，铺天盖地的广告宣传，多种媒体全方位、立体式的大肆宣扬，加上各种策划手段的辅助，往往能对目标对象达到震撼身心的效果，从而在公众中树立形象，营造氛围。造势有程度高低之分，普通的造势，如单纯的产品推销，就是简单地制造声势。高程度的造势，如战略造势，则要在势的规模和深度上更进一步，要造成一种不可阻挡的社会趋势和历史潮流。发展旅游事业，就必须进行高程度的旅游战略造势。一方面，我们应该从整体上加强旅游宣传的力度，制造旅游声势，激发旅游者的旅游动机，引导旅游消费。国外旅游宣传的经验告诉我们，旅游书籍、报刊、小册子中提供的专业旅游信息，广告、展销、陈列以及推销员提供的旅游营销指导信息，是激发旅游者旅游动机的最佳途径和手段。另一方面，我们应该倡导新型的旅游观念，鼓励旅游消费。

5. 融势

所谓融势，就是把各种各样的"势"融会贯通，是对"势"的运用和把握的最高境界。

四、旅游策划技巧中的"术"

旅游策划的技巧——
"势"的融会贯通

旅游策划技巧中的"术"，更多是指"技术""艺术""战术"，即通常所说的方法、技巧或手段。旅游策划者根据不同的"势"和"时"，采用不同的技艺和手段，可以使形势和时机符合自己行为的方向。

《爸爸去哪儿》是湖南卫视在2013年推出的一档亲子真人秀综艺节目，曾创下中国电视收视率、微博话题阅读量等多项高纪录，其播放热度和话题热度称得上是"综艺之王"。

尽管《爸爸去哪儿》是电视综艺节目，但从旅游的角度来看，它还是一个成功的旅游策划案例，涉及旅游目的地类型、旅游目标市场、游乐项目、参团组织方法、多渠道营销等各方面。随着《爸爸去哪儿》节目的热播，家长们争相带孩子体验该节目的拍摄地，使得拍摄地很快成为热点旅游景区，如第一季的宁夏沙坡头、威海鸡鸣岛、牡丹江雪乡，第二季的重庆武隆、浙江新叶、四川都江堰，第三季的陕西榆林、云南西双版纳、福建南靖土楼等拍摄地，说明成功的策划对当地旅游产业发展会起到有效的促进作用。以下将对影视节目中如何运用策划技巧成功进行旅游目的地和旅游产品营销进行简要分析。

（一）巧妙利用"势"

1. 借山水之势

借山水之势本来是指利用自然界山水的大致走势，稍加点缀，营造新的景点，策划大的活动。从旅游的角度，《爸爸去哪儿》节目特别选择美丽的景点作为拍摄外景地，通过设计体验式的亲子旅游活动，成功地宣传了拍摄景点的亲子旅游产品。《爸爸去哪儿》节目挑选的外景地拍摄地点选择原生态的自然山水环境，节目在场地、场景、道具上，将自然植入有关品牌和产品，给生活在大城市的小朋友一个与大自然亲密接触的机会，很容易被妈妈和小孩接受。例如，第一季的宁夏沙坡头，因沙漠生态治理与旅游闻名，拍摄中体现的大漠、黄河、高山、绿洲，既有西北风光之雄奇，又兼江南景色之秀美。牡丹江市双峰林场，素有"中国雪乡"之称，这里山清水秀，景色神奇。"雪乡"双峰，年积雪期长达7个月，在冬季成了一个冰雕玉琢的童话世界。第二季的景泰黄河石林是一座集地貌特征、地质构造、自然景观和人文历史于一体的综合性地质遗迹，群山环抱，石林景观与黄河曲流山水相依，石林造型千姿百态、鬼斧神工，颇具天然大园林神韵。第三季南靖土楼以历史悠久、数量众多、规模宏大、造型奇异、风格独特而闻名于世，被誉为"神话般的山区建筑"。第四季建水古城，有1200多年历史，城内城外水光潋滟；城中水井遍布，井围各色样貌，居住着彝、回、哈尼、傣、苗等众多的少数民族，独特的民族风俗习惯与自然环境构成了多姿多彩的民族文化风情景观。第五季的甘南扎尕那，境内石峰巍峨恢宏、雄伟壮观、璀璨生辉，岩壁耸峙俊俏，凌空入云，云雾缭绕，山间清流跌宕，水磨飞轮，流转不息。

2. 顺心理之势

生活在城市的人们忙于工作，生活在农村的人外出打工，孩子们忙于读书，父母与孩子格外需要特别的活动共度闲暇时光。湖南卫视推出的以明星与孩子一起游玩的《爸爸去哪儿》综艺节目，一经播出便得到热烈的反响，观众的关注点也从一开始对明星与孩子的好奇心，转而踏寻同样的景区和类似的活动方式完成一次亲子间的共度好时光。一般孩子大都会对外面的世界充满着新奇并非常向往，而家长也觉得亲子游可以参照节目中的玩法拉近与孩子之间的亲情，希望有机会能带孩子去电视里这些旅游目的地看看，同时最好能有其他孩子和家长的共同参与，这个节目带动了家庭间亲子组团旅游的热潮。

3. 转条件之势

转势就是通过一定的手段和方法将某种势转化为另一种对自己有利的势。《爸爸去哪儿》虽作为电视综艺节目，展现的却是在旅游景区的亲子旅游活动，成年男人留一些时间给孩子，把教育搬到实际的游乐之中，这是一种融教育与游乐的好办法。作为旅游目的地，可通过影视植入的方法，通过事件营销，提高自身的知名度，扩大影响。《爸爸去哪儿》节目的选点，让大众知晓了那些当时知名度不够高的景点，例如中卫的沙坡头、景泰的黄河石林和威海的鸡鸣岛等旅游景区。

4. 造宣传之势

《爸爸去哪儿》节目采取电视、网络、手机和电影四屏联动营销渠道策略，同时，还利用广告宣传、主题曲传唱和衍生品推动等，进行整合营销。

从电视来看，《爸爸去哪儿》节目于2013年10月由湖南卫视推出，成为2013年度上星频道中收视率最高的季播节目，被誉为"爸爸去哪儿现象"。从网络传播来看，《爸爸去哪儿》开播期间提升了微博讨论数，再加上明星微博引发的热议，使得明星在旅游目的地的亲子活动成为热门话题。讨论、热议的话题集中在拍摄地推荐和旅游宣传以及游玩路线、攻略上，对当地旅游资源进行了极为有利的宣传。该节目还推出同名电影，票房突破 6 亿元，推出同名手机跑酷游戏，曾创下 50 天 7500 万次下载量的纪录。《爸爸去哪儿》节目组首次进行实景拍摄时，实景地会以发布相关微博提前造势预热，并在官微中提供现场拍摄照片、剧透等，满足粉丝们的探知欲望，同时借势宣传景区。官微还借机积极宣传周边其他景区，扩大影响力。

（二）及时抓住"时"

1. 抓住亲子市场快速发展的机遇

据 ANALYSYS 易观智库数据发布的《中国在线亲子市场专题研究报告 2015》显示，在线亲子游用户在覆盖率最高、出游频率最高、市场增长率快这三个维度的测评处于市场领先地位，表明未来这种家庭旅游的市场份额将不断增加，并且父母会选择那些具有较好体验的高品质旅游产品。拍摄地纷纷借机推出亲子旅游产品，例如，宁夏各旅游景区推出"《爸爸去哪儿》就去沙坡头""宁夏《小苹果》之旅"等亲子主题旅游产品，正是互动性强、自然体验好、教育内容丰富的产品。《爸爸去哪儿》第三季在南靖土楼拍摄，南靖土楼景区以此为契机，推出以《爸爸去哪儿》为主题的精品线路、亲子线路、特色美食，充分展现土楼景区的风土人情与地域特色，在《爸爸去哪儿》播出期间通过发布微博、转发节目官方微博、发布拍摄照片，及时为景区做宣传。

2. 营销时间的连续性

《爸爸去哪儿》自湖南卫视 2013 年引进韩国 MBC 电视台《爸爸！我们去哪儿？》经本土化创新成为热门的亲子户外真人秀节目后，到 2017 年已出品五季。第一至四季分别于 2013 年 12 月 27 日、2014 年 10 月 3 日、2015 年 10 月 30 日和 2017 年 1 月 6 日在湖南卫视完结，第五季由卫视转战网综，2017 年 9 月由芒果 TV 播出。平均每年一季，每一季从拍摄、播出到播后的讨论和热议，都伴随着对拍摄地景区和亲子游主题旅游产品的营销传播，体现了营销的连续性，持续不断地吸引亲子及其他客源市场的关注与到访。

（三）灵活运用"术"

旅游策划是一项艰苦的脑力劳动，需要准确地把握旅游地的内部资源和外部环境，以独到的眼光和视角发现事物的独特属性。《爸爸去哪儿》综艺节目所体现的旅游营销策划之"术"主要表现在出奇制胜和以人为本。

1. "出奇制胜"

就是要追求独创奇异，形成独特性卖点，化平淡为神奇。无论是营销还是传播，一个叫好又叫座的概念有利于提升事件受关注的程度，产生先声夺人的效果和放大式广告效应。

《爸爸去哪儿》综艺节目以城市年轻父母为核心的观众定位，以明星及其萌娃为亮点，以质朴的旅游体验为活动，以清新、幽默、纪实为主要风格，以亲情关系和教育为题材，创造一系列事件，开启了独具特色的返璞归真的真人秀亲子教育体验式营销方式，引起了广泛的关注，取得了出奇制胜的效果。

2. "以人为本"

《爸爸去哪儿》中明星老爸和萌宝之间的亲情互动打动了众人，受众纷纷采取《爸爸去哪儿》的体验方式前往拍摄地景区。例如，受《爸爸去哪儿》热播影响，冬季前往东北体验雪乡生活的游客大增，游客想体验东北农家生活，品尝正宗东北菜，夜宿农家火炕，乘狗拉雪橇等独具雪乡特色的娱乐项目。表明人们的旅游取向，已经开始向"生活、人性、和美"转变。节目中明星们如何做饭、如何带孩子也成为亲子教育的榜样。《爸爸去哪儿》带火旅游景区，不仅因为拍摄地的秀美风光，更因为有真情的亲情秀节目中所体现出来的人与自然的互动、父子亲情互动，容易使观众受其感染，想去亲身体验，而景区也因地制宜地推出具有生活气息、接地气的旅游产品，打动旅游者。例如，第一季第八集的拍摄地山东鸡鸣岛，以"赶海踏浪，捕鱼拾贝，做一天海岛渔村人"为主题，推出渔家乐、农家乐旅游产品，体验海上捕鱼、海钓、渔家宴、渔家屋、渔家娱乐活动、船上生活、水上人家、与村民一起赶海拾贝等，领略在水产品收获季节的民俗。

（四）小结

📺 旅游策划技巧——
"术"的出奇制胜

《爸爸去哪儿》综艺节目是通过明星的影响力和出奇制胜的旅游活动内容，对文化娱乐节目、旅游目的地、主题旅游产品进行联合营销，能够对文化和旅游产业起到强劲的带动作用。旅游景区借助于户外综艺节目进行旅游产品营销，要突出当地独特的自然山水和真情的生活形态，这才是当地旅游产业最大的卖点。

《爸爸去哪儿》案例告诉我们：旅游营销策划制胜之术的关键就在于以通过内容创新、传播方式的创新与组合、品牌体验的创新来有效吸引旅游者，并征服旅游者。让游客主动投入时间与品牌进行互动联系，使他在获得良好品牌体验的同时，最终潜移默化地将品牌或产品的价值点植入他的心中。旅游策划只有把各种创新手段和活动组合成有机整体，连续不断产生热点，而不是各自为主，才能利用最少的资源取得最大的效益。《爸爸去哪儿》是电视综艺节目，但对旅游策划具有重要启示：从旅游活动的组织者来看，是运用策划之术创新亲子游产品，即旅游产品创新策划；从目的地来看，是运用影视植入传播的技巧，进行旅游景区营销策划，通过影视创作有影响力的节目宣传推广旅游目的地，可在短时间内爆发市场穿透力。这个案例在当今文旅融合的大舞台上为旅游策划之"术"提供了更为广阔的用武之地。

任务二　旅游策划的方法

【任务描述】

学习如何在众多的方法中借鉴汲取智慧；掌握旅游策划独特的常用基本方法。

【任务实施】

旅游策划方法，是在旅游策划技巧的指导下所形成的更加细化的方法。旅游策划方法很多，如整合提升法、流程再造法、声东击西法、推陈出新法、主流演绎法、文化赋能法、借船出海法、围魏救赵法以及定向爆破法。

当缺乏灵感和才思枯竭时，查阅这些方法，可以帮助我们在具体的旅游策划工作中快速地形成思路和提出创意，但在使用这些方法时，切不可生搬硬套，一定要根据旅游策划的具体情况进行灵活运用。

在旅游策划实际运作过程中，并非方法越多越好，方法过多不仅让人有眼花缭乱之感，而且许多方法并不切旅游策划实际。旅游策划方法主要有四种。

一、无中生有

无中生有，是指用假象欺骗敌人，但并不是完全弄虚作假，而是巧妙地假变真，虚变实，以各种假象掩盖真相，使敌人出现错觉，最终达到在出其不意中击败敌人的目的。应用在旅游策划中，便是将那些缺乏强势资源的旅游胜地，赋予创意和巧妙构思，"空降"特色项目或产品，从而引爆市场。这些"空降"项目，对当地的文化依附性不大，可复制性强，最常见的例子便是迪士尼乐园。

二、小题大做

小题大做，是指拿小题目做大文章，含有贬义，但用在旅游策划中是一个很好的招数，经常与无中生有结合使用，只要运用得当，便可以达到以小见大、以小博大的效果。比如，无锡灵山大佛景区依托灵山的品牌效应，相继开发了灵山食品、灵山香烛以及印象剑桥地产项目的一期二期工程；宜良以旅游餐饮借题发挥，打响了宜良烤鸭的品牌，并成了当地的经济支柱和形象名片。

三、化腐朽为神奇

化腐朽为神奇，是指让无用的或者平凡的事发生出乎想象的变化。要想在旅游策划中做到化腐朽为神奇，必须具有丰富的想象力和创造力。比如，在乡村旅游中将普通的木头摆放成各种形状，如动物、蘑菇房等，在老城中将废弃的汽车工厂改造成赛车酒店，均能给人以耳目一新的感觉。

四、腾笼换鸟

腾笼换鸟，是一种产业结构调整和产业升级策略。"笼"，是对区域空间的形象化表达，"鸟"，是产业。此举最早应用在城市转型升级中，后来旅游策划中也多有应用。湖北省武汉市青山区，是钢铁重镇，但随着生态保护的重视性日益提高，果断调整，提出了新时代背景下的生态策略和产业策略，打造绿色生态城市，实现生态与经济的共赢。

【关键概念】

"势""时""术""金三角"。

【复习思考题】

1. 什么是旅游策划技巧的"金三角"？
2. 旅游策划中如何审"时"度"势"？
3. 如何把握旅游策划的方法？

模块二
实务操作课程

项目四
旅游发展战略策划

学习目标

知识目标：

1. 了解旅游发展战略策划的基本概念、分类及意义。
2. 了解旅游发展战略策划的基本原则。
3. 掌握旅游发展战略策划的操作程序和步骤。
4. 掌握旅游发展战略策划的方法与技巧。

解说视频

技能目标：

1. 认知并熟悉旅游发展战略策划的流程与准则。
2. 能因地制宜、灵活应用各类旅游发展战略策划方法。

任务一　旅游发展战略策划的重要性

【任务导入】

莫干山，国家 AAAA 级旅游景区、国家级风景名胜区、国家森林公园，为天目山之余脉，位于浙江省湖州市德清县境内，美丽富饶的沪、宁、杭金三角的中心。

莫干山是中国四大避暑胜地之一，众多的历史名人，既为莫干山赢得了巨大的名人效应，更为莫干山留下了难以计数的诗文、石刻、事迹以及二百多幢式样各异、形状美观的名人别墅。

莫干山因春秋末年吴王阖闾派干将、莫邪在此铸成举世无双的雌雄双剑而得名，是中国著名的休闲旅游及避暑胜地。

莫干山山峦连绵起伏，风景秀丽多姿，景区面积达 43 平方公里，它虽不及泰山之雄伟、华山之险峻，却以绿荫如海的修竹、清澈不竭的山泉、星罗棋布的别墅、四季各异的迷人风光称秀于江南，享有"江南第一山"之美誉。

莫干山那浩瀚无限、绿波万里的竹海的确令人叹为观止，然而，更令人惊异的还是在竹海中隐藏着的一幢幢各尽其美的精致别墅。二百多幢涵盖欧洲及美、日、俄等十多个国家和地区建筑风格的世界各国的住宅府邸，形态丰富，无一雷同，使莫干山享有"世界建筑博物馆"之美称。

【思考与讨论】

根据上述资料，你能否为莫干山完成一个旅游发展战略策划？查找相关资料，并思考莫干山为何会采取现有的发展战略。

旅游发展战略策划是对旅游目的地或旅游项目的整体定位与设计，其奠定了整个策划的发展方向与基调，对后续和相关策划有重要的影响，本节首先为大家介绍其重要性，然后分析其在整个旅游策划中起到的积极作用。

【任务实施】

一、旅游发展战略策划的统领地位

旅游发展战略策划在旅游策划的实际操作中具有举足轻重的地位和影响，可以说是旅游策划基础中的基础，是占据统领地位的全局性指导策划。旅游发展战略策划是旅游战略的设定和谋略的设计，着眼于宏观而不是微观，是整体而不是局部，是战略而不是战术。以整体谋略为主要特征和内容的旅游发展战略策划，对旅游事业的发展具有中流砥柱的作用和影响。

无论是旅游产品策划、旅游节庆策划，还是旅游公关策划、旅游形象策划，又或者是旅游广告策划、旅游服务策划，都必须紧紧围绕并服务于旅游发展战略策划这一重心和基本点，根据旅游发展战略策划的方向和目标进行自身的操作策划和改进提升。

与此同时，这些具体的旅游策划实务，在设计、完成和实施本体的操作时无一例外地都要将各自具体的战略和谋略的运筹作为自身的优先与重点工作，进而才能推进后续的各项事务操作与完善。

二、旅游发展战略策划的核心价值

旅游发展战略策划有三大核心价值。

（一）旅游发展战略策划对整体旅游业的价值

旅游发展战略策划关系到旅游业的整体生存和发展，关系到旅游业的兴衰和成败。作为整个旅游策划中的先行策划，旅游发展战略策划为后续的旅游策划实务奠定了基调，决定了后续策划的基本立足点和整个旅游事业发展的前进方向。旅游发展战略策划从大局出发，对整体旅游策划给予指导意义，一个符合实际、高瞻远瞩的旅游发展战略策划，可以理清旅游事业发展的思路，避免走弯路。成功的旅游发展战略策划，可以使旅游事业的发展避免盲目性，能够保证旅游策划实务的正确和顺利进行；相反，一个完全错误的旅游发展战略策划，从一开始就会注定整个旅游事业的失败命运。

（二）旅游发展战略策划对区域旅游的价值

旅游竞争主要是一种以服务为特征和内容的无形产品的竞争，情况变化多端、捉摸不定。因此，以多维度、高视角的旅游发展战略策划为先导，使得旅游策划不拘泥于陈规，不恪守于一格，能够以奇制胜、以谋智取。成功的旅游发展战略策划可以有效地帮助区域旅游事业适应市场变化的需求，增强区域旅游发展的应变能力，进而增强区域旅游的竞争力。区域的周边环境和内部机制总是处在不断变化的过程之中，诸如旅游产品策划、旅游服务策划等在内的旅游策划实务，由于分别聚焦于旅游事业发展的某一板块，很难从整体上把握市场大局的变化，从而可能会出现"一叶障目，不见泰山"的局面，而"站得高，看得远"的旅游发展战略策划可以规避这一局面的出现。

（三）旅游发展战略策划对旅游未来的价值

不谋全局，不足谋一域。旅游发展战略策划，强调战略，注重旅游发展的整体性、全局性、系统性和宏观性，基于现在，策划未来。成功的旅游发展战略策划，可以推动和促进旅游事业的可持续发展，架起旅游业今天和明天之间的桥梁。成功的旅游发展战略策划，可以使区域旅游发展明确目标、理清思路、增强信心。

【任务训练】

归纳旅游发展战略策划要点。

1. 实训目标

（1）深化对旅游发展战略策划的意义理解。

（2）结合实际认识旅游发展战略策划的重要性。

2. 实训内容与方法

（1）选择一个旅游目的地或旅游景区，通过网络、书籍、访问等搜集其相关材料。（提供如下供参考，也可另外选择熟悉或感兴趣的旅游地：西塘、西双版纳、三亚。）

（2）结合你所查找到的信息，简单概括并理解这个项目选择的旅游战略并思考为何做出这种策划。

3. 标准与评估

（1）标准：能够找出旅游地所采取的旅游战略，并进一步结合其相关资源、背景等介绍其选择该战略的可能理由。

（2）评估：①每个人写出一份简要材料，作为一次作业。②可在班级组织交流，依个人表现进行评估。

任务二　旅游发展战略策划概念的界定和原则的确立

【任务导入】

天荒坪镇地处长江三角洲杭嘉湖平原西北部，位于天目山北麓，"中国竹乡"安吉县的南部，东与杭州市余杭区、南与临安区接壤，是"中国大竹海"的核心区。镇区驻地山河村，距县城递铺17公里，临青省道穿境而过，杭州、上海、江苏均在3小时交通经济圈内。新13省道穿镇而过。

休闲度假、农家乐、休闲农业采摘园等发展迅速，该镇主要景点有天荒坪抽水蓄能电站、藏龙百瀑、白茶谷九龙峡、大竹海、天下银坑、荷花山（隆庆庵）、江南天池等。江南天池以亚洲第一、世界第二的天荒坪抽水蓄能电站为依托，将雄伟的电站建筑与秀丽妩媚的自然风光相结合，形成了天文观象、高山滑雪等特色景点，连续五届国际山地极限运动赛事在天荒坪举行。天下银坑景区作为《夜宴》《越王勾践》《心中有鬼》等大片的重要取景地，2005年被授予"全国生态影视基地"称号。大年初一小镇旅游综合体已于2015年5月全面开张营业。新引进田野牧歌项目逐步启动建设。传统民俗丰富。马灯、狮子灯活动是天荒坪的传统风俗，有着悠久的历史渊源。

问题：是否可以总结出天荒坪景区的自身战略定位呢？

【任务描述】

认识到旅游发展战略策划的重要性后，下一步需要掌握旅游发展战略策划相关的基本理论，包括旅游发展战略策划的几大概念——战略、战略策划，以及旅游发展战略策划的操作原则。

【任务实施】

一、旅游发展战略策划概念的界定

旅游发展战略策划，也称旅游总体发展战略策划。有关旅游发展战略策划的概念，目前国内外学界没有给出一个统一的定义与解释。综合战略和战略策划的基本概念，旅游发展战略策划是指在对旅游发展的机会、必要性及可能出现的问题的分析基础上，为旅游进一步发展而建立的具有统领性和全局性的总体发展战略策划。旅游发展战略策划隶属于旅游策划，但又高于旅游策划，它是整个旅游策划活动的思想基础。相比旅游实务策划涉及的具体事项，旅游发展战略策划是站在一个更高的角度，从全局出发来审视旅游的未来发展，它提供的是一种思路，能够引领旅游发展前进的大方向。当今的旅游发展战略策划常分为三个梯度，分别是国家旅游发展战略策划、地方旅游发展战略策划和区域旅游发展战略策划。每一种梯度的策划都体现了在其统筹领域内旅游发展的指导思想、战略目标、政策方针、战略重点等内容，它是该范围内进行旅游业发展的总体指导纲领。

二、旅游发展战略策划原则的确立

（一）前瞻性原则

旅游发展战略策划要求旅游策划者学会去辩证地看待优势、劣势、机会和威胁，并在动态的时间轴上观察可能的发展趋势与问题，因此，旅游策划者在战略策划时不应认为现有的旅游资源是固定的不变的，旅游的发展应该是由问题和机会驱动的，在时间序列里它是一个非限制性的动态过程。旅游策划者需具备未来、全局的眼光，立足当下，着眼未来，为旅游发展战略策划提出前瞻性的卓越思想与创意。

（二）可操作性原则

实践需要理论进行指导，理论需要实践进行检验。旅游发展战略策划只有遵循可操作性原则，旅游发展战略策划的其他原则才可以落到实处，旅游发展战略策划的指导意义和统筹意义才能够实现。旅游发展战略策划的操作原则和方法主要如下。

（1）旅游发展战略策划不能从理论到理论。旅游组织之间的竞争，比旅游发展战略策划理论所描述的各种竞争更为激烈，涉及面更广，带有更多的关联因素和不确定因素。旅游发展战略策划只有将基本理论和具体实践结合起来，才会因有可操作性而充满生机和活力。

（2）旅游发展战略策划效果评估是检验旅游策划是否重视和遵循可操作性原则的一种有效方法。效果评估主要通过旅游事业发展的状况来测评，通过总结和评估，可以找到偏差，纠正偏差，积累经验并吸取教训，不断提高旅游发展战略策划的水平。

（3）旅游发展战略策划不是宣传口号，也不是发表演说，所以无须鸿篇大论，故弄玄虚，故作深奥。否则，只会让人难以理解，捉摸不透其中的含义。

（三）系统性原则

从哲学的角度来讲，系统是各要素之间、要素与整体之间相互对立、相互联系、相互作用的矛盾统一体，是从要素量的配合，达到总体质的飞跃的总效应。系统概念和系统原则反映了客观世界多因素、多变革、多层次交互作用的复杂关系，以及系统内在的复杂的辩证因果关系、质量互交关系、结构与功能的关系。

旅游发展战略策划的系统原则，要求我们从整体出发，精确地、定量地考察系统与系统之间、要素与要素之间、系统与环境之间的联系，要着眼于全局观念和战略需要，一切战术的成败得失，要看是否有利于战略全局的转换和全局利益的谋取。

（四）创新性原则

旅游发展战略策划要创新，就不能照搬照抄，不能故步自封，更不能因循守旧。成见是一道无形的墙，它常把人们的思维困于狭窄的天地，磨灭创新精神。旅游发展战略策划最忌讳成见，成见只能使人产生偏见，尤其在处于被动的局势下，处于疲于应付的处境时，似乎眼前有一张无形的网，思维跳来跳去，也摆脱不了眼前的事情。至于眼前的事情同未来的目标，同其他方面、其他领域的事情有何关联，则很少去想。无数发展旅游战略策划的实践证明，那些弄得走投无路的组织和个人，多是在还有很多条路可供选择时，因为视野狭窄而选择了失败之路。因此，为了旅游策划活动的成功进行，旅游事业的顺利发展，作为统领其他旅游策划活动的旅游发展战略策划，奠定整个旅游策划活动的创新基调，是其义不容辞的责任。

（五）最优化准则

寻求和选择"最优"发展路径和方向是旅游发展战略策划的一个重要原则。实践证明，谁能谋求最优发展路径和方向，谁就能赢得主动，经受住实践的考验，并最终赢得胜利。

从狭义上讲，最优化是一种方法、技术和步骤，是一组用来在可能的方案中确定的一个特殊解，这个解可以最好地满足所选定的准则；从广义上讲，最优化是指使决策、设计或系统尽量完善、有效，或能充分发挥预定功能的一些工作和过程。

旅游发展战略策划既然有一个最优问题，就意味着旅游发展战略策划的方案往往是通过最优化原则筛选出最优的那个。除此之外，最优原理对旅游发展战略策划思考启发最大的是旅游发展战略策划效益最优、发展途径最优。

（1）旅游发展战略策划方案最优。旅游发展战略策划是旅游策划者在通盘认识事物、分析事物的基础上，经过深思熟虑而提出的全局性的见解。这种见解往往有多种思路，多重认识。因此，旅游策划方案有一个最优的寻找和选择过程。

（2）旅游发展战略策划效益最优。少投入、多回报是旅游策划的目标和宗旨，而其结果早已在旅游发展战略策划阶段就已被决定。旅游发展战略策划只有借助和运用最优原理，遵循最优化原则，才能实现效益最优这一原则。

（3）旅游发展战略策划发展途径最优。旅游发展战略策划是寻找和选择最优的过程。事物在多重可能的发展途径中，由于最适条件的选择和制约，存在着吸引和排斥、作用力和反作用力相互斗争的矛盾，因此总是沿着一条最优的曲线运动。从平面几何的角度看，两点之间的直线距离最短，但必须考虑地是，运动发展不能离开时间的因素，所以说，直达的捷径已不是直线，而只能是最优线。旅游发展战略策划的最终目标，就是站在全局的角度上，通过许多条可能的途径寻找到那条最优线。

（六）可持续原则

可持续发展原则是旅游开发建设的基本原则之一，作为旅游开发建设总指挥的旅游发展战略策划毋庸置疑，也必须遵循可持续发展的原则。为体现旅游发展战略策划的可持续发展原则，旅游发展战略策划应注意以下几个方面的问题：首先，旅游发展战略策划的方案应使旅游活动成为一种连续的或周期的旅游消费行为，即战略策划方案应分周期逐步实现或明确为下次、再次留下"伏笔"。其次，旅游发展战略策划应着眼未来，立足全局，面向世界。再者，旅游发展战略策划特别是战略目标和战略意义应兼顾社会效益和环境效益，做到经济效益、环境效益和社会效益共同发展。

任务三　旅游发展战略策划的理论模型

【任务描述】

深入理解旅游发展战略策划的理论基础，将战略理论应用于旅游策划中。

一、"8D"理论

旅游发展战略策划旨在解决八大问题，即定理念（Determine ideas）、定思路（Determine thinking）、定定位（Determine orientation）、定目标（Determine goals）、定主题（Determine topics）、定市场（Determine market）、定功能（Determine function）、定形象（Determine image），我们称之为旅游发展战略策划的"8D"理论。

1. 发展理念

理念是看法、思想以及思维活动的结果。在旅游发展战略策划中，发展理念的确定是必须要首先解决的战略问题。既然理念是理性化的想法或者理性化的看法和见解，那么，旅游发展战略策划中的"定理念"就是在理性思考和分析全局的基础上，为整体旅游策划活动奠定理论的依据。

2. 基本思路

思路是人们思考某一问题时思维活动进展的线路或轨迹。旅游发展战略策划中需要解决的"定思路"问题，就是在发展理念的指导下，为旅游的发展找到一条可行的途径。

3. 总体定位

"定定位"是为了使旅游的产品、形象、品牌等在预期消费者的头脑中占据有利的位置，而做出的一种有利于旅游发展的选择，也就是说它解决的是旅游如何发展才能吸引游客。它需要理清四个方面的问题：从事什么具体的旅游业务；旅游如何创造价值；竞争对手是谁；哪些目标客户对旅游发展是至关重要的，哪些是必须要放弃的。

4. 愿景目标

目标是对旅游发展战略及具体经营活动预期取得的主要成果的期望值。旅游发展战略策划中目标的设定，同时也是旅游发展定位的展开和具体化，是旅游发展定位中确认的旅游业务、价值创造等的进一步阐明和界定，也是旅游在既定的战略经营领域展开战略经营活动所要达到的水平的具体规定。

5. 发展主题

一般说来，主题是对现实的观察、体验、分析、研究以及对客观环境的处理、提炼而得出的思想结晶，是事物发展变化所体现出来的主要形态。在旅游发展战略策划中，"定主题"解决的主要是旅游发展的中心思想问题，是对旅游发展形态的界定和确立。

6. 客群市场

"定市场"是为产品确定目标市场。在旅游发展战略策划中，是根据自身的旅游资源情况和竞争对手现有产品在市场上所处的位置，针对游客对某类产品某些特征或属性的重视程度，为自身的旅游产品确定的细分市场，并以此为自身的旅游产品塑造与众不同的属性特征，将这种属性特征生动地传递给顾客，从而使该产品在市场上确定适当的位置。

7. 旅游功能

从消费学理论来说，消费者通常都十分重视产品的功能性与实用性。对于消费者而言，没有功效的产品，消费者是不会对它形成消费动机的。在旅游发展战略策划中，"定功能"就是依据自身的资源情况和潜在游客的需求赋予相关产品一定的功能属性，在突出产品性能的同时，还以产品之间的差别作为定位的切入点。

8. 品牌形象

"定形象"即确定区域旅游在整体市场中的位置、在游客心中的位置以及在社会中的位置。形象对于旅游目的地来说，起着至关重要的展示和宣传作用，因而在旅游发展战略策划中，应根据前面的理念定位、主题定位、目标定位、市场定位等，确定旅游目的地的具体形象。

二、波特战略模型

波特战略模型又称五种力量模型，是由哈佛商学院教授麦克·波特提出的，试图解释说明五种行业力量是如何影响一个行业发展的过程，可以用来对企业所处的竞争环境进行集中分析。旅游地采取波特战略模型进行战略策划的分析，可以更加明晰地评价出所处的竞争环境如何，其竞争强度是否激烈，进而判断本旅游地是否有足够的获益能力与潜力，在该竞争环境下取得成功。

这五种基本的竞争力量，分别是行业中现有企业间的竞争力量，即现有的周边或相似资源禀赋的旅游地；潜在的加入者，即可能出现的新进旅游地；替代品的威胁，即非同类资源禀赋但消费目标市场可能相同的旅游地；买方的议价能力，即旅游地与旅行社、OTA等中间商的议价能力及关系；卖方的议价能力，即旅游地与内部的经营管理商及上游的供应商之间的能力与关系情况。

现有竞争对手：现有竞争旅游地通常采用价格竞争、广告战、产品引进、增加顾客服务等方式手段。轻易推出对应的竞争举措与战略很可能激起竞争对手的报复和恶性竞争。

潜在进入者：新进入行业的旅游地可能引进新的业务能力，造成行业成本上升、利润下降；还可能是大集团通过兼并等手段强行进入某行业，依靠自身强大的资源和经济实力对其他企业形成威慑，如万达集团进军旅游业。

替代产品压力：如果某行业存在可替代的产品，且价格更有优势，则该行业的潜在收益受限，同时成本和服务竞争可能变得更加激烈，如上海迪士尼虽然并非自然资源型旅游地，但其吸引了大量长三角周边的客源市场，对这区域的其他旅游地造成了强烈的冲击与影响。

买方议价能力：通常表现为压低价格、要求高质量的产品和服务等形式，其强弱取决于市场情况和竞争对手总体实力，如随着携程作为在线旅行平台的一家独大，其逐渐在与旅游地的谈判中处于强势地位，旅游地的门票及其他服务在这一渠道内很难定价为自己的最优收益定价。

卖方议价能力：供应商可能通过提价或降低供货服务等形式来施加压力，迫使企业成本上升、利润下降。

任务四　旅游发展战略策划的程序和方法

 孝丰镇旅游发展总体规划现场纪实

 孝丰镇旅游发展总体规划（节选）分析及定位

【任务导入】

浙江安吉野乐源景区旅游发展战略策划方案

区位交通：基地位于安吉县杭垓镇，距离湖州市区88公里，离南京、上海、宁波、黄山200公里左右，离无锡、苏州140公里左右。

基地范围：总面积98.6公顷（1479.15亩）。其中，先行开发约77.1公顷，远期发展预留21.5公顷。

资源情况：旅游资源分类及其对应的资源点见表4-1。

表4-1　旅游资源分类及其对应的资源点

分类			资源点
自然资源	A 地文景观	AAA 山丘旅游地	山体
		ACH 沟壑地	山壑
	B 水域风光	BAA 观光游憩河段	山体
		BBA 沼泽与湿地	竹溪交汇
	C 生物景观	CAA 林地	黄苦竹林，竹林
现有产品	F 建筑与设施	FDA 传统与乡土建筑	野乐村居住点
		FGD 堤坝段落	水坝
	G 旅游商品	GAA 菜品饮食	杭垓特色小吃
		GAB 农林畜产品与制品	笋、竹林鸡
		GAE 传统手工产品与工艺品	竹工艺品
统计	5 主类	10 基本类型	12 资源点

战略策略："野""乐"破题，生态与文化双轮驱动，走风情旅游小镇发展模式。

（1）根植文化开发体验休闲旅游产品，与自然空间结合丰富产品类型，形成复合产业，凸显特色并培育品牌。

（2）注重以文化带动生态的一站式发展理念，挖掘溪源文化载体形成独具特色的体验化产品，并以文化带动自然空间的复合化开发。

（3）发挥旅游业带动效应，促进区域其他相关产业发展。

（4）培养特色旅游品牌。

战略框架：

（1）社会、经济、环境共赢战略。

（2）政府、企业、社区联动战略。

（3）农旅互补，双轮驱动战略。

请评述安吉野乐源景区的战略策划。

旅游发展战略策划如此重要，那么在理解掌握其基础理论知识后，将介绍旅游发展战略策划在实务操作中的流程程序，以及常用的策划方案与模型。

一、旅游发展战略策划的程序

旅游发展战略策划有三大程序，即战略策划的前期准备、战略策划的建立和战略策划的沟通实施。各个程序都包含一套流程，战略策划的前期准备包括外部战略环境评价与预测和内部战略能力分析与评价，战略策划的建立包括战略目标建立和确定战略方案，而战略策划的沟通实施则包括战略策划的评估与战略策划的修正。旅游发展战略的最终制定一定要在解决当前旅游发展中所存在问题的基础上，沿着旅游发展战略定位的方向去实现最终的战略目标。

（一）战略策划的前期准备

战略策划的前期准备包括外部战略环境评价与预测和内部战略能力分析与评价两大部分，都是建立在搜集全面翔实的资料基础上的步骤，目的是根据分析旅游地的资源和市场，认清自身资源的竞争实力，了解潜在的客源市场的容量与特征，掌握竞争旅游地的基本情况，进而确定属于自身的合适的旅游战略发展定位。外部战略环境评价主要是分析影响区域的外部因素的一个步骤，用于发现政治（Politics）、经济（Economic）、社会（Society）和技术（Technology）领域的显著变化，主要运用的就是下文即将提到的 PEST 分析法。但在旅游发展战略策划领域，PEST 结构逐渐演变成新的 PEEST 结构，即增添生态因素（Ecological）的考量，整体分析政治、经济、生态、社会和技术领域五大要素。生态这一要素的分析能够更利于旅游发展战略策划者认清区域旅游发展的周边环境与生态模式。作为旅游发展战略策划中的第一步，也是十分重要的一步，对于外部环境的扫描与分析往往至关重要，需要花费大量的时间与精力，主要分为以下几个步骤。

1. 列出资料清单并进行搜集

按照战略策划所需要的资料建立一个专项的资料清单，并根据此清单搜集外部环境的信息和资料，即周边环境的过去发展历史、现在发展情况以及未来变化趋势。为确保信息的可靠性和全面性，可以搜集包括政府统计资料、商业性数据库以及一些正式的出版物，或者是通过实地调查来获得第一手的资料信息。

2. 对照资料清单进行初步分析

对已搜集的资料进行分类整理，并尝试性地进行初步分析以检查战略策划的基础是否翔实。这一步骤的目的有两个：①检查是否有错漏的信息和资料；②对外部环境的基本情况有初步想法，为下面进行的精准分析做好准备。

3. 筛选整合已有的资料

将上面得到的资料清单按照需求进行浓缩精简，修改已经整理的信息，使之成为最高效的信息资料册。

4. 关键事项分析

包含两个阶段，第一阶段是行业内外专家对该区域旅游未来可能的图景做进一步的探索和讨论。第二阶段是对设想图景中的每一事项可能发生的概率作出大致的估计。

5. 交叉影响分析

建立一个矩阵结构，让上一步得出的图景中的每一事项互相联系起来，并在被这些事项影响的前提下，得出一个最终的区域周边环境评估。

根据以上完成的外部战略环境评价与预测得出的结果有多种多样的用途，它不仅可以为之后的旅游发展战略策划提供依据，也可以作为一种评估战略的标准，作为战略改善和保护的反思基础。除此之外，也可以用于其他各种相关策划前的分析基础。

当我们做旅游发展战略策划时，有时很容易看出我们在大区域中的优劣势，却很难看到区域内部的问题。因此在完成外部战略环境评价与预测后，旅游发展战略策划的第二步，就是要分析自身发展旅游事业的基础条件，如政策条件、经济社会条件、区位交通条件、旅游产业条件等，常采取 SWOT 分析法等方法来研究旅游发展战略策划过程中自身存在的根本问题。

加强对内部情况的分析和评价，不但有利于制定后续的发展战略，而且对战略的成功实施具有一定的影响。而评价的结果不但可以加强对优劣势的分析，还可以为以后的潜在战略提供具体的评价标准。最重要的是，通过内部情况分析与评价可以直接找出一些具体战略将要处理的事项，例如，区域内部的问题和机会。不仔细分析与评价区域内部情况就去做区域旅游发展的战略策划，就有点像是忽略种子和土地的存在去计划、设计和准备一个蔬菜园一样。

（二）战略策划的确立

在外部战略环境评价与预测和内部情况分析与评价结束之后，即是综合系统分析中的问题诊断和目标辨识结果，确定区域旅游发展战略的总目标和阶段分目标。总目标提出旅游策划需要实现的综合地位，分目标则是将总目标具体化和明确化，以便于目标的逐步落实和动态调整。

在确定战略目标时，有可能会出现多个预选战略目标方案，这时候就要注意从以下三方面权衡各个目标方案：①目标方向的正确程度；②可望实现的程度；③期望效益的大小。对这三个方面宜作综合考虑。所选定的目标，应在这三个方面的期望值都尽可能大，才是最佳选择。同时战略目标的决断，还必须契合相应的时机。因为战略目标不同于战术目标。战术目标决策常常会时间比较紧迫，回旋余地很小，但战略目标决策的时间压力相对不大。在决策时间问题上，一方面要防止在机会和困难都还没有搞清楚之前就轻率定下旅游发展的目标；另一方面又不能优柔寡断，贻误旅游发展的大好时机。

依据前面的基础研究、系统分析所得出的结果确定目标之后，制定为落实这个目标所采取的手段和方法，在内容上包括制定适合本区域旅游事业发展的战略思想、战略重点、战略阶段、战略布局、战略措施等构成要素。

根据统筹兼顾的原则，确定旅游发展战略方案时要制定至少 3 种以上的备选方案，并制定评估标准，对备选方案进行评估，选出相对最优的方案作为总领后续策划阶段的战略，同时战略方案的制定要本着简明扼要的原则，既明确又要有弹性。此外还要制定应急战略，以防外部环境发生变化从而导致整体策划方案偏离实际。

（三）战略策划的沟通实施

战略策划作为旅游策划中最先行的策划部分，对后续的策划阶段起着全局性和战略性的指导作用，但区域外部环境和区域内部本身都不是一成不变的。在进行后续策划的同时，有必要对先行的战略策划方案进行进一步的调整。此外，在策划的过程之中，通过不断地与其他相关领域专家和学者的沟通，必然能了解到一些新的情况和思路，都应该经过甄别有所选择地补充、完善战略策划的方案。

二、旅游发展战略策划的方法

旅游发展战略策划是大范围的宏观策划，这一本质属性的不同，决定旅游发展战略策划的方法必然与其他一般的策划实务有所不同。以下是旅游发展战略策划中常用的几个方法。

（一） SWOT-PEST 分析法

SWOT-PEST 分析法是旅游发展战略策划使用最多的方法之一，是一种具有一定操作性的定性比较分析方法。旅游发展战略策划中战略思想、发展目标、战略重点、发展阶段、总体措施等内容的提出与制定都是基于对旅游地的背景环境分析的基础之上的。SWOT 分析具有显著的结构化和系统性的特征，就结构化而言，首先在形式上，SWOT 分析法表现为构造 SWOT 结构矩阵，并对矩阵的不同区域赋予不同的分析意义；其次在内容上，SWOT 分析法的主要理论基础也强调从结构分析入手对对象的外部环境和内部资源进行分析。这一特质决定 SWOT 分析非常适合去解决旅游地的社会经济背景、旅游资源条件、市场竞争态势以及旅游发展历史和现状等综合问题，并得出一个定性的结论。PEST 是一种区域所处宏观环境分析的模型，PEST 分析与外部总体环境的因素互相结合就可归纳出 SWOT 分析中的机会与威胁。可以说，SWOT 分析法和 PEST 分析是一对相辅相成的定性分析方法，因而在旅游发展战略策划时两者往往被结合起来一起使用。

SWOT 分析法又叫作态势分析法，四个字母分别代表分析区域发展旅游的优势（Strength）、劣势（Weakness）、机会（Opportunity）和威胁（Threat）；而 PEST 代表分析区域旅游发展环境中的政治（Political）、经济（Economic）、社会（Social）和科学技术（Technical）方面。SWOT-PEST 分析法实际上强调的是区域旅游发展中的优势、劣势、机遇和威胁，达到把握机遇、发挥优势、转化劣势和逃避威胁，最终实现区域内旅游持续稳定发展的最终目的。它作为一种环境扫描方法可以用于战略策划的任何阶段，不只是一种"此时此地"的分析，既可以用于预测，以影响战略执行，也可以应用于检验，以修正战略策划。

在应用 SWOT-PEST 分析法时，需要分别对旅游地所面临的政治、经济、社会、科技等方面的优势、劣势、机会和威胁进行系统分析和总结概括。其中，优势是相对于竞争对手而言的，优势分析主要是着眼于区域自身的实力及其与竞争对手的比较，而机会和威胁这些外部条件可能是对所有旅游地而言的，有利机会可能对其他旅游地也有益，威胁也不仅是对旅游本地，机会和威胁分析应在分析外部环境变化对区域可能影响的基础上，分析同样的外部环境对谁更有利或更不利。同时，在应用 SWOT-PEST 分析法时还要注意用全面的、一分为二的眼光看待问题，有些因素可能既是优势，也是劣势，如旅游业起步较晚，产业发展还远远达不到完善的地步；有些条件可能既是机遇，也是挑战，如全球经济的一体化和中国加入世界贸易组织承诺的最终兑现等，这些都是双刃剑。

【策划纪实】

《浙江省安吉县孝丰镇旅游发展总体规划》之旅游 SWOT 分析

1. 优势（Strength）

（1）无可替代的城市发展优势。这种优势来自三个方面：一是孝丰镇经济实力排在安吉县前列，实力和地位都仅次于递铺，但旅游接待规模偏小，在安吉旅游市场规模中所占比重太小，与其经济规模不符，有很大的扩展空间。孝丰作为安吉县旅游目的地的重要组成部分，这将有利于拓展旅游市场空间。二是孝丰与递铺许多地块相邻，行政地缘优势非常明显，未来递孝同城，可将孝丰作为安吉县优雅竹城的新经济增长点来培育和发展，这将进一步强化孝丰对安吉旅游业的旅游吸引功能和经济文化扩散功能。三是正在建设的高速、省道均途经孝丰区域，交通便捷的优势将直接影响可通达性以及游客的流量结构。

（2）得天独厚的旅游资源优势。山为海拔 800 米的大王山，水为浙北第一库，适于开发以高山滨水为特色的生态休闲度假旅游。山地丘陵生态、河流湖泊等这些旅游资源适应面广、包容性强，只要对它们进行合理的包装与深化，就能提升孝丰旅游品牌影响力，为孝丰拓展旅游市场提供广阔的操作空间。

（3）内涵丰富的文化特色优势。孝丰因孝出名，凭城生辉，孝文化品牌在区域内具有独特性。孝丰旅游的魂是文化，历史长期的积淀与发展，融合灵秀山水与优美生态，既使孝子文化熠熠生辉，同时也孕育了斑斓多彩的原生态文化，古镇、老街、节庆和饮食等特色文化源远流长。

（4）空气清新的生态环境优势。孝丰地处亚热带季风气候区，自然生态别具一格；其地形地貌，属于沿河中、低山体，沿河岸线地势相对低缓；拥有丘陵与河系、山峦与坡谷、湖泊与低地等多样而优越的自然生态环境。这种立体空间条件，为规划区发展提供了 3 个有利条件：一是孝丰所依托的腹地地势平坦，不仅有利于休闲度假旅游活动的发展，也适宜于人居环境景观的建设与发展，以及滨河景观与河道水系景观的布局与构建。二是孝丰境内的低山丘陵，因其地理单元的独立性与山内空间的平原化，不仅有利于发展高效生态观光农业，而且还有利于开发休闲体验的乡村旅游项目。三是孝丰全年Ⅰ—Ⅱ级空气质量天数近 360 天，生态环境保持一流，是天然"大氧吧"，这种气候条件非常适宜居家生活、观光休闲、养生康复等旅游活动的开展。

2. 劣势（Weakness）

（1）旅游目的地形象严重缺失。就现状而言，孝丰旅游市场份额很小，旅游知名度不高。从游客感知的角度来分析，孝丰目前完全属于旅游"感知灰度区"。在游客心目中，旅游概念不清晰，形象不突出，呈现为模糊或灰度的状态。

（2）旅游资源瓶颈十分突出。孝丰缺乏大体量的旅游资源，难以有效形成有广泛号召力的旅游产品。孝文化产品虽然具有一定个性，但毕竟不属于"新、奇、特"范畴，旅游资源瓶颈依然十分突出。

（3）旅游产业基础十分薄弱。总体来说，孝丰镇相关配套设施薄弱，产业发展关联度不高。要景区没景区，要酒店没酒店。

3. 机会（Opportunity）

（1）中国旅游业快速发展的机遇。中国旅游业稳定、健康、持续地快速发展，人们追求休闲生活方式的日益凸显，使得孝丰休闲旅游发展前景更加广阔。

（2）长三角客源市场不断增容的机遇。以上海为龙头的长三角地区已经成为中国社会经济发展最活跃的地区，最新的调查统计显示，长三角地区的两省一市，正在中国经济版图中形成居民生活水平相对较高的"富裕高原"。这为孝丰培养了有效的潜在客源市场，必将有助于旅游消费的增长。

（3）安吉旅游持续火爆的机遇。孝丰借力安吉旅游持续火爆的东风，发展前景十分广阔。

4. 威胁（Threat）

（1）区域同质产品形成竞争威胁。孝丰的旅游资源集中在"山、河、林、水"等多个方面，以此为核心概念开发、构建的旅游产品体系，由于资源-产品同质化的客观存在所制约，面临着周边区域同质产品常年的挑战与威胁。

（2）降低运作成本面临竞争威胁。周边同质市场上的休闲旅游，不断推出大投入的新项目和具有竞争性的市场营销活动，以及旅游者休闲选择的时段变化，又会促使孝丰别无选择地提升接待服务质量、增加项目创新力度、强化市场营销工作。这些举措的实施，将直接引起孝丰旅游运作成本的提高，减少经营活动的赢利机会。

5. SWOT 分析结论

（1）旅游发展外部环境良好，但内部产业要素有待整合。无论是国家产业政策宏观导向，还是安吉中国美丽乡村建设，都为孝丰旅游提供了千载难逢的外部发展良机。孝丰应该紧跟社会经济发展需要，抓住机遇，大力发展旅游，加强内部产业要素的整合。

（2）旅游资源具有比较优势，但旅游产品有待出新。孝丰旅游资源丰富，具有很好的开发基础和比较优势。但孝丰旅游产品有待进一步出新、出奇。

（3）旅游产业化水平较低，旅游软硬件建设有待突破。孝丰旅游发展中的硬件建设亟待突破，特别是酒店住宿，这项基础性的旅游硬件设施严重滞后。从软件角度讲，旅游服务水平较差，无法提供高质量的旅游全过程服务。

（4）立足区域比较有潜力但不具竞争力，区域合作任重道远。立足区域比较，孝丰在旅游资源上、区位条件上，都具有一定的优势，与报福、杭垓等可形成资源互补，这说明孝丰在长三角具有一定的发展潜力。孝丰应该积极利用这些优势，在内部进一步整合资源，整体发展，在外部积极拓展与环灵峰山、递铺的一体化依存关系，加强与龙王山及周边报福、杭垓就市场对接、产品互补等进行合作发展，充分发挥能动性，融入安吉的旅游经济辐射圈。

（二）区域分析法

区域分析法是战略性的、地域性的，它关注宏观性的、全局性的、地区和地区之间关键性重大问题，强调策划要在各地区各自特殊性的基础上因地制宜、扬长避短，反映出不同的地域特色。

区域分析法在旅游发展战略策划中的影响主要体现在以下三个方面：首先，通过区域对比确定策划对象的特色，也就是把区域旅游资源与周边地区进行比较；其次要从全局的高度判断策划对象各个层次区域层面旅游发展在社会经济中的地位和作用，这一判断往往从多个层次上对策划对象展开分析；最后，重视区域旅游竞争和合作。同一区域中的不同旅游地为了自身旅游的发展，为争夺更多的客源展开了激烈竞争；同时又为了共同抵御风险、满足旅游者需求，开始寻求旅游合作与协作，从而形成了既有竞争又有合作的局面。通过区域分析可以识别竞争对手与合作伙伴，有区别地进行战略策划，有针对性地采取竞争策略和合作措施，从而提高竞争力。

（三）案例分析法

由于社会发展的速度变得越来越快，旅游发展的变数也越来越多。旅游策划中的旅游发展战略策划是决定一个区域内未来相当长时间内的范式，影响较为深远。一旦决策失误，将会极大地影响该区域内旅游发展的进程。所以在进行旅游发展战略策划决策之前，有必要针对不同的发展场景做一个全面的衡量和比较，避免自身方案可能造成的疏漏和片面，同时也能够给区域旅游发展的决策者提供一个多样性的参考和选择，来应对激烈变化的市场。另外，与旅游规划研究和制定强调的概念不同，旅游发展战略策划更加注重具体的实施，因而案例的比较分析，可以衡量自身的策划方案与实际实施之间的差距，从而做出更利于实际的调整。

任务五　旅游发展战略策划的实施与评估

→)【案例导入】▷▷▷

洛阳国际文化旅游名城战略策划方案

（一）战略思路

1. 转型升级，休闲为王

观光没有目的地，只有休闲才有目的地。洛阳要想从通风口变成聚宝盆，必须强化休闲平台的建设，在观光游的基础上大力发展休闲、度假、体验游。

洛阳旅游产业的转型升级迫在眉睫，同时也是洛阳打造国际文化旅游名城的关键。

2. 主次分明，众星拱月

伤其十指不如断其一指，星斗满天不如皓月当空。洛阳旅游应该营造出一个主次有序、众星拱月的新格局。

因此，洛阳应该集中精力抓紧抓好对洛阳古都品牌具有强大支撑力的重点项目建设，作出市场示范效应，带动市场均衡繁荣，树立城市旅游形象和口碑，促进全域洛阳范围内其他项目良性进展。

3. 中心开花，重点突破

洛阳亟需城市客厅，需要向世界展示魅力的形象窗口。建议在伊洛之间的洛阳主城区打造一个代表洛阳城市形象的客厅区或窗口区。

另外在全市之内选取具有代表性的项目作为全市重点突破项目，明确责任人，集全市之力实现开发建设，通过这几盘名厨大菜共同支撑起洛阳这桌文化盛宴。

4. 关注高端，接轨国际

高端休闲和文化体验是打造国际文化旅游名城的必需，也是体现洛阳国色天香帝王都的重要方面。针对洛阳目前高端旅游休闲设施相当欠缺的状况，应该以接轨国际的姿态去精心打造高尔夫球场、主题酒店、游艇、温泉 SPA 等高端旅游休闲产品，使洛阳旅游形成健康健全的高中低产品线阵容。

国际化之路也是洛阳必经之路。洛阳要通过高举高打，在国际旅游市场上逐渐树立自己的城市旅游品牌形象。

（二）战略定位

洛阳以"国际文化旅游名城"为战略目标，打造世界级古都文化休闲目的地。

（三）形象定位

中国洛阳：一个国色天香的地方。

洛阳，集千年帝都的华贵和牡丹花城的优雅于一体，融华夏文化的渊深与自然山水的优美于一炉，非仅有黄河文明的厚重，更兼具江南风貌的娴雅。千年国色天香之地，现代宜人休闲之都。

"十三朝古都"选择哪一朝，的确难以割舍。然而，洛阳也未必一定要在突出哪个朝代的文化上过分纠结。因为"十三朝古都"的称呼，本身就意味着洛阳是"全能冠军"而不是"单项冠军"，突出任何一个朝代，洛阳都是不完整的。所以我们认为，洛阳完全可以从这个纠结中跳出来，把洛阳的"四大优势"统筹起来，从国际化、市场化的视角，将其旅游形象定位概括为一句话——中国洛阳，一个国色天香的地方。

文明原点、丝绸起点、帝王之都以及洛阳牡丹，都是洛阳可以代表的"国之颜色"；雍容华贵的姚黄魏紫和鬼斧神工的山水风光，也都是上天赐予洛阳的可以"香"飘万里的"奇葩"。因此，要把洛阳所有的特色和优势综合起来、用最少的文字来形容洛阳的话，那就是"国色天香"。我们认为，全世界只有洛阳，是唯一堪称"国色天香"的古都，这是洛阳最能区别于其他旅游城市的特色。如果把"国际文化旅游名城"打造好，"国色天香"的洛阳必将横空出世，光耀于世界历史文化名都之林。

（四）功能定位

东方锦绣神都，华夏文明原点。

东方锦绣神都：洛阳山川锦绣，是中国历史上唯一被称为神都的地方。这是一座神秘神奇神采飞扬神韵迷人的古都。今日洛阳，集帝都、艺都、花都、佛都、夏都、皇帝密都等之内涵于一体，构成与其他任何古都都不同的内涵与个性魅力。

华夏文明原点：河洛地区是中华文明的源头所在。河洛风便是中原风，中原风便是中华文化的主脉，是中华民族的根脉所在。在民族复兴的进程中，洛阳理当回归华夏文明朝圣地的本位。

【任务描述】

旅游发展战略策划方案完成后需要进行多方面多类型的评估与完善，这样才能防止方案在实施中出现问题，评估中发现旅游发展战略策划方案出现的问题可能出现在旅游发展战略策划方案建立的各个步骤里，应对已完成的旅游发展战略策划方案逐步评估并对整体进行全局评价。

旅游发展战略策划的评估主要是对策划方案的每个步骤进行三大块的分析评价，即策划目标是否正确，策划方案是否合理，策划实施是否可行，也可视为对"做什么""怎么做""能够做"三个方面进行分别和总体的评估。对照旅游策划方案建立的程序进行初步的评估后，再依据8D理论评判是否能够符合旅游发展战略策划的目标，最后在实施的过程中进行实际的评估，如果出现问题，便能够及时解决，不产生重大问题。

下面展示战略评估的四大问题，在具体战略策划的评估中，一定要注意是否出现了这四个普遍问题，防止做出失败的旅游发展战略策划。

【任务实施】

一、趋势把握中的问题

环境扫描是旅游发展战略策划的第一步，也是奠定后续分析的基础，因而它的问题至关重要。分析区域发展旅游的优劣势大部分是用来描述其内部因素的，因而旅游发展战略策划人员在考察区域内优劣势时，可能会带有一些偏见。也许是"只缘身在此山中"，所以"不识庐山真面目"了吧。因此，最好是广泛搜集不同行业、不同层面、不同部门的意见。通常通过对不同意见的争论，可以得出有意义的且不那么庞杂的优劣势一览表，其意图在于找出简短的、大家都能够接受的显著的优、劣势。

相比较而言，机会和威胁是区域发展旅游外部环境的一部分。它们可以是由如下因素导致的：社会变迁，人口变化，政策变化，技术进步，消费者态度和行为的变化，市场需求或成本的变化等。由于涉及面广，信息量大，所以并不是每一个隐藏的机会和威胁都能够被旅游策划人员发现，但是横向与纵向的比较是必需的，必要的时候还需要"回炉重造"。当我们拿出一张得到普遍赞同的机会、威胁分析表时，理应再回头看看优劣势分析表。例如，法规控制的变化可能意味着你可以将区域的某些特征归为优势或者劣势。通过这样不断地反复推敲，环境扫描才能在旅游发展战略策划中起到真正的作用。

同环境扫描中优、劣势的分析一样，因为涉及自我评价的因素，内部情况分析与评价也容易受到主观意识的影响，因而广泛地寻求其他途径的意见、建议和看法是十分重要的。但除此之外，在环境扫描、内部情况分析与评价中各自存在的优劣势分析之间还存在着一个主次关系的问题，即工作重心是放在外部矛盾之上，还是内部矛盾之上。

一方面，可以从哲学的角度去解决这个问题。唯物辩证法认为事物的内部矛盾（即内因）是事物自身运动的源泉和动力，是事物发展的根本原因。外部矛盾（即外因）是事物发展、变化的第二位的原因。内因是变化的根据，外因是变化的条件，外因通过内因起作用。就此来看，内部情况分析与评价中的优劣势分析才是最终影响旅游发展战略策划成功与否的主要因素，因此应得到特别的重视。

另一方面，可以从旅游发展战略策划的既定程序来解决这个问题。为了保证旅游发展战略策划方案的合理性和高成功率，现代旅游发展战略策划不可避免地趋向程序化和阶段性。程序化的旅游发展战略策划并不排除策划者的个人因素，但这种策划不是完全地或主要地依赖个人的能力和经验，而是在科学理论的指导下，严格按照逻辑推理程序进行的。外部环境的优劣势分析主要是为更好地对内部情况中的优劣势分析打好基础，只有通过这样一环扣一环的程序化分析，旅游发展战略策划才是一个严谨的、合理的战略策划过程。

二、战略目标设置中的问题

旅游发展战略目标是用来规范和引导今后相当长一段时间内旅游事业发展的宏观管理和科学决策的。旅游发展战略目标的确定，将决定旅游业的发展速度和发展方向，是整个旅游策划都需要围绕展开的核心，是旅游发展的纲领性指标体系。因此，战略目标的合理与否，直接关系到旅游事业发展的成功与否。战略目标定得过大或者过小、过于超前或者过于落后，都会极大地影响最终目标能否实现。

因此，在旅游发展战略策划的阶段确定旅游发展的战略目标，就是要从构建旅游产业体系的目的出发，观察目前旅游业对区域经济的贡献率、内外部旅游发展的主客观环境并在可见期内对旅游产业有一个明确的定位，梳理旅游业对某些行业的重要性和联动效应，估计旅游业的收益乘数和就业乘数效应等。只有这样，旅游发展战略目标的确定才会有理可依、有据可循。

三、战略方案确定中的问题

旅游发展战略方案是为旅游发展战略目标的实现而提出的可操作性的行动计划，旅游发展战略方案的确定，不仅对旅游事业的发展，对区域的社会、经济和环境等各方面都会带来影响。上文指出，在旅游发展战略策划中往往有几个备选方案，但确定下来的只能有一个。一个合理的方案，应具备以下三个条件。

1. 方案应具有可实施性

方案本身要符合本区域的实际情况，包括人力、物力、时间和财力；此外，还要有此方案实施时所具备的外部条件。

2. 方案应得到领导的信任和支持

战略策划方案能否顺利推行、执行到底，与领导的信任和支持程度有很大的关系。因为推行一个策划方案到最终实现战略目标，往往需要大量的资金投入。而在推行之初，看不到任何效果，如果领导意志不坚定，对战略方案的信心产生动摇，支持和信任的程度降低，就会使战略目标难以实现，甚至在半途就会夭折。

3. 方案应得到其他部门的支持和配合

方案的实施除了领导的支持，还需要其他部门的全力配合。作为总体战略策划的方案，由于涉及面广、牵涉性强，必然会涉及方方面面的部门。如果是对一个地区进行策划，那么其他部门就包括园林、建设、环保、规划部门等；如果是对旅游企业的项目策划，那么其他部门就是企业内部的各个部门。因此，在战略策划方案制定之初，就必须与其他部门沟通、协商，最好是能够请各个部门的领导直接参与到战略策划的商讨中来。这种经过大家共同制定的策划方案，是大家所参与的、认可的方案，可以得到各部门的全力支持和配合。

四、战略实施修正中的问题

实施一项旅游策划需要较长的时间，花费较多的经费，所以一项旅游发展战略策划在全部付诸实践之前，必然会经过不断的修改和调整。而且旅游发展战略策划是一种常规条件下的旅游预谋，不确定的因素很多，既有旅游组织自身条件变化等因素，又有旅游组织外部客观环境变化等因素。加之旅游业是一个服务性行业，具有易进入性和脆弱性等特点，一桩无法预料的事或者一个根本看不出联系的因素都有可能直接或间接地影响旅游发展战略策划方案的最终实现。在这种情况下，就需要对原有的战略策划方案进行修正和调整。但变或者不变，都存在着未知的风险，无论选择哪一个，都需要以下几个标准来评定。

1. 调整方案是否与当时的实际情况相吻合

旅游策划从最开始到策划完成，再到策划方案的最终实施，会经历一个长期的过程。在进行旅游发展战略策划时所面临的实际情况必然与策划方案最终实施时所面临的实际情况有所不同，因而在旅游发展战略策划中，无论是战略目标、战略思想、战略重点还是战略阶段、战略布局、战略措施等方面，都必须保持与实际情况相一致的步伐。这是旅游发展战略策划是否进行调整和修正的基本依据。

2. 调整方案是否更有利于旅游事业的发展

旅游发展战略策划方案的最终目的就是指导整个旅游策划过程，引领旅游事业的前进方向，因而是否调整旅游发展战略策划方案应看它是否更有利于旅游事业的发展。

3. 调整方案是否更加高效

无论是整个旅游策划过程，还是旅游发展战略策划所设计的旅游事业发展路径，都应该以便捷和高效作为重要的选择标准。如果调整后的方案更加符合这一条件，理应果断地改变原有的方案。

【任务训练】

旅游发展战略策划思维训练。

1. 实训目标

（1）结合案例，训练战略思维。

（2）培养旅游发展战略策划的实务操作能力。

2. 实训内容与方法

（1）以小组为单位，利用课余时间，选择 1～2 个旅游地进行调查与访问。

（2）在调查访问之前，每个小组需要根据课程所学知识，并经过讨论制订调查访问的提纲，包括调研的主要问题与具体安排。具体可参考下列问题。

① 该旅游地的情况，包括旅游项目开发前的情况、现在的情况以及未来的预期。

② 该旅游项目的优势、劣势、问题与不足。

③ 重点访问旅游项目的各级管理者，向他们了解旅游发展战略策划方案的制定过程与实施情况。

④ 访问或分发问卷，调研各年龄段的旅游者，掌握旅游发展战略策划的实施成效。

⑤ 如果由你对该旅游策划项目的原始情况进行策划，你该如何进行策划？

（3）调查访问结束后，组织课堂交流与讨论，进行头脑风暴，每个小组形成一份旅游发展战略策划案并对策划案进行 20～25 分钟的宣讲展示。

3. 标准与评估

（1）标准：实地调查，并能用旅游发展战略策划理论与教学内容进行已有旅游发展战略策划方案的分析与新战略策划方案的建立。

（2）评估：以小组为单位，对其他小组的策划案进行点评打分；加上老师对各个小组的策划案进行点评和给分。

【复习思考题】

1. 如何理解旅游发展战略策划的原则。

2. 阐述波特模型在旅游策划中的应用。

3. 解释 SWOT-PEST 分析法的要义。

项目五

旅游项目创意策划

学习目标

知识目标：

1. 了解旅游项目的含义、分类和项目策划的程序等基础知识。

2. 掌握旅游项目策划的主体内容和功能区内游憩活动项目的配置。

3. 掌握旅游项目策划中的创意方法。

解说视频

技能目标：

1. 能按照项目策划的程序制订旅游项目策划的计划。

2. 掌握旅游项目策划程序的步骤及前后的逻辑关系。

3. 掌握游憩活动策划的内容及其策划要点。

4. 能够根据项目的基础条件，灵活选用旅游项目策划中的创意方法。

任务一 旅游项目的含义及其策划的内容和程序

【任务导入】

安吉文化旅游策划项目策划

安吉县历史悠久，古代文物和遗存古迹较多。远在新石器时代就已有人类在此居住，县城北部安乐村北山坡新石器时代马家浜文化后期遗址，曾出土了大量这一时期的石器和陶器。现有省级文物保护单位 5 处，县级文物保护单位 10 处，是浙江省文化底蕴较为深厚的县市之一。主要资源及其开发问题如下。

（一）人类遗址及其开发问题

1. 人类遗址

安乐遗址。 在今地铺镇北部的安乐村窑墩，面积约 1000 平方米，文化层厚约 30～60 厘米。有鱼鳍形、扁凿形、舌形夹砂红陶鼎足，石锛、石镞等石器和回字纹、曲折纹、菱形纹、云雷纹等印纹陶片。

秦汉时期的古城遗址。 古代的故鄣城遗址就位于今天安城镇西北境的古城村。1989 年，经批准为省级重点文物保护单位。现西北角城墙保存较好，城内陶器残片堆积丰富，以汉代陶片为主，也有战国时代纹硬陶片。城南龙山坡上，土墩密集，为汉时墓地。

笔架山、龙山墓群。 位于安城镇北境的笔架山和西境古城龙山的春秋、战国古墓群，共有 380 余座。

2. 开发问题

安吉早期人类遗址发掘很多并且均具有较高的考古历史价值。但问题是，这类遗址总体观赏度不够高，参与性差，作为大众旅游产品，很难有吸引力。余姚河姆渡遗址尚且遭遇曲高和寡的尴尬，影响力和知名度均远不如河姆渡遗址的安吉早期人类遗址，其旅游开发的价值及人们对于它的期望，自然不应过高。

（二）吴昌硕故居及其开发问题

吴昌硕故居在鄣吴村中心，系 200 多年前建成的砖瓦结构房屋，朝向西南，"溪南静室"是他读书写字的书室。以后，故居损坏较多，1987 年全面维修，保持原貌，再现清代中叶的建筑风格，具有较高的艺术性。为了纪念这位艺术大师，在安吉县城地铺镇兴建了吴昌硕纪念馆。

作为一代艺术大师，吴昌硕的确知名度很高甚至在日本等地也有一定的影响。因而其开发价值较高，但问题是开发难度太大。放眼中国，放眼历史长河，名人之多，可谓汗牛充栋，以吴昌硕作为一个艺术大师的身份，其影响和知名度毕竟无法同一代圣人和伟人相提并论，再说人们普遍对故居一类资源不感兴趣，而且苏州、上海、杭州、长兴等地都已程度不同地进行过开发，昌硕故居开发之难可以想见。

（三）灵芝塔、东岳行宫碑和灵峰寺及其开发问题

灵芝塔位于安吉县安城镇马家渡南山。塔呈八面九层，砖结构实心，塔身秀长，高约 23 米。反映了五代吴越时期的建筑技术成就。距今已一千多年。

东岳行宫碑，在今安城镇灵芝塔东南约一公里处，这里，曾设"东岳行宫"，落成于政和二年（公元 1112 年），次年立碑。行宫早废，而碑石独存。

灵峰寺，坐落在安吉县灵峰林场灵峰山的大雄峰下，始建于五代后梁开平元年（公元 907 年），后历经宋、元、明、清多次重修。

天下名山僧占多，宗教建筑和宗教景观在全国各地可谓比比皆是，似乎已成为旅游的一棵常青树和不老树，而且都有不菲的经济效益和社会效益，因而可以进行修复和恢复。

（四）独松关及其开发问题

独松关位于安吉县东南，与杭州市余杭区毗连的独松岭上。岭路险狭，东南通杭州，西北通安吉去广德，为江浙两境步骑争逐之地，是杭州北面的天然屏障。

就关隘而言，其影响、地位和知名度当然不能与山海关、嘉峪关等相提并论，但独松关自有独松关的可爱，而且其军事和邮驿的双重功能，加之江浙南方市场目前还没有个案推出，因而其开发潜力较大，而且也比较符合现代旅游者多元化的旅游需求。

（五）安城及其开发问题

安城为明初至 20 世纪安吉政治、经济、文化中心。城墙保存基本完整，除东门因修公路拆除、北门顶部口有部分拆掉外，其他两门保存基本完好。现存城墙高 4.5 米左右（原是 5 米多）。

安城古城墙保存如此完整，在浙江省内的确并不多见，但可惜有"墙"无城，古城风貌破坏殆尽，加之安城政治经济地位今非昔比，开发难度之大可以想象。

安吉文化资源，不仅零散，而且总体愉悦度一般，这恐怕是一个不争的事实。不过，好在"天无绝人之路"，文化资源和文化旅游资源以及文化旅游产品之间并不存在一种必然的对应的联系，因而，安吉文化旅游存在发展的空间。

安吉县旅游局领导来到上海，要求我们给他们出一个旅游策划/规划方案。

请区别实践部门需要做的是旅游项目策划还是旅游规划？

【任务描述】

旅游项目策划是旅游策划中的一个很重要的部分，通常是在旅游规划编制中完成了旅游功能布局之后，各功能区需要进行项目策划。本书着重介绍了旅游项目及其分类，需要掌握旅游项目策划与旅游规划的关系与区别。

【任务实施】

一、旅游项目策划的含义

（一）旅游项目的概念

项目是一个广泛的概念，现实生活中的许多领域都使用"项目"一词来表达某一特定的事物，如运动项目、开发项目等。旅游项目是旅游开发、规划和建设中经常使用的一个词，旅游项目开发的内容和模式多种多样，关于旅游项目的含义的看法也十分宽泛，不同的学者和机构有不同的解释。

林南枝、陶汉军认为旅游项目是指仅为旅游活动而兴建或以促进旅游目标实现为主而投资建设的项目。它可以是单项工程，也可以由多个单项工程组成，但必须是在一个总体设计或初步设计范围内，经济上实行统一核算，行政上实行统一管理的基本建设单位。

肖星等认为旅游项目是指旅游地开发商或旅游经营者为实现特定旅游发展目标，整合旅游资源和环境条件所开发出的具有一定旅游功能和经济、社会、环境效益，能吸引旅游者并促进当地旅游业发展的项目或项目综合体的总称。

张书林认为旅游项目是普通项目概念的延伸，是指为旅游活动或为实现旅游发展目标而投资建设的基本建设单位，是在科学分析、总结旅游消费者的需要、动机及行为方式的基础上，为刺激消费者的消费欲望，从而取得利润的经济活动单位。

从游客的角度来看，游客都希望存在比较系统的教育，提供给游客的活动和项目必须满足游人参与的意愿，游客通过参与能够自行获得一定的教育。大部分游人并不愿意被过分地教育，但是愿意回应那些学习过程是机智的、幽默的和有趣的项目。

尽管人们对旅游项目的看法不完全相同，但旅游项目具有以下特点：①旅游项目应对游客具有吸引力。②旅游项目具有一定的功能。③旅游项目要能实现开发者的目标。旅游项目是指为完成旅游开发目标而规划投资的一系列项目组合，从内容上来看，既有单项的，也有综合性的，旅游项目是以旅游吸引物为核心的满足旅游活动各种功能的实体和事件。

（二）旅游项目的分类

旅游项目是一个开放的系统，旅游项目包含了旅游业各个要素，其中旅游吸引物要素是具有观赏和娱乐功能的游憩项目的核心。随着市场竞争的日趋激烈和旅游需求的不断变化，必然要求旅游开发项目也不断地推陈出新。按不同的分类方法，旅游项目可分作多种类型，如表5-1。

表 5-1　旅游项目分类表

分类	项目
按项依托的旅游资源性质分类	观光类项目、文博类项目、科考类项目、娱乐类项目、康养类项目、体育拓展类项目
按旅游业的要素分类	景区景点项目、饭店建设项目、旅游餐饮项目、游乐设施项目、旅游商品开发项目、旅游交通建设项目等
按旅游主体的年龄分类	儿童(亲子)旅游项目、青少年旅游项目、成人旅游项目、老人旅游项目、特殊人群旅游项目
按旅游者的消费档次分类	高档旅游项目、中档旅游项目、低档旅游项目
按旅游项目的空间分布分类	室内旅游项目、室外旅游项目
按活动的参与程度分类	主动型项目、被动型项目

本书关注的重点是具有娱乐功能的项目。从娱乐的功能来看，具有娱乐功能的旅游项目与游憩项目的含义是一致的。游憩英文为 Recreation，来自拉丁语，本意是轻松、平静、自愿活动，用于恢复精力。早在 1933 年，城市规划领域的《雅典宪章》就提出游憩是城市四大功能即居住、工作、游憩、交通之一。1951 年 10 月，清华大学营建系翻译此宪章时用的是"游息"，现在一般称为"游憩"。❶

游客来到景区的活动通常依景区的类型不同而不同，度假区和露营旅游地的项目就有所不同。度假区的项目以游客到马耳他地中海俱乐部的行程特色为例，水上项目有游泳池、风浪板、风帆船、独木舟、浮潜、水中有氧操；陆上项目有健身房、伸展操、力量训练、有氧舞蹈、阶梯有氧、沙滩排球、沙滩足球；文娱项目有阳光热舞、午后游戏、娱乐晚会、沙滩游戏等。露营地的休闲娱乐区会设计营火晚会、攀岩等户外活动和魔术、故事会等各类娱乐活动。而文化旅游景区的项目则是在保留历史文化遗迹原貌的基础上，建设展示场馆项目优化文化特色。旅游项目是一个开放的系统，随着市场竞争的日趋激烈和市场需求的不断变化，满足市场需求的游憩项目也不断地推陈出新。

（三）旅游项目策划

 安吉文化旅游资源的开发方向

旅游项目策划至关重要，一个经过成功策划包装并实施的旅游项目，在投放市场转化为旅游产品后，能增强其竞争力。❷

对旅游项目策划的认识因对旅游项目看法的不同而不同。从策划工作的特点来看，王新军认为它是一个旅游区项目创意和组织的过程，它要求专家系统具有广泛的知识结构，提出旅游项目的构思，并进行相应的可行性论证，对市场的认知要进行市场细分、目标市场确定、消费潜能分析，以确认所创意项目的可行性。从策划的目的来看，林南枝、陶汉军认为旅游项目策划就是依据旅游市场的需求和旅游地的资源优势，对旅游地旅游项目的构思、畅想和创造性地谋划。它是旅游产品创新的源泉，旅游项目策划的目的，是通过改变原有形象和超越某些限制等途径，对旅游产品进行研制、发展、优化、创造或增加旅游地的吸引力，从而获取更高的经济效益。从策划的理论支撑来看，张书林认为旅游项目策划是一门处于旅游学与策划学之间的边缘科学。它丰富发展了旅游学与策划学的内容，它是旅游走向市场化、产业化、商业化的必然产物，旅游业一旦走向市场，便需要策划业的并肩前行。

从需要策划的旅游项目来看，游憩项目策划的任务最多，甚至旅游项目策划指的就是游憩项目策划，具体地也可以看成是游憩方式的设计。

游憩项目是旅游产品供应方为游客提供游憩活动的场所设施及活动节目。游憩项目策划

---

❶ 马惠娣. 西方城市游憩空间规划与设计探析. 齐鲁学刊，2005 (6)：147-153.

❷ 林挺. 旅游项目策划的误区及对策. 中国旅游报，2007-01-15 (007).

构思的起点是游客的需求和欲望。有吸引力的项目才能够受到游客的欢迎，要使项目有新意。策划者要具有出奇的想象力，要能超越资源条件的限制，想到非常人所想的事物。

旅游项目策划与旅游规划有时会被混淆，旅游项目策划与旅游规划具有相同的目标，都是对旅游发展达到未来目标的一种谋划和构想。但是它们在范围、对象、内容和方法等方面既相互联系又有区别。旅游活动项目的策划是旅游规划的重要组成部分，是游憩功能区内项目的具体落实。在范围方面，旅游项目策划研究范围较小，是局部；旅游规划研究范围较宽，是整体。在对象方面，旅游项目策划研究的是具体一个旅游项目的研制和谋划，是以具体旅游活动，或具体产品的实现为研究对象。旅游规划是对旅游发展整体部署，是以产业和区域发展整体为研究对象，其中包含了一系列旅游项目。旅游规划是以系列旅游项目体系研究为主要内容，是对旅游发展的思路、目标、重点、措施整体谋划。具体包括产业发展目标及指标，旅游项目策划创意、游览观光体系规划、娱乐体系规划、旅游线路组织规划、接待体系规划、支撑保障规划、形象与营销策划、环境保护与生态保育规划、文化保护与社会发展规划、旅游资本运营等诸多方面。

【思考与讨论】

分别举例说明旅游项目策划与旅游规划的差别，并从实践角度说明旅游项目策划与旅游规划的区别。

【任务训练】

1. 实训目标
（1）加深对旅游项目概念与相关概念的辨析与理解。
（2）结合实际认识旅游规划中旅游项目策划的重要作用。
（3）培养旅游项目策划创意的能力，培养创新思维策划能力。

2. 实训内容与方法
（1）选择你身边熟悉的旅游景区，或查阅旅游景区网站，归纳该景区的旅游项目。
（2）比较旅游规划和旅游策划文案，分析二者文案内容的异同，深入理解其内涵。

3. 标准与评估
（1）标准：能够对旅游策划项目与旅游规划项目进行较为恰当的概括，并能对二者进行区分。
（2）评估：①按照实训要求撰写短文，作为平时作业。②可就作业心得与班级同学进行交流，按照归纳和分析能力进行评估。

二、旅游项目策划的程序

旅游项目策划实践涉及若干步骤，每个步骤具有先后程序。本部分的学习，首先需要了解并掌握旅游项目策划的程序及不同阶段的策划任务，理清旅游策划前后步骤之间的相互关系。

张述林对国内旅游项目策划程序进行研究，归纳了二种观点。

观点一是旅游项目策划程序包括旅游项目的创意、甄别创意、新项目发展与试验、新项目形成、新项目检验推向市场阶段。

（1）创意阶段。寻求尽可能多的创意机会，为开发旅游新项目创造较多的可能性。创意来源包括：①了解旅游者提出的意见，综合整理并分析这些意见，最后转化为创意。②召集旅游项目策划人员及有关方面的专家一起座谈，激发创意。③从旅游中间代理商那里获得创意。

（2）甄别创意阶段。考虑两个因素：①该创意是否与旅游项目的发展目标相适应，如是否与利润目标、销售目标、旅游形象目标等相适应。②旅游开发者有无足够的能力开发这种创意。如是否有一定的资金能力、旅游项目开发所需要的技术能力、资源供给能力、旅游市场营销能力等。

（3）旅游新项目发展与试验阶段。根据市场调研分析的结果，确定旅游新项目的内容、形式、特点、建设等，并加以组合，形成多个试验性新项目方案进行试运营。

（4）旅游新项目形成阶段。根据市场试运营的情况，分析目标市场的行为、规模、结构以及项目在目标市场上的定位，试运营阶段的接待量营业额、市场占有率、利润等情况。如果与旅游项目发展目标相一致，那么新项目开发成功。

（5）旅游新项目检验推向市场阶段。根据游后评论信息对旅游新项目加以修整、改进，以最佳市场组合形式将旅游项目正式推向市场。

观点二是旅游项目策划的流程包括目标确立、概念挖掘、主题开发、创意成形和项目推销 5 个阶段。

（1）目标确立阶段。旅游地一般会根据自身的资源实力、社会经济环境制定的长远战略发展方向和预期目标，为旅游产品的开发指明方向。旅游项目策划必须服从旅游地的发展战略，紧紧围绕战略发展目标进行统筹规划。

（2）概念挖掘阶段。第一步，搜集环境信息，包括旅游客源市场的分析、旅游资源状况、可进入性及周边地区旅游发展状况等。第二步，项目策划人运用自己反复实践的经验认识，引进他人的经验认识，发掘市场机会。第三步，从机会和信息中抽出系列前提，从经验认识中得出系列假设，对系列的前提和假设进行汇集、排列、组合，形成项目轮廓。第四步，对项目轮廓进一步挖掘，逐渐明朗具体化，形成了项目策划的产品概念。

（3）主题开发阶段。将产品概念进一步提炼，升华成为形象化、情节化甚至戏剧化的主题，对消费者产生足够的吸引力和感染力。在产品概念产生与主题开发的先后顺序上，二者可以对调，有的是先有产品概念，而后有主题，有的就是先从主题开始，再产生一系列构思，进而发展成产品概念和具体构思。

（4）创意成形阶段。以"轻重相权选其重，急缓相权选其急"为原则，依据项目的具体情况进行构思，构思完成以后，项目策划人还需要分析项目实施的支撑保障系统，如资金、基础设施、经营管理等通过筛选和整理，落实项目在时空上的具体分布，形成项目的具体实施战略。

（5）项目推销阶段。要成功实施一个旅游项目策划方案，还需要通过策划人的说服力，将其推销出去，一本好的策划书不但要具有丰富翔实的内容，而且还要用生动的、吸引人的表现方式，如附一些旅游资源分布图，项目的布局图，客源市场分布图等。成功实施策划方案需要策划人具备说服力，得到投资者的认可，获得政府及相关部门的支持。

两种流程的内容具有共同性，但策划的流程和突出的重点有所不同，观点一是先提出创意，然后对创意与目标的匹配进行筛选，观点二首先是确定项目的目标，然后进行概念和主题开发，在此基础上为达到目标而需要进行创意；观点一强调试验，观点二强调对概念和主题的开发。

上述程序各步骤中，事关策划成败的关键是项目的主题定位、市场定位和功能定位。主题定位是旅游项目策划的灵魂，一定区域内要开发建设的旅游项目都是围绕某一主题而设计的。主题是旅游项目所要表现的内涵，它决定着项目的吸引力和开发的效果；市场定位是项目面向的市场，以使项目的供求在数量、结构和层次上达到一致；功能定位，包括观光、娱乐、休闲、养生、锻炼、教育基地、营地等各类功能或复合功能的确定，这些功能直接面向游客，由旅游者能够直接体验到的旅游资源所形成的产品所承载，主题定位、功能定位等步骤将构成旅游项目策划的重点。

任务二　旅游项目策划的主体内容及其策划要点

【任务描述】

在了解并掌握旅游活动项目策划的程序后，紧接着就是确定旅游项目策划的主体内容，并进行旅游与游憩项目设计，设计的内容包括游憩方式设计、景观设计、商业模式设计等，游憩项目策划要考虑众多因素，围绕旅游区的品牌形象进行创意，根据旅游景区的性质和类型配置相应的活动项目，旅游项目策划的主体内容是针对目标、主题、市场和功能进行定位。

【任务实施】

一、游憩活动项目的内容——四个定位

游憩活动项目定位就是针对市场机会和资源优势，确定项目的独特风格。定位如同写文章的题目与命题，项目的旅游策划方案也要确定它的主题是什么？它的主要功能是什么？它的市场在哪里？它要建立的形象和实现的目标是什么？旅游项目策划的主体内容是四个定位，包括目标定位、主题定位、市场定位、功能定位等。

（一）目标定位

目标定位策划是对所要达到的目标进行筹划。目标定位将给予旅游投资者一个理想的愿景，不仅为投资项目起导向作用，还可以成为投资者运作项目的动力。作为总体规划组成部分的项目策划任务，其策划目标的确定是以旅游规划目标为基础，符合区域发展目标。而作为独立的项目策划任务，旅游项目策划的最终目标是要通过该项目的运营获得预期的价值，因此，旅游项目的定位往往与该旅游地的整体旅游发展方向有关，例如，某地旅游项目策划的目标是力争在一定时期将策划项目建设成某地最具特色的生态型旅游区，重要的避暑胜地，国家 AAAAA 级精品旅游区等。

（二）主题定位

主题是旅游策划的灵魂，是贯穿整个旅游策划项目始终的一条主线，它统率着整个项目策划的创意、构想、方案、形象等要素，使其有机组合成一个完整的规划作品。❶ 无论是多样化的旅游资源，还是旅游接待设施的建设，如果有了清晰独特、引人入胜的主题，并且项目按照主题进行整合打造，将会提升旅游吸引力。主题的确定关系到旅游策划的目标和所突出的特色，是旅游策划活动的中心、依据和旅游立意的起点。❷ 因此，主题的"创意"和"立意"必须立足高、前瞻性强。策划一个独特、有创意的主题，才能在竞争激烈的市场中立于不败之地，并且充满活力，不断发展。

❶ 沈祖祥. 旅游策划——理论、方法与定制化原创样本. 上海：复旦大学出版社，2007：422.
❷ 陈扬乐. 旅游策划原理、方法与实践. 武汉：华中科技大学出版社，2009：16.

主题定位具有两方面的作用：第一，主题是旅游项目内涵与中心理念的表现，是整个项目方案构建的依据。离开主题策划，旅游项目的各个系统便失去了中心，从而成为一盘散沙而无法使游客留下深刻的印象，也无法与其他项目形成差异而失去特色。第二，主题是策划个性化项目的依托，个性化通过主题表现出来，没有主题，也就失去了个性化，失去了项目的灵魂。例如，在众多湿地公园中，无锡的梁鸿国家湿地公园不仅拥有得天独厚江南水乡自然环境，更是以吴地3200年的历史文化和梁鸿孟光"举案齐眉"的美好传说为主题，突出与其他国家湿地公园不同的特色。

　　旅游项目主题集中体现三个方面的意愿：一是项目要达到的目标；二是项目的个性，即特点；三是游客的心理需求。表现主题的构思叫创意，创意就是通过创造一种意境来表达主题，通过创意将目标、个性和游客心理完美融合起来，创造出新、美、奇的意念，让人留下鲜明印象。

　　主题需要用文字予以表达，是对项目名称的高度概括和浓缩。主题的表达、确定必须正确、突出、深刻，具有鲜明的个性和艺术性，符合旅游者的心理需求。例如，深圳东部华侨城的大侠谷生态乐园的"发现之旅"主题区，以未来地球生态为主题，虚拟生态环境已严重破坏，各地发生各类毁灭性灾难，形成系列环境警示项目，如太空之旅、地心之旅、飓风救险水战船、山洪暴发等，让游客在惊险刺激的体验中加深对自然灾害的了解，学到自救互救的宝贵知识。

　　好的主题需要浓缩产品精华，要具有理论说服力、项目吸引力、情绪感染力和冲击力（有时是震撼力）。例如，无锡灵山大佛旅游景区的九龙灌浴项目，就是一个令游客感到震撼的佛教文化旅游项目。九龙灌浴是一座古铜色的铜制莲花台九条飞龙和八位形态各异的仙女模样的供养人环绕着巨大的水池。表演的时候，先是六片巨大的莲花瓣随着音乐徐徐绽开，然后一尊释迦牟尼金身太子的佛像便从莲花中冉冉升起，同时周围的九条龙就会一齐喷射出30多米高的弧形水柱直冲天际，在空中轰然交汇，为太子佛像沐浴。

　　主题的选择一般基于旅游项目所在地的旅游要素，结合当地的地脉、文脉、人脉等特征，运用各种方法和技巧进行充分论证、反复推敲和归纳总结而得出。①文脉挖掘。文脉是指旅游景区所在地的人文地理背景，包括当地的历史、社会、经济文化等人文地理特征。挖掘文化旅游资源的独特性，提炼文化旅游资源自身所具备的历史、文化等价值，形成项目的主题，如梁鸿国家湿地公园的吴地文化主题。②地脉挖掘。地脉是景区所在地的自然地理脉络，它代表着区域自然地理的地域性、季节性和整体性等显著特征。创造性的主题选择对当地的地理要素进行了系统广泛的挖掘而提炼的。例如，青海循化县的孟达天池景区地处黄土高原向青藏高原的过渡地带，气候温和，多雨，整个景区被十分稠密的森林团团包围，该景区的主题形象定位为"高原西双版纳，黄河上游流动的风情画廊"。③人脉挖掘。依托旅游景区所在地的名人文化，挖掘与名人有关的旅游资源，策划人物主题项目。例如，梁鸿国家湿地公园挖掘梁鸿和孟光举案齐眉的故事，策划举案齐眉项目。

　　主题创造可以采用对比的方法。马勇等提出可以从三个方面进行主题选择和创造：①中西渗透，是指从中国和西方的文化出发进行主题的选择和挖掘，比较双方的历史文化背景，选取具有关联性的题材要素，策划一种题材宽泛的文化氛围，支撑项目的发展。②传统与现代相融合，是指在尊重本地文化传统的基础上，运用现代科技进行生动的表现和再造，营造一种复古氛围，其中的科技元素又能够升华原有的主题。③民族与时尚相统一，既可以挖掘本地的民族特色也可以通过移植中国乃至世界各地不同的风土人情，表现多彩的民族特色，形成另外一种时尚，满足时尚人群广泛的、普及性的需求。[1]

（三）市场定位

市场定位的目的，是确立市场营销的主攻方向。包括确定客源目标市场、细分市场等，为旅游项目策划找到细化的依据。市场定位可以按照传统方式，分为基础市场、主体市场、机会市场；也可以按照细分结构，形成重要性、营销时序、区域分布和类别划分四维构造的综合形态。市场定位策划要深入研究现实的和潜在的旅游市场的需求变化，为有针对地策划开发新、奇、特的旅游项目提供依据，通过开发满足特定游客偏好的参与性和体验性的旅游新项目，达到精准吸引游客的目的。

（四）功能定位

功能定位决定了旅游项目策划的活动内容。黄郁成认为旅游项目的核心内容是如何向旅游者提供合适的旅游体验，对项目的策划者来说，就是项目应该具有哪些功能。[2]

旅游项目功能定位是对游憩活动的主要内容及其主要服务形式的界定，可以围绕六要素进行细分并展开，结合游憩方式，构建系统的综合功能结构。其中游憩活动的功能定位是指观光、游憩、休闲、养生、锻炼、教育、露营、探险等功能的策划，服务形式的定位包括住宿、餐饮、交通、商业和咨询等服务形式的定位。

旅游项目的功能定位应注意：①明确旅游项目的功能和性质。②便于进行旅游项目功能评价。③有利于开阔旅游产品设计的思路。项目的功能定位要摆脱现有旅游结构框架的束缚，为未来旅游产品的设计和项目功能的改进创造条件。

一项成功的旅游策划必须具备复合性的功能。旅游功能支撑着旅游项目的发展，是旅游项目体系、旅游主题创造的延伸，是旅游者的利益满足点。[3] 旅游项目的功能体现在旅游吸引物和相关的旅游设施上，其中体现在旅游吸引物上的功能以游憩功能为主，这是旅游项目策划的重心，是旅游者目光的聚焦点，反映了旅游者的主要价值诉求。体现在旅游吸引物上的功能定位一般都要结合项目的主题、项目内容以及旅游项目所在地的资源、环境等主要特征来确定，例如，海滨旅游地以度假、休闲为主要功能，温泉旅游胜地以养身、度假、会议等为主要功能，传统的旅游项目策划采用单一的表现手法，通常借助现有的旅游资源，策划静态观光型和陈列式的基础旅游旅游项目，比如自然山水观光项目、博物馆等参观游览项目，旅游者只能被动地接收，主要给旅游者带来视觉体验，其他感官体验有限，而现代旅游项目策划则追求复合型多功能。例如，上海明珠湖景区是上海崇明岛西部水上游乐度假区和西部生态农业观光旅游的主要区域，环湖建设水源涵养林，种植了香樟、广玉兰等，沿岸密布的闲花野草供观赏，人们可以在林间小道漫步、跑步，也可以骑着自行车环湖；临湖而建的鱼类标本馆，供游客认知与鱼类互动；儿童拓展区供孩童嬉戏；快艇、游船和滑索等项目，完整地体现了农业观光和水上游乐度假的功能。

旅游者的消费需求以及各种技术手段的发展，为旅游项目的多种功能综合和升级换代创造了有利的条件，一项成功的旅游项目策划应该为游客创造一种立体式的感官功能体验，包括观赏方式、观赏路线、游乐设施、场景布置、体验模式等，具体表现为：动静搭配，写实与虚拟相烘托，写实即反映真实的文

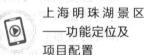

上海明珠湖景区
——功能定位及
项目配置

❶ 马勇，何凤云. 旅游项目策划的六大成功要素（上）. 中国旅游报，2007-01-17（16）.
❷ 黄郁成. 新概念旅游开发. 北京：对外经济贸易大学出版社，2002：128.
❸ 马勇，何凤云. 旅游项目策划的六大成功要素（下）. 中国旅游报，2007-01-24（14）.

化、真实的场景，虚拟即运用现代技术创造梦幻、奇特的氛围，升华真实的元素。雅俗同台，即将优雅的艺术元素与民间的生活艺术结合在一起，形成一种雅俗共赏的文化项目。[1] 例如，杭州的宋城景区拥有怪街、佛山、市井街、宋城河等景点，打铁铺、酒坊、染坊、陶泥坊、特色小吃等七十二行老作坊鳞次栉比，越剧、木偶戏、皮影戏、布袋偶等表演此起彼伏，失落古城、四大剧院、四大佛窟、十余项高科技游乐项目使其成为人气最旺的主题公园。

二、权衡各方对游憩项目的诉求

游憩项目策划是决定旅游目的地是否具有吸引力的关键。游憩指的是个人或团体于闲暇时从事的任何活动，它令人感到自由愉悦，获得满足的体验，具有日常性、随意性，是现代社会人们放松精神和身体的一种休闲方式。从游客行为活动的特征来看，游赏娱乐是最纯粹的游憩活动，而住宿饮食项目首先要满足生活必需，在此基础上追求品位和品质，带有享受和休闲的性质，交通项目首先满足旅行的基本需求，在此基础上增加舒适性和享受性的需要。

游憩项目是旅游产品供应方为游客提供游憩活动的场所设施及活动节目，项目策划的不同参与者，考虑问题的角度会有所不同，策划要考虑各方面的诉求。

第一，游客的需求和欲望是项目构思的起点，有吸引力的项目才能够受到游客的欢迎，因此项目策划要做到有新意、有趣味。

第二，经营者对项目开发及升级换代的设想是建立在了解项目开发的约束条件前提下，旅游项目的开发建设是在衡量生产能力、开发前景和经济效益等因素的前提下，才能确定项目开发的可行性。

第三，策划者往往标新立异，充分发挥想象力，甚至超越资源条件的限制创造独特体验的旅游项目。现代科技的发展，为旅游项目的创新提供了新的人工手段。例如，利用室内大空间，可不受天气、气候影响形成全天候的活动场所。挖水堆山，叠山理水，造就新的自然景观。例如，深圳东部华侨城的大峡谷主题景区，创造了中国海滨第一人工瀑布，瀑布宽300米，地形高差70米，水流落差42米高，蔚然壮观。各类机械娱乐项目更是花样百出，无奇不有，极大地满足游客追求趣味、勇于探险的需要。

体验型项目包括乡村旅游中的农作体验项目、捕获体验和手工制作等项目。农作体验项目，让游客感受"春天播种的希望、夏天成长的快乐、秋天收获的喜悦、冬天节日的喜气"。让游客在体验劳动乐趣、播种希望的同时，也享受自己的劳动成果。捕获体验包括采摘和捕鱼、捞鱼等体验。儿童和文艺青年们还喜欢一种自己动手做的项目，例如自己制作陶器等。

郊野公园的游憩活动项目可以是徒步、骑自行车和骑马等。在郊野公园中，徒步游览是最关键、最综合、最广泛适用，也是最大限度接触自然的一种游憩活动，策划时要注意游览路线在景观选线、路径设计、沿途设施和施工管理等方面的完善。徒步游览以距离长短可分为长途远足路径和短途徒步路径，按难易程度可分为探险型与休闲型徒步路径，按活动内容可分为自然赏景路径、自然教育路径、健身路径及多功能路径等。在欧美国家，山地自行车是普遍受欢迎的运动，郊野公园里有为此专门规划设计或与徒步路径混合的路径。主要分成初级（Novice cycle trail）、高级（Advanced cycle trail）和更高难度的离开铺装道路（Off road cycle trail）的山地自行车路线。还有的郊野公园设置滑轮线路、野营、攀岩、丛林野战等项目。

---

❶ 马勇，何凤云. 旅游项目策划的六大成功要素（上）. 中国旅游报，2007-01-17（16）.

深圳东部华侨城大侠谷
景区瀑布景观

 上海嘉北郊野公园
的游憩活动项目

三、根据旅游区的性质和类型配置相应的活动项目

旅游区游憩项目的策划依据景区性质的不同而不同，主题公园围绕主题设计项目，自然景区依据资源的适应性设计项目。

例如，就游憩活动项目而言，上海野生动物园的项目包括火烈鸟互动、河马投喂、长颈鹿互动、羊驼和袋鼠互动等，而湿地公园的游憩项目包括水景、宣教类和湿地亲水体验类项目。

对于宣教类项目，可以建设独立的博物馆，也可以在游客中心配置展示馆。博物馆的内容体现景区的性质。例如，湿地公园可以是湿地宣教中心，湿地博物馆，湿地植物园、动物园和科学园，宣教图片展览室，动植物标本馆等；地质公园类景区会建设一些休闲娱乐类项目，包括垂钓、泛舟、儿童乐园、拓展项目等。不同类型的景区娱乐活动的方式有自身的特色。例如，无锡田园东方综合体设置了各类垂钓项目。

四、围绕旅游区的品牌形象策划游憩项目

景区游憩项目设计除了与景区的性质相一致，一些景区的游憩项目是进行产品差异化和提高核心竞争力的主打项目，例如，上海松江欢乐谷共有娱乐及观赏项目百余项，但是让游客体验最深刻的项目是景区的四大过山车。它们是：①"古木游龙"项目，是世界上最古老的过山车形式，也是中国首台木质过山车。带给游客超过 10 次的太空零重力感受，挑战"生命不能承受之轻"，带来 1200 米的呼啸之旅，历时 3 分钟左右。②"绝顶雄风"项目是全球新一代无底板跌落式过山车，被誉为"世界上最刺激的过山车"。③"蓝月飞车"项目，在 30 米的高空俯冲，时速近 100 公里/小时，通过侧滑与疾速达到极致的刺激体验。④"大摆锤"项目结合了失重、晕眩、快速等所有过山车体验。这些都是上海欢乐谷和深圳与北京欢乐谷等同类主题公园和娱乐场所的不同之处。

 无锡田园东方的
垂钓项目

【任务训练】

1. 实训目标

（1）熟记并理解掌握旅游策划的程序。

（2）培养初步运用旅游项目策划的程序理论对旅游项目进行策划的能力。

2. 实训内容与方法

（1）以小组为单位，利用课余时间，选择某一旅游目的地的 1 个旅游项目进行项目策划。

（2）在调查访问之前，每个小组需要根据课程所学知识，并经过讨论制订旅游项目策划方案的提纲，按照旅游策划程序的步骤，对小组成员进行各自的分工与具体安排，并实施调查与考察。

（3）调查访问结束后，组织一次课堂交流与讨论，进行头脑风暴，每个小组每一位成员要根据自己所承担的策划步骤，形成具体的方案，统稿后形成一份策划案。

（4）以小组为单位，对策划案进行演讲。

3. 标准与评估

（1）标准：必须到真实的旅游项目中做实地调查，并能用旅游项目策划程序理论进行实

地操作。

（2）评估：①每个小组写出一份简要的旅游项目策划方案。②以小组为单位，对其他小组的策划案进行点评。③老师对各个小组的策划案进行点评。

任务三　旅游项目策划中的创意方法

【案例导入】 ▷▷▷

海南浪漫天缘景区

一、背景资料

本项目位于海南省陵水县南湾半岛，南湾半岛面积 26 平方公里（含滩涂面积），海岸线长 20 公里。本项目为猴岛二期项目，与本规划区相关的主要生态旅游资源有水资源、海资源、岛资源、礁资源、沙滩资源、绿地资源、地貌资源、山景资源、动植物资源等。主要人文资源有海岛疍民风情资源、海洋地方物产资源、海岛历史文化资源。

二、该案例地现状表现的三个方面

（1）观光型生态特色旅游景点，是海南生态旅游最主要的景点。

（2）景点地位不断提升，品牌形象基本形成。

（3）持续快速增长，发展势头强劲。

三、旅游开发存在问题研判

（1）属于过境观光型景点，游客停留时间一般不超过 2 小时，消费水平不高，以门票为主。

（2）景区规模小，用于新增项目的空间不多。

（3）景区容量小，接待能力有限，高峰期游客供需矛盾突出。

（4）景区处于自然保护区内，不可能再向保护区扩展。

（5）现阶段接近项目成长的顶峰区域，游客接待量已基本趋于饱和峰值，市场竞争激烈，经营压力增大。

（6）属于海南省东线旅游常规线路中的加点项目，对旅行社依赖性较强，团队游客居多数。

该项目处于猴岛，其海上项目有自身优势面临良好的发展机遇，同时也存在明显劣势并面对巨大挑战。猴岛海上项目能否从众多的海上项目的丛林中脱颖而出，成为海南旅游新的热点和亮点，凭其现有资源及目前通常的海上旅游项目开发模式，难度很大，成功的可能性很小。猴岛海上项目不宜模仿类似西岛的大众化游乐中心开发模式，因为在海南类似西岛的海上运动游乐中心众多，且项目设置类同，多为水上冲浪、拖曳伞、水上摩托艇、潜水等，猴岛二期海上项目不具备资源优势，如果以同样的方式开发，不具备新意，必然为残酷的市场竞争所淘汰。

【思考与讨论】

基于本项目存在的较多突出问题、劣势以及挑战，我们将采用什么样的创意方法推陈出新呢？解决问题的思路和对策有哪些？

【任务描述】

熟练掌握并灵活运用旅游项目策划的创意方法是做好旅游项目策划工作的重中之重，本项目介绍了在旅游项目策划实践中几个常用的创意方法，大家可以对照相关案例资料掌握这些方法的主要技巧。

【任务实施】

优秀的旅游项目策划酝酿于深思熟虑之中，是策划者集体智慧的结晶。开发成功的项目，关键在于项目创意的起点高、理念新、内涵深、特色强，项目的内容适应市场的需求。项目创意要求具有原创精神，善于挖掘文化要素，应用现代科技技术激活文化内涵，提高项目的附加值。同时要考虑与投资模式和运营模式相结合，投放市场后便于运行。

旅游项目策划中的创意方法主要有以下六种。

一、市场—项目—资源法

市场—项目—资源法是在所有可能的项目种类的基础上，按市场选择、资源制约两大因素进行筛选，直到选定合适的项目。这种方法有五个步骤，第一步是建立旅游项目库。旅游目的地拥有许多特色各异、功能有别、形式不一的旅游项目，建立旅游项目库，可以提供旅游项目策划的基础信息。旅游项目库的建立以旅游项目分类为基础搜集不同的旅游项目，并根据分类罗列旅游项目单元。依据不同的原则和观察方法，可形成多种旅游项目的分类方法。另外，每个大类又可以分为许多子类。例如，娱乐类旅游项目可划分为文化娱乐型、体育娱乐型等，见表5-2。第二步，按资源约束删除不可行项目。第三步，按市场需求对项目进行第一轮选择。第四步，汇总整理投票结果，按项目间的相关性做第二轮选择。第五步，对备选项目再进行汇总，并根据资源、经济、管理因素等进一步讨论和比较，最后确定合适的项目。该方法简单易行，但对市场潜在需求、资源状况的了解可能会受工作条件、认识水平的制约影响到策划的结果。

表 5-2　旅游娱乐项目

娱乐项目的类型	娱乐项目子类
文化娱乐型	影院、剧院、音乐厅、环幕电影、动感电影、水幕电影等
体育娱乐型	滑雪、滑草、健身、高尔夫、球类（网球、保龄球、乒乓球等）、划船、户外极限（滑翔、攀岩）、远足、露营、登山、水上运动（游泳、潜水、冲浪、水上自行车、悠仗球）、漂流等
表演型	民俗表演、历史事件表演、体育竞技表演、动物表演等
参观型	民俗活动、艺术展示等
游乐刺激型	游乐活动、激光靶场等
休闲娱乐型	电子游戏厅、网吧、水吧、书吧、玩具吧、陶吧、工艺自助吧、麻将厅、茶馆、咖啡厅、酒吧、夜总会、舞厅等
农家乐	郊区休闲观光型农家乐（登山、采摘、垂钓、露营、野炊）、乡村度假型农家乐（住农家屋、吃农家饭、学农家活、享农家乐）等
教育类	研学旅游、校园旅游、教育旅游（考古、国学、生物、农业、工业、科技、国防等爱国主义教育基地，冬令营、夏令营）等
特种类	探险旅游（沙漠探险、极地探险）、狩猎旅游、户外素质拓展、定向运动、地质考察、海洋探索、摄影旅游、军事旅游等
生态类	生态观察、郊野体验、生态农业、珍惜生物繁衍基地、自然保育（原始森林、草原、湿地）等
养生类	沐浴疗养（森林浴、空气浴、泥浴、阳光浴、牛奶浴、花浴、沙浴）、宗教养身、中医保健等

二、时空搜寻法

在充分认识现有资源的条件下，从时间轴和空间轴两个向量上分析与本地区位、市场和资源的最佳结合点。时间与空间的结合实际上反映了人类适应特定地域的生存、发展的进化史和文化发展史，沿着时空两个轴可以任意策划不同方向的旅游项目。

具体做法：一是分析该资源在不同历史年代的不同表现形式，可以将这些不同的表现形式再现在需要进行项目策划的规划区域，从而实现该现象的历史在现实的同一时空下的共存，例如在规划区域复原古建筑；二是分析规划区域内同一旅游资源在同一时代，但不同的空间例如在其他省份、其他国度等这些不同地域空间环境下的不同情况。

与时空搜寻法类似的方法有项目归纳法，这种方法是在空间上找寻与旅游目的地相似的地区，在时间上找寻与旅游目的地相似的发展阶段的其他旅游目的地的项目策划，并分析这些项目对于该旅游目的地的相似程度和借鉴意义，从而根据本地的资源、市场等条件进行策划的方法。

上海金山城市沙滩景区
第一届沙雕节主题

三、创意激励法

任何一个旅游规划都不能由某一个人完成，旅游项目的策划和设计也需要集思广益。创意激励法就是利用群体的力量，成立创意小组，加强小组成员之间知识、经验、灵感的互相激励，集思广益，从而激发创意。类似的方法包括头脑风暴法、思维火花撞击法、智能激励法等。

头脑风暴法是指采用会议的形式，召集旅游要素涉及的领域专家，诸如城市、园林、生态、地理、旅游、民俗等各方专家召开座谈会，征询他们对旅游项目开发的意见，把专家对过去历史资料的解释以及对未来的分析，有条理地组织起来，最终由策划者做出统一的结论，在这个基础上，找出各种问题的症结所在，提出针对具体旅游区的旅游项目策划需要的旅游创意。

思维火花撞击法采取讨论的形式，是一种集体思考的方法。这种方法的实施需要旅游项目开发设计主持人邀请旅游相关专家对某一旅游项目的开发问题进行讨论，每个人畅所欲言，提出自己的构思或见解，主持人在这些构思或见解的基础上进一步提炼，升华为更高层次的构思。运用这种方法策划时，策划人要充分地说明策划的主题，提供必要的相关信息，要创造一个便于畅所欲言的自由空间，利于各位专家充分表达自己的想法。这种策划方法要求策划者具备很强的组织能力、民主作风与指导艺术，能够抓住策划的主题，调节讨论气氛，调动专家们的兴奋点，从而更好地挖掘专家们潜在的智慧。

智能激励法是一种通过各种刺激手段不断激发人的创造性思维从而完成策划的方法。智能激励法的具体操作包括：①对某事物进行全面而科学的认识。②对事物的发展和未来状态作大胆的设想和见解，设想可以反复进行，尽量多地提出设想或见解。③在各种设想和见解中选择比较优秀的一种，运用这种设想对具体旅游项目进行策划。

四、专门技术综合法

专门技术综合法是指以艺术、科学等专门技术线索，通过浓缩、拓展、综合再现等途径，塑造和提升旅游地吸引力的方法，其重点在于正确把握符合当地条件、顺应市场需求的科学技术主线，并将之转化为形象生动、参与性强、寓教于乐、环境优美的物化形式，如美国好莱坞摄影基地、迪士尼乐园等。❶

与专门技术综合法类似的方法是综合创意法，综合创意法是指策划人收集有关产品、

---

❶ 吴人韦. 旅游规划理论的结构，地理学与国土研究，2000，16（1）：50-53.

市场、消费群体的信息，进而对旅游项目进行综合分析与思考，在这些过程中打开想象的大门，集中精力进行概括，逐渐形成意境。这种方法的关键是运用综合思维进行构思，就是对客体进行多方面的考察研究，运用多学科的方法和技术，从不同角度、层次和不同方面进行全方位研究构思，各种学科和方法在解决共同的问题中相互作用、相互联系进而综合形成新的理念，创造出旅游项目的意境。这种创意方法需要策划人具有渊博的专业知识，具备一定的策划功底，有以真为本的艺术趣味，并能对想象材料进行集中概括加工。

五、体验设计法

这是一种以旅游者为中心进行旅游项目设计的方法，魏小安、魏诗华提出对旅游项目进行情景化的体验设计，情景规划是进行商业分析的一种工具，首先列举并分析商业活动下一步可能发生的情况，为每种情况各建立一个模型，分别得出在该情况发生时，进一步会发生什么样的情况，需要制订什么样的方案，然后进行多模型多方案的比较，再得出相应的判断。谢佐夫（Nathans hedrof）在《体验设计》中对体验设计的定义是：体验设计是将消费者的参与融入设计中，是企业把服务作为舞台，产品作为道具，环境作为布景，使消费者在商业环境过程中感受到美好的体验过程。这种方法要求从旅游者角度出发，以游客体验为核心，将抽象的旅游情景现实化、具体化，追求差异，产生特色，为旅游者创造全身心的感受，达到提高产品竞争力的目的。

情景规划包括以下步骤：第一是根据情景，形成思路。根据情景，将资源、特色、空间逐一分析，就形成了一个基本根据，在这个基础上，形成思路。例如，滑索体验。第二是创设情景，探索创新。就是要设立主要故事、主题人物，形成主题文化，创设新的情景。例如，广西龙胜黄洛的红瑶族文化。第三是模拟情景，创设规划。在模拟的过程中还需要研究变化，市场情景的导向在这里发挥作用，研究不同的变化情况，就会形成不同的模拟情景。例如，制陶体验。第四是特定情景，特定规划。一类情况是特殊的情景，比如某个资源非常独特，就构成一个特定的情景，需要特定的规划。例如乡村嘉年华。

体验设计情景化：体验设计存在从直接体验出发和从功能出发两个角度。从直接体验出发，就是从旅游者的切身体验出发，即从视觉设计、活动设计、声音设计、味觉和触觉设计几个方面进行设计。从功能出发包括行、住、吃、游、购、娱这六要素。设计时也要考虑六要素之间的相关关系，主要是怎么达到优化配置。核心问题是游，就是一切围绕着游，进行优化配置。

六、借题发挥法

甘肃冶力关景区
溜索体验 2012 年

可采用"古题今做""小题大做""题外巧做"等方法进行旅游项目设计。

古题今做。利用古人留下的文化遗产进行旅游项目策划。例如，素有"七朝古都"之称的开封，在宋朝时是全国的政治、经济、文化中心，也是国际性的大都会，"宋文化"是开封市独有的文化资源。开封以"宋文化"为核心大力发展文化旅游业，把握宋文化这一特色，开发建设了清明上河园景区。

小题大做。意指拿小题目作大文章，在旅游项目策划中指的是要善于以小见大，以小博大，尽管旅游资源条件一般，现有项目不出名，但可以通过附加文化内涵，增加内容和设施，加强宣传等方式来扩大影响。通过小项目折射大内容，进行大开发。例如，常州春秋淹城旅游区以春秋文化为主题，再现历史人文景观，全方位演绎春秋故事。该景区以"小淹城，大春秋""小典故，大文化""小王宫，大乐园"为聚焦点、吸引点和拓展点，采用现代科技手段造景、造势，使得游客处处感受到博大精深的春秋文化氛围。

淹城遗址已经静静沉睡了两千多年，有着丰富的考古价值。为了让现代游客在"穿越"历史中体会文化，需要将古老文化与现代娱乐方式加以融合，让春秋文化与现代文化"无缝对接"。春秋淹城景区在"借题发挥"方面的做法，主要体现在以下三个方面：

一是游乐设施的文化包装，例如"伍子胥过昭关"项目。

二是穿越时空的现代媒体，例如采用影像视频与多媒体互动技术创作大型水影秀演出"烟雨春秋"。

三是手段多样的文化传播，如祈福大典、春秋祭水大典等互动性演出节目。

题外巧做。宋朝大诗人陆游在给他的儿子传授写诗经验时，有一句重要心得："汝果欲学诗，功夫在诗外。"写诗的人讲求功夫在诗外，旅游景区项目的创造也有个"诗外"的功夫，即题外巧作。在项目开发过程中，围绕核心主题，叠加其他文化内涵，进行旅游项目创新，开发带给游客以新感觉的项目。例如，井冈山在旅游项目建设过程中，该市在"高举红色旗帜，做足绿色文章，彰显家园魅力"的旅游发展战略指导下，以"红色摇篮"核心主题，叠加"绿色家园"主题，借助井冈山红色旅游在全国的影响力和知名度，推介井冈山的自然绿色风光，实现以"红"带"绿"，以"绿"衬"红"的旅游项目开发格局。

【任务训练】

旅游项目策划。

1. 实训目标

(1) 结合实战，加深对旅游项目策划的感性认识与理解。

(2) 培养根据旅游项目的实际情况，运用旅游项目策划的创意方法进行策划的能力。

(3) 培养运用创新思维进行项目创新的能力。

2. 实训内容与方法

(1) 以小组为单位，利用课余时间，选择 1~2 个旅游项目进行调查与访谈访问。

(2) 在调查访谈之前，每个小组需要根据课程所学知识，并经过讨论制订调查访问的提纲，包括调研的主要问题与具体安排。具体可参考下列问题。

① 该旅游项目的状况，包括旅游项目开发前的状况、现状以及未来的预期。

② 该旅游项目的优势、劣势、问题与不足。

③ 重点对旅游项目的各级管理者进行访谈，向他们了解旅游项目策划方案、效益情况、大众满意度等。

④ 访问各年龄段的旅游者，了解他们对于旅游项目的满意度、旅游体验。

⑤ 如果由小组根据旅游策划项目的原始情况进行策划，你该如何进行策划？

(3) 调查访谈结束后，用头脑风暴法组织课堂交流与讨论，每个小组形成一份策划案。

(4) 以小组为单位，汇报策划结果。

3. 标准与评估

(1) 标准：必须到真实的旅游项目中做实地调查，并能用旅游项目策划理论进行分析。

(2) 评估：①每个小组写出一份简要的旅游项目策划方案。②以小组为单位，对其他小组的策划案进行点评。③老师对各个小组的策划案进行点评。

【复习思考题】

1. 选择某一大型景区，试分析该景区有哪些项目？使用了什么策划方法？

2. 举例说明哪些景区采用了时空搜寻法和专门技术综合法策划了景区的旅游项目。

3. 阐述旅游与游憩项目策划中主题定位的重要性，并解释项目与主题定位的关系。

4. 比较旅游度假区与森林公园类景区游憩项目策划的区别。

5. 结合实际阐述旅游项目创意中借题发挥的应用。

6. 根据客源市场游憩方式变化和产业升级的需要谈谈如何进行游憩项目创新。

【策划纪实】

为爱痴狂：在海南，感受与众不同的浪漫爱情
——海南浪漫天缘景区项目策划纪实

开卷有益

资源最怕同质，主题最怕相似，产品最怕雷同。但问题是，正因为这些同质、相似或雷同，才足见经典的永恒，热点的恒常。

所以，资源相似并不可怕，题材接近并不畏惧，关键是要在同质资源和同一题材中创出"新意"，策出"新景"，大同之中有小异！

到宁波，到驻马店，感受的是梁祝爱情的"经典"；

到杭州，到西湖，感受的是白蛇传中爱情的"凄惨"；

到秦皇岛，到山海关，感受的是孟姜女爱情的"亘古"和"久远"；

到海南，到中国最浪漫的地方，感受"海枯石烂""海誓山盟"。

思维通路

"借题发挥"

"借题发挥"的原理是：人们在生活中有许多的心愿、梦想和理想，这种生活心愿、理想和人生梦想正是一个无比巨大、无限巨大的开发创意市场，抓住一点、抓住一群、抓住社会的一个方面，使梦幻成真，就会在各个方面创造辉煌。在海南，看到椰风海韵，你想到什么，由浪漫天缘，你又会想到什么？

以规划区可以依托的海洋资源为背景，充分发掘"海枯石烂""海誓山盟"这一海洋资源亮点，形成本区优势和特色，运用简洁、朴实而又不失时尚的表现方法，以"意境"代替"建筑"，以爱情为文化内涵，以爱情意境的营造为重点，通过主题引领下的旅游产品的整体定位、完整组合、集束式开发，为旅游者提供幸福与浪漫爱情的体验，满足人们参与、观光、游览、娱乐、休闲、度假的旅游愿望和目的。

方案聚焦

一是突出热带海岛风光的主题：

猴岛海上项目旅游产品不外乎时髦的生态、热带海岛自然风光和休闲度假三种定位，生态及热带海岛自然风光反映的是猴岛的旅游资源特色，而休闲度假则表明了猴岛海上项目未来的发展方向。要进一步深度挖掘，否则，景区的海上风光就与其他地区雷同，体现不出特色，产品也就没有特别的吸引力。

二是大做蓝色爱情经典文章：

海洋海岛海水自然资源可以挖掘和提升的文化内涵和文化层面很多，例如运动、生命，而本景区确定选择以与"3S"这一有利资源吻合并且与之形成依托的蓝色爱情为发展主题和文化吸引源，提升项目竞争力。

本案最终选择以浪漫天缘为主题进行概念设计的依据：

1. 爱情主题经典永恒

人生最浪漫的事情莫过于恋爱和结婚，爱情主题虽然不新，但却是人类永恒的主题，是棵永远的不老松，具有持久的生命力。

2. 爱情主题题大势高

从品牌塑造空间的角度考虑，爱情题材，势位高，群众基础好，市场空间大，切合中国人文化心理定式，容易引起共鸣和轰动，非一般题材所能比拟。

3. 爱情主题广泛丰富

爱情既是物质的也是精神的，既有民俗的也有文化的，既有有形的也有无形的，既有中国的也有世界的，内涵深刻而丰富，具有广泛性。

4. 海南具有最适宜的天然浪漫的爱情氛围和文化基础

海南是爱情的温床，得天独厚的旅游资源优势，椰风海韵的旅游特色和产品神韵，典型而又适宜的热带海岛气候，相对独立的自然岛屿，显示了海南旅游的独特性。结合爱情要求，海南最具爱情氛围和基础，最适合恋爱、婚姻情侣进行蜜月之旅，浪漫之旅。

5. 爱情是海洋海岛最具张力和吸引力的文化主题

海洋海岛是温馨浪漫现代爱情的代名词，一提起大海，人们首先想到的就是它那温馨浪漫的爱情氛围和特质，海洋几乎成了爱情的另类代名词。

6. "海枯石烂""海誓山盟"的爱情号召力和吸引力

海南拥有的"海枯石烂""海誓山盟"爱情旅游资源，堪称爱情经典中的经典，具有海南海岛爱情的地方特色，极具爱情影响力、吸引力和号召力。

7. 爱情题材吸引力强

从文化的大众性考虑，爱情文化显然更容易为大众所认知，民俗文化的挖掘为景区旅游开发奠定了基础，但仅此而已。如果在猴岛的民俗文化、历史文化与通过挖掘提升赖以存在的爱情文化之间进行选择，相信绝大部分游客选择后者而不是前者。

8. 爱情主题景区的空白

国内打爱情牌的旅游产品不少，然而真正做成适合现代游客需求的爱情主题旅游景区产品的项目在国内还不多见，一旦抢占先机，做大做足，其产品号召力、吸引力、发展空间，都将空前巨大。

创意纪实

内容精选：根据资源特色及其分布，本规划区划分为六个旅游区，并赋予各不相同的开发主题，创造出一系列具有爱情主题的意境单元，使它们互相组合或有机整合，形成既具有内在联系，又各具个性特色的景观意境流，从而达到完善整个景区旅游发展爱情主体构架的目的。其中体现爱情主题的功能区如下。

（一）"海枯石烂"爱情朝圣景区

1. 总体构思

以"海枯石烂"这一爱情经典名言为核心吸引力，规划景区入口、爱神大道、海枯石广场、蝴蝶谷和"七夕圆"石景区，设海枯石烂、爱情圣殿等景点，形成一个以浪漫经典爱情体验及休闲、观光、旅游、购物、游乐为主的爱情主题休闲广场游乐区，确立本景区作为爱情圣地的旅游形象。

2. 项目策划及景观规划

（1）景区入口。入口大门是游客直接感悟景区形象的第一站，应给人一种热烈与纯洁、温馨与浪漫的爱情氛围与感觉。

（2）爱神大道。连接入口大门与广场，为游客进入景区的通道，规划建设集休闲、娱乐、观光于一体的购物休闲步道。

① "心"形零售花车，出售相机、零食、饮料及各种爱情纪念用品。

② "克隆你与我"爱情克隆商店。

③ 试金石。寓意精诚所至，金石为开。

（3）海枯石广场。"海枯石烂"与"天荒地老"是两句最为著名的爱情誓言，（天涯海角实际上不具备太多的爱情概念，至少与海枯石烂相比，并不显得专业，使用频率也没有那么高）"海枯石烂"传说在海南流传甚广，属于海南的"特产"。发掘海南爱情文化这种特色和资源优势，约请若干雕塑家进行雕塑创作，为"海枯石烂"创造一个景点，并在景区落地生根，营造成为中国具有海之恋特色的爱情圣地，并成为景区的视觉中心、标志和象征。

① 以"海枯石烂"雕塑为中心，形成一个开放式爱情主题喷泉广场。

② "海枯石烂"以"海"与"石"为基本依托，形成爱情圣地的意境。

③ 爱情圣殿矗立于广场前，定期或不定期点燃爱情圣火。

④ 放飞各种气球、绸带，广场周围配各种售货凉棚、休闲座椅。

（4）蝴蝶谷。依托南湾半岛丰富的蝴蝶资源，形成生态蝴蝶和文化蝴蝶有机结合的蝴蝶谷景区。

（5）"七夕圆"石景区。利用东侧良好的礁石资源，以牛郎织女七夕传说故事为背景，景区内五颜六色的七彩圆石为载体，将赏石与七夕爱情传说结合在一起，形成以"海之恋"为特色，赏石、玩石为主要内容的休闲娱乐及观光旅游景区。

（二）经典爱情文化观光及体验中心景区

1. 总体构思

以爱情的缘、情、心为主打产品单元，形成中国经典爱情文化观光、休闲及体验中心景区。规划圆缘园、同心园、钻石纪念广场三个景区。

主题形象：浪漫经典，欢乐无限。

主题标志：月老石、中国第一缘石、钻石纪念广场。

产品功能：爱情文化观光、体验及休闲。

2. 项目策划及景观规划

（1）缘园。"缘"是爱情的精髓和精华，讲究"缘"是中国人特有的爱情观和文化传统。整个景区规划按游客的游程顺序，再现男女有情人从"相逢相知"到"相诱相逐"，最后"相爱终生，白头偕老"的罗曼史。

按照以上指导思想，整个景区划分为缘、圆缘、缘圆三个部分，分别再现爱情由相逢、相知到相爱的因缘罗曼史，园区为一半封闭的游憩空间。

① 缘。以当代著名作家钱钟书《围城》中的经典爱情隐喻为规划指导思想，结合景区的入口功能及缘的主题，巧妙地形成集功能、主题、游娱三位于一体的"因缘围城"迷宫入口景观，使游客从中体味因缘"相逢"的曲折。

② 圆缘。以"好事多磨"为线索，为经由迷宫相逢的游客提供一个"相知"的舞台，营造一个温馨、舒适的休闲空间。

③ 缘圆。缘圆，顾名思义，缘的主题在这里得到升华，并修得正果。

规划以缘圆为主题，以求缘、随缘、遂缘为吸引力，建成一个集趣味性、参与性、知识性、观赏性于一体的缘文化观光及休闲体验景区。

（2）同心园。

① 总体构思。以永结同心为主题，以同心锁、同心戒、同心结等为卖点，建成以"同心"爱情为主题的观光休闲娱乐景区，鼓励人们追求忠贞的爱情，让游客在此可感受到"同心"文化的魅力，景区呈两同心园相交布局，营造一种吉祥、喜气的氛围。

② 景观规划。

园门：园门为同心结形状，上边悬挂"同心园"匾额，两边挂"心似双丝网，中有千千结"。

同心锁园：供游客悬挂镌刻有"海枯石烂心不变"的各种类型的同心锁。

天下第一戒：此"戒"为警示"戒"，以各种爱情戒示为内容，形成"天下第一戒"景观。

同一首歌：依托中央电视台《同一首歌》的广泛影响，设计以同心为题材由名诗、名篇、名言集萃而成的《同一首歌》景点。

（三）爱情嘉年华娱乐休闲区

1. 总体构思

体现的是爱情的另一个奇妙世界，欢乐、刺激、神奇、冒险离奇、意想不到、梦想成真、诙谐、标新立异、极高的娱乐性，从而形成以活动、运动、表演为主体的高参与性的爱情娱乐休闲景区。

2. 景观及活动策划

（1）"丘比特"射箭道场。装备先进的自动移靶系统、自动取箭系统、电脑记分系统、射箭区隔屏风、弓箭系统等设备，使游客在其中畅快地感受一次"丘比特"的感觉。

（2）爱情训练营。采用目前盛行的"拓展训练"模式，结合爱情历程中可能遇到的种种险阻，内设项目涉及攀爬、竞技、智慧、毅力、体力等方面。

（3）比武招亲。模仿民间故事中如"雷老虎"比武招亲布置场景。

（四）世界经典爱情文化休闲体验景区

1. 总体构思

以园林绿化手法，突出造型景观，前有园林布局，后有树木成荫，造就各具特色的"蓝草坪""绿草地""红草场"景观。整体呈四片玫瑰花瓣形，以世界经典爱情为题材，景观小品做烘托，突出主题，营造一个幽静、高雅，专供情侣幽会散步的休闲空间。

2. 景观规划

（1）人间伊甸园。伊甸园按《圣经》记载设计成一个生态景区，用各色植物、花卉配上按故事情节设计的雕塑，表达爱情的起源这一主题，功能为欣赏和休憩。

（2）情人园。以情人节为背景创意设计的一个景点，并为一年一度的情人节铺垫。

（3）情感驿站。提供一个幽会和私密的场所，布置各种花草树木，建各种各样风格和档次的幽会阁、亭及石头小屋，供恋人们幽会、谈情说爱。

（4）千年情话墙。标志性景观是一座铭石雕塑，石上刻一名家所书巨大的"情"字，巨石背后刻有主题浮雕，墙正面放置20部挂式情话录音装置，供男女说悄悄话。

（5）吻园。以罗马著名雕塑作品"吻"为核心，以世界第一吻为目标，精选世界经典"吻"的姿势，汇集古今中外"吻"的精彩文字，建成世界上第一个以"吻"为主题的景区——吻园。

（五）阳光爱情海休闲度假中心景区

1. 总体构思

由西部小沙湾和南侧东端的尖岭湾组成。小沙湾位于猴岛西部，小海湾海水水质很好，透明度达3～5米，并有一块新月形沙滩，沙滩平缓，沙质较好。尖岭湾位于南侧东端，现尖岭半岛处。规划为集休闲、观赏、参与、康乐、服务接待等多功能于一体的综合性高档次的休闲度假景区。在项目规划上，突出"精""新""奇"，并体现与众不同的独有特色。

2. 分区规划及项目设计

（1）海上"爱的小屋"温泉休闲度假中心。分别由海上和岛上两部分组成。海上以发展高档度假为主，少而精，采用高脚屋的形式，装修高档，以"廊桥"栈桥连接。

（2）"太阳城"综合服务区。该区为游客提供综合性的服务，规划项目有缘滋缘味美食街、购物中心、婚庆服务中心等。

（3）心语心愿。将此区开垦种上玫瑰，恋人们可以在黄丝带上写上自己的心愿系于许愿树上，也可将心愿写在纸片上放进玻璃瓶里埋入许愿树下，默许心愿，多年后再回到这个爱情岛上来看看自己当年的心愿是否实现，经过尘世沧桑后，体验那种最初单纯的幸福。

（4）海上活动区。该区提供海浴、冲浪、滑板等海上活动项目。

（5）情侣沙滩活动区。设置情侣椅、连理伞，开展多种适合男女青年沙滩活动的项目。

精彩亮点

旅游策划："存小同求大异"

全国各地到处都在做爱情项目主题，也到处听到有人反对做爱情项目主题，因为太多了。而实际是，虽然大家做的都是爱情项目主题，但各有侧重，何况爱情二字很丰富，不同角度都可以解读。在众多爱情字眼中，"浪漫"无疑成了"小异"。旅游策划完全可以存在"小同"，而在各自特色及内涵挖掘上求"大异"。爱情主题旅游策划如此，农家乐旅游策划等也是如此。

世界级的海洋海岛旅游景点和项目，多将浪漫温馨的爱情作为他们宣传促销的恒久主题。夏威夷给人们营造的感知形象是"夏威夷：制造爱情的地方"；泰国的巴雅、印度尼西亚的巴厘岛极力将自己塑造成"浪漫、爱情、天堂"的代名词；马尔代夫更将自己定义为情侣间"蜜月"一词来由的发源地。这些著名的海岛旅游景点都是全世界情侣共同向往的爱情天堂。

项目六
旅游产品策划

学习目标

知识目标：

1. 了解旅游产品的含义及其谱系。
2. 了解旅游产品策划的概念及其产品创新的理论与方法。
3. 掌握不同类型旅游产品的特征。

技能目标：

1. 掌握旅游产品分类标准及其合理划分的方法。
2. 学会把握旅游产品策划的时空特征。
3. 弄清旅游产品策划的基本流程。
4. 掌握不同类型旅游产品的策划要点。

解说视频　高清图片

任务一　旅游产品策划的基本概念

【任务导入】

关于旅游产品，学术界、旅游业界和游客会有不同的看法，如果从学术的角度认识旅游产品，旅游产品是难以策划的，例如，我国早期旅游经济研究者林南枝、陶汉军认为：旅游产品是旅游经营者凭借着旅游吸引物、交通和旅游设施，向旅游者提供的用以满足其旅游活动需求的全部服务，是由多种成分组合而成的整体概念，是以服务形式表现的无形产品。[1] 有些关于旅游产品的解释具有明确的表现形式，例如魏小安、冯宗苏对旅游产品的解释是提供给旅游者消费的各种要素的组合，其典型和传统的市场形式表现为旅游线路，[2] 旅游线路是可以策划的。吴必虎则认为广义的旅游产品是由吸引物、设施和服务三类要素构成，[3] 吸引物、设施和服务也具有明确的指向，这样，旅游产品策划就表现为策划旅游线路、旅游吸引物和旅游设施等。

旅游策划单位从实战出发，也对旅游产品加以界定，例如，绿维创景旅游策划公司对广义的旅游产品的概念界定为，旅游产品是旅游吸引物及其提供过程综合作用的复合体，包含实现一次全程旅游活动所需要的各种服务组合。也就是说，吸引旅游者从惯常生活地区前往一个旅游目的地开展旅游活动的旅游吸引物、旅游过程中游客所享受的服务以及提供服务的设备设施，乃至整个过程中的旅游经历，都属于旅游产品的范畴。

❶　林南枝，陶汉军. 旅游经济学. 2 版. 天津：南开大学出版社，1995：12.
❷　魏小安，冯宗苏. 旅游产品的基础条件与创新. 中国旅游年鉴，1991：141.
❸　吴必虎. 区域旅游规划原理. 北京：中国旅游出版社，2001：233-239.

对于游客来说，旅游产品是什么？是以景区为核心的各种吸引物和吸引事件，景区内拥有吸引游客购买旅游产品的各种景观和活动。我们看到景区导览图上，布满游客可以参观游览的各种活动及相应的价格信息，这便是进入流通领域的产品。

导游图是以产品形式提供给游客的，从上海辰山植物园导游图上，我们可看出上海辰山植物园有中心展示区、植物保育区、五大洲植物区等功能区组成。中心展示区设置了华东植物区、矿坑花园、岩石和药用植物园、水生植物园、展览温室、观赏草园、月季园、木樨园、儿童植物园等20多个专类园，其中热带花果馆、沙生植物馆和珍奇植物馆组成展览温室。导游图还清晰地标明了春夏秋冬一年四季最佳园区及空间分布，为不同类型的游客选择适合自己的游览活动提供帮助。

景区在什么情况下会进行旅游产品策划？

第一种情况是对新开发的旅游景区进行规划时，要在规划中的功能分区划分之后，根据不同分区的资源特色和功能需求，结合景区未来旅游市场的发展定位，构架景区特有的、主题形象鲜明的旅游产品体系。也就是说，特定的景区会根据功能区的市场、主题形象等定位，策划相应的产品体系，体现该景区的特色。例如，文化类景区，可能开发文化娱乐主题产品、休闲度假类活动项目、文化教育产品等系列产品。乡村旅游类景点需要开发休闲型乡村旅游、观光型乡村旅游、乡村文化旅游等系列产品。上述两类景区都含有休闲型旅游产品，但是由于资源不同，旅游产品的形态也不一样。与文化旅游相比，乡村的活动可以结合农事活动，策划插秧、收割、挤牛奶、放牧等农业旅游产品。

第二种情况是旅游景区发展到一定阶段，需要对景区内原有的旅游产品进行转型、优化和升级，对景区内的旅游产品进行重新创意。出现这种情况的景区，是面对新的市场变化趋势，景区旅游产品可能会存在以下问题：旅游产品类型单一、文化内涵不深、同质化严重、参与性较差、体验感不足等，于是需要对接市场需求、挖掘科普知识和文化内涵、利用高科技提升体验效果，面对同质化进行差异化的定位，进行主题旅游产品策划等。

第三种情况是基于游客需求的线路产品策划。游客进入景区，在时间约束和对景区的活动内容和空间走向较为陌生的情况下，需要针对不同的需求进行线路策划。例如，上海野生动物园为双休日及节假日推出游览线路A，周一至周五的非周末时间，推荐线路B，夜游园推荐线路C。杭州西溪湿地也向不同偏好的游客推出经典一日游、西溪向晚游、渔夫之旅、生态科普游、西溪影视外景游、文化历史探寻游、健康徒步游。

【任务描述】

面对实践提出的旅游产品策划，要学会从不同的角度和层面认识旅游产品，掌握现实中所有可能的产品类型，形成对旅游产品策划体系构成的认知，掌握不同类型旅游产品的策划要点，在此基础上，根据实践提出的任务，确定所面临的产品策划类型和组合。

【任务实施】

一、旅游产品谱系

旅游产品指旅游资源通过开发利用和包装策划提供给旅游者的旅游吸引物与服务的组合，即旅游目的地向游客提供一次旅游活动所需要的各种服务的总和。国内学者中对旅游产品的定义一般从供需两个角度给出：从旅游需求角度来看，旅游产品对旅游者来说是为了获得物质上、精神上的满足，通过花费一定的货币、时间和精力所获得的一次旅游经历；从旅游供给角度来看，旅游产品是指旅游经营者为了满足旅游者在旅游活动中的各种需要，凭借各种旅游设备设施和环境条件向旅游客源市场提供的全部服务要素的总和。这种定义方法是从一次旅游活动的综合性特征来界定的。从一次旅游活动来看，需要不同的单项产品的供应者分不同的时间和空间来提供，旅游交通、旅游景区、酒店和餐馆都属于单项旅游产品。

对旅游产品如何进行分类，学者和实践部门没有形成统一的意见，甚至将旅游产品与旅游资源混淆在一起。国外学者 Middleton 等针对资源基础的吸引物分类，提出了供给谱。❶ 我国旅游规划界所指的旅游产品谱，实际上是基于需求对应资源特征的旅游产品分类体系，主要涉及观光旅游产品、度假旅游产品、休闲旅游产品以及专题旅游产品等。表 6-1 是旅游产品谱系表。

表 6-1　旅游产品谱系表

主打产品系列	产品细分类型	产品支撑景区
观光旅游产品	地质地貌景观观赏	地质公园、风景名胜区
	水景观赏	湖泊、河流、冰海、湿地、泉瀑、水库等景区
	动植物观赏	动植物园、森林公园、自然保护区
度假旅游产品	山地度假	森林度假区、山区度假酒店、温泉度假区、峡谷度假区
	乡村度假	乡村民宿、田园综合体
休闲旅游产品	滨水休闲产品	河、湖水岸，湿地公园，滨海沙滩等
	乡村休闲旅游产品	田园、农场、特色农业基地、特色养殖示范村等
	城市休闲娱乐产品	风情街区、城市公园、商业休闲街和广场、文化场馆、演艺中心
	康健运动旅游产品	生态运动培训基地、潜水基地、漂流、军事体验基地、野营基地
专题旅游产品	夏冬令营产品	青少年野营基地
	拓展训练产品	户外营地
	爱国教育游	历史博物馆
	自驾车旅游	古代交通线路、现代交通较少覆盖地等线路
	探险游	高山探险、原始森林探险、沙漠探险等
	节会	民族节日、农业产品商贸展、竞技大赛、商贸交流博览会等节事活动
	美食游	特色农产品、无污染五谷杂粮、湖鲜海鲜、山林野菜等菜肴
	购物游	特色商品、纪念品、土特产品、无污染农产品等商店
	商务考察游	商贸洽谈会、业务考察活动

二、旅游产品策划的认识分异

旅游产品策划是指在对旅游资源的区域分布、可进入性、旅游者对资源的感知、认知以及市场（需求市场与供给市场）情况调查研究，掌握第一手数据后，充分把握旅游资源自身所具备的价值（历史价值、艺术价值、文化价值、科学价值）、品质和特色，设计出满足客源市场需求，有独特竞争力的旅游产品的过程。❷

由于旅游产品的概念可以从不同的角度界定，旅游产品策划也可以从不同的角度理解。

从需求的角度，旅游产品策划就是将旅游资源直接转化为旅游产品或产品组合，便于游客享用。例如，游客可以进入进行旅游活动的旅游景区，也可能是满足特殊经历

---

❶ 吴必虎. 区域旅游规划原理. 北京：中国旅游出版社，2001：245.

❷ 杨振之，陈谨. 旅游产品策划的理论与实证研究. 四川师范大学学报（社会科学版），2006（4）：105-110.

的独特旅游产品，例如，探险旅游产品等。因此，基于游客角度策划的旅游产品，就是游客可购买可享用的观光旅游产品、文化旅游产品、休闲旅游产品或具体的主题旅游产品等。

从供给的角度，旅游产品策划是一次旅游活动所需的整体旅游产品的各环节上提供的服务及其组合策划。既可以是单项旅游产品提供者各自产品的策划，也可以是满足特定需求的旅游产品组合策划，具体表现为景区、酒店、餐饮、交通等旅游诸要素产品的策划，以及旅行社对旅游线路上的旅游产品组合策划，是在对旅游资源进行市场调查，通过创意形成、创意筛选、市场定位、概念形成和市场可行性分析后，为产品开发做好先导的过程。

旅游产品策划是旅游规划的重要组成部分，从规划的角度看，旅游产品策划是旅游规划中一个十分重要的步骤，它是指对旅游区旅游资源、客源市场、基础支撑条件和总体定位进行通盘考虑后，对提炼出的旅游吸引物进行包装和设计，丰富其内涵和外延，在融入了自然和人文要素后最终形成的旅游吸引物质和现象。旅游产品的开发策划必须与旅游区开发主题和性质相吻合，同时，旅游产品的层次和丰度，以及对旅游市场的适应能力也是旅游产品策划需要关注的重点。

三、基于不同开发导向的旅游产品策划

从开发导向出发，旅游产品策划可以分为基于资源导向的旅游产品策划和基于市场导向的旅游产品策划。

基于资源导向的旅游产品策划，是以资源作为根本，重视对旅游资源自身特色的把握，脱离旅游资源特色而策划出的旅游产品大多是满足一时的商业炒作，最终难以给游客留下深刻的印象。成功的旅游产品策划应是旅游资源特色在逻辑上的必然延伸，因此对旅游资源要进行科学的评估，对旅游资源的吸引力进行综合评价，过高的评价有可能难以获得市场的认同，评价过低，则可能策划、开发出来的旅游产品不能展示出旅游资源的魅力，或者使本可以开发的旅游资源的价值被忽视。

基于市场导向的旅游产品策划是在原赋旅游资源比较匮乏的情况下所进行的旅游产品策划。这类重点在于创意性策划，即以本地历史文化和自然环境为支撑，创造性地打造人无我有的游玩方式以适应游客需求。因此，策划旅游产品时，要对不同细分市场的需求十分熟悉，确定明确的市场目标，然后围绕明确的市场目标，创造性地策划具有核心吸引力的项目。合理进行六要素功能配置，包括空间结构配置、景观配置等。由于这类产品一般需要高投入，因此，旅游产品的策划还包括营销模式和运营模式的策划。

任务二　旅游产品策划的理论基础与创新方法

【任务导入】

我国旅游发展现状仍欠缺 旅游产品亟待创新

中广网北京 5 月 19 日消息（记者汤一亮）据中国之声《央广新闻》报道，今天是第二个中国旅游日，全国各地推出多项优惠措施。旅游日当天推出的活动确实是丰富多彩的，但是这一天过去之后似乎一切就都恢复了原样，专家建议不要只把中国旅游日当成一个节日，

旅游产业应该以文化内涵为灵魂。

专家表示，从长远来看，不能只把旅游日当作是一个节日，文化应该是旅游产品的灵魂，旅游只是作为一个文化概念、一个文化意识的普及。旅游业面临从外沿到内涵的发展关键时期，旅游发展的质量应该逐步成为关注和思考的焦点。政府和企业对于旅游内涵的认知、发展、规划、研究都有待进一步改进。

对于旅游的经营者要思考的最根本的问题就是旅游到底是什么，它不是简单地迎合旅游者的需求，了解旅游者的预期，而是对旅游行业负有引领的责任，开发有内涵、高品位经得起体验的旅游产品，使人们真正从旅游体验当中获益，使旅游者对旅游概念有更深的理解，使旅游者本身的素质得到提高，这就需要企业对旅游产品进行创新。

【任务描述】

面对我国部分旅游产品存在低端发展，形式粗放，内涵不够丰富，文化底蕴欠缺等问题，对旅游产品的开发进行创新和优化。认识旅游产品策划的理论基础，学习旅游产品创新中的资源整合技巧，在对旅游产品开发中存在的低端、粗放、缺内涵、欠底蕴等问题进行研判的基础上，依据创新理论，采用一定的创新方法，进行旅游产品创新策划。

【任务实施】

一、旅游产品策划的理论基础

（一）创新经济学理论

在经济学范畴，奥地利经济学家熊彼特在 1912 年出版的《经济发展理论》一书中首先提出了创新的基本概念和思想，形成了最初的创新理论。1939 年和 1942 年熊彼特又分别出版了《经济周期》《资本主义、社会主义和民主主义》两部专著，对创新理论加以补充完善，逐渐形成了以创新理论为基础的独特的创新经济学理论体系。

熊彼特的创新理论的主要内容：①从生产函数出发，研究生产要素和生产条件变化实现的新组合。实现创新的新组合是通过小步骤地不断调整从旧组合中产生的。②提出创新是企业家的职能，是企业家对生产要素的新组合。③提出创新是一个过程，是一个创新者、模仿者、改进者互相竞争和蚕食的过程，这个过程是创新发展和成熟的过程。这一理论提出了创新的源泉和过程，为旅游产品把握创新的时机和创新的切入点提供理论支撑。

（二）生命周期理论

Butler 的旅游地生命周期理论指出，任何一个旅游地的发展过程一般都包括探查、参与、发展、巩固、停滞或衰落、复苏 6 个阶段。旅游地的生命周期是由旅游产品的生命周期所决定的，为使旅游地具有长久的吸引力，并使其拥有更长的生命周期，可以通过人为的旅游产品开发手段得到实现。这一理论告诉旅游产品的策划者在生命周期的适当阶段进行旅游产品的创新，延缓生命周期的衰退。

（三）竞争战略理论

▶ 无锡灵山胜境三个阶段的建设

创新竞争被誉为 21 世纪的企业竞争战略，这种战略的基础就是以成本、质量和时间要素为前提，体现后工业化社会人的价值定向的偏转，即消费者不仅仅需求购买高质量、低成本的产品，而且要求产品的特征能表现个性偏好，提供一种满足自身需求的"解"。企业要赢得市场需求就必须创新，以新求胜是最好的竞争战略。这一理论告诉我们创新需要具备远见，及时判断未来需求的新变化，以不同消费者的旅游偏好为指向进行旅游产品的策划。

（四）营销创新理论

彼得·德鲁克（Peter F. Drucker）在1986年对创新作了阐述，主张创新可以从供给和需求两方面来定义。从供给的角度来说，创新是改变厂商资源的输出；而从需求角度来说，创新则是改变资源所给予消费者的价值和满足。可见，德鲁克将产品所体现的价值作为创新的重要特征。换而言之，创新应填补企业所提供的产品和市场需求之间的鸿沟。因此，以市场需求为导向，注重消费者的需求，是营销创新的基本出发点。营销创新意味着企业通过建立新的营销理念，创造新的营销手段，提高顾客的消费能力，增强顾客的消费效用。

二、旅游产品策划的创新方法

旅游产品策划是一种创新行为，创新就为了保证旅游产品开发能达到"同中求异"和"异中求同"的效果。创新是事物得以发展的动力，是人类赖以生存和发展的主要手段，人类社会的进步就是在一次次创新中完成的。中国旅游产业的发展中大到政策创新、制度创新，小到具体的服务操作程序和景观的建设创新，推动了旅游业的向前发展。

旅游产品策划的方法主要包括：类型创新法、功能创新法、特色创新法、主题创新法和文化植入法。

（一）类型创新法

类型创新是在原产品类型不够丰富的情况下，增加或叠加新的旅游产品类型。旅游产品的类型十分丰富，按照性质划分为观光、度假、生态、专项类产品等，按照功能划分为陈列式、表演式和参与式等，按照与资源类型的关系，可以分为人文自然景观型、人造景观型、科技参与型等三类。掌握越丰富的旅游产品类型，就为类型创新提供来源。

类型创新的手段可以是增加特殊的表演，如在自然景观所在地增加特技表演、实景演出等，还可以进行特种旅游产品的开发与组织，包括生态旅游、自然旅游、公益旅游、民俗旅游、考古旅游、土著旅游、养生旅游、瑜伽旅游、医疗旅游、体育旅游、探险旅游、徒步旅游等。

（二）功能创新法

功能即功效和作用，是产品的第一要素和价值体现。功能创新是要按旅游地发展战略要求对产品的功能系统进行优化、更新和重组，同时调整其成本与价格，使它适合某种新的目标市场的需要，从而实现市场竞争战略的过程。例如，陈列式观光游览型产品以满足游客的视觉变化需要，表演式旅游产品是在展示的基础上实现了从静态到动态的提升，而游客参与式的旅游产品又是对表演式产品的发展，它让游客参与到旅游活动中去，共形成欢快气氛，让游客在娱乐中得到放松。例如，西班牙恩波达室内乐团于2019年在上海儿童艺术剧院演出的《会跳舞的小提琴》音乐会，以创意轻松的手法重新定义了古典音乐会的演出方式。剧中有一幕，台上的演员教台下的观众如何制造节奏，他们通过手掌拍打、踩脚、挥手，声音不断叠加，最后形成动感十足的旋律。

功能创新要从构成整体旅游产品的各个要素来实现，这就是所谓旅游业的六大要素的创新。其中，"娱"包含各种游憩方式，是旅游景区功能创新的根本，是提高游客满意度和认同感的关键，并能以口碑的传播方式使景区名扬天下。

功能创新的手段包括两种：①功能组合，即把两种或两种以上的功能巧妙、合理地糅合在一个产品上。例如江苏常州沙家浜景区的芦荡迷宫，开始仅仅为游客提供游船项目，后来发现船娘用方言演唱江南小调民歌能为游客助兴，于是手摇船迷宫游览叠加民间演唱成为该景区的特色产品。这种方式将交通、观赏芦苇和听地方歌曲几项功能组合在一起，收到良好的效果。②功能延伸，即对某一产品的原功能进行适当的延伸，以扩充产品的用途，其主要目的是为人们创造一种全新的生活方式。例如，兰州黄河水车公园利用水车这种农业生产工具开发旅游活动项目，在农具的功能上延伸出参与性的娱乐活动，同时详细介绍水车的运转方式，将农具、体育锻炼和农业生产知识等科普功能融于一体。

（三）特色创新法

特色是景区与景区具有差异化的重要特征，特色是拥有竞争力与持久生命力的关键。特色创新必须要有三个抓手：一是靠资源，二是靠项目，三是靠市场。①靠资源，是要巧妙挖掘当地旅游资源的文化，并把文化符号恰到好处地表达在产品主题、产品项目、服务设施、建筑设计、景观设计、营销、管理等方面。有效的文化表达，不但能解决避免雷同，也利于为景区塑造独一无二的竞争力。如牡丹江的镜泊峡谷景区，位于著名的镜泊湖景区的北门，在镜泊湖景区知名形象的遮蔽情况下，仅仅依托自然的峡谷风光是难以对游客产生吸引力的。然而该景区巧妙地将朝鲜族文化元素融入峡谷自然景观中，赋予一般自然景观文化意义，创造与周边自然景色的差异性，从而吸引了某类细分市场的游客。再如禅茶文化是一种兼具禅、茶两者文化特色的一种全新文化。南岳作为发展我国禅茶文化的根据地之一，南岳禅茶文化融入旅游策划，有利于促进当地旅游业的深度发展。❶ ②靠项目，就是创造条件，开发吸引市场的产品。例如，上海欢乐谷主题公园最有特色的项目是风格各异的过山车，如古木游龙、绝顶雄风和蓝月飞车等，每个项目各具特色。古木游龙的特点是整体以松木为主材，沿湖堤搭建，是世界上最古老的过山车形式；绝顶雄风是一种无底板跌落式过山车，是个练胆的过山车，有 90°转角，可以让游客从 60 米高的顶峰垂直跌落，感受自由落体的神奇加速度；蓝月飞车又称"Mega"过山车，是世界上乘坐最平缓、最舒服的过山车。③靠市场，是要不断满足市场新的需求。例如，农家乐旅游最初只是观赏田园风光，接着便是采摘、购物与吃农家饭，后来发展到住下来休闲娱乐、疗养健身等。随着城市的发展和消费水平的不断提高，更多的消费需求还会不断产生出来。

（四）主题创新法

现代旅游者已经不再满足于"到此一游"的"快餐式"旅游，而更多地开始追求沉浸于一地的"深度"旅游，因此，旅游产品创新必须深入资源的内里，挖掘资源的文化内涵，提炼资源的特色主题，做到深度加工、主题开发❷。主题创新可以通过对文化的深度挖掘、景观的再造、特色参与项目的开发，凸现景区主题。也可以根据发展理念确定主题，例如，常州春秋淹城景区，以春秋文化为表现内容，取春秋文化之精髓，针对春秋文化体验园进行了主题设计，旅游区入口大门、草木桌椅、假山流水、亭台楼榭、殿堂厅堂、塔舫桥关、游乐项目，无不蕴含着丰富的历史信息，体现了春秋文化意境，通过技术和艺术手段展现文化内涵，不仅给旅游者增添了更多体验和游乐性，也激发了人们对古老文化对现今影响的思考。再如，上海月湖雕塑公园是上海佘山国

❶ 方明，郑佳慧. 南岳禅茶文化融入旅游策划初探. 文化创新比较研究，2019 (17)：163-164.
❷ 杨振之，周坤，马勇. 旅游策划理论与实务. 武汉：华中科技大学出版社，2019.

家旅游度假区 2003 年动工建设的综合性艺术乐园，以"月湖"为主题专案创作雕塑作品 60 余件，许多雕塑具有"生命"的意义，体现出水是"生命之源"的主题，希望人们爱护自然、保护自然。景区要想长期保持市场生命力，就需要通过不断增加新的素材进行主题创新。

（五）文化植入法

文化植入法包括名人包装法和故事包装法。名人包装法其要点有二：一是所借名人之"名"要具有垄断性，这一名人最好是只有本地域本景区才能借用的，至少是这一名人在本地域本景区有着突出的影响和活动；二是所借名人之"名"要对目标市场有吸引力，所借名人最好富有传奇或浪漫色彩。

主题故事是通向目标市场中较深旅游休闲趣味层次的桥梁。编故事在一定意义上成为产品策划的核心问题，编故事的实质是根据情感定义市场。这一点在以文化为主的景区里，尤其突出。例如，上海光启公园内的两个雕塑，一座名为"桑园试种"，讲的是徐光启科学家在农业方面的成就，"督造火炮"是以 1629 年他守卫京城之时督造"红衣大炮"的场景为题材而建。故事包装法在旅游策划中的步骤是：挖掘故事—加工故事—物化故事—营销故事。

 兰州水车公园的游憩项目的功能延伸　　 镜泊峡谷景区融入朝鲜族文化元素的项目　　 常州的春秋淹城遗址公园

任务三　旅游产品策划要点

【任务导入】

究竟什么样的旅游产品才能受到游客的喜爱？这是旅游策划者深入思考的问题。然而游客喜好仅仅是旅游产品策划的一个方面。

人们在旅游过程中，从出门乘交通工具、走怎样的线路、到景区的观察和学习、住宿和餐饮以及游乐活动，除了考虑愉悦性，还要考虑安全、舒适和适应性等一系列问题。

对基本的观光旅游产品来说，要设计步道、观赏的角度、节点和观赏的时间，对休闲为目的的游客来说，要考虑满足他们放松神经、愉悦精神、调节身心的需要。

旅游产品对游客具有吸引力，是产品策划的核心，而将旅游资源的审美价值、教育价值、环保价值、健康价值等融入产品，就能对游客产生一定的吸引力。

旅游产品策划的最高境界，是创造一种有别于日常生活又高于日常生活的体验，如何将新的生活与休闲方式融入旅游产品中，策划出具有发展潜力的高质量、上档次、精致化的旅游产品，需要掌握一定的旅游产品策划要领。

【任务描述】

旅游产品谱系是由各类旅游产品构成的大家庭，每类产品策划都有其独特的方法和策划要领。现实中，旅游目的地拥有丰富的自然和文化资源，游客在一地的旅游活动也是多样化的，在旅游产品策划实践中，需要根据多样化的资源类型和主要的目标市场定位，策划不同类型的旅游产品。本部分的主要学习任务如下。

（1）认识主要的旅游产品，即观光旅游、文化旅游、生态旅游、休闲旅游产品的策划要点。

（2）掌握根据要素分类的住宿、餐饮和旅游线路产品的策划要领。

【任务实施】

一、各类旅游产品策划要点

（一）观光旅游产品策划

1. 产品特征

观光旅游产品是指以观赏和游览自然风光、名胜古迹等为主要目的旅游产品，又称为观景旅游产品。观光旅游产品在旅游产品体系中处于基础层次，是为了满足人们追求新奇、增长见识的需要而出现的初级旅游产品，是大众旅游时代最为常见的产品类型。随着现代旅游的发展，许多观光旅游产品已不仅仅是单纯的观光旅游，而是融入更多的文化内涵和休闲度假内容，使观光旅游产品的内容更加丰富多彩和富有吸引力。

2. 产品分类

按照观光对象的主题，观光旅游产品的类型一般可以分为山水风光主题、城市主题、历史主题、民俗主题及乡村主题等观光旅游产品。观光旅游产品尽管是一种传统旅游产品，但却构成了现代旅游产品的主体部分，见表 6-2。

表 6-2　观光旅游产品类型及细分

产品类型	产品细分
山水风光主题观光旅游产品	观赏地质地貌景观、观赏江河湖海与瀑布涌泉景观等
历史主题观光旅游产品	文化遗址、历史建筑、历史文物等
民俗主题观光旅游产品	民俗手工艺、生活方式、歌舞表演等
城市主题观光旅游产品	标志性建筑、纪念馆和名人故居、特色街道、展览馆等
乡村主题观光旅游产品	田园风光、乡村聚落、现代农业生产等

3. 策划要点

观光旅游产品策划师通过寻找观赏点、挖掘文化内涵、营造旅游环境、细化景观设计、提升服务品质等策略，对观光旅游资源加以整合，形成一批特色鲜明的观光旅游区、观光项目、观光旅游带、观光旅游线路。

观光旅游线路根据涉及的区域范围，可以分为大尺度观光路线、中等尺度观光路线和小尺度观光路线。大尺度观光路线主要指跨国或洲际观光旅游路线，比如，旅行社推出的各类境外观光产品；中等尺度观光路线主要指国内跨省（市）、区的全国性观光路线。比如，丝绸之路游（西安—兰州—敦煌—吐鲁番—喀什等）跨越三省。这类观光旅游产品空间跨度较大，异域风光的吸引力也大，路线和游览时间较长，需要精心选择景点和接待地（旅游城市）。小尺度观光路线主要指地区性游览路线，在省（市）或周边相邻地区内进行观光游览，多为一日游和两日游等。这类产品范围小，时间短，景点集中，吸引物与游客生活环境差异小。景区内的观光线路策划，要关注景观美、观赏角度和线路走向等问题。

确定美的景观。景观美是在特定的有限环境之下，按照客观美的规律和人的审美情趣创造出来的形象，这充分揭示了人和自然之间既征服又保持和谐相处的本质。可运用一般景观美学原理来进行观光旅游产品的开发，突出旅游资源的色彩美、音乐美等，在审美愉悦体验上下功夫。

巧妙设计观赏的最佳线路，避免走回头路。可以通过环通道方式设计线路，这种线路没有重复道路，接触的景观景点较多，满足游客多玩多看的心理需求。还可以采取网络分布式线路，这种线路游客有更多的选择机会，满足不同类型游客的个性化需要，但是容易造成游客在游览时遗漏景点而造成心理遗憾。

确定合适的观赏角度。可以通过景观敏感度计算的理论与方法，确定最佳观赏点、角度。景观感知敏感度是观察者在特定位置上对所有可感知景观的感知程度度量。这种方法虽然是用于通过定量计算观察者感知到的景观量，反向描述旅游者感知度，但能够反映旅游者感知在空间上的分异状况，进而为景观保护、旅游开发规划等提供参考。同时也可以为确定适当的观赏点和观赏角度提供借鉴。

不同形式的观光产品，是指对同种旅游资源通过不同的旅游方式形成不同的旅游产品。例如澳大利亚的凯恩斯绿岛，围绕其丰富的海洋珊瑚礁旅游资源，开发出不同的旅游产品，包括乘坐玻璃船、小飞机观赏、海底漫步、潜水和海洋馆观赏等。

深入挖掘旅游资源的季节特色，季节性旅游产品的策划可以缩小淡季旺季的差别。例如，著名的黄山风景名胜区四季皆胜景，每个季节各有各的景，各有各的味。春天：观百花竞开，松枝吐翠，山鸟飞歌；夏天：观松、云雾及避暑休闲；秋天：观青松、苍石、红枫、黄菊等自然景色；冬天：观冰雪之花及雾凇。

总之，自然类旅游产品应突出美学特征，注意发挥自然风光与其他旅游如生态旅游、科普旅游和度假旅游有机组合，进行深度开发。注意资源保护和旅游地的可持续发展。观光类旅游产品的策划应注意将单一的观光产品向多元化的组合产品发展，提升产品的层次。

（二）文化旅游产品策划

1. 产品特征

文化旅游是游客观察社会、体验风俗和亲身体验历史文化积淀的旅游，文化旅游策划是对旅游资源进行深度开发的重要方式，旅游的方式表现为浏览异地的名胜古迹，观察异国、异地人民的生活、工作和娱乐，参与当地人们的生活和文化活动。

文化类旅游产品的重要特征是历史文化性强，知识含量高。一般要求旅游者有一定的知识背景与审美修养。文化类旅游产品一般有明确的主题，产品主题越鲜明，越典型集中，越富有层次感，就越有利于分层次、多视角地进行展示和设计，使其内涵得到充分发挥，达到应有的广度和深度。

2. 产品分类

文化旅游产品根据文化资源属性，可以划分为不同的类别，见表 6-3。

表 6-3　文化旅游产品类型及细分

产品类型	产品细分
博物馆型旅游产品	各类综合性博物，主要为历史、自然、科技、艺术、人物、民俗、军事、工业等专类博物馆
宗教型旅游产品	宗教朝圣、宗教艺术欣赏和宗教养生等活动方式
民族文化型旅游产品	包括实地产品、移植产品。前者是指在某少数民族集聚的村镇开发的旅游产品，后者是指利用综合技术法将异地民族文化在本地予以展示的旅游产品
修学型旅游产品	文化教育、爱国主义教育、美德教育、环保教育等
艺术型旅游产品	艺术展览、演艺、艺术公园和创意园区等

3. 策划要点

选择合理的文化内涵进行外显化。旅游文化内涵的外显是旅游开发主体（规划者、开发者、经营者、其他参与者）将旅游资源所蕴含的无形文化内涵进行综合和再创造，通过物化或非物化或介于两者之间的手段表现出来，为现实或潜在的旅游者所感知和欣赏，以提高旅游资源的知名度和市场占有率，它是旅游文化深度开发的目的和归宿。通过外化，将文化旅游资源的价值充分地传给游客。外化使抽象的文化具象化，无形的风情固化，通过不同场景的变化演绎，设计出各种独特的旅游精品。姚雪婵认为随着国家文化强国战略的实施，旅游的主题和内容不断丰盈，以休闲文化体验为主题的旅游应运而生、迅速发展❶。采取的手段是场景设计、拟景再现、环境营造等。

王健平依据旅游者的感官体验，提出旅游文化内涵的外化形式分为以下几种形式：①视觉形式。人们获得的大部分文化信息是由光输入的，各种感觉器官从客观现实接收的信息有85%是从眼睛输入的。②听觉形式。声音媒介是旅游文化的重要外化载体，人们20%以上的信息是听来的，"有声有色"是一种审美境界。③嗅觉、味觉形式。味觉和嗅觉分别是依靠人的舌和鼻识别不同的味道和气味。因此，味觉文化载体和嗅觉文化载体多是和饮食联系在一起的。④触觉形式。触觉是接触、滑动、压觉等机械刺激的总称。触觉文化载体是生活中最常见的、不易为人们注意的载体，又是旅游者能够近距离接触的载体。

文化旅游产品策划强调愿景留置、拟景再现，对历史感很强的文化景点，旅游者游览时期望有强烈的身临感觉，对于要表达的某一文化主题，通过适当地拟景再现，使其文化内涵外化。应突出旅游资源的历史文化特征、原生态特征、地域特征和艺术特征等，在可观赏性和文化教育性的结合上下功夫，注意文化旅游资源的保护，防止旅游开发带来的文化异化。

文化旅游产品策划应以文化资源为主体，旅游者（市场需求）为客体，主体与客体互动，双向选择，优化配置，实现主体的情景空间设计和客体的人性关怀体验。采用情景规划技术，通过营造氛围、制造环境、设计场景等来实现，使主体、客体或载体之间在各种游乐中实现互动，情因景生，景因情美，最终达到情景交融的境界。很多国家都在通过扩展博物馆的其他功能来帮助博物馆教育与展示功能的实现。欧美国家在界定博物馆时，提倡3E功能"Educate，Entertain，Enrich"即"教育民众，休闲娱乐和充实人生"。博物馆功能的多样化反映了观众的多样化需求，特别是休闲娱乐的需求。

文化旅游产品策划要实现历史与时尚的适度结合。在文化旅游产品的包装上，可适度加入现代时尚文化的元素。例如，苏州博物馆建筑设计师贝聿铭先生，巧妙地利用了苏博与拙政园之间的一堵围墙，以墙为纸，石为墨，有序堆叠，临水而建，用泰山石临摹出了一幅宋代书画家米芾的山水画，让游客在参观博物馆的同时，欣赏园林建筑之美。

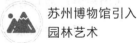 苏州博物馆引入园林艺术

（三）休闲旅游产品策划

1. 产品特征

广义的休闲旅游产品包括度假和娱乐类旅游产品，这类旅游产品主要满足人们工作之余放松自己，过一下轻松的生活，体验浪漫情调，以及维持和恢复健康，强健体魄等目的。旅游线路串联的旅游点少，旅游者在每个旅游点停留的时间长，旅游线路重复利用的可能性高。

2. 产品分类

休闲旅游产品按照游客休闲方式的不同，可划分为不同的类型，见表6-4。

---

❶ 姚雪婵. 文化旅游项目策划视域下休闲文化建设的思考. 管理观察，2018（12）：70-71.

表 6-4　休闲旅游产品类型及细分

产品类型	产品细分
度假型旅游产品	湖泊度假、海洋度假、温泉度假、森林度假、乡村旅游、野营旅游等
疗养保健型旅游产品	温泉、矿泉、森林、海水、泥沙、洞穴等,都可以成为疗养保健型旅游产品的资源
体育健身型旅游产品	高尔夫、地方拳种等
娱乐型旅游产品	主题公园内的活动、邮轮旅游、旅游演艺等

3. 策划要点

休闲、度假、娱乐类旅游产品策划包括一些共同点,这些共同点如下阐述。

必须拥有特殊的环境条件。休闲娱乐旅游一般不选择在繁华的大都市,而是选在气候适宜、空气新鲜、环境宁静、风景优美、远离喧嚣、自然野趣的海滨、湖畔、温泉和山林等自然环境良好的地方。例如,度假旅游的选址一般在海滨、湖滨,有温泉的环境和山林。

必须推出有特色的旅游活动项目。度假区除非依托独特的自然和人文环境,否则,要获得成功,就得靠富有创意的活动项目来提升度假区的形象,赢得特定的旅游消费者光顾。例如,海口假日海滩分为沙滩日浴区、海上运动区、海洋餐饮文化区和休闲度假区,建有音乐喷泉广场、海滨浴场、饮品中心、冲浴房、生态广场、停车场、溜冰场、仙人掌大观园、儿童活动中心等,丰富度假生活。

必须考虑不同细分市场的特殊需求。度假旅游产品必须适合度假旅游者的兴趣和爱好,度假旅游具有大众化、家庭化、多元化和中档化的趋势,因此度假旅游产品必须考虑不同细分市场的具体需求。

必须处理好产品开发与基础产业的关系。例如,对于乡村休闲旅游产品的策划要处理好以下几个方面的关系:①处理好农业生产与旅游开发之间的关系。②在农业产业的基础上进行延伸开发,拓展新的产业链。③休闲农业具有引导游客深入体验乡村氛围和田园生活的功能。要处理好自然景观与人工景观的关系,开发乡村旅游要注意对当地环境及民风、民俗、乡土文化的保护,切忌为了经济利益而牺牲当地的自然和生活环境,影响当地长期的可持续发展。④针对乡村旅游消费的新特点,游客可能感兴趣参与农业生产过程,亲自制作食品、礼品、艺术品,或租赁农场自己管理,故乡村休闲可增强互动参与性,开发更加个性化高附加值的体验型乡村旅游产品。⑤产品开发要多样化。例如,台湾是乡村观光休闲农业发达的地区,拥有各类乡村旅游产品,包括乡村花园、乡村民俗、观光农园、休闲农场、教育农园、市民农园、休闲牧场等,对于策划乡村农业休闲旅游产品具有借鉴意义。

（四）生态旅游产品策划

1. 产品特征

生态旅游是由国际自然保护联盟（IUCN）特别顾问谢贝洛斯·拉斯喀瑞（Ceballas Lascurain）于 1983 年首次提出。国际著名生态旅游认证组织绿色环球 21 在其《GG21 国际生态旅游标准》中,对生态旅游的定义作出如下描述:着重通过体验大自然来培养人们对环境和文化的理解、欣赏和保护,从而达到生态上可持续的旅游。

在国际标准的视野中,生态旅游这一概念强调了以下几方面的特征:①强调生态的可持续性,即生态旅游要保证生态秩序不受损害。②选址注重自然区域,强调生态旅游产品或服务必须是以体验大自然为核心。同时,也强调让游客享受文化体验,或者其他乐趣。③某旅游产品要成为真正的生态旅游产品,就必须实现其增进人们对环境和文化的理解、欣赏和保护。

与传统旅游相比，生态旅游的特征为：①生态旅游的目的地是保护完整的自然和文化生态系统，参与者能够获得与众不同的经历，这种经历具有原始性、独特性的特点。②生态旅游强调旅游规模的小型化，限定在环境承受能力范围之内，这样既有利于游人的观光质量，又不会对环境造成大的破坏。③生态旅游可以让旅游者亲自参与自然环境中，在实际体验中领会生态环境的奥秘，从而更加热爱自然，这也有利于对自然与文化资源的保护。④生态旅游是一种负责任的旅游，这些责任包括对旅游资源的保护责任，对旅游的可持续发展的责任等。由于生态旅游自身的这些特征能满足旅游供求双方的需要，从而使生态旅游得以长足发展。

2. 产品分类

作为产品的生态旅游概念，很多学者都已认识到生态旅游是旅游市场中一个旅游产品，它与其他旅游产品存在交叉关系，例如，生态旅游产品与自然旅游、乡村旅游和探险旅游之间的界限很难划清。1999年，我国提出"99生态环境旅游年"，当时推出的生态旅游的类型主要包括了观鸟、野生动物旅游、自行车旅游、漂流旅游、沙漠探险、保护环境、自然生态考察、滑雪旅游、登山探险、香格里拉探秘游、海洋之旅等十一大类专项产品，1999年，国家旅游局同有关部门逐步规划开发，建设了一批生态旅游区，主要类型包括了海洋、山地、沙漠、草原、热带动植物等生态环境。目前，我国生态旅游形式已从原生的自然景观发展到半人工生态景观，旅游对象包括原野、冰川、自然保护区、农村田园景观等，生态旅游形式包括游览、观赏、科考、探险、狩猎、垂钓、田园采摘及生态农业主体活动等，呈现出多样化的格局。生态旅游产品的类型及细分见表6-5。

表6-5　生态旅游产品类型及细分

产品类型	产品细分
森林生态旅游产品	森林徒步、野营、森林浴等
湿地生态旅游产品	观察湿地的景观、物种、生境和生态系统等，"海滨游""湖泊游""水乡游""休闲垂钓"
草原生态旅游产品	骑马、骑骆驼、乘坐勒勒车漫游草原，参加有奖射箭、射击比赛，参加垂钓比赛、钓鱼湖边烧烤，体验牧人生活等
沙漠生态旅游产品	戈壁沙漠遗址类、戈壁沙漠医疗类、戈壁沙漠奇观类等
海洋生态旅游产品	观赏海洋自然风光、休闲度假、避暑疗养、潜水冲浪、品尝海鲜等
农业生态旅游产品	田园风光、农事劳作、农村风土人情、农业生物资源、农业科技、绿色食品等

3. 策划要点

策划生态旅游产品应注意以下几点：①选择生态旅游开展地。在我国，生态旅游一般在以下几种类型的景区开展，即世界自然遗产地、国家级风景名胜区、自然保护区、国家森林公园、国家地质公园、国家水利风景区、其他各类以自然旅游资源为主体的旅游区（点）。这些景区的共同特点是拥有丰富生态旅游资源，为生态旅游者认识自然及其栖息于这类自然中的人文环境提供了物质基础。②生态旅游产品必须有明确的主题。主题可以是国家公园探秘、动物观赏、花卉观赏等，可建立专门的生态监测站进行此类活动。③生态旅游产品依托的资源具有纯净的生态系统和生物多样性。如原始森林，特殊地质地貌、特殊动植物等，保持纯朴的民族风情，如少数民族世代和谐共居的生活情景，民族节庆、歌舞、篝火晚会，世世代代的生活生产方式。低密度开发的步道，主要开发方式为小径。④生态旅游的活动极其丰富，主要包括热带雨林穿越、动物奇观探秘、森林徒步、民俗文化、丛林探险、森林浴、野营度假、地貌观赏等。⑤游客在生态旅游中得到的同等身心体验。通过徒步，人的心灵与纯净的大自然交流，从当地人民的纯净生活中得到感悟；挑战自身素质，游客选择不同于惯常生活环境的高海拔、野外宿营的方式。接受毅力与理智的双重挑战，提高野外生存技能；

体验民族风情，了解各少数民族世代和谐共居的生活情景。可以近距离观察动植物，生态旅游有机会近距离观察保护区内的珍稀动植物，观赏生物、地质多样性等景观。⑥生态旅游产品应注重宣传和普及生态知识。从产品的构思、设计、开发到旅游的全过程，生态旅游都含高知识含量，为此，要编写专门的生态旅游指南，对生态旅游者进行旅行中各事项的教育，赋予生态旅游以较高的层次。例如，四川王朗自然保护区的生态旅游在宣传和科普方面活动非常完善。该地开展的生态旅游活动有：早晨观鸟、穿越原始林、漫步大熊猫栖息地、观花路线、蘑菇识别路线、登山、野外露营、晚间讲座等；并可以举办一般会议培训和青少年夏令营，还可供学生实习。

组织有助于自然生态保护的公益性活动。生态旅游拥有一群以求知、享受和保护为目的的特殊客源群，该群体不但对生态环境有浓厚的兴趣，而且有从大自然获得具体知识或收获的强烈欲望。所以，生态旅游者是一群具有环保意识和环保行为，有益于自然健康发展的旅游者。可以在生态旅游产品中增加环保活动，例如修复大自然的义务植树劳动，修剪花草，组织游客清洁环境等，使游客直接参与到生态保护活动中去。

二、旅游要素产品策划要点

从供给的角度看，旅游产品是旅游经营者为旅游者提供的各种服务，如住宿服务、饮食服务、交通服务、娱乐服务、参观游览服务、购物服务，甚至包括专门的医疗服务、翻译导游服务等。旅游资源和设施本身不是产品，资源、设施与服务的结合才会成为产品，从这个角度出发，旅游产品策划包括旅游游览、交通、住宿、饮食、购物、休憩娱乐等服务的策划。

（一）旅游产品中的交通服务策划

旅游交通策划是旅游出行系统的服务策划，主要包括用于旅游的交通工具及其有关设施。除一般公共交通策划外，旅游还包括寓交通于娱乐活动的特种交通工具的策划，例如，自行车、马车、人力车、马、驴驮或者骆驼等非机动交通工具的策划。

旅游者对旅游交通服务的基本要求依次为"安全、准时、舒适"。安全是交通服务的重中之重，所有的旅游者对交通的考虑首先是要有一种安全感，否则，旅游就失去了本身的乐趣，也就不成为旅游了。其次是准时，游客游程的安排一般是一环扣一环，不准时的交通服务将会打乱整个旅行计划，影响旅游活动的顺利进行。在前两项都基本保证的前提下，就是追求舒适和娱乐性的交通服务。交通服务策划要求如下。

尽量做到多样化组合。根据旅途长短和地理状况，旅游中交通工具有多种组合：长距离旅行交通工具有飞机、火车、汽车等；在江河湖海上旅行与游览有海轮、游船、快艇、潜水艇、乌篷船、木筏、竹排等；在城镇间、农村小路、山道、沙漠中，可选择自行车、人力车、轿、滑竿、马车、骆驼、马、驴、牦牛等交通工具；在空中游览，可选择洋溢着现代气息的直升机、滑翔机、热气球等。因此，在一次旅游中，可进行交通工具的不同组合，来满足游客的旅行需要。

尽量做到功能性与娱乐性相结合。高层次的交通服务要满足游客对观赏自然风光、探秘历史踪迹需要。例如，瑞士的少女峰景区，20世纪初铁路建成，火车时而穿行在绿色草原上，时而穿越阿尔卑斯山隧道，火车把游客直接带入阿尔卑斯山的少女峰下，再进入电梯直升峰顶。

充分利用景区的资源特色，开发具有本地风情的交通工具。例如，北京什刹海旅游景区的"三轮车胡同游"成为与交通有关的特色旅游产品，坐三轮车游什刹海不仅能赏景，还有望穿插游览深藏在胡同里的家庭艺术馆、特色博物馆、民间收藏展示以及独具特色的"北京人家"。因此，在城镇旅游骑自行车、沙漠乘骆驼、乡间小道坐马车、草原上跨骏马，都将带给游客非同一般的感受。

（二）旅游产品中的餐饮服务策划

餐饮产品策划关系到旅游者能否有充沛的体力和饱满的精神参加各种旅游活动。此外，通过良好的饮食组合，旅游者能够体味到异域饮食文化的情趣和独特的风格。

旅游餐饮产品的策划有以下几方面的要求。

确定餐饮产品的级别，初级的餐饮产品满足吃饱吃好，中级的餐饮产品满足游客品位的需要，而高级的餐饮产品要能在美食中感受到浓郁的地方餐饮文化。

讲究饮食文化。游客可以在餐饮产品的消费中体验吃与喝的方法、规矩和讲究。我国具有悠久和丰富的饮食文化，讲求色、香、味全，还有各种各样的风味菜肴，可以使游客在餐饮中领略一下异地风情，体会当地的饮食文化。

讲究餐饮环境的格调。对于游客来讲，吃好、吃饱是最基本的要求，第二层次的餐饮产品是提高餐饮产品的品位供游客品味，高层级的餐饮产品要能使游客在一定的格调气氛中享受餐饮文化，通过建筑风格内部装饰和服务方式表现餐饮产品的"文化气氛"和"特色"。

（三）旅游产品中住宿产品的策划

旅游产品中的住宿服务具有两个方面的作用，从游客方面来看，住宿服务要能保证游客的正常休息，从而保证整个旅游过程顺利进行。从旅游产品提供者方面来看，住宿提供者可以通过住宿产品的策划显示其地方特色和文化，使住宿产品更加完美和具有魅力。

对旅游住宿产品也有等级之分，初级的住宿产品至少应能遮风挡雨，给游客以安全感。中级住宿产品要在初级的基础上增加舒适和便利性，如经济型饭店，而高级的住宿设施则是在中级住宿的基础上追求体面排场和享受，此外，还要具有文化品位和特色。

（四）旅游购物服务策划

旅游者在旅游过程中普遍存在购物需求。旅游购物是指旅游者为了旅游或在旅游活动中购买各种实物商品的经济文化的行为，它不仅包括专门的购物旅游行为，还应包括旅游中一切与购物相关的行为总和。旅游购物活动是一个复杂的过程，不仅包含购物行为本身，同时也是一个重要的旅游吸引物，也是加深游客对旅游目的地了解的一个重要渠道，是促进旅游活动成功的一个重要因素。

旅游购物策划对游客旅游体验具有显著的影响。旅游活动的过程虽然带有很大的不确定因素，有时是暂时的，购物的过程给人的是一种无形的经历和体验，旅游所购物品还可以作为这种经历和体验的有形见证。通过"睹物思游"的回忆，游客的旅游体验就能被一次次地强化，扩大和延长了整体旅游产品的享受过程，因此，旅游购物策划的成功与否就在于是否满足有别于日常购物的体验。

强化旅游购物体验的策划要点包括以下几个方面。

深度挖掘旅游购物的文化资源，突出旅游购物的地方特色。旅游购物要以文化为导向，以文化丰富旅游购物的内涵，以文化提高旅游购物的品位，让旅游购物成为文化传承的载体，为旅游购物赋予文化传播的角色。例如，安徽上了世界文化遗产名录的西递村，眉语和楹联随处可见，只要有建筑，就有题字。楹联作为世界文化遗产的重要载体，在西递可以看到利用楹联开发的各类旅游纪念品，从书籍、画册、书签，甚至日常抓挠的柄上也刻以西递的楹联。这样游客在购买旅游纪念品、地方特产的过程中，不仅是一个商品交易过程，也是对旅游当地文化进行了解和体验的过程。

旅游购物策划的要点是：①突出旅游商品的地方性和纪念性，具有地方特色的旅游商品具有能帮助旅游者铭记每次旅游活动的作用，因此，必须利用资源优势，开发特色产品。②丰富旅游商品品种。丰富多样、品种齐全的旅游商品能满足不同旅游者的需要，多样性的商品可以为游客购物体验提供多种可能、多种选择、多种感受。③重视旅游商品的包装。商品包装、外观设计是商品体验主题的一部分，优良、精美、质朴、大方的包装和外观，直接带给游客审美愉悦。例如厦门鼓浪屿的鼓浪屿馅饼外包装不仅便于携带，而且简洁具有文化和艺术性，刺激游客的视觉、触觉感官，令游客爽心悦目。④应以游客的体验性需求为目标，加强购物环境的设计、建设与管理，打造特色性旅游购物场所，为游客购物创造享乐性价值。⑤融入时尚新元素，突出旅游产品的不同功能。⑥适时设计旅游购物体验的主题，体验必须设定主题，好的主题能改变人们对现实的感受。在旅游购物中策划旅游购物的主题可以全面、系统地满足游客对体验的不同需要，实现游客生理、心理体验的双重满足。在选择主题时，可通过对市场消费能力、业态竞争状况的考察和地方文化的开发，综合游客旅游购物的需要和消费心理特点，确定适当的主题。

 喀什达瓦尔昆景区架子
肉王风味餐广告

 上海爱琴海购物公园
的主题雕塑

三、旅游线路产品策划要点

（一）对旅游线路的含义

在旅游地景观规划和旅行社的产品设计过程中，以及在人们日常生活中，旅游线路都是一个使用频率很高的词汇。认识旅游线路的含义，有利于区分不同情况下的旅游线路策划。

对旅游者而言，购买的旅游产品就是旅游线路，一条线路涵盖了旅游交通、旅游餐饮、旅游景区、旅游饭店、旅游娱乐、旅游商品以及其他旅游产品等，是一系列满足旅游者旅行需求（吃、住、行、游、购、娱）的停留点，即线路节点的集合。从旅游学者的角度，林南枝、陶汉军认为一条旅游线路就是一个单位的旅游产品，魏小安则认为旅游线路是旅游产品的一种形式，是旅游产品的传统和典型的市场形象。因此，从组合旅游产品经营者或旅游产品设计的角度来定义，旅游路线是旅游部门为旅游者设计的进行旅游活动的路线，是由交通线把若干个旅游点或旅游城市合理地贯穿起来的路线。[1] 而构成旅游产品的要素由旅行社以包价的形式提供时，就形成了旅行社的线路产品。旅游线路是旅行社或其他旅游经营部门以旅游点或旅游城市为节点，以交通路线为线索，为旅游者设计、串联或组合而成的旅游过程的具体走向。[2] 楼嘉军认为旅游线路一般由两个部分组成：一是构成旅游线路的节点——具有完整旅游意义的旅游目的地或者相对较大的旅游景区；二是各个旅游节点进行连接的方式，即旅行社采用何种交通方式将旅游者从一个旅游目的地转移到另外一个目的地。[3]

从区域旅游规划、景点规划的角度定义，旅游线路是指一定的区域内，为使游人能够以最短的时间获得最大的观赏效果，由交通线路把若干个旅游点或旅游城市合理地贯穿起来，并具有一定特色的路线。[4] 管宁生认为一个旅游区域内的若干景点各在不同的空间位置，对

---

❶ 雷明德. 旅游地理学. 西安：西北大学出版社，1988：122.

❷ 谢彦君. 基础旅游学. 北京：中国旅游出版社，1999：155.

❸ 楼嘉军. 旅行社经营管理. 上海：立信会计出版社，2003：81.

❹ 马勇. 区域旅游线路设计初探. 湖南：湖南出版社，1996：4.

这些景点游览或活动参加的先后顺序与连接方式，可有多种不同的串联方式，由此产生组合成不同的旅游线路。[1] 从这个视角讨论的旅游线路注重强调一定区域内旅游景区或目的地之间的空间协调、关联与组织方式。

从景区游览组织的角度，旅游线路被视为"风景线""园林观光路"，例如，吴为廉把风景园林路分为风景旅游道路和园（景）路，园（景）路既是分割各景区的景界，又是联系各景点的纽带，是造园的要素，具有导游、组织交通、划分空间界面、构成园景的艺术作用。[2]

（二）旅游线路产品策划的方法

游客对旅游线路的期望是最大化地满足其消费需要，成本最小，日程安排最方便；对旅行社来说，则希望在满足旅游者需求的前提下，降低成本、提高效益，并可面对突发事件及时调整线路；旅游景区在规划设计时就要考虑景区内线路空间布局的合理性、科学性，在管理中也要考虑如何合理分流、控制游客数量的问题。

策划旅游线路就是在线路上合理布局景点，寻求其最优的游览顺序，突出线路的主题特色。为此，旅游线路策划需要进行如下工作。

1. 研究消费者心理，分析市场条件

游客在整个旅游过程中的消费心态会跟随旅游景区内节点旅游产品的变化而变化，为了设计适销对路的旅游线路，要分析游客消费心态，根据主要客源市场的旅游费用、时间和距离以及消费者偏好等现状，确定旅游线路的性质和类型。例如，上海欢乐谷景区的旅游线路推荐有巅峰游乐项目、青春挑战项目、浪漫情侣项目和亲子合家欢项目，就是针对寻求刺激者、青年人、情侣和家庭推出的旅游线路。

2. 统筹规划，合理布点，优化游览顺序

旅游线路设计要考虑到毗邻区域内景点密度，以本区域的起点终点与其他区域的起点终点进行衔接，利用景点首尾衔接，以点带面，形成区域旅游线路网。

吴凯从空间维度、时间维度、成本维度和旅游活动维度四个维度进行具体的说明。[3] 从空间维度来看，旅游线路包括一系列空间单元，这些空间单元通过交通线路连接成一个线性连续空间，有长度和拓扑结构，并且可以交错成网。如环形旅游线路、树形旅游线路、网型旅游线路，则体现了旅游线路的空间拓扑结构的特征。从时间维度来看，旅游具有不同的出行时间和持续时间，旅游线路的时间维度包含三个方面：旅游线路开始的时间、结束的时间（时间点）；作为节点的景区（点）的时间顺序（时间序列）；旅游线路持续的时间（时间段）。从成本维度上，旅游线路作为一种特殊的消费品，其购买和消费要考虑货币成本和时间成本，旅游线路的交通组合与时间安排要考虑对成本约束条件的适应性。从旅游活动维度上，旅游线路作为旅游活动的载体必将包含旅游活动的一些特征，因此，旅游线路的策划要考虑旅游线路各节点的旅游资源的特点、旅游服务的功能及旅游者的满意度等。

旅游线路的设计过程中，应尽量让游客在适合的时间最大限度地感受节点的旅游产品价值。如某些景点，会因为阳光照射时间、位置的不同，观赏价值会产生很大差异，为了能给予游客较大的满意度，线路安排应考虑游客的心理和精力安排景点。

3. 围绕主题，整合资源，形成专题线路

在考虑游客和景点的基础上，接着要考虑旅游线路所展现的主题是什么，需要旅游区域

---

❶ 管宁生. 关于旅游线路若干问题的研究. 旅游学刊，1999（3）：32-35.

❷ 吴为廉. 景观建筑工程规划与设计. 上海：同济大学出版社，1996：2.

❸ 吴凯. 旅游线路设计与优化中的运筹学问题. 旅游科学，2004，18（1）：41-44，62.

哪些资源来为该线路主题做支撑，通过主题整合资源实现旅游资源产品化。这就需要所选节点符合线路设计的核心理念，达到节点与理念互补。

旅游资源的文化内涵是确定主题的基础。例如，峨眉山"文化苦旅"主题游，包括峨眉山禅文化旅游、茶文化旅游、武术文化旅游、农家乐文化旅游、登山旅游五部分组成，无论是佛教苦谛、茶中之苦、习练武术的清苦、农家生活的粗茶淡饭还是一路登山、探险的艰辛都深深地体现了一个苦字。从苦中求乐，在苦中体会人生百态、宦海沉浮，净化心灵，回归自然便是该产品真正带给游客的。杭州西溪湿地的"渔夫之旅"线路，以 6 座摇橹船为游览交通工具，在水上泛舟欣赏独特的湿地风光；生态科普游可参观湿地植物园、水文观测站和多处观鸟区。

4. 联动发展，区际合作，联合推介

（1）核心-边缘联动。

大尺度的旅游线路设计的关键是考虑将哪些旅游景区（点）组合在同一条线路上，成为某条线路的旅游节点。运用核心-边缘理论辨识不同空间旅游资源存在的客观差异，以较高级别的旅游节点为核心，形成旅游线路发展的若干增长极，带动边缘旅游景点，形成核心、边缘节点上的资源优势互补。不同距离的旅游线路设计基本上都可简化为核心-边缘结构模型，但受空间规模因素的影响，一些旅游线路的核心-边缘结构表现出复合形态的特征，对于单一核心的旅游线路来说，旅游景区（点）的联动发展主要表现为核心带动边缘，有些线路存在两个或两个以上的核心，旅游联动除了表现为线路上景区（点）的联动发展，还表现为与线路外旅游景区（点）的联动发展，即每一个核心景区（点）又可以与线路外的核心-边缘景区（点）发生旅游联动行为，从而构成复合型的核心-边缘结构体系。

（2）主题联动。

不同空间的旅游景区可以通过主题线路联系起来，形成跨地区的主题旅游线路。典型的例子是 2002 年由浙江省绍兴市和台州市旅游局下属的新昌、天台、仙居、临海四县市风景旅游局实行跨地区联手、资源共享、优势互补、强强合作的"新天仙配·黄金旅游线"。《天仙配》是家喻户晓的中国民间爱情故事，这几个地方借助"天仙配"而取各县（市）第一个字共同设计推出了"新天仙配、长城作证"旅游区域合作线路，成为旅游界知名的品牌线路策划。

（3）区域城际联动线路。

区域城际联动线路是区域合作、区域一体化发展基础上形成的区域旅游联合推介线路。例如，珠三角九大城市首次开展的"珠三角城际旅游大联动"活动，这是在《珠江三角洲地区改革发展规划纲要》和"珠三角旅游一体化"的构想基础上提出的，由各地市旅游局拉动，以各地龙头旅行社组团"城际互访"的模式。再如，江南绝色——吴越经典线路，纳入的城市有杭州、嘉兴、湖州、绍兴，线路涵盖人气景区（点），助推运河申遗，扩大"江南绝色、吴越经典"这一杭州都市经济圈旅游品牌。总之，入选的线路要符合一系列条件，如经过旅游市场的检验，成为旅行社包装推销的主要旅游产品或具有市场潜力，这样的旅游线路要符合主题性、体验性、多元性内容要求。

【任务训练】

旅游线路产品策划。

1. 实训活动

设计一个"低碳旅游"的二日游计划

行：提倡步行和骑自行车。能坐火车的不坐飞机，能跟团不自驾。必须乘飞机，就要选择正确合理的航空线，并最大限度减少行李量，实在要自驾，最好拼满一车人，实现能效最大化。

食：不用一次性餐具，自备水具，不喝瓶装水。尽量食用本地应季蔬果，最好做个素食者。

宿：住酒店不用每天更换床单被罩，不使用酒店的一次性用品。

购：尝试以货易货。尽量选用本地产品、季节产品及包装简单的产品。

游：合理安排路线，途中回收废弃物，做好生活垃圾分类。尽量不在景区留下自己的痕迹。

2. 实训目标

（1）通过实训，加深对旅游产品策划理论与方法的认识。

（2）通过实训，提高旅游产品策划的能力。

3. 标准与评估

（1）标准：注重方法的创新。

（2）评估：独立完成，然后交流讨论。

【复习思考题】

1. 请阐述旅游产品开发的理论基础。

2. 旅游产品创新的思维及创新的手段。

3. 试比较不同类型旅游产品策划要点的异同。

4. 试根据某旅游开发地的实际情况，策划主题旅游产品。

项目七
旅游节庆策划

学习目标

知识目标:

1. 了解旅游节庆的基本概念以及旅游节庆的主要类型。
2. 了解旅游节庆的影响。
3. 了解旅游节庆策划的流程。
4. 掌握旅游节庆策划的技巧。
5. 掌握旅游节庆策划成功的秘诀。

技能目标:

1. 分清节庆、节日、节事、庆典的不同含义。
2. 掌握旅游节庆策划的流程。
3. 能够因地制宜地进行旅游节庆活动策划。

任务一　旅游节庆的基本概念和基础理论

【问题导入】

日照,山东省地级市,位于黄海之滨、山东半岛东南侧翼,是一个滨海小城,北连山东青岛,南临江苏连云港。日照以海洋旅游为特色,有着"水上运动之都"与"东方太阳城"的美誉。除海洋旅游外,日照东夷文化底蕴深厚,生态旅游资源丰富,有着"三山一洞"的九仙山、浮来山、五莲山和沂水地下溶洞,均为得天独厚的自然景观。

日照旅游以海洋旅游为主。每年夏天都有来自世界各地成千上万的游客聚集在日照的万平口海水浴场、刘家湾赶海园游玩。然而海洋旅游最大的问题在于季节性,夏天的时候日照旅游过于饱和,很多大巴车都要在市内转来转去等待停车场空出车位,而其他季节则无人问津。

日照旅游的一个很大问题在于与其临近的青岛市构成了竞争关系。青岛作为一个拥有优质海岸线和名山(崂山)的沿海城市,与日照相比优势突出。在青岛的游客不仅可以在优质沙滩上运动休闲,而且还可以享有丰富的城市娱乐和繁华的夜生活。相比较而言,日照则要清净许多。

清净的特质本身是否可以作为宣传的卖点,在旅游宣传过程中,可以向大城市的居民展示日照从不拥挤的街道、湛蓝的天空和清澈的海水,打造一个可以让游客忘却工作烦扰,出世独立的度假胜地呢?

青岛以"青岛啤酒节"闻名于世,日照是否可以考虑,抓住当地的主要特质,策划能够在众多滨海旅游目的地中脱颖而出的一个旅游节庆呢？

节庆自古有之，是一个具有哲学意味的词汇，其主要特性是伴随着浓厚的仪式感和广泛的参与性。随着节庆的不断传承与发展，除当地人对固定传统的节庆兴致高涨外，游客也越来越注重旅游中的节庆参与。于是，节庆渐渐成为一种特殊的"人工"旅游吸引物。与传统的节庆相比，旅游节庆最主要特点是将游客纳入旅游吸引物中，是一种更注重参与性、体验性，同时娱乐性与休闲性更为突出的动态旅游项目。

【任务描述】

现代旅游节庆具有规模大、影响广、参与者众等特点。除为游客带来娱乐外，旅游节庆还能够有效地整合区域旅游资源、全面地展示区域文化特色，并能在较短时间内使举办地形象和知名度得到提升，极大地促进举办地的经济发展、社会进步与生态环境的改善。因此，如何策划好旅游节庆，是其成功举办的重要前提，也是其为当地发挥社会、经济效能的关键一步。本部分的学习任务是：对日照进行旅游节庆策划，首先需要弄清楚什么是节庆，什么是旅游节庆，然后区分旅游节庆的类型，最后深入认识旅游节庆的理论。

【任务实施】

一、节庆的概念

从字面上来看，"节庆"包含"节日"和"庆典"两层含义，"节日"指在传统历法、宗教信仰或世俗生活等概念中具有特殊意义的日子或时期，"庆典"则是围绕节日或特殊事件等举行的庆祝活动。在研究中，西方学者常将节日（Festival）和特殊事件（Special Event）组合在一起作为一个整体探讨，统称为"节事"（Festivals & Special Events，FSE）。

节庆是在一定历史时期的孕育、发展、变化之下，各自繁衍出不同的文化和运作模式，并随着不同地区的时空环境背景或条件的差异，进而慢慢累积形成一套仪式或活动。节庆有广义和狭义之分。狭义的节庆主要指各种传统节日以及经过策划创新而人为"制造"的各种节日；广义的节庆就是指节事，除狭义节庆的内涵外，还包括各种特殊事件，西方学者Getz 将这种事先经过策划的事件分为文化庆典、文艺娱乐事件、商贸及会展、体育赛事、教育科学事件、休闲事件、政治/政府事件、私人事件 8 个大类。

二、旅游节庆内涵及其外延

旅游节庆是基于区域自然、人文、经济、历史文化等资源特色，经过节庆形式的系统策划、开发和营销，使之成为旅游吸引物，从而被旅游业所利用，为当地带来社会、经济、文化效益的一种特殊旅游活动。

（一）旅游节庆的内涵

旅游节庆，是指有特定主题、在特定的地点或同一区域内定期或不定期举办，能吸引区域内外大量游客，相异于人们常规的生活路线、活动和节日的各种节日庆典、集会、交易会、博览会、运动会、文化活动等。旅游节庆属于节庆的一种，具有强烈的经济性和组织性。除了旅游节庆，节庆还包括政治节庆、传统民俗节庆、宗教节庆、商业庆典等。这些节庆虽然也具有广泛的影响力，但其经济或文化要素并不一定能很好地体现，而这些节庆均可以作为旅游节庆策划开发的灵感和素材，借助其影响力，获得良好的社会、经济、文化效益。对于旅游节庆概念的解读，国内外稍有不同。

国外对于旅游节庆的研究通常包含在节事或者事件旅游之中，认为旅游节庆是指从长远或短期目的出发，一次性或重复举办的、延续时间较短、主要目的在于加强对于旅游目的地的认同、增强其吸引力、提高其经济收入的活动。Getz. D. 1991 年出版了旅游节事的专著《Festivals，Special events and Tourism》，提出了将旅游节事转变为可以销售的旅游产品的看法，指出要从节事内容和具体表现形式两方面来组织节事，同时要从组织者、游客体验、社区等不同角度对节事旅游开发进行综合全面考虑。

国内学者也从不同维度对旅游节庆进行了界定。从旅游资源角度出发，认为旅游节庆资源是在一定区域范围内能对旅游产生吸引向性，有可能被用来开发成旅游消费对象的各种节日庆典活动的总和，包括各类旅游节日、庆典、集会、交易会、展览会、博览会以及各种文化、体育活动等。从旅游节庆的延伸性出发，认为旅游节庆可分为广义和狭义两方面，广义的旅游节庆又称旅游节事，是指一些含有多种旅游项目的事件、包括节日、地方特色产品展览、体育比赛等具有旅游特色的活动或非日常发生的特殊事件；狭义的旅游节庆是指周期性举办的节日等活动，但不包括各种交易会、展览会、博览会、文化、体育等一次性结束的事件。从旅游产品的角度出发，认为旅游节庆是政府或企业给予举办地资源、文化特色，以旅游为宗旨、系列节庆活动为载体开发的专项旅游产品。

（二）旅游节庆的外延

旅游节庆与节庆活动、旅游节事、旅游事件等概念存在着密切联系，对相关概念进行辨析，有利于明确旅游节庆的内核与外延。

1. 旅游节庆与节庆活动

节庆活动是指旅游节庆中的单项活动，一系列丰富多彩的节庆活动构成了综合性的旅游节庆，从而实现举办地经济、社会、文化内涵的全方位、多角度展现。现代意义上的旅游节庆是以各种节庆活动为依托，经过一系列的旅游开发形成的一种特殊旅游产品，一次单项的节庆活动并不能算作是旅游节庆，越是大型的旅游节庆，所包含的节庆活动就越复杂多样。例如 2017 年上海旅游节就由开幕式、开幕式大巡游、浦江生活节、国际旅游度假区灯光音乐节、上海迪士尼度假区万圣节主题活动、东湖美食节、动物嘉年华、玫瑰婚典、邮轮旅游节等 66 项富有上海地方特色的节庆活动和分支旅游节庆组成。

2. 旅游节庆与旅游节事

基于西方研究中把节日和特殊事件组合在一起作为一个整体探讨，统称为"节事"的观点，一些学者认为旅游节事是大于旅游节庆的概念，旅游节事比旅游节庆具有更广泛的外延，不仅包括旅游节庆，还包括不以旅游为目的，但是能附带引起一些旅游活动的交易会、展览会和体育赛事等特殊事件。马聪玲在参考国内外相关定义的基础上，结合中国节事活动时间发展的现实，认为以下节事活动都应该被看作旅游节事。

（1）明确以"旅游"挂名的节事活动。各地政府推动设立的节庆活动、旅游景区、企业设立的一些小型的节庆活动，通常被冠名为"××旅游节"。

（2）以旅游为内容的节事活动。有一些节庆活动的名称中并不包含"旅游"二字，但这些节庆活动的内容是围绕旅游景点、旅游产品、旅游资源展开的，如北京香山红叶节，或者以推介旅游产品和旅游线路为主要目的，或者包括了旅行游览的子项目，也应该被归为旅游节庆活动。

（3）具有一定规模、相当强的吸引力，已经成为当地文化旅游产品的节事。如河南牡丹花节、乌镇戏剧节等。

（4）具有旅游影响的特殊事件和节日庆典活动。例如孔子诞辰纪念、孔子文化节、青岛啤酒节等。

综合以上所述，虽然旅游节庆和旅游节事有所区别，但内涵是一致的，因此，国内外许多学者也将两者等同理解。

3. 旅游节庆与旅游事件

在实践中，旅游事件的范围很广泛，既包括如三峡工程这样对三峡旅游造成重大影响的工程事件，也包括如 2015 年的青岛大虾事件被关注、2017 年韩国萨德事件使得韩国入境旅游萎靡、2018 年东北雪乡宰客事件等导致当地旅游市场全面整治的旅游突发事件和旅游危机事件。

与旅游节庆相比，旅游事件的产生和发展既可能是有计划的，也可能是不可预测的；既可以是与旅游业高度相关的事件，也可以是其他间接对旅游业产生影响的事件；旅游事件并非全部以产生积极效应为目的，甚至很多突发事件反而会产生极大的负面效应。旅游节庆是一种旅游产品，但是只有某些旅游事件可以对新的旅游产品产生创造契机，例如美国卡特里娜飓风登陆后以灾难经典遗址点为主开发设计的"卡特里娜灾难之旅"等。

三、旅游节庆的基础理论

（一）旅游节庆的类型

旅游节庆种类繁多，范围广泛，形式多样。为了深入认识与研究旅游节庆，以便更好地开发利用，最大限度地满足旅游者的需求，就需要进一步剖析旅游节庆的类型。

1. 按旅游节庆举办地类型分类

按节庆举办地类型的不同，旅游节庆可以分为单体型、景区型和城市型等类型。这是当前在旅游节庆策划过程中，最为实用的分类方式。

（1）单体型旅游节庆。单体型旅游节庆一般是指酒店、餐厅、旅行社等小的单体部门举办的旅游节庆。其主要目的是吸引客流，在短时间内引入巨大流量、创造超级爆点，从而提升单体部门的影响力。如喜达屋旗下的 W 酒店自 2016 年开始举办的"叫醒耳朵 Wake-up Call"音乐节系列节庆活动，引发了巨大反响，现已成为其固定的明星旅游节庆之一。

（2）景区型旅游节庆。是指在景区中举办的旅游节庆。相较于单体型旅游节庆，景区在物理空间和自然资源上有更多的可能性，其举办的活动在规模和形式上也千变万化。例如，比利时小镇举办的一年一度的"Tomorrowland（明日之地）"音乐节就是典型的景区型旅游节庆。该音乐节或许是世界上最大的音乐节，2017 年，在 6 天时间内，就有 40 万世界各地的游客涌入此小镇，该景区也因此获得了千万欧元的收入。

（3）城市型旅游节庆。是在城市举办的旅游节庆。旅游节庆的举办可以为城市带来的影响是指数级的，它不仅能够提升城市的影响力，更能激发城市活力，在产业升级中起到积极的催化作用。举例来说，SXSW（South by South West，西南偏南音乐节）是美国得克萨斯州首府奥斯汀连续举办了 30 届的城市节庆活动。每年 3 月，数以万计的科技极客、摇滚玩家和电影人涌向这里，参与者在这里展示自己的作品，同时还可以找到志同道合的朋友。

2. 按旅游节庆性质分类

按性质的不同，旅游节庆可以分为商业型、文化型、体育型、政治型、综合型等类型。

（1）商业型旅游节庆。这类旅游节庆以节庆为载体，进行各类地方土特产交易、产品展示、促进商贸往来为主要目的，主要指各种旅游交易会、展览会、博览会等。如旅交会、宁波国际服装节等。

（2）文化型旅游节庆。主要指能满足人们文化旅游动机的各类节日和节庆活动。文化型旅游节庆又可分为以下三类：①传统文化型旅游节庆以民俗文化、民族文化、历史文化、宗教文化、地方特色文化等传统文化中留存的节庆或习俗为素材，通过系列节庆活动展现区域文化特色，吸引外来游客，让游客获得生动的文化体验。如潍坊国际风筝节、西双版纳傣族泼水节等。②现代文化型旅游节庆以现代娱乐文化和艺术文化为载体，游客通过参与参观、游乐、表演等活动，获得美感享受和身心放松。如戛纳电影节、厦门国际动漫节、西湖音乐节等。③山水文化型旅游节庆主要依托各种优美的自然风光，达到综合展示区域旅游资源、风土人情，获得社会、经济、文化效应的目的。如哈尔滨国际冰雪节、洛阳牡丹花会等。

（3）体育型旅游节庆。主要指一些大型的体育盛会、体育赛事和竞技活动，如奥运会、亚运会、全运会、F1大奖赛等。按照时间和地点的不同，可以将体育型旅游节庆分为以下三种基本类型：①定期或不定期在不同地点举行的体育盛会。②在固定几个地点轮流定期举行的体育盛会。③在某一地点定期举行的体育盛会。

（4）政治型旅游节庆。这类旅游节庆往往是以国家出于政治需要设立的纪念性节日为契机，通过组织各类节庆活动，达到庆典、纪念和宣传的目的，具有较强的政治色彩，但由于庆典规模一般较大，对游客具有一定的吸引力。如2012年香港回归15周年纪念庆典。

（5）综合型旅游节庆。这类旅游节庆往往有多种主题，内容上表现出明显的综合性，既包括文化活动，又有商贸、会展、体育赛事、游览观光以及狂欢表演等活动。这类旅游节庆很多是由单一型旅游节庆发展而来，一般在大型城市举办，持续时间较长，规模较大，内容多元，具有显著的吸引力。如上海旅游节、北京国际文化旅游节等。

3. 按旅游节庆的运作模式分类

按照旅游节庆的运作模式，可以将旅游节庆分为政府包办型、政府主办＋企业参与型、企业自办型三种。

（1）政府包办型旅游节庆。此类旅游节庆的特点是政府亲自具体参与旅游节庆的运作，从内容策划、组织分工、具体落实甚至活动参与都由政府包揽，社会和企业参与空间有限，很长一段时间内存在于我国县级特别是一些小城镇的旅游节庆中。

（2）政府主办＋企业参与型旅游节庆。随着旅游节庆市场化运作的逐步推行，政府主办＋企业参与成为比较流行也广为接受的运作方式。政府通过协调引导，调配各方组织力量，把握旅游节庆的主要方向；企业通过市场化竞争参与旅游节庆的具体运作。这种方式相较于政府包办能更好地调动社会参与的积极性，获得较好的经济、社会、文化效应。

（3）企业自办型旅游节庆。由一个或多个企业，针对市场需求进行资源整合，遵循市场规律，通过市场化运作，调动各类社会资源，完成旅游节庆的策划、组织、操作等全部工作。景区级的旅游节庆通常采用这种模式。

（二）旅游节庆的特点

了解旅游节庆的特点与功能有助于加强对旅游节庆概念本身的理解，同时也有助于帮助旅游节庆策划的开展。

1. 主题性

旅游节庆的主题是其魂魄所在，主题选择的优劣从某种程度上来说直接影响了节庆活动的成败。从最初的地域文化、地理风貌、历史文化、宗教艺术、地方物产等，到今天的IP植入、文旅创意、凌空造势等都是旅游节庆的主题选择范围，都能让人产生旅游联想，激发旅游动机，从而实现旅游行为。

旅游节庆主题是按照节庆理念提炼出的旅游节庆活动所要表达的思想，是组织旅游节庆活动的中心线索。需要注意的是，当今旅游节庆活动的主题选择除应具有鲜明的民族特色、切合当地实际和风俗习惯外，还应在保留的基础上适度创新，加强娱乐性和观赏性。

2. 时间性与周期性

旅游节庆是在指定时间内举办，进行周期循环，持续时间从一天到数周甚至数月不等，突出时间性和周期性的特点。由于大多数节庆活动多反映当地的传统文化和民族特色，举办时间自然会受到民族文化、民族特色和社会生产所依赖的特定时间的影响。

3. 参与性

广泛的民众参与是旅游节庆活动赖以成功的重要因素。现代旅游者在心理上注重体验，渴望参与，而不再是传统的走马观花与纯粹地从旁观赏。旅游节庆的参与主体是当地居民与游客，只有吸引群众广泛参与，增强活动的亲和力和节庆气氛，才能奠定良好的市场基础。因此，旅游节庆要根据市场需求，增强其中活动的娱乐性，设计出迎合游客需求的活动，只有最大限度地调动游客的积极性和参与性，才能达到旅游节庆的最终目的。

4. 集中性

旅游节庆的区域分布具有集中性。根据调查统计，城市旅游节庆分布呈现出东部地区多于西部地区的状况。其中，长三角、环渤海、珠三角是 3 个旅游节庆最为集中的地区。

旅游节庆的人流、物流具有集中性。旅游节庆可以在短时间内吸引区域内外大量游客前往举办地，在此期间目的地人流、物流将呈现爆发式集中，而举办过后人流、物流则迅速消减。

【任务训练】

请通过搜索引擎查阅旅游节庆活动，并根据旅游节庆的相关概念，分析该节庆中的旅游元素和旅游吸引力所在。

任务二　旅游节庆策划理论与方法

【任务导入】

请通过互联网查阅日照有关旅游节庆活动，例如日照赶海旅游节、日照茶文化旅游节、日照林海风情旅游节，以及五莲山全国登山比赛、太极文化节、杜鹃花节、樱桃采摘节等众多旅游节事活动。

根据旅游节庆策划的理论与方法，针对性地对日照现有旅游节庆活动进行研究。

【任务描述】

旅游节庆策划是一项涉及面广、全方位、多角度的系统工程，专业度高，技巧性强，理论内涵丰富。旅游节庆策划理论涉及节庆策划的概念、原则和规律。

【任务实施】

一、旅游节庆策划的概念

旅游节庆策划，是指在把握市场需求和动机，掌握相关产品开发状况和竞争态势的基础上，整合系列节庆活动、旅游吸引物、旅游设施和旅游服务，按照一定的原则和方法，深度开发、主题提炼、整体运作，进行系统而全面的构思，以达到预期目的的综合性创新活动。

旅游节庆策划，尤其是大型旅游节庆策划，是一项涉及面广、全方位、多角度的系统工程。它决定着旅游节庆开展的进程与效率。

旅游节庆策划的内容涉及旅游节庆的各个方面，包括旅游节庆的主题、目标市场及旅游节庆举办的时间、地点、规模、费用预算、宣传策略和方案、活动设计与实施、效果测定与评估总结等。

旅游节庆策划对于成功举办旅游节庆具有十分重要的意义。首先，旅游节庆策划明确了旅游节庆的目标与主题，通过科学性、前瞻性、战略性的筹划和安排，为整个旅游节庆的举办指明了方向，有效的组织各方资源，上下拧成一股绳，避免了节庆活动的盲目性、分散性；其次，通过科学的旅游节庆策划，能充分整合旅游和市场资源，确保获得良好的社会、经济、文化效益；最后，好的旅游节庆策划能充分运用已有资源，调动市场的积极性，将潜在的节庆旅游需求转化为现实节庆旅游需求，创造出市场认同度高、竞争力强的节庆品牌，推动旅游节庆的可持续发展。

二、旅游节庆策划的时空规律

由于旅游节庆的开展受到诸多因素的影响，因此形成了旅游节庆策划的"时空规律"。

（一）时间规律

1. 时间规律的表现

（1）季节性。旅游节庆策划的季节性规律主要体现在以下两个方面：一方面，从数量上来说，春季和秋季的旅游节庆更为丰富；另一方面，从主题上来说，旅游节庆策划的季节性明显，春季以赏花、踏青为主，亲水、消暑、狂欢为主题的旅游节庆集中在夏季，文化类、物产类、综合类旅游节庆在秋季较为常见，冬季的旅游节庆多为冰雪、养生或民俗活动主题。

（2）短时性。旅游节庆是在一定时间内举办的，具有短时性。一般而言，旅游节庆持续的时间在一到两周左右，规模较大的旅游节庆一般也不会超过 1 个月的时间。

（3）周期性。旅游节庆的周期性规律，一方面表现为举办的周期性，绝大多数旅游节庆总是在固定的时间周期内举办，或者一年一次，或者两年、数年一次时间不等；且具体时间相对固定，某一旅游节庆总是在某一固定的季节或日期举办。另一方面旅游节庆的效果上也有周期性，一般而言，节庆举办的历史越长，其认知度越高，但是节庆的影响效果并不是均匀增加的，而是符合生命周期规律，即一开始影响力增速较快，较容易取得轰动性、爆炸性效果，随着时间的推移，后期影响力增速变慢甚至下降，因此如果旅游节庆策划不持续创新，做到可持续发展，则节庆的影响力可能会随着时间的延伸而逐渐弱化。

2. 影响时间规律的因素

我国节事活动的举办具有时间规律的原因，主要是受到旅游节庆自身特点、举办地自然经济状况和客流状况的影响。

（1）旅游节庆自身特点。旅游节庆，是指有特定主题、在特定的地点或同一区域内定期或不定期举办，能吸引区域内外大量游客，相异于人们常规的生活路线、活动和节日的各种节日庆典、集会、交易会、博览会、运动会、文化活动等。正因为旅游节庆异于人们正常的生活次序，才能给游客带来新鲜和刺激，持续时间过长、缺乏创新性的旅游节庆容易引起人们的审美疲劳，认为其是常规生活的一部分，无法激起游客的兴趣和欲望。

（2）举办地自然经济状况。旅游节庆举办地的自然物候条件为旅游节庆的策划提供了最基本的素材和载体，许多旅游节庆正是基于当地特殊的自然条件或物产选择主题，并举办丰富多彩的旅游节庆活动，例如哈尔滨国际冰雪节、洛阳牡丹花会等都是利用当地独特的地形、气候、生物条件为载体而举行的旅游节庆，这些基础条件受物候条件影响较大，也导致了旅游节庆的时间性规律。

（3）客流状况。游客的旅游活动具有季节性，表现为旅游目的地和旅游活动在时间分布上的不平衡，旅游节庆一方面可以淡化旅游季节性的差异，另一方面也受到旅游季节性的制约。春秋两季气候适宜，是旅游者出游的最佳时间，许多旅游节庆活动都在春秋两季举办；而不同季节游客的需求有所差别，在旅游节庆主题的策划上，需要从市场需求出发，随着目标市场需求的季节性变化而变化。

（二）空间规律

1. 空间规律的表现

（1）集中性。旅游节庆的人流、物流具有集中性。旅游节庆可以在短时间内吸引区域内外大量游客前往举办地，在此期间目的地人流、物流将呈现爆发式集中，而举办过后人流、物流则迅速消减。

（2）地方性。不同的旅游节庆分布在与之相适应的环境中，带有强烈的地方色彩，特别是依托具有地方垄断地位的自然、经济、文化、历史特色而策划设计的旅游节庆，离开了必要的环境条件，将失去其个性化的特殊吸引力。

2. 影响空间规律的因素

旅游节庆的空间规律主要是受到举办地区位置、社会经济状况等因素的影响。

城市节事活动的产生、形成和发展，与各地的自然资源、历史文化、经济水平、旅游环境和市场发展需求有着密切的关系。城市的综合实力和旅游发展状况直接影响着旅游节庆的规模、节期和水平。

三、旅游节庆策划的方法

（一）资源整合法

举办地的旅游资源是旅游节庆策划和组织的重要载体。资源整合法是指通过对区域内已有的和潜在的旅游资源进行归类，通过系统的分析，选择适当的主题和内容，通过"旅游节庆"的方式，结合目的地开发的目标，采取"节庆"的组织形式，将一系列旅游资源在时空范围内加以整合。资源整合法要求对旅游资源"去粗取精"，突出特色旅游资源的同时，又不拘泥于一点，而是更多地从全局考虑，连"点"成"线"，扩"线"成"面"，将原本散乱的旅游资源归整到系统的旅游节庆之中，从而辐射到整个区域。如龙泉青瓷宝剑节、青岛国际啤酒节、南京国际梅花节等，都是采用资源整合的方式，进行旅游节庆的策划。

（二）旧瓶新酒法

旅游节庆是节庆的一部分，与传统节庆相比，旅游节庆既是一种继承，又是一种发扬。旧瓶新酒法就是以传统节庆、民族民俗等为素材，运用现代化理念，赋予传统节庆以时尚气息，策划开发能满足旅游者需求的现代旅游节庆。这种方法既可以传承传统民俗节庆深厚的文化底蕴，发挥其感染力，形成极强的文化认同度，对传统文化起到一定的保护作用，又能在传统的基础上以现代视角进行创新，丰富节庆的形式和内涵，让人耳目一新，眼前一亮，吸引游客的注意，获得更大的社会、经济、文化效应，对传统节庆的重新策划多属于此种类型，如西双版纳泼水节、上海龙华庙会等。但需要注意的是，运用这种方法时要充分考虑市场的承受能力，避免创新过度而传统不足，最终适得其反。

（三）逆向思维法

旅游节庆对于游客有强大的吸引力，很重要的一点就是其具有异于人们的常规生活路线、活动的特质。按照常规思路，往往是旅游地有什么就做什么，策划、包装出相应的产品，推向市场，这样往往容易落入俗套，难以引起市场的兴奋度。逆向思维法就是要突破固化的思维模式，摆脱习惯性思维的干扰，反过来思考，通过对市场动态需求的分析，把握发展趋向，进行资源的整合，运用创造性思维，营建出能够引导市场，独具特色的旅游节庆产品，产生出其不意的效果。如上海旅游节中的"玫瑰婚典"、深圳华侨城的狂欢节、西湖音乐节等多属于此类型。

（四）效用叠加法

效用叠加法就是指利用旅游节庆的短时性和集中性，通过在不同时间和空间上安排一系列规模不一、形式不同、主题各异的活动，让旅游节庆效果在时空上延伸，形成"一波未平一波又起"的效果，不断聚焦旅游者的目光。效用叠加法既可以通过在大主题下设置不同的副主题，形成综合性的旅游节庆的形式来进行，如上海旅游节、宁波国际服装节等；也可以依托已经成功举办的旅游节庆的品牌效益，举办另一类别的节庆活动来进行，如 2005 年广州利用广州国际美食节的拉动效益，又举办了广州国际茶文化节。

四、旅游节庆策划的流程

（一）旅游节庆策划流程图

旅游节庆策划分为七大步骤，如图 7-1 所示。

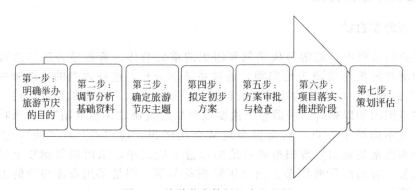

图 7-1　旅游节庆策划七步流程图

（二）旅游节庆策划各步骤的具体方法

第一步：明确举办旅游节庆的目的
由于旅游节庆性质不同、规模不等、运作模式各异，因而旅游节庆的举办目的也不甚相同，不同目的的旅游节庆在策划过程中有不同的方法技巧。因此在对旅游节庆活动进行策划时，必须先明确举办的目的，才能获得比较明确的策划方向。
第二步：调查分析基础资料
旅游节庆策划的信息搜集包括对旅游资源、旅游市场环境、旅游消费者、旅游服务设施、国内外相关节庆的情况与案例等的调查，以及国家关于节庆活动方面的政策法规、公共关注的热点等。调查将为旅游节庆策划提供客观的依据，通过相关资料的调查分析，选择目标市场并确定活动定位。

第三步：确定旅游节庆主题

主题是成功策划的灵魂，它统率着整个项目策划的创意、构想、方案、形象等要素，贯穿于整个项目策划之中。只有确定好旅游节庆的主题，才能围绕其进行活动和项目的展开与实施，为旅游节庆的成功举办奠定良好的基础。

旅游节庆活动主题可以分为既有性主题和创造性主题两种。

第一种是**既有性主题**。既有性主题是在长期历史发展过程中逐渐积淀而形成的，大多存在于传统的节庆活动中。如八月十五中秋节以"赏月、喜庆、团圆"为主题；端午节以纪念、缅怀屈原为主题。既有性主题并不是固定不变的，随着时空的发展变化，既有性主题的内涵和外延也会随之发生变化。如端午节，现在以纪念屈原为主题的部分正在不断缩小，屈原故里湖北秭归端午节所举办的各种活动更多地与当地的经济、商业、旅游相结合，使这一节日焕发出更新的生机和色彩。

第二种是**创造性主题**。创造性主题大多出现在为满足当地旅游业的发展需要而人为创造、设计的旅游节庆活动中。如山东曲阜的"孔子文化节"，就是依托曲阜的文化遗产、人文景观等创造出来的以孔子儒家文化为主题的旅游节庆。

策划旅游节庆，主题选择相当重要，主题重复、缺乏新意、文化内涵挖掘不够的旅游节庆策划，不可能是优秀的、成功的旅游节庆策划。

在具体选择过程中，首先，要分析现有旅游资源，找出活动举办区域的优势和劣势，然后避重就轻、扬长避短地利用现有的旅游资源；其次，要顺应时代发展需要，把握市场脉搏，调查分析市场需求及其发展趋势，策划设计出能适应、引导、创造消费需求的旅游节庆主题。

以上海旅游节大型主题活动——玫瑰婚典为例，1998年，当时的上海市旅游事业管委会和尚未合并的卢湾区人民政府联合创办了这一节庆品牌。

首先通过对卢湾区现有旅游资源的分析，发现卢湾区的优势在于：位于市中心，交通便利，有时尚、高雅的淮海路商业街、发达的商业经济等；劣势在于：没有当前都市居民渴望回归大自然所需的自然旅游资源。因此，只能扬长避短，通过发展都市旅游业，举办有特色、新颖的旅游节庆，实现商旅结合，促进经济的发展。

其次通过分析可知，当时的婚礼市场是一个分散的市场，与婚礼有关的企业都在这一市场上进行竞争。单个企业占有的市场规模小、市场机会少，经过多年的磨合，这一市场正在走向统一，但是单独或几家商家是不能形成统一市场的，所以需要政府机构牵头，通过宏观调控和依靠市场经济规律来促成这一市场，玫瑰婚典正是政府为企业提供的活动舞台，从参与者——新人来讲，当代的青年人对自己的婚礼有了更好的要求和向往，既希望自己的婚礼新颖、别致，又希望它简单而隆重，玫瑰婚典正好满足了他们的需求。由此可见，玫瑰婚典这一节庆的那个主题是成功，并有创造性的。

第四步：拟定初步方案

首先，要成立节庆组委会，作为指导性、领导性的机构。组委会一般由节庆的主办者（政府或大型企业）、节庆的承办者（广告策划公司）和协办者（相应机构）共同组成，是节庆的指挥机构。

其次，拟定旅游节庆活动方案。主要包括以下几个方面的内容：①确定旅游节庆的组织机构：除了总体的组织机构节庆组委会，根据活动的内容和需要，还应设立不同的部门承担相应的责任和义务。如负责节庆活动方案策划和设计的策划设计部、负责节庆宣传事宜的公关宣传部、负责节庆举办期间项目执行工作的项目执行部以及负责赞助商招募的发展部等。②制定策划方案：包括具体的时间，合适的地点，估计节庆的规模；在围绕节庆主题的基础上，策划设计出丰富多彩、趣味盎然的节庆活动内容；预算费用；招募公关；确定活动宣传方案，包括确定宣传口号、确定宣传策略及表现创意、媒体选择运用方案等。

第五步：方案审批与检查

在所有细部方案确定以后，应送交有关的领导部门和专家进行评审，根据评审意见和结果，对方案进行修改和完善，确定活动的最终方案。

第六步：项目落实、推进阶段

在活动方案确定以后，进入了具体落实各种项目，大力推进活动开展的操作阶段。这一阶段的主要目标和任务有四项：①实现潜在参与者向现实参与者的转变：在旅游节庆的筹备、策划阶段，组委会已就活动的理念、主题、内容等各方面与可能参与旅游节庆的部门和人群进行了沟通，让他们知晓了这一活动，但他们仍然是潜在参与者，所以在这一阶段，组委会下设的各个部门，要依据原先制定好的策划方案，结合操作时的具体情况，有计划、有步骤地实施计划，实现潜在参与者向现实参与者的转变。②与有关部门协调：一个大型旅游节庆的展开，除了活动本身的策划、宣传、实施，组委会还必须弄清楚活动开展所涉及的政府部门，依次进行公关，获得各种许可，为活动的顺利进行打下良好基础。③继续在各种媒体上进行宣传：加大宣传的力度与密度，与潜在的和现实的参与者进行沟通，这一时期的宣传应该是全方位、多层次的宣传。不仅包括活动理念、宗旨等比较抽象的宣传，而且包括活动内容等具体性的宣传；不仅有软性新闻报道的宣传，而且要有硬性的广告宣传；不仅要有正面宣传，还可以将部分节庆准备过程中遇到的困难和障碍等负面消息作为宣传素材，通过这样"曲线救国"的方式取得社会的关注，获得社会资源的支援帮助。④节庆活动实施过程中所需实体设施的设计与制作：在节庆活动实施过程中，需要许多实体设施来支撑，包括活动场景设计与制作、广告牌的设计及其制作印刷、活动纪念品的设计与制作、工作人员服装准备等。节庆活动举办前要分门别类地把所需物品的清单列出，然后交给相应制作部门落实，避免出现遗漏而影响活动进程。

第七步：策划评估

节庆活动结束后，应该对活动的策划、操作、过程、效果等各方面进行评估，总结成败得失，为今后节庆活动的举办积累经验。可以采取客观定量、主观定性或定性定量结合的评估方法，通过对结果的分析，可以得知旅游节庆是否带来了良好的社会、经济、文化效益，是否达到了预期目的。如果回答是肯定的，说明活动的主题选择、策划方案的制定、实施的过程等基本上是适宜可行的，那么此活动，尤其是具创造性主题的节庆活动可以作为一个固定品牌保留下来，今后通过常变常新，利用品牌优势创造更多的效益。如果回答是否定的，则要分析失败的原因，寻找出现问题的环节，必要时必须放弃这一节庆，再寻找更加适合市场需求的旅游节庆活动。

【互联网案例思考】

请查阅互联网站某旅游景区旅游节庆策划案例，阅读后，请根据旅游节庆策划的相关概念，分析该节庆的策划过程及其原则，尝试对其进行再策划。

任务三　旅游节庆策划成功的关键及其避免事项

【案例导入】

赤岸镇位于义乌市南部，东与东阳市黄田畈镇相邻，南临永康市中山乡、八字墙乡，西南与武义县茭道乡接壤，西靠金东区孝顺镇，北同佛道镇毗邻。

赤岸镇政府将西坑片区的9个自然村打造成义乌美丽乡村精品区，取名"赤岸·西海"。

西海景区以花海著称，以9个自然村为发展载体，试图通过节庆活动，实现打造品牌的目的，并且初步形成了借势"中秋节"的旅游节庆策划主体思路。

【任务描述】

旅游节庆策划关键在于旅游节庆的主题定位和各项活动安排。赤岸·西海景区的旅游节庆活动究竟以什么为主题？办成一个什么样的活动？推出哪些精彩的活动内容？

【任务实施】

一、旅游节庆策划成功的关键

（一）打造高品质的旅游节庆品牌

在崇尚感官刺激、个性与特色的现代社会，任何产品只有具备特色鲜明的形象和有口皆碑的品牌后才能吸引消费者的眼球。旅游节庆作为旅游目的地吸引游客、资源展示推广、提高知名度的重要手段，其品牌功能越来越显著，国内外打造节庆品牌的意识日趋强烈。

一般来说，旅游节庆品牌是指那些知名度与美誉度较高，具有广泛的客源市场、完善的经营管理体制，活动内容丰富多彩、规模较大，举办日期较为固定，有持续办节的传统和强旅游吸引力，并能产生一定经济、社会、文化效益的旅游节庆。形成品牌的旅游节庆具有识别功能，能够给游客留下深刻印象，唤起旅游者在旅游目的地美好回忆，吸引旅游者不断造访；又具有竞争功能，能在当前琳琅满目的旅游节庆中脱颖而出，赢得游客和赞助商的青睐；同时，品牌节庆具有高附加值，能同时带给旅游者和举办地更多的价值和利益。

打造高品质的旅游节庆品牌需要注意以下几点：

① 节庆质量是打造品牌节庆的基础和前提，不是所有高质量的节庆都能成为品牌节庆，但品牌节庆一定是有较高质量的节庆。

②一系列的节庆活动是打造旅游节庆品牌的基石，要形成相对固定化、标志性的节庆要素，注重渲染节日气氛，营造欢乐氛围，通过节庆活动的丰富性、系列化、文化特色来扩大节庆影响力，赢得节庆旅游者忠诚。

③ 服务质量的优劣对旅游节庆的举办能否成功有决定性的作用，要提供优质的服务，首先需要有服务质量标准；其次要建立质量控制体系，能及时发现问题并予以改进；同时要通过优质服务与节庆赞助商、媒体等参与者形成良性互动；最终形成良性循环。

（二）树立鲜明的旅游节庆形象

旅游节庆形象是指旅游者及其他旅游节庆参与者对节庆整体的印象与评价。通过鲜明的品牌形象，能展现旅游节庆的优势，引起旅游者的兴趣，同时也为吸引人才、资金、技术打下坚实的基础，赢得较好的发展环境。对内部而言，良好的节庆形象，对员工的工作积极性也有很大激励，能形成统一目标，提高工作士气。

树立鲜明旅游节庆形象需要注意以下几点：①特色突出、个性鲜明、通俗易懂的旅游节庆名称是树立旅游节庆形象的第一步。好的名称既可以提供举办地名称、节庆类型、特色等信息，又可以反映节庆主题、定位和目标市场等，如上海国际艺术节、洛阳国际牡丹花会、青岛国际啤酒节、盱眙龙虾节等。合适的节庆名称有利于在旅游节庆的策划中，针对目标市场，形成鲜明特色、从而突出旅游节庆形象。②标识是用符号、图案、颜色等视觉方式来表达品牌形象的重要载体，是对品牌形象无形的解说，旅游节庆的形象标识包括节庆LOGO、吉祥物等。统一的形象标识，能避免节庆的整体形象混乱，而生动形象、艺术性强的节庆标识能激发旅游者的注意力，引起旅游者丰富的联想和想象，从而留下深刻的记忆，通过艺术化的手段，传达节庆的主题和特质，进而深化旅游节庆形象的塑造。③主题口号能够为旅游节庆"造势"，营造隆重热烈的节日气氛，对旅游节庆形象起到提升作用。主题口号设计要注重历史文化和现代气息的结合，既要内涵也要时尚；同时要具有针对性，突出旅游节庆的"卖点"，传播节庆理念，并与社会价值观相协调。④"细节决定成败"，旅游节庆整体形象的塑造，离不开对细节的关注和打造，要注重整个旅游节庆过程中管理的规范化，充分考虑细节问题，在点滴中树立起旅游节庆的鲜明形象。

（三）注重全方位的旅游节庆营销宣传

在市场化竞争越来越激烈的今天，酒香也怕巷子深，再好的旅游节庆也需要恰到好处的营销推广，旅游节庆策划必须制定全方位的营销宣传战略，具体而言，有以下内容和要求：①从时间纵轴上讲，旅游节庆策划宣传应该是事前、事中、事后的全过程宣传，因此需要制订全过程的宣传计划。②旅游节庆策划宣传要有技巧性，应针对目标市场，选择有效的媒体，而且在宣传过程中要注意宣传的频度。③旅游节庆策划宣传要善于挖掘活动期间的亮点，如针对一些需要报名的活动，宣传时可以针对报名现场做采访报道，以烘托报名现场的热闹气氛，也可以将报名过程中发生的趣闻轶事写成新闻稿，向有关媒体发送。④旅游节庆策划宣传要结合时事、事件做技巧性宣传。⑤旅游节庆策划要建立自己的宣传阵地、如某景点举办"童话大世界"活动，策划者就可以向各媒体少儿专栏节目发出通知，寻求合作伙伴，另外，如有可能的话，也可在有关媒体临时设立童话论坛，宣传活动的内容。⑥召开新闻发布会，旅游节庆可以通过召开新闻发布会的形式拉开宣传的序幕。总之，旅游节庆的宣传工作是与活动相平行的一条线，与活动的各个过程密切相关，旅游节庆策划中的宣传促销作用不言而喻。

二、旅游节庆策划的避免事项

（一）避免选择雷同主题和无特色产品

在做旅游节庆策划的过程中，一定要注意选择有特色的主题，选好有特色的主题相当于成功了一半。我国旅游节庆最初的活动载体都是举办地的特色资源和文化，举办活动的目的也主要是以旅游的方式推介当地的资源和文化特色。随着节庆产业的进一步发展，旅游节庆的载体逐步多样化，这就很容易出现旅游节庆在选题上"撞车"与主题雷同的现象，其主要原因有：一是旅游节庆主题特色不够突出；二是区域城市之间缺乏沟通与协调，再加上大多旅游节庆主要是由政府主办，旅游节庆的众多活动项目设置大多体现了政府的意愿，或多或少地忽视了市场的需求，并且缺乏旅游节庆策划、运作的经验和能力，这就从根本上决定了旅游节庆很难做到产品的创新，产品缺乏对游客和民众的吸引力。

（二）避免缺乏精品意识

旅游节庆的策划需要具备一定的精品意识，尤其是从宏观把控上来说，每个环节都需要做出精品的内容，这样才可以呈现出好的整体。我国的节庆活动，总体来说，比较粗浅幼稚，缺乏专业策划。在主题选择上大多大同小异，产品的经济文化结合力度不够；在活动的内容上东拼西凑，活动的过程、形式千篇一律。既没有成熟的经营理念，又缺乏专业化的管理人才，加上节庆文化内涵挖掘不够，发展方向也不够明确。虽然节庆旅游产品丰富，但真正能打造品牌的产品太少，得不到游客的认可，形不成品牌效应，必然缺乏吸引力。

（三）避免商业气息浓重，文化内涵缺乏

旅游节庆兼具文化现象载体和经济现象载体的双重属性。任何一项旅游节庆活动，一旦离开了文化内涵，就成了无源之水，无本之木，则经济、社会效益最终将成为空谈。我国有些旅游节庆在发展过程中具有很强的功利性，重视经济效益，忽视文化内涵，加入了过多的产品推介、招商引资和商业炒作的成分。这些行为在短期上看可能会增加一些亮点，但从长远来看，过多的商业活动会严重冲淡旅游节庆的主题，也就无法保证客源的长久和稳定，其生命力之短也就在情理之中。

【任务训练】

1. 实训目标

（1）训练旅游节庆策划的理论思维。

（2）注重旅游节庆策划实物的训练。

（3）培养旅游节庆策划方案的拓展能力和水平。

2. 实训内容与方法

（1）以小组为单位，选择上海旅游节进行策划。

（2）在策划方案撰写之前，每个小组需要根据课程所学知识，明确分工，制订计划，撰写提纲，最终形成策划方案。

（3）上海旅游节策划方案形成之后，组织课堂交流，每个小组进行30分钟的方案演示。

（4）精彩点评和总结陈词。

3. 标准与评估

（1）标准：分析上海旅游节存在的主要问题，提出上海旅游节未来发展的清晰思路。

（2）评估：由教师与学生代表组成专家组进行点评打分。

【复习思考题】

1. 节庆的概念和理论背景是什么？

2. 旅游节庆与节庆活动、旅游事件分别有什么不同？

3. 旅游节庆有什么类型和特点？

4. 试画出旅游节庆策划的步骤图示，并简单阐释旅游节庆策划的七步曲。

5. 旅游节庆策划成功的"三个关键"和"三个避免"分别是什么？

6. 试以"一带一路"为主题做出一个"上海旅游节"的旅游节庆策划。

模块三
策划实践课程

项目八
乡村旅游策划

学习目标

知识目标：

1. 了解乡村旅游的基本概念、分类及其国内外发展概况。
2. 了解乡村旅游发展的模式。
3. 了解乡村旅游研究的状况。

解说视频

技能目标：

1. 熟练掌握乡村旅游策划的流程。
2. 厘清乡村旅游资源的特征。
3. 能够对不同类型的乡村旅游项目进行策划。

任务一　乡村旅游理论及其旅游资源开发

【案例导入】 ▷▷▷

浙江安吉余村乡村旅游策划

浙江安吉余村乡村旅游策划导入的问题：一是余村发展乡村旅游，究竟是继续依托荷花山漂流和龙庆庵两个很小的景点，坚持传统的、常规的景区旅游开发模式，还是另辟蹊径？二是究竟是依托其毗邻天荒坪的独特的区位、一流的自然环境成为天荒坪旅游的有力补充，还是自我更新、独立起航？三是余村旅游的优势和特色究竟是什么，如何发掘，到底怎样才能策划真正能够体现余村独一无二的内涵和特色的乡村旅游产品？

就我国乡村旅游存在的问题来看，乡村旅游在现今中国作为一种极其重要的旅游样式，不仅承载"看得见山，望得见水，记得住乡愁"的心灵滋养的功能，为城市居民提供食物来源、为生产活动提供充足空间以及为各种各样农业生产提供原材料的经济功能，还有提供生态旅游、农耕体验和乡土教育的功能，最重要的是承载着乡村振兴的伟大使命。

我国乡村旅游起步较晚，但发展速度很快。自20世纪80年代开始兴起，到目前为止，正处在加速发展的5.0时代。

然而，毋庸讳言，在如火如荼的乡村旅游开发过程中，不仅问题众多，而且还非常突出：

第一，简单粗暴。开发活动内容单一，旅游主题特色不够鲜明。绝大多数乡村旅游主要发展农家乐，设计采摘园，推出田园观光。开发层次浅，开发档次低。

第二，小而散。乡村旅游点多而面广，满天繁星，缺少月亮。品牌效应不高、规模效应不强。

第三，大同小异。我国乡村旅游虽然拥有丰富的农业资源和乡村资源，但这种农业资源和乡村资源实际上大同小异，很难彰显优势，形成特色，致使游客参与度低，无法充分地将游客带入体验旅游中。

【任务描述】

掌握乡村旅游相关理论知识，包括乡村旅游的含义、分类，乡村旅游资源的特色以及乡村旅游开发意义；学会诊断乡村旅游发展存在的问题；了解乡村旅游资源的类型，应用于寻找余村乡村旅游资源与众不同的特征；掌握乡村旅游资源优势的寻找途径和方法。

【任务实施】

一、乡村旅游开发的理论研究

（一）关于乡村旅游的定义

到底什么是乡村旅游？由于乡村旅游的复杂性、多样性以及新型性导致乡村旅游定义众多、概念不一。

乡村旅游英文 Rural tourism，一般认为，最早起源于欧洲，迄今已有 100 多年的发展历史。乡村旅游在国外也被称为农场旅游、农业旅游。

国外关于乡村旅游的定义不尽相同，Edward Inskeep 认为，乡村旅游是农场旅游、农业旅游、农业观光的集合。世界经济合作与发展组织（OECD）和欧盟将乡村旅游定义为"发生在乡村的旅游活动"。世界旅游组织在其《地方旅游规划指南》中将乡村旅游定义为"旅游者在乡村及其附近停留、学习、体验乡村生活模式的活动"。

关于乡村旅游，国内学者也有许多自己的理解和定义。例如，杨振之认为，乡村旅游定义应涵盖三个方面：即乡土性、差异性及乡村消费性。干永福、刘锋通过对国内关于乡村旅游概念界定的梳理，对乡村旅游做出如下定义：从广义上讲，乡村旅游是发生在乡村地区，依托乡村资源开发观光、休闲、度假等旅游体验活动的一种旅游方式。从狭义上讲，乡村旅游是发生在乡村地区，以自然资源、田园风光、乡村文化以及具有乡村性的农事生活和建筑景观为主要吸引物，以观光、休闲、度假、养生及各种乡村生活体验为目的的一种旅游方式。简言之，狭义的乡村旅游特指发生在乡村地区，以具有乡村性的自然和人文客体为吸引物的旅游方式。[❶]

关于乡村旅游定义不仅众多，并且各有侧重，各抒己见，体现了学术的繁荣和进步。但我们认为，对乡村旅游概念的界定，大可不必过于复杂和烦琐，关键在于如何把握乡村旅游的本质特征。乡村旅游，顾名思义，是关于乡村的旅游，是以乡村作为目的地和活动的旅游。所以，我们赞同世界旅游组织对乡村旅游所作的定义描述："乡村旅游是指发生在乡村的旅游活动"，既简明扼要，又切中要点，同时具有官方性和权威性。

（二）关于乡村旅游发展的五个阶段

现代乡村旅游的发展，欧美等发达国家在其中无疑扮演了先行者的角色。我国乡村旅游

---

❶ 干永福，刘锋. 乡村旅游概论. 北京：中国旅游出版社，2017：6-8.

发展起步虽晚，但发展成效显著。以改革开放为起点，我国乡村旅游发展，目前已经快速进入 5.0 时代。也即我国乡村旅游的发展，大致可以分为五个阶段。

（1）起源阶段（1979—1988 年）——采摘：中国现代乡村旅游的起源和萌芽，伴随着改革开放进程。1979 年，中国正式开始社会主义现代化进程，走改革开放正确道路，从而为乡村旅游的起源营造了发展的基础和环境。上海、广州、深圳等城市近郊的景区和农户自发办起了各种各样的采摘活动，吸引城市人前往购买、观光。1986 年成都郊区开设中国第一家农家乐徐家大院，成为中国农家乐的雏形，也是我国乡村旅游的雏形。

（2）起步阶段（1989—1998 年）——农家乐：随着我国城市化进程的加快，上海、广州、深圳等沿海城市的迅速崛起，以"农家乐"为主要形态和特征的乡村旅游开始起步。1998 年我国的乡村旅游者人数在 1 亿人以上，乡村旅游开始成为我国国内旅游的一支重要力量。

（3）成长阶段（1999—2008 年）——乡村游：伴随着黄金周的实施，人民生活水平的显著提高，乡村旅游同步开启进入黄金 10 年，出现井喷行情。乡村旅游发展步伐加快，涌现出一大批农业生态园、观光园、果园、花园。

（4）提速阶段（2009—2018 年）——民宿客栈：2009 年，《国务院关于加快发展旅游业的意见》颁布，标志着我国乡村旅游发展全面提速，乡村旅游呈多元化、规模化和个性化发展。美丽乡村和民宿成为主要业态和形态。

（5）繁荣阶段（2019 年至今）——乡村文旅：伴随着中华人民共和国文化和旅游部的组建，文化思潮全面崛起，乡村旅游必然开始步入文旅融合时代，标志着中国乡村旅游正式进入 5.0 时代，乡村文旅将成为乡村旅游发展新的方向。

（三）乡村旅游的类型

乡村旅游类型众多。干永福、刘锋从乡村旅游的形成机理、依托的资源本底、区位条件和参与主体四个方面对我国乡村旅游进行分类。

按形成机理，将乡村旅游分为需求拉动型、供给推动型及政策扶持型三种类型。

根据资源本底，将乡村旅游细分为历史文化型（民族民宿）、自然生态型和农业元素型（产业型）。

按区位条件，将乡村旅游划分为中心城镇依托型、重点景区依托型、优势资源依托型和交通干线依托型。

根据参与主体，将乡村旅游划分为农民主导型、政府主导型、企业主导型及混合型四种类型。

立足产品和市场角度，基于乡村旅游策划、乡村旅游规划和乡村旅游开发的实际需求，本书将乡村旅游归纳为以下六种类型：①农家乐。农家乐是我国乡村旅游最基本的单元和最初的形态，重点围绕一个"家"字展开，"吃农家饭、住农家屋、享农家乐"是其核心。②民宿（客栈）。民宿是当今乡村旅游发展的热点，是农家乐的升级产品，以住宿（度假）为核心，包括客栈、乡村酒店等。湖州市德清县莫干山的乡村民宿"洋家乐"具有代表性。③美丽乡村。顾名思义，以"村"为单位，重点突出一个"村"字，以新农村建设为核心，政府和村集体是主导者。如陕西的袁家村，浙江安吉的鲁家村是其中的典型代表。④乡村景区。按照国家旅游景区标准打造建设的乡村旅游景区，关键在于一个"景"字。湖州市安吉县中南百草园和长兴县顾渚村的水口乡村旅游区，都是国家 AAAA 级旅游景区。⑤农业观光园。根据依托资源本底的不同，分为农业观光园、教育农园、葡萄园、花卉园。主体围绕一个"农"字。⑥田园综合体。2017 年 2 月，"田园综合体"作为乡村新型产业发展的亮点措施被写进中央一号文件，文件中提到"支持有条件的乡村建设以农民合作社为主要载体、让农民充分参与和受益，集循环农业、创意农业、农事体验于一体的田园综合体，通过农业综合开发、农村综合改革转移支付等渠道开展试点示范"。2017年5月，财政部下发《关于田园综合体建设试点工作通知》，明确重点建设内容、立项条件及扶持政策，确定河北、山西、内蒙古、江苏、浙江、福建、江西、山东、河南、湖南、广东、广西、海南、重庆、四川、云南、陕西、甘肃18个省（自治区）开展田园综合体建设试点，深入推进农业供给侧结构性改革，适应农村发展阶段性需要，遵循农村发展规律和市场经济规律。田园综合体的建设目前还处于探索阶段，没有固定的模式，重点突出"田园"二字。无锡的田园东方具有代表性。

（四）关于乡村旅游的模式

我国乡村旅游开发模式很多。王德刚、葛培贤研究认为，目前我国乡村旅游主要有4种模式。

1. 乡村田园风光模式

这是最为普通的乡村旅游模式。在该模式中，旅游者大都以某处城镇为据点，然后组织群体外出游览活动，比如骑着自行车，尽情欣赏道路两边的美景，在乡间小路上徒步旅行，或者乘三轮摩托穿梭于农田、乡野之间，呼吸着带有泥土芳香的空气，感受锦绣般的乡村景致，满足回归自然、返璞归真的消费欲求。

2. 地域风情文化模式

该模式将原始的自然山水和古朴的民俗风情融为一体，构成一个个特色浓郁、带有极强文化与生态色彩的乡村旅游地。在这种模式中，自然山水秀丽可餐，人文生态完好无瑕，历史文化特色浓郁，乡村习俗热情奔放。在这种地方，游客既可以欣赏无尽的自然风光，还可以看到许多古代民居群落和传统的民俗风情，当地人也可以开发出文化韵味甚浓的乡村旅游产品，如各种节庆活动，还有手工、烹饪食品等。如广西桂林的阳朔渔村、龙胜县的平安寨、资源县的八角寨等。

3. 旅游农业开发模式

这种模式的人工创造成分很大，需要投入很多资金，主要是通过创造农村聚落景观、科技农业景观等来吸引游客，比如上海浦东的孙桥、江苏的张家港、广东的东莞等地。在这些地方，游客可以亲自体验农事活动，包括参加各类采摘活动，品尝自己采集、制作的食品等，这对都市人来说具有持久的吸引力。例如，桂林雁山的无公害园地，兴安县的橘园、葡萄园、草莓园等，这些地方每年都会举办大型采摘活动，吸引了大批游客，同时为当地创造了良好的经济效益。

4. 民居住宿旅游模式

由于都市人的生活节奏越来越快，工作压力也日益增大，他们对乡村生活的悠闲和恬静十分向往，对传统的生活方式十分怀念，到农村去小住几日，与大自然来一次亲密接触，成为他们比较推崇的一种休闲方式。在乡间，人们可以从事不同的农事活动，如采摘、品尝、垂钓，还可以到农家做客、访问、考察生态农业状况等。游客与农家人生活在一起，劳动在一起，共同欢笑，共同享乐，也就是人们常说的"住农家屋，吃农家饭，干农家活，享农家乐"。❶❷

❶ 沈国斐．关于乡村旅游发展的探讨．生态经济，2005（12）：95-98.

❷ 王德刚，葛培贤．田园季风——乡村旅游开发与管理．天津：天津教育出版社，2007：37.

二、乡村旅游资源的类型与特征

总体来说，我国乡村旅游资源总量丰富，分布广泛，类型多样，差异显著，特点鲜明。

（一）乡村旅游资源的类型

乡村旅游资源大体分为乡村自然生态风貌、乡村田园风光、乡村遗产与乡土景观、农副特产与传统手工艺、乡村历史与农耕文化、乡村景观意境六个大类。

1. 乡村自然生态风貌

中国地大物博，地域辽阔，绝大多数属于季风性气候，气候温暖湿润。台湾地区的南部、雷州半岛、海南岛和西双版纳等地属于热带季风，形成热带雨林乡村自然生态风貌；华南大部分地区和华东地区属于亚热带季风，形成小桥、流水、人家的江南水乡乡村自然生态风貌；青藏高原为高原山地，形成沙漠、草原乡村自然生态风貌。总之，我国的乡村自然生态风貌丰富而又迥异。

2. 乡村田园风光

田园风光是乡村旅游资源最主要的构成部分，是乡村旅游发展的基础。我国很多地方还保留有集中成片的乡村田园风光，为田园综合体项目的建设提供了有力支撑。

3. 乡村遗产与乡土景观

我国这类资源非常丰富，广泛分布于乡村各地。主要有古镇、古村以及众多的乡村非物质文化遗产。

4. 农副特产与传统手工艺

乡村农副特产品与传统手工艺反映了乡村的特色产业和历史传承。涵盖名优特产、菜系肴馔，名点饮品、新鲜果品等多种类型。著名特产如阳澄湖大闸蟹、无锡水蜜桃、内蒙古羊肉等。

5. 乡村历史与农耕文化

乡村历史与民俗活动反应的是乡村特有的农耕文化，是乡土生活的重要表现，也是乡村旅游体验的重要内容。涵盖了方言、文学、音乐、戏曲、节庆、礼仪、服饰等多个方面，以及农耕、牧耕、渔狩等众多领域。

6. 乡村景观意境

例如，江南水乡的"小桥、流水、人家"，云南傣族的"竹楼"，新疆少数民族的"蒙古包"等。

（二）乡村旅游资源的特征

乡村旅游有其乡村旅游的本质属性，乡村旅游资源也有其与其他旅游资源迥异的本质特征。乡村旅游资源的本质特征主要有三个。

1. 乡村旅游资源的"乡村"属性

也即乡村旅游资源的"乡村性"特点。无论乡村观光、乡村休闲、乡村度假还是乡村生活，也无论是狭义的乡村旅游，还是广义的乡村旅游，"乡村"是乡村旅游资源不可或缺的元素和要素。乡村旅游，顾名思义是发生在乡村的旅游。在地理概念上，在本质属性上，"乡村性"是乡村旅游资源的本质属性和根本性特点。

2. 乡村旅游资源的"农业"特点

也即乡村旅游资源的"农业性"特点。乡村旅游资源的"乡村性"只是代表乡村旅游是发生在乡村的一种旅游，乡村旅游资源的"农业性"特点，则进一步明确农业是乡村旅游的主题。在满足城市游客利益前提下，通过一系列的特定农业要素相互组合，体现其生态、美学和文化等价值，并充分提供休闲、游憩、观赏功能，国外将乡村旅游称为"农业旅游"颇有见地。

3. 乡村旅游资源的"乡土"特色

乡村旅游资源的"乡土性"是乡村旅游资源内涵特色的表现和个性的张扬，乡村旅游资源的特色就是一个"土"字。我国乡村人口众多、地域广阔、资源多样、民俗文化丰富，呈现出各不相同的乡土文化特征。

三、乡村旅游资源的禀赋挖掘

→ 【案例导入】▷▷▷

余村乡村旅游策划

我国乡村众多，资源丰富，类型多样，各具特色。但在乡村旅游策划过程中，我们更多遭遇的是乡村旅游资源特色不多、不够，甚至根本没有特色的困境。

乡村旅游资源禀赋如何挖掘？以余村为例。

浙江省安吉县余村村位于天荒坪镇西侧，距离湖州市区 60 公里，南京、上海、宁波、黄山 200 公里，无锡、苏州均在 140 公里。余村村域面积约 4.86 平方公里，村庄建设范围约 0.7 平方公里。共有 7 个自然村，总户数 318 户，总人口 1031 人。

余村村庄地处天目山脉北支中部，西、南、北向三面环山，地势西南高，东北低。地处欧亚大陆东部的中低纬度地带，属于北亚热带季风气候，总的气候特点是：气候温和、雨水充沛、光照充足、四季分明；春季回暖快，夏季常温高，秋寒来得早，冬季多严寒。多年平均气温 14℃，极端最高气温 40 ℃，极端最低气温－17.4 ℃，最热月（7 月），平均气温 28.1 ℃，最冷月（1 月），平均气温 2.7 ℃，年日照时数 2005 小时，无霜期 226 天，年平均雨日 158 天，年平均降雨量 1790 毫米，年降水量集中在 4～10 月，其总量占年降水量 75% 左右。

村内有沟渠、河塘，主要承担排水、泄洪功能。其中，村庄北侧为余村溪，由西往东流向浒溪，属典型山区型河流。地下水较为丰沛，是目前村民主要水源。

余村经济条件良好，村民主要收入为竹木加工、白茶种植、农家乐以及旅游观光。

余村已经开发荷花山（龙庆庵）、荷花山漂流两个景区，并开设有少量农家乐。

（一）余村乡村旅游资源调查

🎬 安吉余村概况

策划团队首先对余村乡村旅游资源进行实地调研和工作走访，按照《旅游资源分类、调查与评价》（GB/T 18972—2017）对余村乡村旅游资源进行调查。余村乡村旅游资源丰富，共有单体 105 个，其类型涵盖了中华人民共和国国家标准《旅游资源分类、调查与评价》全部 8 个主类；31 种亚类中 23 个，拥有率达 74.19%；155 种基本类型中 57 个，拥有率为 36.77%。其旅游资源单体基本类型占国标比例的高低顺序依次是：人文活动（53.33%）、建筑与设施（52%）、旅游商品（42.86%）、生物景观（25%）、天象与气候景观（25%）、遗址遗迹（16.67%）、水域风格（11.11%）、地文景观（8.11%）。

余村旅游资源基本类型数量统计表见表 8-1。

表 8-1　余村旅游资源基本类型数量统计表

主类	亚类	国标数目	余村数目	比例	
地文景观	AA 综合自然旅游地	7	1	14%	8.11%
	AB 沉积与构造	7	0	0%	
	AC 地质地貌过程形迹	14	2	14%	
	AD 自然剧变遗迹	7	0	0%	
	AE 岛礁	2	0	0%	
水域风光	BA 河段	3	2	67%	11.11%
	BB 天然湖泊与池沼	3	3	100%	
	BC 瀑布	2	0	0%	
	BD 泉	2	0	0%	
	BE 河口与海面	3	0	0%	
	BF 冰雪地	2	0	0%	
生物景观	CA 树木	3	3	100%	25.00%
	CB 草原与草地	2	1	50%	
	CC 花卉地	2	2	100%	
	CD 野生动物栖息	4	1	25%	
天象与气候景观	DA 光现象	3	1	33%	25.00%
	DB 天气与气候现象	5	1	20%	
遗址遗迹	EA 史前人类活动场所	4	0	0	16.67%
	EB 社会经济文化活动遗址遗迹	8	2	25%	
建筑与设施	FA 综合人文旅游地	12	10	83%	52.00%
	FB 单体活动场馆	5	3	60%	
	FC 景观建筑与附属性建筑	11	4	36%	
	FD 居住地与社区	8	3	38%	
	FE 归葬地	3	0	0%	
	FF 交通建筑	5	3	60%	
	FG 水工建筑	6	3	50%	
旅游商品	GA 地方旅游商品	7	3	43%	42.86%
人文活动	HA 人事记录	2	2	100%	53.33%
	HB 艺术	2	1	50%	
	HC 民间习俗	7	3	43%	
	HD 现代节庆	4	2	50%	

（二）余村乡村旅游资源禀赋挖掘

通过对余村乡村旅游资源深度挖掘，发现余村乡村旅游资源禀赋突出，涵盖乡村自然生态景观、乡村田园景观、乡村遗产与建筑景观、乡村旅游商品、乡村景观意境以及乡村人文活动与民俗文化等六个大类。

1. 乡村自然生态景观

乡村自然生态风光反映乡村自然山、水、生物等风光与特征，体现了传统农业社会的"天人合一"的精神实质，是余村乡村旅游发展的基底和背景。表 8-2 是余村乡村自然生态景观一览表。

2. 乡村田园景观

田园风光是乡村景观中最主要的构成部分，是乡村生活的真实写照，也是乡村旅游发展的基础。表 8-3 是余村乡村田园景观一览表。

表 8-2　余村乡村自然生态景观一览表

主类	亚类	资源单体	代表资源
A 乡村自然生态景观	AA 乡村地文景观	山丘	浮玉山
		岩石洞与岩穴	铜矿坞
	AB 乡村水文景观	天然湖泊与池沼	冷水洞水库、余溪
		潭池	绿水潭
	AC 乡村生物景观	树木	银杏王
		林地与草地	竹林
		动物栖息地	竹林片区
	AD 乡村天气景观	气象	观星
		气候	避暑地

表 8-3　余村乡村田园景观一览表

主类	亚类	资源单体	代表资源
B 乡村田园景观	BA 农业生产景观	养殖基地	竹林鸡养殖
		农田景观	菜田
	BB 经济林	林地	竹林
		果园	桃林
		茶园	茶园

3. 乡村遗产与建筑景观

乡村遗产与建筑景观是人们居住、生活、休闲和进行社会活动的场所，以聚落和建筑等为物质载体，记载和反映了人文活动，代表了一定地方的文化特色。表 8-4 是余村乡村遗产与建筑景观一览表。

表 8-4　余村乡村遗产与建筑景观一览表

主类	亚类	资源单体	代表资源
C 乡村遗产与建筑景观	CA 建筑与设施	街巷	古道
		桥梁	石板桥
		社会经济文化活动遗址遗迹	矿山遗址
		宗教与祭祀活动场所	龙庆庵

4. 乡村旅游商品

乡村旅游商品是乡村居民在生活、生产过程中不断挖掘地方特色而形成的食品、特产和传统工艺等，是乡村文化的一种重要表现形式。表 8-5 是余村乡村旅游商品一览表。

表 8-5　余村乡村旅游商品一览表

主类	亚类	资源单体	代表资源
D 乡村旅游商品	DA 风味食品	特色小吃	米糕
		饮品	茶
		餐桌佳肴	农家菜
	DB 乡村名特产	特色产品	银杏、白茶
		传统工艺与手工艺品	竹工艺品

5. 乡村景观意境

乡村景观意境是以乡村区域自然景观、区域文化景观共同构成的整体人文生态系统，是对整体景观的感受，是超越物质景观实体的旅游资源。表 8-6 是余村乡村景观意境一览表。

表 8-6　余村乡村景观意境一览表

主类	亚类	资源单体	代表资源
F 乡村景观意境	FA 乡村景观通道	乡村景观街巷	古道
		景观山水廊道	余溪
	FB 乡村景观意境	乡村传统聚落意境	俞村庄
		乡村社区生活意境	余村
		乡村景观环境意境	绿道长廊、银杏林

6. 乡村人文活动与民俗文化

乡村人文景观是一定地域乡村居民的风土人情、生活习惯和民俗活动，是乡村旅游体验的重要内容。表 8-7 是余村乡村人文活动与民俗文化一览表。

表 8-7　余村乡村人文活动与民俗文化一览表

主类	亚类	资源单体	代表资源
E 乡村人文活动与民俗文化	EA 人文活动	现代节庆	大地丰收节
	EB 乡村民俗	地方文艺	舞龙
		地方风俗与民间礼仪	婚嫁习俗、宗教朝拜
	EC 乡村文化	人物事迹	大禹治水
		传说故事	浮玉山的来历
		节庆	春节、元宵、端午节等
		文化典故	浮玉山典故

四、乡村旅游资源特色提炼

继续以余村乡村旅游策划为例。

（一）余村乡村旅游发展问题诊断

1. 乡村旅游品牌效应不强

乡村旅游开发点多面广，没有整体包装，缺乏统筹安排和相互协调，与天荒坪旅游和安吉旅游之间缺乏有机联系，余村旅游尚未形成"余村"著名品牌。

2. 乡村旅游产品的差异化不大

余村乡村旅游产品"农"味特色鲜明，天荒坪漂流具有一定的参与性、体验性，但同质化现象普遍，与周边乃至全国的乡村旅游产品差异化不大。

3. 乡村旅游资源开发力度不够

余村乡村旅游开发多为农家乐项目，主要表现为宗教文化观光旅游，漂流旅游，而以乡村生产、乡村生活、乡村活动以及竹乡文化底蕴深厚的非物质文化如民间音乐、传统艺术、传统手工技艺、民风民俗等为对象开发的文化体验和乡村休闲活动很少。

4. 乡村旅游的管理相对滞后

尚未建立科学的乡村旅游管理制度与方法，乡村旅游的管理与经营体制尚不健全，缺乏相应的管理规范标准，对余村整体乡村旅游发展的宏观调控和管理能力较弱。

（二）余村乡村旅游资源特色提炼

余村乡村旅游资源禀赋优异，但却无法掩盖资源优势不突出，个性特色不充分的资源困扰。图 8-1 是余村旅游资源的等级。

总体而言，余村乡村旅游资源优势不突出，个性不充分，缺乏高品质、大体量、拳头型的"独一无二"的旅游资源。

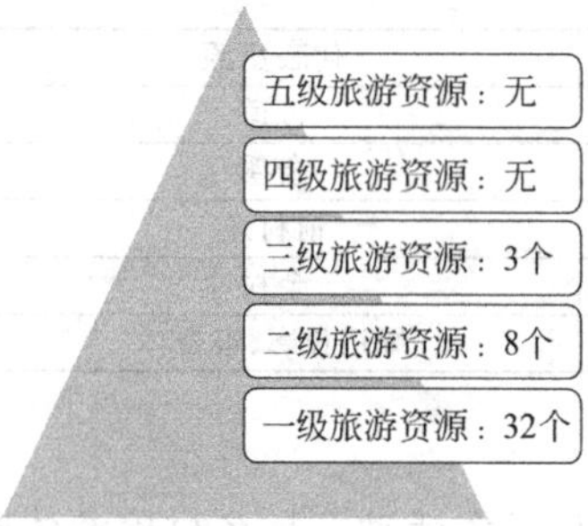

| 五级旅游资源：无 |
| 四级旅游资源：无 |
| 三级旅游资源：3个 |
| 二级旅游资源：8个 |
| 一级旅游资源：32个 |

平均品质分数

余村56个旅游资源单体的平均品质分为：71分，每一类型的分级品质总分为1.27。

$$\Sigma nm = 0\times10 + 0\times7 + 3\times5 + 8\times3 + 32\times1 = 71$$
$$M = 71\div56 = 1.27$$

[计算方法：将各级旅游资源的数量乘以10（五级）、7（四级）、5（三级）、3（二级）、1（一级），将其总合（Σnm）除以各级总数（N）确定为每一类型的分级品质总分（M）]

图 8-1　余村旅游资源的等级

1. 资源特色挖掘

余村乡村旅游虽然初步形成了生态观光、漂流体验、宗教文化休闲、农家乐等乡村旅游类型，乡村旅游发展迅速，绿色生态资源禀赋优异，然而毕竟辨识度不高。到底什么是余村"独一无二"的旅游资源呢？余村独一无二的旅游资源到哪里去挖掘呢？2005年8月，时任浙江省委书记的习近平来到余村，提出"绿水青山就是金山银山"。这不是余村至少有别于安吉其他乡村的"独一无二"的旅游资源吗？

2. 资源特色提炼

那么，"绿水青山就是金山银山"到底是怎样的一种资源？它的特色在哪里？如何对其进行特色提炼？经过研究，我们最终将"绿水青山就是金山银山"作为新时代中国特色的社会性资源、政策性资源，进行"两山源"特色提炼，并且认定其在余村乡村旅游发展中起到独特的积极作用：①余村独一无二的资源；②余村乡村旅游的有力抓手；③其是包括余村在内新农村建设的"助推器"；④余村乡村旅游市场和产品结构丰富和提升的推动机。

任务二　乡村旅游发展方向找寻与发展路径设计

【任务描述】

准确把握乡村旅游的发展方向；掌握乡村旅游谋篇布局的基本规律和技巧；学会乡村旅游发展路径设计的方法。

【任务实施】

一、乡村旅游发展方向找寻

虽然乡村旅游备受青睐，越来越多地受到各级政府、各类企业以及众多开发商的关注，但目前对于如何高水平、高质量发展乡村旅游仍然缺乏系统的综合的理论研究，缺乏非常成熟的发展模式借鉴。朱鹏亮等认为我国农村旅游点多、面广，在小尺度区域往往面临资源同质和产品同构的问题，为农村旅游规划提出了挑战。[1]

我国乡村旅游总体仍处于不断壮大的发展过程中，随着时间的推移，乡村旅游的发展将

---

[1] 朱鹏亮，邵秀英，翟泽华. 资源同质化区域乡村旅游规划差异化研究——以清漳河流域为例. 山西农经，2020（2）：37-38，40.

更加复杂，更为多元。这就要求我们牢牢把握住乡村旅游发展大好形势和未来发展趋势，以旅游策划为指引，为乡村旅游指明发展进步的根本方向。

（一）国内外乡村旅游发展方向的研究与探索

进行乡村旅游开发策划，挖掘和提炼特色资源是基础，找寻发展方向才是关键和根本。

什么是发展方向？百度解释为指在发展过程中，将会出现的景象或前景，即根据现有的发展水平和环境，对未来的方向、水平、规模等的预测和推论，简单说来就是潜力。既可以描述一个人，更多的时候是描述一个组织、企业或团队的后续发展情况等。

应用到旅游策划这一实际领域，"发展方向"特指"做什么"或"发展什么"这一根本性的方位问题。

乡村旅游到底有哪些发展方向？通过研究我们发现，乡村旅游的发展方向很多，涉及多种类型、不同模式、各种产品，并且，国内外至今仍在持续不断地探索中。我们认为，乡村旅游发展方向探寻，关键是要实事求是，从实际出发，根据各地乡村旅游发展现实情况，总结乡村旅游发展特征，找寻独特的发展方向来提升乡村旅游的竞争力和魅力。

王德刚、葛培贤在其《田园季风——乡村旅游开发与管理》一书中对国际上流行的乡村旅游发展方向进行了探索，把国内外乡村旅游发展的主要方向归纳为三个大类，即休闲观光型、体验参与型和综合型乡村旅游[1]。

1. 休闲观光型乡村旅游

这种形式的乡村旅游主要是以欣赏田园风光、放松身心为主，游客也可以参与一些简单的农事活动。韩国、爱尔兰、新西兰是这种形式的乡村旅游活动开展得比较成熟的国家。

（1）韩国观光农园。韩国的观光农园一般是由几户农民联合开发，功能集食宿、劳动、文娱于一体。城市游客来此小住几日，既可以欣赏田园风光，放松身心，又可以参与力所能及的田间劳作，收获瓜果等新鲜蔬菜；此外还可以学做农家饭、酿造农家酒等。韩国在观光农园的选址上很慎重，交通条件良好和自然环境优越的地区是开展观光农园的好地方，尤其是那些效益很好的农园，一般会选在自然风光优美，有湖泊、沙滩、温泉的郊区，或者有历史名胜、人文古迹的旅游风景区。

（2）爱尔兰乡村农舍。爱尔兰的乡村，有着天然的幽雅环境，大片的绿地、成群的牛羊、零星的农舍，一副生机勃勃、恬静自由的欧式风光。其中，最具特色的乡村风光是湖泊、绿地、蓝天、牛羊、牧场、教堂、酒吧，这些图画组合在一起，组成了爱尔兰独特的乡村景观。爱尔兰乡村旅游的"家庭餐馆"非常具有代表性，它为游客提供客房、早点、自助式旅游等服务项目，并且这些参观都要经过认证，都是二星级以上服务。爱尔兰开展乡村旅游的设施还有牧场、马场、乡村酒吧、乡村教堂、乡村音乐会等。爱尔兰的乡村旅游活动项目非常丰富，包括品尝美味、观赏田园风光、骑马、放牧、培训、摄影、钓鱼等，游客还可以参观家族企业进行传统的手工作坊，如纺织。

（3）新西兰牧场。新西兰素有"骑在羊背上的国家"之美誉，新西兰的牧场更是充分利用这一资源，围绕绵羊办起了牧场之旅：牧羊犬表演、剪羊毛比赛、良种绵羊"群星会"、现场制乳酪演示并与旅游者分享，甚至针对日本办公室女性市场推出了"认养小羊羔"的活动，他们让日本青年女性旅游者出钱认养刚出生的羊羔，主人回国后每月会收到关于小绵羊成长情况的汇报和最新的照片，小绵羊第一次剪下的羊毛会精工编织成一件羊毛衫回馈主人。

2. 体验参与型乡村旅游

在这种乡村旅游形式中，旅游者通常以类似短期帮工的身份到农场、牧场、渔场参与农

---

❶ 王德刚，葛培贤．田园季风——乡村旅游开发与管理．天津：天津教育出版社，2007：20-23.

事生产劳动，因此，这种类型又被称为"务农旅游"。但与帮工不同的是，旅游者通常与东家同吃、同住、同劳动，并不以取得劳动报酬为主要目的。

（1）美国的家庭农场。美国的家庭农场旅游属于务农型。如西部的农场务农旅游，旅游者放牧可以拿到和牛仔一样的工资，以资助旅游费用。这不仅解决了农场劳动力缺乏的问题，而且还可以就近推销农场产品。这里还有其他的参与性活动，比如农场学校、农产品采摘、乡村音乐会、垂钓比赛、果品展览、宠物饲养、自制玩具、微型高尔夫等活动。这种兼有娱乐和教育培训意义的参与式的乡村旅游形式，满足了游客体验乡村生活的愿望。

（2）日本都市农场。日本的务农旅游在世界上也很有代表性，组织旅游者和农民一起到田间干活，体验乡村生活。旅游者跟农民一样起早贪黑，可以真正体验到乡村生活的情趣。沿海地区的乡村旅游游客可以到海里捕鱼，或者加工海带，到牧场的游客在有关人员的指导下可以去奶场挤奶，还可以去草场放牧，去果园采摘等。这些乡村旅游活动，既可以让游客满足回归自然的需要，还可以让他们结交新朋友、学习新知识，短时间内改变了他们的日常生活方式，使身心得到调整和放松。

3. 综合型乡村旅游

在国外，实际上大部分国家乡村旅游项目的开展是综合型的，并不只是单一地开展某种形式。既有休闲观光，又有农事参与，可以适合不同旅游消费群体的需求。比如，加拿大的乡村旅游项目非常丰富，包括品尝乡村美味、欣赏乡村农业文化、参观乡村农产品展览、参与乡村传统节庆活动、参与主题农业之旅（如国际啤酒节、田野节、主题农夫之旅、秋收节等）、在农场或牧场住宿或参加骑牛比赛等。在法国乡村，参观挤奶、酿酒，还可以吃到乡村大餐。法国农会常设大会将法国农场划分为 9 个类型：农场客栈、点心农场、农产品农场、骑马农场、教学农场、探索农场、狩猎农场、民宿农场、露营农场。

（二）余村乡村旅游发展方向的探寻

【思考与讨论】

乡村旅游发展方向有很多选项：

1. 生态旅游 2. 乡村民宿 3. 农家乐 4. 龙庆庵与荷花山漂流项目提升

你认可哪一个作为余村乡村旅游的发展方向呢？

余村发展乡村旅游，把余村优美的生态自然资源、历史文化资源以及美丽乡村资源充分挖掘并进行优化配置，是余村经济社会发展的需要，也是乡村旅游提升的需要。然而，如果用国内外流行的一些乡村旅游发展模式作为发展方向，乃至跟风目前处于风口的民宿、田园综合体等一些新兴的乡村旅游业态，作为余村乡村旅游的发展方向，不足以发挥余村独一无二的资源优势和特色。最终经过反复求证，我们决定用习近平同志"绿水青山就是金山银山"这 10 字真经，作为余村发展乡村全方位、开创性、根本性的发展方向，给迷雾中的余村乡村旅游指明发展道路。

1. 明确"两山"主题，高举"两山"旗帜，找寻根本性发展方向

旅游主题：绿水青山。

发展方向：红色旅游。

"两山"理论是余村乡村旅游发展不朽的灵魂，可以概括余村旅游一切的精华和精彩，具有独特性和唯一性是余村独一无二的出发点和归宿点。红色引领，两山指路，以"绿水青山"为发展主题，发展具有新时代中国特色的"红色旅游"。

2. 开创历史方位，重新确立"两山"理念诞生地的发展定位

明确以优质生态资源为本底，以地方乡土文化为保护传承，以独一无二的"两山"理念为主题特色，坚持红色引领，以"红色旅游＋美丽乡村"为发展理念，打造一个以新时代中国特色社会主义理论教育为特色，集文化探源、田园体验、休闲养生、乡村文创、美丽宜居、户外运动以及农家特色美食等为一体，以深度体验性和高度参与性休闲娱乐项目为吸引的国内一流的红色旅游精品景区。图8-2是余村旅游发展定位。

图 8-2　余村旅游发展定位

二、乡村旅游发展路径设计

通过对国内外乡村旅游发展成功案例的经验的梳理，可以发现一些共通点：路径设计是乡村旅游策划中的又一重要的核心内容。

乡村旅游发展路径设计，主要涉及三个方面的内容：一是发展模式；二是发展道路；三是愿景目标。

（一）发展模式

下面介绍一下。中国乡村度假的"湖州模式"，"湖州模式"的内涵是什么？

对"湖州模式"，需要分两个层次来解读。

第一个层次，乡村度假"湖州模式"是充分利用新农村建设和生态文明建设成果，以乡村旅游为切入点，差异化参与都市圈分工，走出了一条城乡一体化、农民就地城镇化、乡村就地现代化、农业就地产业化的生态化发展之路，是工业化后期区域创新发展模式的新样板、新典范。湖州推进农家乐→乡村游→乡村度假→乡村生活不断升级，是中国第三代乡村旅游（乡村度假）的典范，并开启引领第四代乡村旅游（乡村生活）发展。

第二个层次，乡村度假"湖州模式"是一个模式集群，是各具特色、多元化发展、充满活力的地域模式集群。重点是"四大地域模式"：德清——洋家乐带动的"洋式＋中式"模式；长兴——旅游景区带动的"景区＋农家"模式；安吉——美丽乡村带动的"生态＋文化"模式；市郊——休闲农庄带动的"农庄＋游购"模式。

作为湖州乡村旅游一面旗帜的余村，总体布局较为分散，集群效应不强，现有龙庆庵与荷花山漂流项目虽然发展态势良好，一批农家乐、民宿等特色乡村旅游项目也在有序推进，但现有的乡村旅游产品类型相对单一和粗放，整体品质有待提升，发展有待加速。更重要的是，现有的这些乡村旅游项目和产品，普遍存在雷同现象，如果继续用传统的农家乐模式或民宿，很难形成不可替代而又有强大魅力的乡村旅游产品。根据对余村发展条件、资源禀赋以及发展基础等进行多维分析，在明确余村发展乡村旅游这一大方向的指引下，策划进一步明确，余村应以"两山"为中心线索，紧紧围绕红色旅游这一主体，坚持特色发展，打造独特的"红色＋绿色"的余村乡村旅游发展模式。

（二）发展道路

余村乡村旅游发展道路有多种选择：可以依托大、中城市，以城市居民为主要客源，吸引他们进行短途休闲旅游，开展"乡村一日游"；可以依托天荒坪，以景区游客为主要的客源，也可以发展农家乐，发展民宿，甚至通过类似田园综合体的打造，发展乡村旅游。

红色旅游有红色旅游的特殊性，既然我们已经明确余村以红色旅游为发展特色和方向，就应选择更能适合红色旅游的发展道路，以红色旅游为强吸引力，构筑一个个独具红色特色、自然与人文并蓄的乡村旅游胜地，创建旅游景区，走景区旅游发展道路。

（三）愿景目标

在《余村创建国家 4A 级旅游景区策划》和《余村创建国家 5A 级旅游景区策划》二个策划文本中，在先期提出创建国家 3A 级旅游景区目标基础上大胆提出了国家 4A 与 5A 级旅游景区创建的愿景目标。图 8-3 是余村旅游发展的愿景目标。

图 8-3　余村旅游发展的愿景目标

任务三　乡村旅游地域文化内涵的挖掘与品牌的打造

【任务描述】

文化挖掘，不是目的，而是手段，打造典型象征物才是目的。寻找乡村旅游的文化敏感点已经实属不易，而打造典型象征物，难上加难，但却是旅游策划者必须掌握和历练的真功夫。乡村旅游如何用"文化"进行包装？乡村旅游如何提升文化内涵？乡村旅游怎样用文化去打造典型象征物？本部分的学习任务如下。

1. 透过乡村旅游成功案例，认识乡村旅游策划的价值和意义。
2. 如何进行乡村旅游提升策划？
3. 学习乡村旅游策划理论，针对"优而弱"现象，设计调研提纲。
4. 如何对乡村旅游进行文化包装。运用"文化包装"理论，对相关案例进行分析。
5. 运用特定的方法，依据"文化包装"理论，对乡村旅游项目进行策划。
6. 认识打造典型象征物的深刻含义。
7. 根据乡村旅游的文化特点联系实际进行文化包装与亮点项目策划。

一、乡村旅游策划的"资源解冻"

（一）乡村旅游策划为什么要"资源解冻"

因乡村本身属性和自然条件禀赋决定，乡村旅游有着区别于其他旅游的乡村景色。在对一个区域的乡村旅游进行策划时，基于资源本底，进行考察、调查和研究，都是必需的基础性，也是关键性的工作。

基于理念视角的旅游资源开发的观点和见解很多，譬如我们耳熟能详的，一是资源评价，二是资源挖掘，三是资源整合。

从乡村旅游资源的特殊性出发，我们认为，乡村旅游资源开发的核心问题，不是资源挖掘，也不是资源整合，而是"资源解冻"。"资源解冻"对于乡村旅游策划意义重大。乡村旅游策划需要进行资源解冻，主要基于乡村旅游资源的"乡村性·农业性"这两大自然属性带来的困难和问题。

1. 乡村的失落——有特色等于没特色

顾名思义，乡村旅游是以乡村为背景，以乡村田园风光、乡村生活和乡村文化为旅游吸引物，以农业和农村特色资源为基础开发旅游产品，吸引游客前来观光游览、休闲度假、考察学习、参与体验的旅游活动，是与城市旅游相对应的一种旅游形式。

乡村旅游，以乡村旅游资源为主要特色，涵盖乡村自然生态景观、乡村田园景观、乡村遗产与建筑景观、乡村人文民俗景观以及乡村景观意境。

然而，不可否认，由于现代化和城镇化进程的加速，我国许多农村，特别是经济发达地区周边的乡村，乡村属性不断失落，"乡"变成了"镇"，"村"变成了"城"。

通过对余村资源现状进行考察，分析余村在旅游资源方面，存在两大问题。

一是缺乏垄断性。无论规模，还是体量，都缺乏垄断性。

二是面临趋同性。安吉乡村旅游项目众多，包括报福、天荒坪，乡村趋同，对项目带来很大的竞争压力。

与余村毗邻的许多乡村已经形成了一定的乡村旅游品牌影响力，余村乡村旅游要实现突围，必须进行"资源解冻"。

2. 农业的脆弱——有资源等于没资源

乡村旅游是以乡村的农业生产、生活、生态"三生"资源为基础的一种旅游方式。以农为本，农业是乡村旅游的根本。中国是一个古老的农业大国，以农为本的思想一直传承至今。农业生产以粮食生产为主，并且根据各地不同地理与气候特点和数千年积累的农业生产经验，形成了各具特色的农业生产类型和农业文化。

农业的脆弱性十分突出，第一，农业靠天吃饭，容易受自然条件、地理气候等影响；第二，农业季节性强，无论油菜花、桃花、梨花，还是桂花、牡丹花、樱花，花季都很短；第三，就农业种植而言，完全可以快速移植，今年一片水稻，明年就可成为一望无际的油菜花。所以，有资源等于没资源。

乡村旅游资源的这种"脆弱性"要求我们在乡村旅游策划中需要进行"资源解冻"。

（二）乡村旅游资源如何解冻

1. 概念释义——资源整合、资源解冻

资源整合，是指企业对不同来源、不同层次、不同结构、不同内容的资源进行识别与选择、汲取与配置、激活与有机融合，使其具有较强的柔性、条理性、系统性和价值性，并创造出新的资源的一个复杂的动态过程。

解冻，百度解读为"是将某些维持当前组织进行的阻碍力量减少，建立足够能够产生变革的紧迫感或者是要有变革的需求，尽可能地减少人们对变革的恐惧，即引入变革动因，打破现有的组织平衡或稳定状态。解冻是变革的前奏，是推行变革措施前的酝酿、宣传、说服和教育活动，其目的是统一思想，扫除变革的障碍。"

乡村旅游策划的"资源解冻"，通常有两种解冻模式，一是"解冻"，二是"激活"。

2. 乡村旅游资源的"解冻"

管理学的"解冻"通常是与变革、再次冻结一起出现。管理学意义上的"解冻"，是指通过不同的做法打破（解冻）现有资源。

资源调查是乡村旅游策划的前期基础工作，为旅游资源评价提供直接的科学资料。建立在充分调查基础上的乡村旅游资源开发可行性论证是开发策划的必要条件，是开发决策的重要依据。如果在可行性分析中发现资源品位不高、市场竞争力不强、区位没有优势、交通瓶颈制约、项目近距离低水平重复、同质同构等问题，就需要对乡村旅游开发的资源条件进一步深入研究。

在关于乡村旅游开发的理论研究中，旅游资源挖掘与评价是不可或缺的环节。只有对乡村旅游资源展开全面深入的研究，客观地对其进行评价，掌握其数量、质量、特点、开发利用条件及价值如何，才能根据这些资源条件制定出科学、合理的发展规划，对不同类型的旅游资源，才能量体裁衣，制定合适的旅游产品开发方案和有效的营销组合策略。

但问题是，乡村旅游资源的挖掘和评价严格依据《旅游资源的分类、调查和评价标准》，乡村旅游资源的数量、质量、特点以及价值，都客观如实地全部显示了出来，成了一个凝固化的系统，对乡村旅游资源潜力挖掘、乡村旅游资源开发评估与开发方向选择也就成了一句空话。所以，只有通过"解冻"，打破现有的资源分类、资源评价甚至资源模式，乡村旅游策划才能突出重围。

以余村为例，长期以来，余村旅游资源的优势和特色始终固化在"绿色生态＋美丽乡村＋宗教文化"这一系统中，这也是余村长期以来发展不快的一个很重要的原因。我们在对余村乡村旅游进行策划过程中，重新"解冻"，大胆"打破"，终于挖掘到了"绿水青山就是金山银山"这样一个独特的亮点资源。

3. 乡村旅游资源的"激活"

激活，汉语语义为刺激机体内某种物质，使其活跃地发挥作用，比喻刺激某事物，使活跃起来。

乡村旅游的"资源激活"，一是通过文化，二是通过各种各样的活动，三是通过乡村萌宠小动物。以活动来说，乡村拥有丰富的鱼类、鸟类资源和水产品，可供游客参与捕鱼、垂钓、水产养殖和品尝水鲜及捕猎野鸭等一系列生态旅游活动。内蒙古草原生长着大量可供放牧、养殖的牧草，是马、牛主要的栖息地，可开展放牧和骑马等乡村旅游活动。江南地区的乡村，利用开放成熟期的果园、菜园、瓜园等，体验自摘自食的农耕生活，利用湖面开展游泳、赛舟等水上运动，利用水面上的大堤和原有公路开展散步远足、骑车等运动项目。例如，苏州树山村位于苏州高新区大阳山国家森林公园北部，总面积约为 2.9 平方公里，拥有丰富的自然资源与人文资源，涵盖有生态自然、历史文化、田园乡村等多个方面。

树山村自然生态优越，发展态势良好，但旅游资源独特性不高，核心吸引力不突出。针对树山村资源特点和资源格局，提出了"树山＋"破题思路，用"树山＋""激活"资源，同时，根据对树山村发展条件、资源禀赋以及发展基础等进行的多维分析，明确树山村应以乡村生活艺术为中心线索，围绕"一个树山，一种生活，一种艺术"主题打造一块具有生态特色的树山艺术生活圈。以"规模＋品质"为未来提升和突破，打造一个"超级艺术乡村"。加大"树山＋"力度，通过"树山"品牌整体包装，充分发挥树山乡村旅游的龙头引领作用，使树山乡村旅游的龙头更加昂扬，构建核心圈、联动圈、拓展圈三大圈层，国际化、全球化、品质化打造树山"生态村"，把树山村打造为具有业内标杆性、地区引领性、中高端品质性，独具太湖山乡特色的乡村生活艺术聚落的发展定位："长三角著名的乡村休闲农业与乡村旅游示范区"。

二、乡村旅游策划的"流程再造"

"多而不专"是我国乡村旅游发展进程中普遍存在的一种现象，乡村旅游资源众多，但没有主营特色，没有一个有机的整体。在坚持科学发展这一前提下，立足自身资源条件，用"流程再造"的方法进行旅游开发策划。

（一）什么是流程再造

流程再造由美国学者提出。流程再造是一种企业活动，内容为从根本重新而彻底地去分析与设计企业流程。再造的重点在于选定对企业经营极为重要的几项企业程序加以重新规划。

运用于具体的旅游策划实践，主要通过"优化"和"再造"两种方法进行。

（二）流程再造中的"优化"原理

寻求和选择"最优"是旅游策划的一个重要原则。实践证明，谁能谋求最优化，谁就赢得了主动，迎来了胜利的曙光。

从狭义上讲，优化是一种方法、技术和步骤，是一组用来在可能的方案中确定的一个特殊解，这个解可以最好地满足所选定的准则；从广义上讲，优化是指使决策、设计或系统尽量完善、有效，或能充分发挥预订功能的一些工作和过程。

旅游策划的优化理论有以下四个要点：（1）最优是一种客观存在。事物的存在形式或发展道路，客观上各种各样，但物竞天择，适者生存，在发展中只能选择那些与最适合条件和最优可能相适应的形式和道路，这就是"最优"的客观性。（2）"最优"具有一定的相对性。所谓"最优"的相对性，包含三个方面的意思：①"最优"是相对于一定标准的"最优"，没有一定的标准，"最优"也就失去了"评优"的价值尺度。②"最优"通常只表现于一两个方面，一切都最优的情况很少。③"最优"随着一定条件的变化而变化。（3）优胜劣汰是最优原理最生动具体的表现。优胜劣汰是最优原理的一条普遍规律，在人类演进发展史上，虽然不乏许多以劣胜优的案例，但它所遵循的同样是优胜劣汰的法则。以劣胜优的奥秘在于：劣者一方通过运用正确的谋略，从战略和全局的劣势中，争得一个个战术和局部的优势；然后再通过一个个战术和局部的胜利，改变战略和全局上的优劣对比。因此，最优原理认为抗争中的真正胜利，都是优势者的胜利。（4）"最优"所揭示的是选择的艺术和规律。没有选择，就不会有最优。

旅游策划既然有一个优化问题，就可以从优化中引出许多思考的闪光点。优化原理对旅游策划思考启发最大的是旅游策划方案最优、效益最优和运动过程最优。（1）旅游策划方案最优。旅游策划方案是旅游策划者在认识事物和分析事物的基础上，经过深思熟虑而提出的见解。这种见解往往有多种思路、多种认识，因此，旅游策划方案有一个最优的寻找和选择过程。（2）旅游策划效益最优。少投入、多回报是旅游策划的目标和宗旨。旅游策划只有借助和运用最优原理，遵循最优化原则，才能实现效益最优这一目标。（3）旅游策划运动过程最优。运动过程最优，也称发展途径最优。

（三）旅游策划流程再造中的主题寻找

解决多而不专的问题，用"流程再造"的办法，而"流程再造"最常见最有效的途径是重塑主题，通过主题寻找实现"流程再造"。

旅游主题概念通过素材积累之后，就要进行提炼与确定，实际上是概念创意的论证过程。在提炼与确定主题概念的时候，必须坚持"四性"法则：（1）主题具有独特性。这是取舍主题概念的主要标准。如果达不到这个要求，宁可舍弃，也不勉强使用。（2）主题具有丰富性。主题概念是否内涵丰富，易于展开，充分展现项目的优势和卖点。有些主题概念内涵狭小，展开时支持点不够，不利于主题概念的体现与贯彻。（3）主题具有实际性。主题概念是否符合自身情况，是否与本项目的要求相吻合，那些脱离项目实际情况的主题概念是不可取的。（4）主题具有市场性。主题概念是否迎合市场买家及目标顾客的需求，这是判断主题概念的关键所在。那些不能激起旅游者兴趣的主题概念，最终会断送项目的前途。

余村旅游策划的成功，就是因为创造性重塑了"绿水青山就是金山银山"这样一个具有新时代中国特色的乡村旅游红色主题，通过"主题再造"最终实现"流程再造"。

三、乡村旅游策划的"文化挖掘"

（一）为什么要进行文化包装

我们习惯于资源调查，习惯于 SWOT 分析，然而分析了半天，不禁扪心自问一番：我们为什么要调查，我们到底挖掘了什么，这样的文化挖掘到底能够解决什么问题？

乡村旅游文化挖掘的核心和实质到底是什么？显然不是为了仅仅挖掘文化，也不是所有的文化都要进行挖掘，旅游文化挖掘的实质是为了寻求差异化、个性化，是现有旅游文化资源的一种高效利用和整合，以及重新认识与发掘，并根据旅游市场需求，采取有别于他人、优于他人的一种竞争策略，也即寻找一种包括产品、市场、形象、文化、营销等各方面的"差异点""创新点"和"兴奋点"的文化"敏感点"。

中国是一个农业大国，也是一个农业文明古国，是世界农业的发源地之一，农业生产技术、生产工具及水利工程当时在世界上都遥遥领先。勤劳的中国人民在长期的生产实践中，形成了精耕细作的农业生产体系，并逐步向现代生态农业方向前进。由于地域不同，不同地区的地形、环境资源、气候特点以及民族生活习惯导致农业生产的地区差异，因此农业文化也各不相同。

乡村旅游文化涉及各个领域、多个层面。以种植业为例，从具体民俗事项来看，就包括植物种植和动物养殖在内的农作民俗，农作民俗又包括生产工具民俗、技术过程习俗与相应的人文仪式民俗两大方面，涉及作物种类、作业方法、农具使用、生产的信仰、禁忌与仪式。

乡村旅游文化挖掘，关键是在找文化敏感点。以余村为例，农耕文化不突出，传统文化不典型，宗教文化没特色，对游客而言，这些乡村文化很难激发游客的兴趣，换句话说，这些传统意义上的文化缺乏"敏感点"，余村乡村旅游策划就是通过找文化敏感点，打响了"绿水青山就是金山银山"这一乡村旅游的文化品牌。

文化是旅游的灵魂，几乎所有谈论和研究者都会提到"文化"话题。而从旅游与文化的关系而言，不外乎文化植入、文化赋能、文旅融合这样的表述。而问题是，无论文化植入，还是文化赋能，都无法解决当前旅游发展中存在的"优而弱"问题。

乡村旅游策划的关键问题和核心问题，是"文化包装"问题。

乡村旅游策划的"文化包装"，有两大关键要诀：第一，找文化敏感点；第二，打造典型象征物。寻找文化敏感点是文化挖掘的重要策划技巧。

（二）乡村旅游的推力—吸力因素分析

我国乡村旅游市场增长迅速，为乡村旅游的蓬勃发展提供了广阔的空间和舞台。同时，随着旅游消费偏好的不断升级，人们开始由单纯追求从有害身心健康的水泥世界走到绿色乡村世界中恢复健康，逐步转变为更深层次的乡土文化、体验文化，也就自然而然地会成为当前乡村旅游开发策划中最为时尚的核心话题和中心命题，甚至成为决定乡村旅游发展成功与否的根本性因素。

旅游推力—引力因素是研究旅游动机的一种有效方法。推力是激发或创造旅游需求的因素；引力是旅游目的地自身本质、特性、吸引物的概括。

1. 推力因素

乡村旅游的推力，"回归自然""领略田园风光""增长知识和阅历""休闲和娱乐""农耕体验""了解当地历史文化和风土人情""增加自身阅历见识""增进与家人、朋友之间的感情"是推动乡村旅游的主要因素。"运动健身、增强体质""躲避工作和生活中的烦扰"是推动乡村旅游的次要因素。"结识新朋友""公务与商务"是推动乡村旅游的一般因素。表8-8是乡村旅游推力—引力分析。

表8-8　乡村旅游推力—引力分析

	推动您去乡村旅游的因素	吸引您去乡村旅游的要素
第一层次	● 回归自然，领略乡村田园风光 ● 带小孩增长知识和阅历 ● 休闲和娱乐、放松身心	● 乡村生态环境 ● 乡村自然风光 ● 乡村居民对待乡村旅游者的态度
第二层次	● 了解当地历史文化和风土人情 ● 增加自身阅历见识 ● 增进与家人、朋友之间的感情	● 乡村民俗与生活方式等乡土文化 ● 乡村建筑等人文景观
第三层次	● 运动健身、增强体质 ● 体验乡村生活 ● 躲避工作和生活中的烦扰	● 乡村传统接待设施（农家乐等） ● 乡村现代接待设施（农业科技园等）
第四层次	● 怀旧情结 ● 结识新朋友 ● 公务与商务	● 乡村产业形态 ● 乡村旅游产品的价格

2. 引力因素

从乡村旅游引力分析，"乡村生态环境""乡村自然风光""乡村居民对待乡村旅游者的态度"是吸引乡村旅游者的最主要因素。"乡村民俗与生活方式等乡土文化""乡村建筑等人文景观"是吸引乡村旅游者和市民主要因素。"乡村传统接待设施（农家乐等）""乡村现代接待设施（农业科技园等）"是吸引乡村旅游的次要因素。"乡村产业形态""乡村旅游产品的价格"是吸引乡村旅游的一般因素。

（三）乡村旅游的文化特点

有三大关键字。

第一大关键字：农

"乡村"是乡村旅游的本质属性，是乡村旅游区别于城市旅游的关键所在。乡村的主体在农业，因而可以这样说，乡村旅游文化，归根结底就是农业文化，也即人类历史上一切与农业有关的文化。"农业性"是乡村旅游文化最本质、最外显的特征。

第二大关键字：野

乡村旅游的文化特点，"野"是第二个关键字。乡村因其所处的地理位置不同，有着丰富多样的生态资源和生物资源，呈现乡村所特有的野趣。乡村具有丰富的鸟类资源，鸟类是乡村野生动物中最具表性的类群，是乡村生态系统的重要组成部分。

乡村不仅有着生物多样性，同时也是水景、动植物、人文建筑的荟萃地。"一川稻田绿，十里荷花香，千池鱼虾跳，万顷碧波流"是我国众多乡村最贴切的真实写照。

第三个关键字：愁

乡村旅游文化有其特定的文化内涵。它是以人类历史和地理环境的变迁而留下的传统农耕文化为依托，经由传递、创造而形成的农业文明。而中国传统农业文明的又一个核心就是乡愁，它内在表现为人们的心理和精神。

（四）乡村旅游的文化挖掘

乡村文化旅游是游客观察乡村、体验风俗和亲身体验乡村历史文化积累的旅游，乡村文化内涵丰富，种类繁多，乡村性强，一般要求旅游策划者有一定的历史文化背景。乡村旅游文化一般都有明确的主题，文化主题越鲜明，越典型集中，越富有层次感，就越有利于分层次、多视角地进行挖掘、展示和设计，使其内涵得到充分发挥，展示应有的广度和深度。

四、乡村旅游的文化包装

（一）文化包装

为了有效针对乡村旅游发展过程中存在的"优而弱"现象，"文化包装"不失为一大有效的策略。

在乡村旅游发展过程中，"优而弱"现象比比皆是，许多乡村旅游资源一流，美丽的自然景色，多种多样的农作物，特别是一望无际的田野，理应成为人们争相游览的地方。可惜一流的资源没有形成一流的产品。许多乡村占尽天时、地利、人和，拥有优质的客源市场，但却没有因此而带来涌动的人流。一些乡村景区车水马龙，人头攒动，但却留不住人，没有太多的人愿意再次光顾。

（二）乡村旅游文化包装应坚持的原则、要诀与标准

一个好的概念，对于乡村旅游文化包装来说，极其重要，只有从理论创新和观念更新的思维方法出发，审视旅游产品所处的背景和环境，根据其地脉和文脉，归纳和提炼主题概念，优化策划构思或规划思想，拟订切合实际又有远见的目标，才能体现其真实价值，策划的既定目标才能得以实现。

1. 文化包装必须坚持的三个原则

（1）持续创新原则。对于文化包装而言，创意出新颖的主题概念是其核心任务，因此必须坚持创新性原则。乡村旅游文化包装要在旅游者消费需求分析的基础上，结合旅游地的资源条件，在专项研究、科学论证的前提下，创意出新颖的主题概念，构建特色旅游产品作为支撑，同时对外树立独特品牌形象，塑造旅游地的竞争力。

（2）理论联系实际原则。首先，乡村旅游文化包装的研究方法是从关注旅游地发展中的重大问题和重要因素入手，对其进行现行研究，并综合研究旅游地空间实体要素和非空间实体要素，在此基础上发现规律，进而产生理念，归纳出创意。这种方法实际上是一种问题导向型研究方法，它从现实问题入手，力争将问题把握准、分析透。其次，乡村旅游文化包装从现实问题中发现规律和特点，使得策划必须根植于旅游地实际状况，详细分析旅游地资源、旅游发展的宏观背景、用地限制、投资融资能力等外在条件和内在条件，以脚踏实地、局部利益服从整体利益为原则，制定切实可行的发展目标。

（3）区域协调发展原则。区域协调发展的落实，关键是旅游地居民和各级政府部门达成统一认识，具有大局观，充分意识到在一个大区域内，各具特色的不同地方的旅游资源对旅游者来说不是排他性的选择，而是组合性选择。只有从区域整体出发，加强区域合作，实现大区域"资源共享"和"市场共享"，促进各地在旅游开发、经营等方面的取长补短，发挥旅游资源的整体优势，增强区域整体竞争力，才能确保旅游地的竞争优势，进而形成一个有机的、持续健康发展的区域旅游系统。为此，乡村旅游文化包装应从区域利益出发，做到"从面到点，点面结合；从外到内，内外协调"，处理好与周边旅游地或旅游景区的关系，积极开展分工协作、错位竞争，形成整体与局部相互带动、共同发展、共同繁荣的局面。

2. 文化包装必须突出三个要求

秀气：即需要好听的名称，吸引游客前来游赏。

大气：即支撑广阔的市场，具有广泛的游客基础。

霸气：即产品的竞争力在市场中的地位应该具有独霸性。

3. 文化包装必须坚持的十大标准

即符合排他性、唯一性、权威性、广泛性、神秘性、概括性、扩散性、诱惑性、震撼性、文化性这十个标准。

排他性：是指不可重复性和不可模仿性，与众不同，达到出奇制胜的效果。

唯一性：是指独特的、个性的、具有鲜明性与整体性的"形象概念"。

权威性：是指旅游的提炼来自旅游产品的生命源，具备拓展生存和发展空间的能力。

广泛性：是指旅游的广泛市场性，以吸引游客为根本。

神秘性：是指旅游难以捉摸，高深莫测。

概括性：是指旅游体验具有的高度概括力，言简意赅地表达了旅游产品的意境和内容。

扩散性：是指旅游的落地方式，形散而神不散。

诱惑性：是指旅游对游客的吸引力，激发游客前往游览的兴趣。

震撼性：是指旅游产品给游客带来的冲击力，深深地打动了游客。

文化性：是指旅游必须以某种文化为依托，使之具有明确的文化主题，浓厚的文化色彩。

余村乡村旅游策划，在主题概念的文化包装选择上，我们没有继续沿用余村这个村名，而是"两山景区"。

（三）用文化赋能旅游

在国内外乡村旅游的发展过程中，都非常注重文化赋能，都会根据自身的地理环境、农业资源以及文化方面的优势，推出独具特色的乡村旅游项目。比如新西兰奥克兰附近罗塔鲁阿的彩虹农场，就精心策划了一台演艺节目，让游客体验赶羊进场、剪羊毛、喂羊羔、挤羊奶、看珍稀种羊等参与性活动。在我国台湾乡村旅游发展过程中也采用文化赋能。台湾掌生谷粒乡村旅游项目注重用文化赋能，选用朴实的牛皮纸和纸藤搭配绵纸与笨拙的书法包装稻米，每一包米都手工称重、包扎，严谨而扎实，携带这一季最温热敦厚的情感。经营者说："这样简单的一包米，在我们心中填饱的不只是日常生活，也是饭桌上情感交流的媒介，更是对这座岛屿自然的渴求与尊敬""守护土地的农夫，不刻意布道，只是低头弯腰向土地致敬"。这样带有泥土和稻花芬芳的设计，获得了包括 2010 年台湾文创精品金奖、2011 年德国红点设计大奖和 2011 年亚洲最具影响力设计大奖在内的诸多奖项。台湾掌生谷粒用"包裹这一季的风雨黄昏"的理念，实现了文化对乡村旅游的赋能。

艺术赋能乡村，抢攻乡建高地——苏州高新区乡村旅游发展策划纪实

1. 乡村旅游发展现状

苏州高新区乡村旅游活动是随着其旅游业的发展而逐渐开展起来的，乡村旅游服务场所主要围绕城市和景区周边，提供餐饮、住宿服务，现在也开始向文化民俗、农事体验、休闲度假、保健养生、会议培训等综合服务方面发展。

目前，树山村被评为"全国休闲农业与乡村旅游示范区"，镇湖街道、东石帆村及浒墅关镇华盛社区为苏州市"特色田园乡村"，高新区已初步形成以树山村为龙头的乡村旅游发展格局。

2. 乡村旅游发展存在的问题

（1）开发不均衡。高新区乡村旅游资源丰富，特色各异，有开发前景。但就目前情况来看，乡村旅游开发基本是树山村在唱"独角戏"，其他地方的乡村旅游基本上都未得到开发，处于待开发状态。

（2）产品类型单一。众多的特色基本上集中在瓜果种植、茶叶种植、农业种植，传统的年节文化和民俗资源未得到有效开发，不能满足游客多层次、多样化和高文化品位的旅游需求。

（3）主体力量单薄。基本处于当地农民自发开发、经营状态。由于农民自身素质和观念的原因，使得农民从各自的利益出发，既无法产业化运作，也无法联动区域合作。

（4）消费水平低下。由于产品结构单一，配套设施不足，服务落后等原因，乡村旅游尚停留在"看农家景""吃农家饭""采农家果"等观光、休闲活动上，消费水平低，而本应属于乡村旅游的"住农家屋""做农家事""购农家物""享农家乐"等体察乡俗、修身养性的高层次消费行为则不多。这样，就造成乡村旅游总体消费水平低下，对旅游经济的贡献小。

3. 发展定位

立足乡村振兴，充分发挥高新区乡村完整性和多样性在环太湖地区都是"唯一"的优势，以田园乡村为基底，树山村、万亩农田、金墅老街、青灯村、石帆村等为依托，太湖农耕文化为灵魂，推动以乡村农旅为核心的农旅融合，打造以大地艺术、田园乡村、农耕博览、乡村文创、生活旅居五大功能的国际乡村型艺术生活目的地、太湖农业艺术公园、太湖田园生活艺术小镇。高新区乡村旅游的发展定位见图8-4。

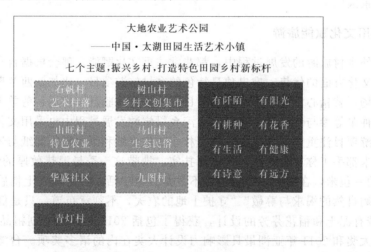

图8-4　高新区乡村旅游的发展定位

4. 重点项目

整合太湖沿线乡村旅游资源，推进太湖乡村旅游一体化开发，统一打造"太湖第一艺术乡村"品牌。积极引进和培育一批具有国际影响力的乡村艺术旅游度假区、旅游综合体、特色小镇、高端度假酒店以及特色田园乡村项目。

旅游综合体：艺岛。以西京湾为中心，围绕艺术乡村衍生多种主题休闲文旅产品，构架起具有丰富人文内涵、艺术气息的乡村艺术生活方式，打造以"艺岛"为定位，艺术文旅为核心，"大好高"项目为重点，集聚艺术、创意、文化、民宿、购物、餐饮等于一体的特大型旅游综合体，充分发挥其引领和辐射带动作用，打造苏州"百老汇"。

国家农业公园：大地艺术农业公园。以现有项目万亩良田为基础，以东渚、通安为范围，以浓厚的太湖水乡文化和优美的乡村环境为依托，以大地艺术为主题，塑造大地艺术景观，升级田园游憩模式，与农业生产结合，应用彩色稻、彩色油菜、绿肥等农作物，塑造稻田画公园、油菜花迷宫等大地艺术景观。集中以茅草屋、耕读山庄、艺家庄、家庭农庄、果园、奇乐田园等为代表的农旅，打造融合观光、农事体验、民宿度假等为一体的国家农业公园。

特色田园乡村：艺术乡村聚落。加快建设一批特色田园乡村，打造太湖特色村落，彰显艺术乡村主题。按照"艺术乡村"发展策略，挖掘太湖文化、古镇文化、民俗文化、渔耕文化，以石帆村、马山村、山旺村等为重点，构建"一村一品"乡村聚落，培育主题田园村落。丰富旅游业态，完善田园观光、文化体验、休闲度假等功能。

（四）用文化演绎精彩

文以载道，旅以致远。乡村旅游离不开文化的"熏陶"。乡村旅游策划过程中的文化包

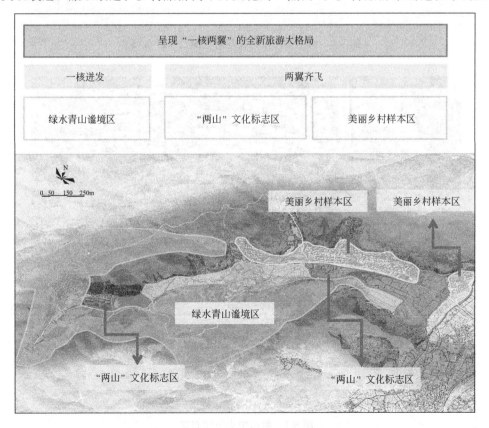

图 8-5　余村旅游发展空间格局示意图

装就是要挖掘文化、种植文化和培育文化，让文化深深扎根于乡村旅游这个土壤中，用文化演绎乡村旅游无限的精彩。

1. 用文化实现空间格局的再造

余村原来的旅游总体布局是"龙庆庵＋荷花山漂流＋余村"，经过策划，余村形成了"一核两翼"的全新旅游大格局（见图8-5），用"两山"文化实现了空间格局的再造。

2. 用文化打造亮点

以余村两山文化标志区为例。文化标志区空间范围及项目布局见图8-6，两山中央公园布局见图8-7，两山文化公园主要项目见图8-8。

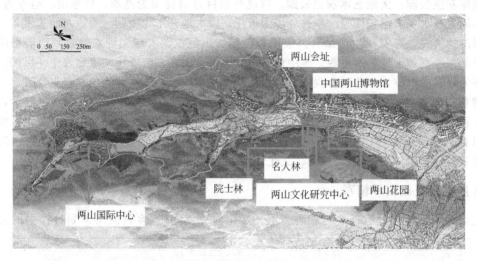

图8-6 两山文化标志区空间范围及项目布局

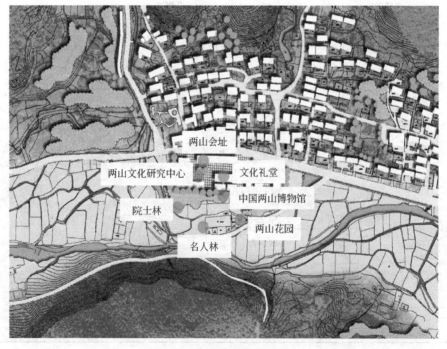

图8-7 两山中央公园布局

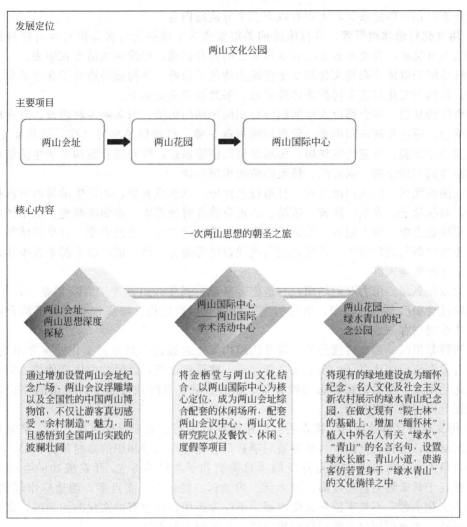

图 8-8　两山文化公园主要项目

规划范围。包括两山会址、文化礼堂以及金栖堂度假村（规划后改名为两山国际中心）。规划面积约 5.43 公顷。

项目背景。已有文化礼堂、民宿及金栖堂度假村等项目。

依托资源。两山会址及金栖堂度假村。

主要问题。旅游核心功能缺失，未能发挥"两山"作为余村核心的引领作用，缺乏围绕"两山"的配套项目以及接待服务设施。

规划思路。做足"两山"发源地文章，做大做强"两山"景区，变小景点为大景区，围绕"两山"布局项目，完善配套服务设施，把两山景区打造成为国家红色旅游经典景区。

3. 用文化打造体验

去乡下，小孩是为了赏花、采果、扑蝴蝶，年轻人是为了寻野趣、找刺激，中年人就是观光享受之余，趁机活动下四肢，种种菜田，老年人则是为了记忆童年、休闲养生，达到短期养生目的。不管哪个年龄段，从步入乡村开始，都有一个共同的需求：好好体验一下。

如果仅仅吃顿饭，抓紧拍张照，很难达到体验目的，更别说留恋了。他们要玩，要好好玩，那么体验便成了关键。

用文化打造体验，是命题，是话题，也是难题。在乡村旅游策划实践过程中，用文化打造体验要素，创新体验感受，主要有以下三个方面的内容。

① **用文化打造体验要素**。乡村旅游的关键要素在于能够为游客提供对乡村的自然和人文环境的亲密接触，并使游客参与到乡村本土的各种活动、传统和生活方式中去。

乡村旅游是以体验农耕文化和乡土传统为特色的旅游，乡村旅游适合于在生活中去感受和体验。如何用文化打造乡村旅游体验要素？举其要诀主要如下。

重现田园梦想。迎合都市人对回归淳朴田园生活的渴望，与美丽乡村建设、农业转型升级等相结合，通过复现田园风光、营造传统村落意境、打造精品乡村民宿、荟萃乡土美食、提供田园劳作体验、复建传统作坊、传承乡村民俗等措施，软硬结合重构乡居生活情境，让居民与游客共享诗意的、惬意的、精致的传统田园生活。

注入潮流元素。注入潮流元素，打造特色休闲。以永续发展、乐活生活等西方流行理念为指导，对接亲子、养生、露营、运动、亲近自然等时尚需求，在田园观光、农事体验、农家乐等传统业态中，注入创客、乐活、民宿、非遗、读书会、创意农业、分享经济等潮流元素，将传统民俗与现代时尚、传统风貌与现代设施等融为一体，借以吸引都市青少年、时尚人士、亲子家庭等人群。

借力双创热潮。借力双创热潮，打造创客基地。抓住政府推进"大众创业、万众创新"的机遇和社会积极参与的热潮，通过引进文创产业运营机构、与高校和文化机构合作等方式，打造乡村创客基地。

打造智慧田园。延续耕读传统，提升田园内涵。耕读传家是乡村文化的重要组成部分，可以结合日渐流行的读书会、亲子教育等潮流，建设耕读苑，以延续此优良传统；同时完善村民文化活动室、乡村书屋、远程教育室、露天影院、乡间戏台等乡村味道的文化休闲设施，以提升田园的文化内涵。

② **用文化设计体验项目**。优秀的乡村旅游项目策划酝酿于深思熟虑之中，是策划者集体智慧的结晶，没有文化的乡村旅游策划项目只能克隆出似曾相识的乡村旅游产品，没有吸引力和竞争力。乡村旅游体验可开发的项目类型和子类见表 8-9。开发成功的乡村旅游项目，关键在于其策划创意起点高、理念新、内涵深、特色强，卖点多，能适应市场的需求，有深厚的文化主题。不善于挖掘文化内涵，不注重运用自己独有的文化激活旅游，文化与旅游结合不够，如此策划出来的项目投放市场，产品附加值不高。

表 8-9　乡村旅游体验项目

项目的类型	项目子类
文化娱乐型	影视、音乐、戏剧、手工艺、非遗
游艺体育运动型	五子登科、农民运动会、游船、各种比赛
表演型	民俗风情、历史文化表演、农业竞技、小动物表演
参观型	民俗、服饰、艺术展示、农耕
参与型	采摘、播种
文化休闲型	泥吧、纳凉、书吧、玩具吧、陶吧、麻将厅、茶馆
游乐刺激型	酒吧、夜总会、电子游戏厅、舞厅、民宿
室内观赏型	露天电影、乡村音乐、二十四节气
农家乐	郊区休闲观光型农家乐（登山、采摘、垂钓、露营、野炊）、乡村度假型农家乐（住农家屋、吃农家饭、学农家活、享农家乐）
康体类	登山、滑雪、球类、网球、保龄球、户外极限（攀岩、远足、露营、游泳）
教育类	修学旅游、校园旅游、教育旅游（生物、科普、农业、航空等爱国主义教育基地、冬令营、夏令营）
特种类	狩猎旅游、野外素质拓展、定向运动、摄影旅游
生态类	郊游、农村观光旅游
节事类	春节、民族节日、传统文化节、地方特色节日

③ **用文化创造体验感受**。这是一种以旅游者为中心进行旅游项目设计的方法。魏小安、魏诗华提出对旅游项目进行情景化的体验设计，情景规划是进行商业分析的一种工具，首先

列举并分析商业活动下一步可能发生的情况，为每种情况各建立一个模型，分别得出在该情况发生时，进一步会发生什么样的情况，需要制订什么样的方案，然后进行多模型多方案的比较，再得出相应的判断。❶ 谢佐夫在《体验设计》中对体验设计的定义是：体验设计是将消费者的参与融入设计中，是企业把服务作为舞台，产品作为道具，环境作为布景，使消费者在商业环境过程中感受到美好的体验过程。这种方法要求从旅游者角度出发，以游客体验为核心，将抽象的旅游情景现实化、具体化，追求差异，产生特色，为旅游者创造全身心的感受，达到提高产品竞争力的目的。

体验感受设计包括以下步骤。第一是根据情景，形成思路。根据情景，将资源、特色、空间逐一分析，就形成了一个基本根据，在这个基础上，形成思路。第二是创设情景，探索创新。就是要设立主要故事、主题人物，形成主题文化，创设新的情景。第三是模拟情景，创设规划。在模拟的过程中需要研究变化，市场情景的导向在这里发挥作用，研究不同的变化情况，就会形成不同的模拟情景。第四是特定情境，特定规划。一类情况是特殊的情景，比如某个资源非常独特，就构成一个特定的情景，需要特定的规划。体验设计情境化：体验设计存在从直接体验出发和从功能出发两个角度。从直接体验出发，就是从旅游者的切身体验出发，即从视觉设计、活动设计、声音设计、味觉和触觉设计几个方面进行设计。从功能出发包括行、住、吃、游、购、娱这六要素。设计时也要考虑六要素之间的相关关系，主要是怎么达到优化配置。核心问题是游，就是一切围绕着游，进行优化配置。

【任务训练】

对不同类型的乡村旅游项目策划进行对比分析。

1. 实训目标

（1）分析乡村旅游各不相同的类型。

（2）找出不同类型乡村旅游项目的核心资源。

（3）培养乡村旅游策划的创新能力。

2. 实训内容与方法

（1）选择你熟悉或到过的乡村旅游景点，指出其存在的问题。

（2）对该乡村旅游景点提出策划思路。

（3）总结乡村旅游策划成功的技巧。

3. 标准与评估

（1）标准：①懂得乡村旅游资源评价的指标体系。②根据不同类型的乡村旅游特色，进行乡村旅游产品策划。

（2）评估：①能够客观、科学地进行乡村旅游资源的考察和评估。②策划具有一定前瞻性。③方案有一定的可操作性。

【复习思考题】

1. 什么是乡村旅游？

2. 乡村旅游策划的难点在哪里？

3. 怎样为乡村旅游注入文化内涵？

4. 余村乡村旅游策划的成功秘诀是什么？

5. 什么是乡村旅游未来的发展方向？

---

❶ 魏小安，魏诗华 . 旅游情景规划与项目体验设计，旅游学刊，2004（4）：38-44.

项目九
历史文化旅游策划

📖 **学习目标** ●━━━━━━━━━━━━━━━━━━━━━━━━━━━━━━━━

知识目标:

1. 认识历史文化的含义、类型及其开发价值。
2. 了解历史文化旅游发展概况及其主要的开发模式。
3. 了解历史文化旅游策划的意义和作用。

技能目标:

1. 能够掌握历史文化旅游策划的基本原理。
2. 能够根据历史文化旅游策划的流程进行项目策划。
3. 熟练掌握历史文化旅游策划的技巧。

【任务导入】

经过招投标,上海某旅游咨询有限公司中标《上海市松江区历史文化旅游区专项规划》。松江区文化和旅游局特为本次规划提出了三项任务。

第一,松江历史文化旅游区是一个全新的概念,暂时还没有任何明确的界定,因此,此规划的目的是希望通过松江历史文化旅游区专项规划对松江历史文化旅游区的概念、边界与发展思路进行探索性研究。

第二,虽然松江历史文化区受到政府、机构、企业以及开发商的高度关注,但目前对于如何发展仍然缺乏系统的理论研究,本规划的目的之二就是填补松江历史文化旅游区这一研究空缺,丰富松江历史文化旅游区这一研究领域。

第三,通过对松江历史文化旅游区发展模式的探索,为松江历史文化旅游区的发展,为松江区各级政府、旅游企业等提供对策建议,为松江区文旅融合发展提供指导,进而促进松江历史文化旅游区的良性发展以及区域经济可持续发展。

任务一 历史文化的特色

【任务描述】

了解什么是历史文化;了解历史文化的基本类型;弄清楚历史文化的特色。

【任务实施】

一、历史文化的定义

历史文化是一个世界性的热门课题,围绕历史文化的研究,从来都没有停息过。那么到底什么是历史文化呢？历史文化究竟是一种什么样的文化？到底是历史还是文化？

其实，历史文化是一个概念性的指称。顾名思义，历史就是指过去的事实，通常指人类社会历史。而文化则是指人类创造的物质财富和精神财富的总和，如哲学、文学、艺术、教育、科学等。

中国古代的"文化"一词主要强调的是内在的教养、德性，以及与之相关的一些东西。《论语·雍也》"质胜文则野，文胜质则史。文质彬彬，然后君子"，"文"与"质"并称，具有加工、修饰的含义，与今天我们常说的"文化"一词的语义并不完全相同。今天我们热议的文化，源自拉丁文，从日本转译过来，意指加工、修养、教育、文化程度等，有物质与精神创造的双重含义。

由于"历史"和"文化"本身定义的不确定性，"历史文化"的内涵和外延存在明显交叉和重复，致使"历史文化"概念的界定变得非常困难，对于历史文化旅游项目策划而言，大可不必究天人之际，通古今之变，穷究"历史文化"的内涵和外延，但至少要弄清楚"历史文化"以下三个关键语义：

一是历史。历史文化，顾名思义，是历史的文化，以中国而言，也即中国历史朝代文化，有如夏商周秦汉、魏晋南北隋、唐宋元明清。

二是文化。历史文化的落脚点在于文化，我们今天通常所说的历史文化，更多是一种泛称和统称，实际上指的就是文化，只不过"历史文化"的概念更恢宏大气一点。

三是遗产。就旅游策划角度而言，历史文化实际上更多是指历史文化遗产，包括历史文化遗存、遗迹和遗物，从存在形态上分为物质文化遗产和非物质文化遗产。

二、历史文化的类型

人类社会历史悠久，文化璀璨。历史文化门类齐全，类型繁多，也是我国历史文化旅游的宝贵资源，具体涵盖以下 10 大类型。

1. 历史古迹

历史古迹也称历史遗迹，是指从人类活动的遗址、遗物和其他有历史与纪念价值的遗迹。我国历史古迹与文物蕴藏丰富，举世无双。具体又可细分为以下三类。①古人类文化遗址。是指从人类的起源到有文字记载以前的人类活动的遗址。我国已发现的古人类遗址已达7000 余处，著名的如北京周口店遗址、陕西凤翔秦雍城遗址等。②古代都城遗址。中国古代都城是古代王朝的政治统治中心、经济管理中心、文化礼仪活动中心、军事指挥中心，正如王国维先生所说，"都邑者，政治与文化之标征"。可以说古代都城是国家历史的缩影，因此说中国古代都城遗址是我历史文化旅游的宝贵资源。③历史事件遗址。中国保存着丰富历史文化遗址，结合各个历史时期的重大历史事件，系统论述历史文化资源的丰富内涵。如诸葛亮六出祁山病逝于陕西宝鸡的五丈原遗址；孙刘联军大败曹操于湖北蒲圻的赤壁古战场遗址；楚汉之争项羽在咸阳郊外宴请刘邦于鸿门的鸿门宴遗址等。

2. 古建筑

古建筑是指具有历史意义的中华人民共和国成立之前的民用建筑和公共建筑。古建筑主要有以下几类，如表 9-1 所示。

表 9-1 古代建筑类型及举例

古建筑类型	古建筑举例
宫殿建筑	北京故宫
庙坛建筑	北京天坛、曲阜孔庙
陵墓建筑	昭陵、乾陵、明十三陵、炎帝陵等，以及王阳明墓、范仲淹墓
会馆建筑	自贡西秦会馆、聊城山陕会馆

古建筑类型	古建筑举例
会馆建筑	自贡西秦会馆、聊城山陕会馆
书院建筑	岳麓书院、白鹿洞书院
民宅建筑	北京四合院、陕西窑洞、广东围龙屋、云南的一颗印
古道建筑	茶马古道、丝绸之路、米仓古道、杭徽古道
桥梁建筑	灞桥、赵州桥、卢沟桥、河阳桥
水利工程建筑	都江堰、灵渠、运河、坎儿井
古典园林建筑	北京的颐和园、承德的避暑山庄以及苏州的拙政园、留园

3. 宗教寺庙

天下名山僧占多，在中国辽阔大地上流行的宗教有佛教、道教、基督教、天主教和伊斯兰教。其中，道教是中国土生土长的宗教。与宗教有关的名山福地、寺庙殿堂、塔幢石窟遍布全国各地。以佛教为例，有五台山、普陀山、峨眉山、九华山四大名山，少林寺、东林寺等八宗祖庭，以及莫高窟、云冈石窟等四大石窟。

4. 古城、古镇、古村、古（老）街

中国的古城、古镇、古村、古（老）街资源非常丰富，类型多样。以古镇为例，著名的有乌镇、周庄、青岩古镇、安仁古镇、同里古镇等。

5. 名人名胜

名人名胜资源中的名人，指的是历史名人，也就是指历史上在某一领域崭露头角，在某一方面对国家、民族、人民起过重大作用，并对后代有深远影响的那类历史人物。名人名胜资源包括与名人相关的历史遗迹、名人身后的纪念场所、纪念建筑、名人笔下的山川风貌、历史遗物和以名人命名的景观。就类型而言，分为名人故里、名人故居、名人贡献地、名人游历地、帝王陵寝、名人墓地以及名人纪念地等七种类型。

6. 红色圣地

红色圣地在此可理解为红色旅游，红色旅游主要是以中国共产党领导人民在革命和战争时期建树丰功伟绩所形成的纪念地、标志物为载体，以其所承载的革命历史、革命事迹和革命精神为内涵，组织接待旅游者开展缅怀学习、参观游览的主题性旅游活动。可细分为红色遗址、红色遗迹、革命旧址、革命纪念地等。

7. 民俗风情

同旅游活动关系密切的民俗风情主要有服饰冠履、岁时节令、婚姻礼仪、饮食习惯以及独特的农耕、狩猎习俗。

8. 非物质文化遗产

根据联合国教科文组织的《保护非物质文化遗产公约》定义：非物质文化遗产指被各群体、团体，有时为个人所视为其文化遗产的各种实践、表演、表现形式、知识体系和技能及其有关的工具、实物、工艺品和文化场所。我国入选世界非物质文化遗产名录的主要有昆曲、古琴艺术、安徽宣纸、龙泉青瓷、皮影戏、马祖、二十四节气等。

9. 文化艺术

艺术是社会意识形态的一种，是人类实践活动的一种形式，也是人类把握世界的一种方式。艺术家按照美的规律塑造艺术形象，以人为中心对社会生活做出感性与理性、情感与认识、个别性与概括性相统一的反映，把创造性的生活与表现情感结合起来，并用语言、音调、色彩、线条等物质手段将形象物质和外观，成为客观存在的审美对象。文化艺术包括戏剧、音乐、舞蹈、书画、工艺、美术等。

10. 风味饮食

中国饮食文化是中华民族在长期的生产和消费实践中所积累的物质财富和精神财富的总和。其中包括鲁、川、扬、粤、湘、闽、徽、浙八大菜系，以及少数民族菜。

三、历史文化的特色

中国地域辽阔，历史悠久，文化璀璨，从殷商甲骨文、商州青铜器到明清江南市镇、京杭大运河，无不展示出历史文化的博大精深。中国历史文化无论从历时性还是共时性来看，都具有四个显著的特色和特征。

1. 古老悠久

中国历史悠久，自新石器时代人类文化遗址良渚文化时期算起，至今已有约 5000 年的历史，自夏商算起有近 4100 年，从中国第一次大统一的中央集权制的秦朝算起约有 2240 年。神话传说中史前时期的炎黄二帝被尊奉为中华民族的始祖。约公元前 2070 年，新时期时代二里头文化开始出现。

中华文明是世界古文明中唯一没有中断、传承至今的伟大文明，中华民族五千年文明历史孕育出中国优秀传统文化，是中华民族最深沉的精神追求。

2. 博大精深

中华文化博大精深，无论从历时性上（中华历史上下五千年）看，还是从共时性上（与其他世界三大文明）看，中国当之无愧都是世界历史文化资源大国。自 1961 年国务院审定第一批全国重点文物保护单位起，截至 2019 年 10 月 16 日，国务院已公布八批全国重点文物保护单位，总数达到 5058 处，堪称世界无双。

我国是世界人类文明的发祥地，至 2021 年 7 月 26 日，共有 56 个项目被联合国教科文组织列入世界遗产名录，位居世界第一。中国历史文化博大精深，从殷商的甲骨文、商周的青铜器到北魏、隋、唐石窟艺术，从秦代万里长城到隋唐大运河，从都江堰水利工程到河北赵县赵州桥，从秦皇汉武到康熙乾隆，无不洋溢着中国历史文化深厚的底蕴、丰富的内涵。

3. 底蕴深厚

时间为经，古物为纬，人类历史上一切引以为豪的奇葩巨树、创造发明，大都植根于中华民族的沃土，并因其内涵深厚、基础深广而保有无穷魅力和持久的生命。从青铜器到甲骨文，从万里长城到北京故宫，从道教到佛教，从唐诗到宋词，从青瓷到宝剑，从格萨尔史诗到康定情歌，从绘画到石雕，从钻木取火到中国四大发明，无不显露出中国历史文化深远醇厚的韵味。

4. 情趣盎然

中国历史文化以其整体性著称，但在统一性的基础上，各地区又展现出了独特的差异性。以地域而论，就有齐鲁文化、关陇文化、三晋文化、吴越文化、荆楚文化、巴蜀文化和岭南文化。在这些独特的地域文化中，各地区的文化获得了充分的展示，从远古的遗址，到建筑、风俗、服饰、饮食，乃至精神风貌，无不流露出自身的光彩，反映了各地域深厚的历史文化积淀。既能使旅游者领略到个性的永恒，又能体味其情趣盎然的乐趣。

任务二　历史文化旅游策划的难点和成功案例

【问题导入】

上海松江区拥有 1600 多年的悠久历史，位于经济发达的长江三角洲上海都市圈西南部，在黄浦江中上游，荣膺国家知识产权试点城市、首批国家全域旅游示范区、国家花园城市、中国人居环境范例奖等城市荣誉。松江是上海历史文化的发祥地，历史文化丰富而独特，底蕴深厚，以"上海之根"蜚声中外。其中，历史古迹包括松江广富林遗址公园、佘山天文台、护珠塔等。古建筑包括颐园、葆素堂、醉白池等。宗教寺庙包括西林禅寺、清真寺、福田净寺等。同时，也涌现出如艺苑精英赵孟頫、董其昌，能工巧匠黄道婆，教育家胡瑗，文坛名流陆机、陆云等声名显赫的历史文化名人。此外，上海松江还拥有府城、仓城和泗泾三大历史文化风貌区，一个广富林文化遗址公园以及小昆山、华阳老街二个古镇。

面对松江厚重的历史文化旅游资源，如何进行旅游开发模式的创新？

【任务描述】

了解历史文化旅游策划的难点；基于经典案例进行科学分析；了解历史文化旅游的主要模式。

【任务实施】

一、历史文化旅游策划的难点

历史文化旅游的难点集中体现在以下三个方面。

1. "小而全"：缺乏垄断性

当今文化旅游产业越来越朝着规模化、垄断化的方向发展，而目前松江历史文化总体呈现"小而全"特征，旅游区内无论是资源还是景点，普遍缺乏规模和垄断性，真正具有竞争力、集约化的大型文化旅游产业的旅游资源和产品只有广富林，自我发展能力普遍比较薄弱。同时文化旅游产业在自主创新方面显得有些不足，未能有效地培育新兴历史文化旅游产业，应用现代科技改造和发扬传统的历史文化资源不充分，致使松江原有的优秀历史文化濒临消亡。受到规模和集约化小的限制，对丰富内涵的文化资源缺乏深入的挖掘和创新，尚且无法形成具有核心竞争力的品牌产品，导致发展后劲不足，使得历史文化资源和高新技术结合的高附加值和高回报的历史文化旅游产品难以大量涌现，除了广富林，真正具有核心竞争力和自主创新的历史文化旅游产品还比较缺乏。

2. "多而散"：缺乏关联性

松江历史文化旅游区各区域之间相对独立，与松江历史文化旅游区作为一个整体的关联性不强。但从松江历史文化旅游区的地理分布来看，3个历史文化风貌区，3个古镇，呈现高分散的状态，分布极其不均匀，涉及多个街道和乡镇。

松江历史文化旅游产业在整体布局上目前已经形成"三区""三镇"这样相对集中的旅游景区、旅游景点集中的区域，但是仍然存在大量分散的资源和景点。虽然松江区的文化旅游资源很丰富，但是由于体制机制的原因，很多旅游资源分属于不同的管理主体；长期以来，无法形成优势互补的局面，文旅资源开发陷入单一化、宣传不到位的困境之中。同时，文旅资源的分散也影响了松江区的整体旅游线路开发与推广，整体的推广宣传工作无法有效地开展。并且，无论府城、仓城、泗泾还是华阳老街、天马古镇，同质化现象较为严重。而且，松江历史文化旅游区内的泗泾、仓桥、华阳老街和天马古镇，开发建设相对滞后，大多数处于开发或待开放的状态。

3. "同质化"：缺乏独特性

多年来，松江区旅游的核心依然是知名的欢乐谷、佘山、辰山植物园等，新的知名文化旅游点难以形成。这也决定了松江区旅游一般以游乐园/风景区/大学城一日游为主，使得景点名气虽响，但是松江区整体的旅游形象不够突出；旅游接待人次和旅游营业收入不少但是文旅产业薄弱，游客数量虽多但是松江区自身对游客的接待能力较差的现状。就目前的情况而言，松江区很多文旅项目都停留在产品经营的粗放型阶段，并且同质化现象突出，同时，受到传统的开发方式和经营理念的影响，大多数企业仍然试图以扩大规模的方式来获得竞争优势，用民宿、文创等热门要素去适应市场需求，而对如何通过创意提升项目的核心竞争力关注不多，紧迫意识和自主意识不强，文化创意内涵不足。

二、历史文化旅游策划成功的案例借鉴

历史文化旅游有很多成功的案例，值得我们学习借鉴。然而问题是，到底有多少经验可以为松江历史文化旅游区策划带来启示。

（一）乌镇旅游的蜕变之路

乌镇，国家 AAAAA 旅游景区，素有"中国最后的枕水人家"之誉，是中国古镇旅游的一面旗帜。乌镇以水乡风貌为特色，以东西栅景区著称。然而，今天的乌镇早已不是单纯的、传统的江南古镇，而是一个集观光、休闲、度假、商务、会展于一体的世界级文化旅游目的地。

1. 蜕变之路的关键点

乌镇旅游的蜕变之路有以下三个关键节点。

（1）翻出记忆深处的似水流年。乌镇古镇包括东栅、南栅、西栅、北栅，2001 年东栅开放，2007 年西栅开放。东栅景区以原汁原味的水乡风貌和深厚的文化展示与体验为主。西栅景区则是一个前所未有的"观光加休闲体验型"水乡古镇景区，有各类风格的民居特色客房以及中高端商务会议酒店。

（2）人间乌镇，大梦一场。2001 年的冬天，黄磊带着《似水年华》剧组来到乌镇看景。《似水年华》为乌镇注入了许多想象，慢慢定格了一个文艺的梦。黄磊与陈向宏、赖声川、孟京辉于 2013 年正式发起乌镇戏剧节。乌镇的如梦之梦正式开启。表 9-2 为乌镇戏剧节历届主题、不同的剧场及其演出情况。

表 9-2 乌镇戏剧节

时间	2013 年（第一届）	2014 年（第二届）	2015 年（第三届）	2016 年（第四届）	2017 年（第五届）	2018 年（第六届）	2019 年（第七届）	2021 年（第八届）
主题	主题"映"	主题"化"	主题"承"	主题"眺"	主题"明"	主题"容"	主题"涌"	主题"茂"
剧场规模	6 家剧场，6 场特邀剧目	7 个剧场，17 场特邀剧目	8 个剧场，20 场顶尖剧目，73 场演出	10 个剧场，13 个国家和地区，22 场剧目，近 80 场戏剧演出	10 个剧场，24 场剧目，100 场演出	10 个剧场，29 场剧目，109 场演出	10 个剧场，31 场剧目，141 场演出	12 个剧场，24 场剧目，66 场演出

（3）拥抱互联网，乌镇再聚世界目光。2014 年首届世界互联网大会在乌镇举办，静谧的江南小镇聚焦世界目光，迈向互联网新时代。

2. 乌镇带来的启示

乌镇的启示：一是跳出古镇做古镇；二是跳出历史着眼未来；三是跳出乌镇拥抱世界。

（二）宋城的蜕变之路

宋城是杭州市第一个大型人造主题公园，拥有中国旅游演艺第一股的美誉。

1. 蜕变之路

（1）从杭州宋城到三亚宋城。秉承"建筑为形，文化为魂"的发展理念，杭州宋城景区内宋河东街、土豪家族、胭脂巷、非来巷、美食街、市井街六大主题街区热闹非凡；大宋文化体验馆、柳永风月阁、七十二行老作坊等崭新亮相；打年糕、览古法木榨油、吃手工豆腐，趣味无穷；更有一年四季活动不断。

2013年9月25日，三亚宋城旅游区盛大开业，大型歌舞《三亚千古情》华丽亮相。三亚宋城旅游区建有三亚千古情景区、三亚宋城彩色动物园、三亚宋城冰雪世界、三亚宋城浪浪浪水公园等主题公园，以及三亚宋城云曼房产、三亚宋城云曼酒店等配套设施。

（2）从宋城到宋城演艺。创造了中国旅游演艺市场的五个"第一"：演出场次第一、观众人数第一、演艺收入第一、演出利润第一、毛利率第一。宋城靠一台演出成功上市，这台演出成为中国、乃是世界最赚钱的演出之一。

2. 宋城带来的启示

宋城的启示：一是从宋城景区到千古情演艺；二是让文化成为"秀"。

三、历史文化旅游成熟的发展模式

从事历史文化旅游项目策划，毫无疑问，需要了解和研究历史文化旅游目前已有的开发模式，做到有的放矢，特别是在言必称"理论"，语必说"模式"的时代。然而问题在于，这些林林总总所谓的"模式"，所谓的"理论"，究竟有多少真正具有参考价值，真正具有借鉴意义，我们不得而知。但有一点可以肯定，那些模式都是别人创造抑或编造的模式，因此切不可照搬照抄简单拿来。一句话说，学习、借鉴参考而已，决不能当真。

我国历史文化悠久，依托历史文化打造历史文化旅游项目，既有着非常成功的经验，更有着十分成熟的模式。国内外历史文化旅游资源开发主要有以下10种模式，这10种模式的空间特点、市场特征、功能定位和代表性案例见表9-3。

表9-3 历史文化旅游资源开发的10种模式

序号	模式名称	空间特点	市场特征	功能侧重	代表案例
1	博物馆模式	点状建筑	满意度不高，重游率低	参观	故宫 纽约大都会博物馆
2	遗址公园模式	圈层分布	满意度较高	教育、休闲、科研	秦始皇陵国家考古遗址公园 良渚国家考古遗址公园
3	文化主题公园模式	点、线、面结合	满意度高、重游率高	文化体验、娱乐	清明上河图 中华恐龙园
4	历史文化模式	步行街	满意度高、重游率高	休闲、体验、购物	宽窄巷子 新天地
5	城市文化休闲绿地（公园）模式	面状或滨水线状	本地客群为主，一般多为居住配套所用	休闲、健身	上海滨江绿地 元大都遗址公园
6	文化演艺模式	山水实景或剧场形式	满意度超高、重游率高	文化、休闲、演艺、体验	张艺谋印象系列 宋城千古情系列
7	文化产业园模式	产业集群	满意度一般，重游率低	文创、商业	上海M50创意园 新疆丝绸之路文化产业园
8	特色文化小镇模式	小镇	满意度高、重游率一般	文化、休闲、购物、体验	成都文旅城 河南驻马店皇家驿站
9	文化主题民宿模式	村落布局	满意度高、重游率低	文化体验、时尚住宿	浙江德清"洋家乐" 浙江龙泉青瓷小镇
10	文化节庆模式	园区	满意度高、重游率高	体验、娱乐、休闲	中华游子文化节 中国国际文化旅游节

任务三　历史文化旅游策划的方法和技巧

【任务描述】

历史文化旅游资源旅游特色寻找和内涵挖掘；历史文化旅游的主题包装和品牌打造；历史文化旅游的策划技巧。

【任务实施】

一、历史文化旅游资源挖掘与特色的提炼

（一）文化与旅游的关系

伴随经济全球化、政治多极化、文化多元化的发展趋势，世界范围内的文化旅游产业的竞争日益激烈，文化旅游产业正日益成为国家复兴的原创动力。文化是旅游的灵魂，是旅游高质量发展的核心动力。文化已经深深融入旅游业的发展当中，并且形成了携手并进的格局。2009年，文化部、国家旅游局共同发布《关于促进文化与旅游结合发展的指导意见》，提出"文化是旅游的灵魂，旅游是文化的重要载体"。阐明了加强文化和旅游深度结合的重要性。

2018年初，国家文化部和旅游局合并成立文化和旅游部，从国家组织机构调整层面提出了文化与旅游相融合的客观要求。文化和旅游从原先的各显神通、各擅其胜，转而变为互促互通、协同前行，这是一个巨大的进步。进一步打破文化和旅游的各自边界进行广度联融和深度合作。进行历史文化旅游策划，资源挖掘与特色寻找，是基础，也是关键。

（二）松江历史文化旅游资源挖掘

松江历史文化资源丰富而独特，作为松江文化的历史沉淀，经过四千多年的文明发展和一千多年的城市发展，并受其独特的地理环境和生态系统的影响和作用积累而成。

按照国家标准《旅游资源分类、调查与评价》（GB/T 18972—2017）的分类，松江历史文化旅游区的历史文化资源涵盖了历史人文几乎所有主类和亚类（见表9-4）。历史文化资源达近百项，品类齐全，具有发展文化旅游业的深厚基础。

表9-4　松江区历史文化资源分类表

资源名称	所在地区	资源属性	基本景类	资源级别	空间尺度	时间尺度	开发条件	市场前景	备注
广富林	方松街道	M	EAA	IV	T	K	良	优	
唐经幢	中山街道	M	FCA	V	Y	D	优	优	全国重点文保单位、松江十二景之一
天马山深坑	度假区	M	EBD	IV	Y	K	优	优	
佘山国家旅游度假区	度假区	M	FAB	V	T	D	优	优	
醉白池	岳阳街道	M	FAD	V	T	D	优	优	松江十二景之一
方塔园	中山街道	M	FAD	V	T	D	优	优	松江十二景之一

资源名称	所在地区	资源属性	基本景类	资源级别	空间尺度	时间尺度	开发条件	市场前景	备注
颐园	永丰街道	M	FAD	Ⅳ	Y	D	良	优	上海十大名园之一、松江十二景之一
中央公园	方松街道	M	FAD	Ⅳ	T	D	良	良	松江新十二景之一
广富林农庄	方松街道	M	FAF	Ⅲ	T	K	良	良	
爵丽紫珠美影视乐园	泗泾镇	M	FAF	Ⅱ	T	K	中	中	
胜强影视城	车墩镇	M	FAE	Ⅴ	T	D	优	优	全国工业旅游示范点、松江新十二景之一
松江博物馆	永丰街道	M	FAE	Ⅳ	T	D	良	良	
松江博物馆	中山街道	M	FBC	Ⅳ	Y	D	良	良	
兴圣教寺塔（方塔）	中山街道	M	FCA	Ⅴ	Y	D	优	优	全国重点文保单位
护珠塔	度假区	M	FCA	Ⅴ	Y	D	良	良	市文保单位、松江十二景之一
安方塔	泗泾镇	M	FCA	Ⅲ	Y	K	中	中	
葆素堂	永丰街道	M	FCC	Ⅲ	Y	K	良	良	
云间第一楼	中山街道	M	FDA	Ⅲ	Y	D	良	良	
二陆读书台	小昆山	M	FDD	Ⅱ	Y	K	中	中	
华亭三宅	岳阳街道	M	FDA	Ⅱ	Y	D	良	良	松江新十二景之一
陈子龙墓	方松街道	M	FEB	Ⅲ	Y	K	中	中	
三高士墓	天马山		FEB	Ⅱ	Y	K	中	中	
西林禅寺	岳阳街道	M	FAC	Ⅳ	Y	D	良	良	市文保单位、松江十二景之一
清真寺	岳阳街道	M	FAC	Ⅲ	Y	D	良	良	市文保单位、松江十二景之一
岳庙	岳阳街道	M	FBB	Ⅱ	Y	D	中	中	
福田净寺	泗泾镇	M	FAC	Ⅰ	Y	K	中	中	
邱家湾耶稣圣心堂	中山街道	M	FAC	Ⅰ	Y	K	中	中	
府城历史文化风貌区	岳阳街道	M	FDC	Ⅴ	T	D	优	优	
仓城历史文化风貌区	永丰街道	M	FDC	Ⅴ	T	K	良	优	松江十二景之一
泗泾下塘历史文化风貌区	泗泾镇	M	FDC	Ⅴ	T	K	良	良	松江新十二景之一
华亭老街	岳阳街道	M	FDB		Y	D	优	优	
庙前街	岳阳街道	M	FDB	Ⅲ	Y	D	良	良	
大仓桥	永丰街道	M	FFA	Ⅳ	Y	D	良	良	

资源名称	所在地区	资源属性	基本景类	资源级别	空间尺度	时间尺度	开发条件	市场前景	备注
松江土布		M	GAE	III	Y	D	良	良	
老来青优质米		M	GAB	II	Y	D	良	优	
仓桥水晶梨		M	GAB	III	Y	D	良	良	
大江鸡		M	GAB	III	Y	D	良	良	
民间织布		N	GAE	III	N	D	良	优	
上海之根松江新城		M	FCK	I	Y	D	中	中	
陆机、陆云		N	HAA	III	N	K	良	中	
夏允彝、夏完淳		N	HAA	III	N	K	良	中	
黄道婆		N	HAA	V	N	D	良	良	
董其昌		N	HAA	IV	N	D	中	中	
陈子龙		N	HAA	IV	N	D	中	中	
周中宏		N	HAA	IV	N	K	中	中	
史量才		N	HAA	IV	N	K	中	中	
马相伯		N	HAA	IV	N	K	中	中	
程十发		N	HAA	IV	N	K	中	良	
天马山登高		N	HCD	IV	N	D	良	良	
荡湖船		N	HCC	II	N	K	良	良	
打佃发		N	HCC	II	N	J	中	良	
调龙灯		N	HCC	II	N	K	良	良	
拳船		N	HCC	II	N	J	中	良	
打莲湘		N	HCC	II	N	J	中	良	
甩火球		N	HCC	II	N	J	中	良	
"上海之根"文化旅游节		N	HDA	IV	N	D	良	优	

资料来源：根据《松江区旅游产业发展规划（2010—2020）》，松江历史文化旅游区的旅游资源按照国家标准《旅游资源分类、调查与评价》（GB/T 18972—2017）的分类原则，涵盖了历史人文几乎所有主类和亚类。

（三）历史文化旅游资源体系

松江历史文化旅游资源体系庞杂，涵盖 10 大文化体系。

（1）古文化遗址资源。在松江历史文化旅游区内有广富林古文化遗址，广富林古文化遗址考古挖掘中首次发现了崧泽文化、良渚文化与马桥文化之间的广富林文化，为 2008 年全国十大出土文物重大发现之一，已建成以"上海之根"为主题的广富林文化遗址公园。包含历史寻根博物馆、古文化遗址保护区、古镇文化改造区、上海历史名人雕塑区等多功能文化旅游景区，充分展示松江的文脉，展示上海的历史文脉。

（2）宗教建筑文化资源。包括全国重点文物保护单位唐代陀罗尼经幢、宋代兴圣教寺塔（方塔）；上海重点文物保护单位方塔、清真寺、西林塔、砖雕照壁以及佘山天主教堂等宗教建筑。

（3）园林、住宅建筑文化资源。松江的园林建筑独具江南风格，名人住宅丰富。醉白池公园是上海五大古典园林之一，明代的颐园、清代的醉白池为松江园林之首，松江旧十二景中"颐园听雨、醉白清荷"指的就是这两大园林。而古名宅中葆素堂原为史上著名的"杨乃武与小白菜"的第一审县官许嘉德宅，另有明嘉靖首辅徐阶宅、明代松江画派董其昌宅、王冶山宅、钱以同宅、袁昶宅、费骅宅、张祥河宅、许威宅、雷补同宅、杜氏雕花楼、朱椿宅楼、蔡氏彩绘厅等众多古代名人住宅。

（4）近现代重要史迹资源。泗泾镇上有《申报》总经理史量才故居、中国知名教育家马相伯故居，西佘山公园内有始建于清代的佘山天文台、佘山地震台，松江二中校园内的"树人院"在江南以至于全国均有一定名望，《青春之歌》《青春万岁》等影片中涉及校园生活的外景，就在此拍摄。

（5）历史风貌区文化资源。松江有市级历史风貌区3个，包括仓城历史文化风貌区、府城历史文化风貌区及泗泾下塘历史文化风貌区。仓城历史文化风貌区集中了杜氏雕花楼、费骅宅、葆素堂、杜氏宗祠和赵氏宅为代表的历史建筑和大量保存较好的民居建筑，是一个较完整的具有传统风貌和地方特色、有较高的历史、文化价值的区域。府城历史文化风貌区保存有历史名校松江二中、文物园林方塔园、历史文物收藏机构松江博物馆，反映了松江府城即为唐宋华亭县城的历史渊源。泗泾下塘历史文化风貌区基本保存了传统水乡市镇的河街格局和部分传统建筑，反映了松江地区传统水乡民居的风貌。

（6）人文类旅游景区资源。除了上海方塔园、醉白池公园等历史人文景区，松江历史文化旅游区内有展示老上海风情的车墩影视乐园、明清风格的胜强影视基地、松江博物馆等著名景点景区。

（7）非遗文化。《十锦细锣鼓》《草龙舞》列入国家级非物质文化遗产项目保护名录，其中，泗泾地区流传了300多年的古乐《十锦细锣鼓》是从"锣鼓经"演变而来，融合了南昆中软、糯艺术特色的民间器乐音乐，叶榭镇的《草龙舞》则是典型的江南农耕文化祭祀活动仪式。《余天成堂中医药》《花篮马灯舞》《松江皮影戏》则为市级非物质文化遗产名录。

（8）名人文化。三国两晋时期松江人陆机书写的《平复帖》是我国书法的开端，撰写的《文赋》则是我国文学史和美学史上一篇有创见的重要文章；元朝陶宗仪的《南村辍耕录》是一部传世之作，其中一段记载元代松江著名纺织家黄道婆的文字，极为珍贵；明末清初的朱舜水学说是日本明治维新的原动力之一。

（9）书画艺术。主要有松江顾绣、缂丝、丝网版画，其中松江顾绣有"画绣"之誉，是国家首批非物质文化遗产之一，新工艺双面绣"秋塘情趣图""群鱼戏藻图"远销海内外；缂丝盛于宋代，上海博物馆所藏南宋松江人朱克柔作的缂丝稀世珍品《莲塘乳鸭图》可谓"馆宝"之一；丝网版画出现于20世纪80年代初期的松江农村，极具江南农村水乡地域特色的民间美术，是"泥腿子的旗帜"。明清时出现了以陈子龙、董其昌等为代表的在全国范围内均有较大影响的"云间诗派""松江画派"。

（10）旅游节庆活动。自1994年举办首届"上海之根"文化旅游节至2010年，松江成功举办了8届，而且逐步形成"春季问山、夏季拜水、秋季寻根、冬季祈福"的全年四季节庆品牌。文化与旅游共同搭台唱戏，1986年5月，佘山天主教堂恢复举办了"圣母朝圣月"活动，有4.5万人前来朝圣。翌年5月达6万余人，以后每年均有8万~10万人参加朝圣。2009年松江举办"平复帖杯"全国书法大赛，承办国际华赛摄影大赛和"浦江之首"中秋诗歌朗诵会等。近年来，松江的文化旅游活动丰富多彩，较好地传承了历史，弘扬了本土文化，并赋予新的内涵。

（四）历史文化旅游资源特色提炼

松江历史文化区资源特色可以概括提炼如下。

1. 丰富性

松江历史文化旅游区历史文化资源丰富，积淀厚重，文物古迹众多，历史风貌区涉及3个，古镇涉及3处，古建筑涵盖面广，官署、宗教建筑、园林、名人住宅、古民居、桥梁、古墓葬、碑刻，在历史的演进过程中，又形成了丰富的历史文化资源，有近代史迹、现代建筑、文化学林等众多资源。而且在资源的空间分布上亦相当广泛，各类历史文化资源在松江历史文化旅游区遍地开花。

2. 融合性

基于松江悠久的历史人文、独特的地理区位及特殊的地貌生态资源，松江历史文化旅游区内的历史文化旅游资源体现出人文与自然融合发展之势。松江新城作为上海五大新城之一正在加大建设，66万平方米中央公园是上海目前面积最大的城市中心公园之一，串联起松江新城中央生活区、中央休闲区和未来中央商务区，城在景中，景在城中，勾勒出人文与自然的和谐相融。在佘山度假区的文化旅游资源的开发过程中，始终把生态资源的开发利用与丰富的人文内涵紧密相连，西佘山天主教堂、佘山天文台、地震台等与自然生态融为一体，成为文化科普胜地，小昆山二陆文化、天马山佛教名山等在体现资源多样性的同时更展示了其深厚的文化内涵。

3. 包容性

松江文化源远流长，兼容并蓄，文物名胜古迹璀璨，有方塔、李塔、西林塔、护珠塔、秀道者塔"五塔耸立"；有佛教、道教、天主教、基督教、伊斯兰教"五教并存"；有唐经幢、清真寺、醉白池；更有松江老城与新城历史与现代的文化传承，泰晤士小镇与广富林文化的"交相辉映"。如此多元文化的相互包容在上海地区乃至全国也并不多见。

4. 独特性

独特性表现在以广富林为代表的良渚文化和我国唯一的下沉式深坑酒店。"十年上海看浦东、百年上海看外滩、千年上海看松江"可谓一语见地展示了松江独特的历史人文资源优势。深坑酒店位于天马现代服务业集聚区，是利用废弃的采石矿坑附着岩壁规划建设的一座我国唯一的下沉式深坑酒店，这一奇思妙想在建筑业、旅游业堪称奇迹。

二、历史文化旅游主题概念的策划包装

文化旅游产业成为经济增长的热点已经为各级政府所认识，各地各级政府也纷纷出台大力发展文化旅游产业的政策。文化旅游产业发展已经获得一定成效，并且已经打造出一些文化旅游品牌。如何避免因为发展滞后而被市场边缘化，成为松江历史文化旅游区发展过程中一个不可回避的问题。同时，区域间也存在发展主题与重点趋同的问题，为松江历史文化旅游区带来了竞争威胁。松江历史文化旅游区发展面临区域一体化进程中日益激烈的周边区域发展竞争，要在竞争中取胜，除了必须发挥自己的比较优势，与其他文化旅游项目错位发展和合理分工，努力实现从比较优势向竞争优势的转变外，更重要的是要对松江历史文化旅游区进行主题包装。

（一）由点到面的系统性有待进一步增强

松江历史文化旅游区的历史文化资源虽然丰富，但各资源、各景区（点）孤立发展；虽然文化旅游业亮点频现，但面上的整体性、系统性尚待加强；同时各区内旅游景区（点）缺乏规划的整体性和后续的发展空间，不仅造成了旅游资源的浪费，而且制约发展合力的形成。

松江历史文化旅游区发展仍然处于初级阶段、探索阶段，而从松江历史文化旅游区项目来看，大部分仍然处于规划建设阶段，投入运营相对较少，历史文化旅游项目如何发展仍然需要进行不断的研究和探索。

松江历史文化旅游区的产品体系虽然完整，但是却没有齐头并进，造成了发展的不平衡。广富林在松江历史文化旅游区众多的文旅产品中一枝独秀，拥有极高的知名度，但整体的发展还处于较为初级阶段，这对松江历史文化旅游区旅游形象打造有着制约作用，整个松

江历史文化旅游区还没有一个鲜明的文化主题，由点到面的系统性有待增强。

（二）文旅产品的主题有待进一步拓展

在由行政力量统一资源配置、项目发展取得阶段性胜利和战略突围的同时，松江历史文化旅游区发展逐渐暴露出发展主题深度挖掘不够，发展主题缺位与泛化雷同这一根本问题。

松江在旅游发展初期就确立了"上海之根"文化的发展方向，并陆续建设能够展现"上海之根"文化为主脉的众多文化项目。目前，许多项目已建成，但现实情况却是除了广富林等极少数项目取得了观赏性与内容性的统一，大多数项目都只是少量历史文化资源的简单陈列和修复。松江历史文化旅游区的文化主题有待进一步拓展与创新。

（三）"江南文化"主题概念的挖掘与策划包装

1. 宏观主旨的发挥

松江历史文化旅游区一方面可以实现文化和旅游开发建设的良性互动，另一方面以文化再造为主题打造松江新的城市名片，提升地方文化品质和活力，这是贯穿规划建设全程的两条重要线索。

文化是松江历史文化旅游区个性所在。松江文化资源丰富，底蕴深厚，内涵深刻，素有"上海之根"美誉，保持发展松江作为"上海之根"的文脉特征是一贯主旨。

松江不仅是"上海之根"，同时更是江南文化的重要发祥地，在构思和定位最初，就应确定项目更高的宏观主旨，立足江南文化发祥地的宏观主旨目标，实现由松江地方文化向江南地域文化的延伸和拓展，重构松江历史文化旅游区"江南文化"这一文化旅游发展主题。

2. "江南历史文化旅游区"主题概念的策划包装

"江南历史文化旅游区"的主题概念是本规划最为浓墨重彩的一笔。在"人文谷"构建和江南文化品牌更为宏观的背景之下，项目主题定位于在松江地方文化特色的传承再现基础上，突出江南文化叙事，通过把"松江历史文化旅游区"重新命名为"松江江南文化旅游区"，将地域与地方文化特征巧妙融合，不仅升华了文化主题，更有利于项目宣传造势和人气聚焦。

值得强调的是，"江南历史文化旅游区"这一概念的落实，并不是对"上海之根"这一松江历史文化特色的放弃和弱化，恰恰相反，而是延伸拓展。松江历史文化体现的是一种古与今、内与外、松江与江南杂糅的文化风情，而多元文化之间的交汇碰撞是发展的永恒主题和趋势，因此，这种主题定位给予松江历史文化旅游区后续设计更大的空间和更灵活的表现手法。

三、历史文化旅游的亮点策划与卖点打造

【问题导入】

在进入到规划区的项目策划阶段，就要考虑两个问题：一是松江历史文化如何进行亮点策划的问题；二是在亮点策划的基础上能不能进一步打造成卖点的问题。

（一）亮点策划

亮点1：创建中国首个江南文化旅游区

以主题化、产业化、体验式为理念，以创建中国首个江南文化旅游区为目标，以独具特色的松江历史文化为核心，以深厚经典的江南文化内涵为支撑，打造以非遗博览、文化旅游和人文休闲为主导，带动文化教育、文化创意、影视演艺等产业发展，成为区域特色鲜明、

品牌影响力大、综合竞争力强的文化旅游区。为此，松江文化旅游区的发展定位瞄准"第一"，即"中国首个江南文化旅游区"，构筑三大主题，即"江南文化博览平台""上海人文休闲高地""松江文旅产业基地"。

亮点 2：推进三区五基地建设

围绕"江南文化旅游区"规划建设三区五基地。三区是指"松江文旅产业集聚区""上海文旅产业先导区""全国文化产业示范区"，打造五大基地是建设成为集历史文化、古镇文化、古城文化、民俗文化、商业文化于一体的国家级松江历史文化旅游基地。另外也建设成为以书法文化、书画文化、农耕文化等为主题的江南文化传播基地。

建设成为集非物质文化遗产展演、传承、研究和生产性保护为一体的国家级江南非物质文化遗产基地，建设成为集疗养保健、生态养生、休闲度假于一体的"上海之根"主题的人文休闲度假示范基地，建设成为集文化创意设计、演艺创作、数字产业、影视拍摄、新兴文化产品等文化创意产业生产和交易基地。

亮点 3：塑造"上海之根，江南之韵"品牌形象

品牌形象与品牌不可分割，形象是品牌表现出来的特征，反映了品牌的实力与本质。松江属于上海的重要旅游目的地，必须对其有一个高度的品牌形象定位。作为上海历史文化发祥地，从"先有松江府，后有上海滩"之说，便可理解松江享有"上海之根"的美誉。深入挖掘松江深厚的江南文化基因，例如顾绣文化、江南古镇等都体现了江南文化的深刻韵味。

（二）卖点打造

卖点 1：打造"江南第一府城"

依托松江中心城区独特的历史文化资源，突出"江南之府"的文化旅游品牌，以"一核引领、两翼共振、两带纵贯"进行总体空间布局，形成"122"文化旅游产业发展空间架构，也即"一核两翼两带"的空间格局。

府城、仓桥二个历史文化风貌区连片打造，充分发挥松江府城区域中心文化资源丰富、文化设施完备、交通运输便利、服务业繁荣的优势，紧紧围绕"松江府"这一概念，以松江府城文化为主线，打造"松江府城"文化旅游品牌，重点发展以园林建筑、非遗博览、文学书法、影视演艺、刺绣绘画等为核心的文化休闲旅游业、娱乐演出业、教育培训业、创意设计业、影视动漫和文博会展业，构筑松江历史文化旅游区的核心，打响"江南第一府城"品牌。

（1）发展定位。将"江南第一府城"作为发展定位的依据是：以优质资源为本底，以"府城文化"为主旨，以"江南第一府城"为打造发展方向，紧紧围绕"松江府"，考虑全域一盘棋、一张牌，将松江府城整体打造一个集文化、旅游、生活与产业等于一体，以深度体验性和高度参与性休闲文旅旅游为吸引的国内一流的文化旅游目的地。

（2）打造手法。打造"江南第一府城"的手法是建设双中央游憩区（双 CBD）。府城和仓城一东一西，目前松江历史文化旅游资源主要集中在以府城为核心的中山街道，以仓城为核心的永丰街道。

松江府城要重点发展两个"中央游憩区"。一是将府城打造成为"中央游憩区"，以旅游、文化、休闲为支柱产业，成为松江"文化精粹"的集中区域。二是将仓城发展成"中央游憩区"，以商业、影视为主柱产业，成为松江"产业精粹"的集中区域。

（3）发展举措。遵循重点突出、全域统筹，局部集中、空间连续，因地制宜、差异发展的原则，突破资源边界和管理边界，整合构建"一街两城多点"的全域文旅发展格局。

政策引导，加强"一东一西"两大历史文化风貌区资源的整合利用。深度挖掘仓城、府城两大区域资源内涵，以文化旅游、研学旅游、都市休闲为主导功能，制定资源共同开发、旅游协同发展等政策，促进两大片区高品位资源的协调开发，释放资源的旅游价值，实现优势互补。重点通过政策引导两大片区差异化开发高品质旅游产品业态，突出各自优势合理布局和开发白天、夜间旅游产品，打造复合型、多元化的全天候旅游产品谱系，拓展旅游体验消费空间，通过合理的游线组织，吸引高质量游客进入，形成业态集聚、游客集聚、消费集聚，带动松江府城旅游发展。

推进转型，大力发展松江特色休闲文旅业态。突出松江生活特色，推进休闲度假业态发展，着力推进府城、仓城旅游的转型升级。深入挖掘资源内涵，发挥区位、文化等资源的后发优势，加强对闲置资源的激活与利用，引导发展精品度假酒店、精品民宿客栈、城市休闲街区、都市生活品鉴中心等业态，打造具有松江地方特色的休闲度假旅游产品。

打通廊道，强化"一东一西"两大区域的一体化发展。打造十里长街，构建内部旅游交通环境和旅游公交巴士体系，保障旅游交通畅通快捷，解决交通瓶颈问题，降低城市拥堵给游客带来的负面体验感。借助公共交通系统，建立府城和仓城之间旅游公交专线。

搭建一体化的旅游公共服务平台。通过打造旅游服务平台，以建设府城、仓城一体化旅游公共服务体系为契机，有效塑造高标准、优质品、主客共享的一体化旅游公共服务体系。

需要重点提升的项目包括两个：一个是"府城历史风貌区"，另一个是"仓城历史风貌区"。

（1）府城历史风貌区。

规划范围：位于松江老城东南部。核心保护区面积约 14.15 公顷，核心保护范围为中山东路以南方塔公园大部分区域（面积约为 10.05 公顷），以及中山东路以北松江二中局部区域（面积约为 4.10 公顷）。

资源特色：风貌区拥有优质的人文资源如方塔园、醉白池，以及松江博物馆、董其昌书画艺术博物馆、程十发艺术馆等。

发展思路：突破资源、地域、环境束缚，以大文化、大旅游、大产业的整体构思，围绕"松江府"这一特色，创意形成"松江府"这一旅游主题概念，形成包含松江文化、园林文化、民俗文化、民居建筑文化、宗教文化、书法艺术文化以及非物质文化遗产等在内的众多文化品类的"府城文化旅游产业园"，用"松江府"引领府城文化产业布局。

发展定位：成为江南第一府城。

主要举措：重点在概念、机制、产品、客源等方面寻找突破口。

概念突破，打造"江南第一府"。松江府城是上海唯一以"府城"进行打造的项目。松江府城的打造依托现有的文化遗产和城市资源，形成府城与新城的旅游廊道，并以其为重点，带动整个松江府城对遗产文化资源和生态资源、景观资源的旅游开发利用。

机制突破，搭建转型新平台。加快推进府城旅游的体制机制改革创新，搭建旅游发展新平台，整合资源，全力解决府城的投资、建设、运营、管理等瓶颈问题。重点做好以下五项工作：一是成立府城旅游改革与行动小组。建立府城涉旅规划与建设规划、国土规划的衔接、协调机制，实现旅游资源的"多规融合"式管理，保障府城年度重点旅游项目的顺利落地。二是坚持以"先定业态、再定形态"的原则开发府城文旅项目。以"政府保控府城空间、市场搞活业态经营"的理念，探索建立"府城房屋储备及长租中心"，通过收储和租赁等方式为业态更新提供成片化空间。三是制定府城旅游产业发展引导政策与负面清单，为招商引资明确方向。四是搭建旅游融资平台，突破资金瓶颈。探索建立以政府投入为引导、社会资金为主体的投融资结构。五是建立"社区旅游"发展机制。从技能引导机制、决策制定机制、利益分享机制、评估监控机制等领域着手。

产品突破，策划打造新产品、新项目、新游线。立足府城旅游区社区与景区融合的特点，全面创新，构建"区+街+府+园+馆"的旅游产品体系，策划打造一日游旅游线路，实现府城旅游"点＋线＋面"全域化发展。一是深度挖掘资源内涵，主题化、差异化、体验化构建府城旅游产品、街巷旅游产品、宗教旅游产品、园林体验产品、书画艺术产品为一体的府城旅游产品体系，丰富游赏内容，提升产品的体验性、趣味性，延长游客停留时间。二是完善环城步道旅游设施、提高管理与服务水平，打造环城旅游交通体系。三是加快古街、古宅、博物馆、艺术馆等历史人文资源转化为旅游产品。鼓励开发以文旅融合为主线、突出府城品牌、强化互动体验的旅游产品，丰富府城旅游核心体验区的内涵。四是结合旅游产品和游客需求，重新设计游览线路，打造旅游环线。

客源突破，构建古城新结构。一是构建"当地居民＋艺术家＋游客＋社交者"的常住人口结构。采取适当的"经济杠杆"措施，以修缮传统民居等手段，有序置换普通外来人口；通过传统民居及工业遗产的再利用，以传统文化与现代创意产业的植入为"造血"机制，吸引本地年轻人及高素质人群回流；发展以社区生活服务业为核心的电子商务服务平台。形成当地居民、艺术家（以非遗传承人为代表）、游客和社交者等四类人群的良性互动，改善常住人口结构，巩固与提升古城本源文化的原真性。二是拓展中高端客群休闲度假空间，分层导入国内外中高端客群。从大区域着手，通过"府城游憩带"与旅游廊道的分流与截流作用，保持府城舒适、闲适的游憩环境，为国内外中高端客群提供空间和载体，构建形成"服务大众、高端优先"的客源结构。

创意突破，培育旅游新业态。深挖资源内涵，加快创新，培育一批新业态，改善观光式旅游格局，开创旅游全域化体验的新局面。一是以社区为载体，融入松江历史文化和非物质文化遗产元素，加快培育民俗、博物馆、遗产景点、精品酒店、文创空间、养老居所等业态。二是以街巷为廊道，打造"名人""文化建筑""桥梁河浜""神话传说"等主题历史文化休闲街区。三是深度挖掘园林文化内涵，创新利用传统旅游景点，打造园林文创空间、主题演艺等体验式园林旅游业态。四是活化利用现有资源，引进国内外知名的专业运营商，创新府城住宿业态，构建"精品酒店＋特色民宿＋养老居所＋社交场所"四级系统。

项目突破，再造松江府。在充分分析现状城市风貌特征及固有脉络基础上，结合"府、馆、区"的整体空间体系结构，规划"松江府"的项目空间架构。

"一府"。以松江府为主线，再造项目主体。

"一馆"。以松江博物馆为中心，进行府城文化展示馆和府城建筑博物馆塑造。

"一区"。府城文化商业街的打造。

（2）仓城历史风貌区。

规划范围：沪杭铁路以北、乐都路以南、花园浜路以东、西林路以西的区域内，归上海市松江区永丰街道办事处管辖。

资源特色："古城松江十里长街，东有府城，西有仓城。"仓城因水而兴，由仓而盛，是明清松江城市发展的重要见证，也是松江古城文化的"活化石"。历经数百年的沧桑变迁，位于永丰街道的仓城风貌区内仍遗存市、区级文物保护单位及保护点127处。如云间第一桥、杜氏雕花楼、大仓桥等极具特色和传统风貌的历史建筑，处处彰显着松江作为上海历史文化发祥地的历史底蕴。

规划现状：目前规划将仓城分为历史文化展示区、传统生活休憩区、商业休闲购物区、水乡文旅度假区、创意文化产业区、美好生活体验区六个区域进行改造。以文物保护和文化传承为重点，着力打造"历史文脉传承展示区"，留住乡愁记忆，让城市更可阅读，以公共配套和基础设施提升为重点，着力打造"城市有机更新示范区"，改善生态环境，让城市更具温度，以导入非遗、影视体验业态等为重点，着力打造"休闲旅游度假体验区"。以此将仓城打造为外观精致婉约、内涵深厚有趣、富有江南水乡风韵的综合性历史街区和旅游目的地。

仓城整体上保留了原住居民的传统生活风貌与完整的街巷肌理，具有江南水乡风貌，同时沿运河有大仓桥等历史古迹。此外，风貌区拥有杜氏宗祠、颐园、赵氏宅、葆素堂、费骅宅、杜氏雕花楼等具有历史文化价值的遗迹。

发展思路：从历史上仓城曾长期作为松江古城商业中心这一历史基点出发，重点突出文化旅游核心引擎功能，以商贸小镇构成该片区的核心吸引点，以"慢生活"为发展理念，以"非遗＋影视"主题线索贯穿全域，打造集文化非遗体验、影视创作、历史风貌观光等于一体的仓城文化创意休闲生活区。

发展定位：一处诞生松江商业文明的慢生活市集，一个大运河穿镇而过的非遗文创小镇。

主要举措：可看性的景观营造。通过云间第一桥、杜氏雕花楼、大仓桥等极具特色和传统风貌文化历史文化遗存等旅游项目开发和遗产保护工程，从景观上增强仓桥整体的可观赏性。

可参与的体现项目设计。通过丰富顾绣等体验项目、商业项目、民间习俗和乡土节庆活动，提升旅游项目的可参与性。

慢生活的商业空间。通过传统购物、市井生活和休闲庭院的开发建设，在仓城营造一种慢生活的游憩商业空间。

升级版的住宿群落。通过民宿、客栈项目的开发建设，形成富有特色的度假住宿群落。

创新性的江南非遗小镇定位。在"江南非遗小镇"上做亮主题，做足特色，以江南非遗中心（博物馆）项目建设为核心，打造特色鲜明的江南非遗（影视）文创镇。

【思考与讨论】

1. 松江府城的旅游策划将以什么理念为指导？
2. 如何打造江南非遗小镇？
3. 江南第一府城的整体趋势应该如何布局？

卖点 2：打造"江南特色文化小镇"

以泗泾下塘为核心，天马古镇、华阳老街为重要组成部分，形成"1＋2＋N"的空间格局。将小镇打造成以泗泾古镇为核，天马古镇和华阳老街为双翼，未来待发展项目为拓展的"江南文化"特色小镇文化休闲集群。

（1）总体思路。以"文化特色小镇＋大景区"的发展模式，重塑旅游发展全新主题和思路。21 世纪将是旅游经济和区域经济大比拼的时代，在中国旅游经济版图上，比比皆是的是各种各样的旅游度假区、旅游区。在松江区建设一个充满生活气息的江南文化旅游特色小镇，从而催生文化和旅游产业，不仅会给松江区打造一个拳头产品，增强促销力度，形成知名品牌，同时也会给松江文化旅游经济发展打造一个腾飞的契机。

（2）目标设计。江南特色文化小镇的建设目标设计为"江南文化小镇，江南文化旅游基营"。

按照"建设大景区、发展大旅游、形成大产业、打造大品牌"的总体要求，形成"文化＋文旅＋文创"的全新发展思路，以三处江南古镇为主要载体，从"江南文化"着手，进行文化内涵的挖掘，以江南风情之地的再造，勾勒出江南文化特色旅游小镇的发展途径，围绕"江南文化小镇"的打造，发力与江南文化密切相关的古镇风貌格局和水乡特色旅游文化项目，致力打造以鲜明的江南文化主题、优美的山水田园风光和独特的江南水乡古镇风貌为特色的江南文化旅游特色小镇。

（3）发展举措。打破边界，形成更高层面实质性的统一的文化旅游区。整合泗泾、天马古镇、华阳老街，着力组建跨边界、跨部门的一个全新的文化旅游区。

打造古镇老街特色聚落，彰显江南水乡文化主题。挖掘古镇文化、水乡文化、农耕文化、民俗文化，构建"一镇一品"聚落。丰富旅游业态，完善文化观光、文化体验、休闲度假等功能。

推进三大片区项目联动发展，创建江南文化小镇区域品牌。按照各自发展实际、资源禀赋及格调定位，建立联动协调机制，资源整合、一体营销，实现错位发展、优势互补，塑造江南文化小镇特色品牌，打造长三角乃至全国具有重要影响的江南水乡文化休闲度假旅游目的地。

用文创赋能，建设文创小镇。从旅游产品和核心吸引物的角度，以文创为核心，定位为集聚众多文创中心、美术馆、艺术村、艺术大师创作室、尚品商务、精品酒店，以文化艺术创作、时尚高品生活、前卫休闲度假以及精致民宿度假等为一体文创区。

加快基础设施建设，升级旅游服务体系。立足服务配套，以文化体验、餐饮、娱乐、休闲等复合功能为导向，进行综合开发，设置步行街、酒吧、茶馆、停车场、厕所、自行车停靠点，形成集观湖、赏景、休闲、娱乐、消费、中转于一体的旅游服务体系。

（4）重点项目提升规划。"江南特色文化小镇"重点项目的提升包括两镇一街，即天马古镇、泗泾古镇和华阳老街。

① 天马古镇。

规划范围：包括小昆山以及天马古镇，总面积约80.68公顷。其中，小昆山位于小昆山镇北侧，面积约20公顷，天马古镇位于佘山镇天马山西侧，新宅路以东，天宅路、天鸡支路以南，天鸡支路、横山塘以西，横山塘桥以北区域，规划面积约60.68公顷。

资源特色：特色一是书香人文资源内涵深刻。以中华"二陆"读书台为历史底蕴，以书香文化为资源特色。小昆山有二陆读书台、二陆草堂、泗洲塔院、七贤堂等众多人文古迹，天马山区域包含宗教文化、良渚文化、西晋文化、明清文化等诸多文化体系，共有32处人文古迹。特色二是自然山水资源优势显著。小昆山具有良好的山地自然生态优势，具有多种古树。同时，大天马区域整体具有自然生态优势，包括4座山体占地180公顷，13条水系及众多水域占地140公顷，山水面积合计占整个大天马区域的用地面积的27%。而天马古镇属于佘山国家级度假区，同时紧邻天马山风景区，具有良好的自然条件。

发展思路：以中华二陆读书台为历史底蕴传承中华民族求知上进的读书精神，传承松江历史上文以载道、歌以咏志的读书文化传统，以自然生态环境为依托，聚焦"读书"主题，打造"书香之域"。

发展定位：以小昆山和天马古镇为依托，以二陆读书台为历史底蕴，以书香文化为主旨，以倡导全民阅读，打造"书香之域"为宗旨，把天马古镇建设成中国首屈一指的读书小镇。

发展举措：

把天马古镇、小昆山的自然风光、历史面貌和悠久的文化有机融合在一起，按照建设书香社会，打造"书香之域"的要求，以"读书小镇"为旗帜，创造出一个融新时代读书文化为特色，积极构建适应全民阅读和国民品质文化旅游休闲需求的全方位的创新文化旅游产品体系，围绕国家AAAA级旅游景区、国家文化旅游示范区和中国首个读书小镇的发展目标，致力于创建以读书文化休闲体验为核心的特色"书香文化主题产业区"。

淡化物理空间，深化小镇概念，牢牢抓住"读书小镇"品牌。

整体推进天马古镇与小昆山大景区建设，跳出单纯的商业或文化思维，以"读书休闲"为核心线索，内扶外引，旨在把读书文化与国民旅游休闲需求有机地结合起来，把天马古镇、小昆山打造成为读书小镇。

全方位谋划书香文化旅游度假产品体系及高品质的适合现代文化旅游需求的旅游公共服

务体系。完善旅游设施和旅游服务，增加主题度假设施和旅游活动，加强娱乐、休闲、文艺表演等旅游项目的开发，营造并保持旅游区度假休闲氛围，增加主题酒店、经济型酒店的建设，调整和优化产业结构，提高综合效益。

进行统一策划与规划，强调规划设计思想的整体性，并通过景观、线路和活动形成实质性的书香文化旅游区，凸现地标，着力营造富有地方文化内涵、松江新文化特色和现代文艺气质的城市、生态与旅游景观，使该区成为到松江区乃至上海必去的旅游区。

规划建设文化商业街区。形成集商业、文化、旅游、休闲、居住功能于一体的中央文化商业游憩区。

② 泗泾古镇。

规划范围：泗泾镇南部的泗泾下塘风貌区，面积约为 15.52 公顷，遗存有文物保护点 39 处，保留历史建筑 48 处。

资源特色：总体特色是宋元古村，千年文化底蕴。一是文人墨客汇集，泗泾古镇名人包括元代著名史学家陶宗仪、明代书画家范允临、复旦大学创始人近代著名教育家马相伯、申报创始人史量才以及当代语言文字大家闻宥等。二是建筑遗产荟萃，泗泾下塘风貌区拥有历史建筑 53 座，建筑面积 5.27 万平方米，包括马相伯故居、史量才故居、烟雨长廊等。三是非物质文化遗产丰富，泗泾的非物质文化遗产占到了松江的 1/3，包括泗泾十锦细锣鼓、松江皮影戏、剪纸艺术、面塑艺术、阿六汤圆、广利粽子等。

发展思路：依托泗泾古镇传承千年的历史文化底蕴，以及丰富的名人文化、建筑遗产、非物质文化以及典型的江南水乡风貌特征。以"打造江南古镇，注入文化产业"为发展思路，重塑泗泾古镇文化游憩空间，避免消极保护，寻求古镇和地域文化有效合理的利用、展示和创新，寻求文化与产业的结合，植入新的文化和功能业态，实现历史文化的延续和新文化的再造，为人们提供新的文化旅游休闲场所。

发展定位：充分利用泗泾古镇的名人文化、建筑文化、民俗文化以及非遗文化，彰显历史风貌特色，加强泗泾古镇的"造血功能"。一方面应在规划上寻求整体保护与适度发展的平衡，另一方面从功能上进行活化，依据古镇的资源禀赋和区域条件推进新兴文旅产业的发展，将泗泾古镇定位为具有浓郁艺术与文化气息，以教育、传媒、文博三大文化产业为核心，教育为特色主题，融文化、旅游、商业、教育等多功能于一体的新江南水乡美学生活小镇、新江南教育小镇。

③ 华阳老街。

区域范围：区域东、南至北松公路、西至沪杭铁路、北至华铁路，总用地面积 188.39 公顷。

资源特色："古松江十里长街，东到华阳西跨塘"，华阳老街自古是古松江十里长街的东边起点。现在华阳老街保留不少人文资源。首先，华阳老街片区保留不少古桥遗迹，包括西杨家桥、东杨家桥、三里桥、钱杨家桥、永济桥等。同时，华阳老街片区保留地藏古寺、东禅古寺等佛教寺庙。

发展思路：从历史街区到休闲街区——老街是城市的前身，是曾经繁华的松江十里长街的历史记忆，当走进一座城，总是想要追寻它曾经的模样，老街是最好的见证者，无声地记录着历史的沧桑。目前，华阳老街曾经繁华的历史面貌几乎全无，因此，规划以"商业文化"为主题，通过创新业态的打造，将传统的历史商业街区发展成为一种多元化、知识性和主动消费式新型产品结构和消费方式，让湮没在历史尘埃的华阳老街涅槃重生，全方位立体化再现古松江十里长街的繁华场景。

发展定位：以明清繁华的松江十里长街为历史背景，走商品化和产业化协调发展之路，以场景式、体验互动式、融合高科技魅力的以"松江小上海·江南百老汇"为发展定位的

360°全景式商业文化休闲街区。

主要举措：

打响"十里长街"品牌。整合分散的旅游项目，将"华阳老街"项目更名为"十里长街"，打造松江"十里长街"的品牌。

着力建设风情老街。以老街历史文化为依托，以"园、庙、街"为核心资源，以"小桥、流水、人家"的古镇老街风光为基础景观，以挖掘地方特色、整合旅游资源为抓手，建设旅游景点，开发旅游活动项目，调整旅游商业业态，再现"老店旧宅相伴，小桥流水相依，古塔石桥相映，酒肆茶楼相倚，吴哥丝竹相闻"的江南市井风情。把华阳老街文化休闲旅游区建设成为国家 AAAA 级旅游景区，成为展现上海历史文化风貌、具有江南水乡特征、具备现代服务功能、特色鲜明的著名文化休闲旅游胜地，成为松江又一标志性景区。

建设大型场景式主题演艺区。选取松江洞泾港沿岸一片可开发利用的空地，通过场景的搭建、洞泾港水景的利用，以及声、光、电的科技手段运用，构建水陆空立体沉浸式的大型主题演艺区，并打造核心旅游产品——"寻梦江南"主题演艺表演，沉浸式展现从古至今的江南地区文化风情。

再现"十里长街"繁华场景。对洞泾港华阳老街区域两岸进行整体改造，以明清松江"十里长街"为蓝本，打造沉浸式场景化的开放式街区，再现松江十里长街的繁华场景，并注重商业购物、美食、影视创作等业态。街区商铺风格均应体现江南文化风情，所有店员及景区工作人员均古装风格，游客也可租赁古装服饰逛街或拍照。同时，打造古街夜游、巡游、VR 体验等项目增强场景特性以及游客的参与性、体验性。

建设影视基地。充分利用车墩镇的影视产业优势以及明清江南古街的场景，打造古装影视剧作取景地，鼓励与影视文化公司合作，并借助明星及网红剧效应，拍摄体现江南文化的古装网红剧或电影，提升景区形象及知名度。

发展沉浸式主题民宿。松卫北路板块区域划定一定区域打造独具一格的以"梦·江南"为主题的沉浸式主题民宿区，并集沉浸式文化体验与 cosplay 角色扮演互动于一体。一方面，民宿建筑景观风格均体现江南文化元素，同时民宿工作人员均为古装江南风格，再现明清江南客栈场景。同时，民宿可推出 cosplay 角色扮演互动游戏，住客可以身穿古装，扮演不同的古装角色并进行互动游戏，丰富游客的沉浸式场景体验。

【思考与讨论】

1. 读书小镇是否会成为网红打卡圣地或是成为一代文艺青年的必游之地？

2. 文化教育小镇应该如何与教育资源对接，打造江南教育特色小镇？

3. 如何打造"十里长街"，该项目的策划对于江南特色文化小镇的内外影响有哪些？

卖点 3：打造广富林文化遗址公园

广富林，是上海历史文化之根，是上海彰显文化自信、打响上海文化品牌的价值所在。

规划范围：广富林文化遗址位于松江新城北部，东至龙源路，南至广富林路，西至沈泾塘，北至银泽路，总占地面积约 850 亩。以考古遗址保护区为核心，对古遗址加以原生态保护和呈现，突显农耕生态文化，展现了原汁原味的田园风光。苏浙徽的古建筑作为展示空间需要，展现了广富林和松江具有移民之地的历史特征。众多展示和功能空间，压入地下和深藏水中，不让建筑喧宾夺主或越界，侵入圣土。广富林众多专题展示馆，都具有复合展示功能，外观和内容互为补充。

广富林文化遗址总共分为五大片区，东片区以文化展示为主，南片区以古镇商业为主，西片区以文化展示配套为主，北片区为广富林考古遗迹展示馆和五星级酒店，中间区域为广富林遗址核心保护区。

存在问题：广富林遗址在发展过程中面临转型、交通、产业发展和空间拓展问题。面对存在问题，拟解决问题的策略，如图9-3所示。

图9-3　广富林遗址存在问题及开发对策

发展定位：以广富林遗址文化为核心，从"上海之根"主题文化元素出发，重点融合文博文化、历史文化、名人文化、民俗文化、农耕文化，全面对广富林遗址文化旅游区的旅游环境进行创新提升，以景区化打造为导向，打造一个"旅游＋文化＋艺术＋时尚＋康养＋度假＋影视＋教育＋演艺"九位一体的国家大遗址公园。

主要举措：

从"上海之根"战略高度去打造其旅游精绝品，形成新的不可替代而又有强大魅力的旅游产品，联动松江区旅游整体效应的提升。

站在世界的高度，把遗址文化拓展到全人类的先古文化领域，主动与国内和世界同类精品文化景区的横向合作，创造更加广阔的市场空间。

打造"上海之根"品牌，造就博物馆本身独一无二的地位，真正向国人奉献出一道世界级的精品文化套餐。

创新复合开发模式。广富林遗址的开发并不在于它的商业价值，而是它的文物价值和传播价值。要丰富广富林遗址公园的内容，采用"博物馆＋遗址公园＋主题公园"的复合开发模式，迎合普通大众（未来的主流游客）和专项旅游市场（考古专业人士、考古爱好者）两方面的需求。在产品与游览模式上，突破目前曲高和寡的状况，引入参与性教育、娱乐性教育的展览和参观模式，多策划互动参与型、体验型的产品，如创新型的原始生活体验营、历险宫、动感电影厅、考古模拟实践区、世界知名遗址大观园、研究与会议中心等产品。

充分挖掘广富林遗址资源，依托良好的山水资源和生态环境，打造集全景科普、梦幻体验、休闲养生、宗教禅修、亲子度假于一体的遗址文化旅游精品区，创建国家级研学旅游示范基地。

【任务训练】

文旅融合背景下的历史文化旅游开发。

1. 实训目标

（1）了解松江历史文化旅游的难点与痛点。

（2）如何对现有的松江历史文化旅游资源做进一步提升与整合？

（3）从松江历史文化旅游出发，如何打造人文松江？

2. 实训内容与方法

（1）选择你身边熟悉的历史文化旅游项目，也可以在网上查找。

（2）结合其实际，对历史文化旅游策划项目进行概括，深入理解其内涵。

3. 标准与评估

（1）标准：能够阐述历史文化旅游资源在文旅融合时代背景下的发展意义？

（2）评估：①每人递交一份《松江历史文化旅游策划》的简单构思材料，作为一次作业。②可在班级组织交流，依个人表现进行评估。

【复习思考题】

1. 简述历史文化旅游的内涵。

2. 如何针对不同客源市场进行历史文化旅游项目的策划？

3. 简述历史文化旅游策划技巧。

4. 如何发展全域旅游？

项目十
湿地公园旅游策划

学习目标

知识目标:

1. 认识湿地公园的含义、分类和开发策划。
2. 了解湿地公园旅游项目策划、产品策划的核心内容。
3. 理解湿地旅游开发的生态和可持续发展原则。

解说视频

技能目标:

1. 掌握湿地旅游资源的分析和市场偏好。
2. 理清湿地旅游项目策划的程序,以及前后步骤的相互关系。
3. 能够根据不同的湿地类型,灵活选用不同的方法进行旅游项目创意。

任务一　湿地公园及其旅游资源

【案例导入】 ▶▶▶

济宁市太白湖新区九曲湖公园项目策划

九曲湖公园位于济宁市太白湖新区石桥镇,距离太白湖新区管委会 6 公里,到曲阜高铁东站 60 公里,到曲阜机场 28 公里。济宁太白湖旅游项目策划范围如图 10-1 所示。

拟策划区域从现场风貌来看,场地地势平坦,场地中部形成三块大面积水域斑块,其余大部分为农田,南阳湖农场有水田分布,有林地间种于田间,现状风貌良好。

从现状河湖水系来看,场地东侧边界区有沟渠南北贯穿场地。西侧南阳湖农场区有沟渠分布。场地中部、南部、东部分布三块大面积水域斑块,现状北部为曲线形,南部及东部为规整形。

济宁市围绕"新旧动能转换"展开创新布局,创建济宁市环城生态十二明珠,编制了《济宁市环城生态带十二明珠设计导则》,九曲湖项目是十二明珠之一。济宁市环球生态带十二明珠分布图如图 10-2 所示。

九曲湖公园,北靠小荷花路,南接临荷路,西临宁安大道,规划面积:约10.14平方公里(约1.52万亩)。

图 10-1　济宁太白湖旅游项目策划范围

图 10-2　济宁市环城生态带十二明珠分布图

"导则"指出,九曲湖公园应致力于让塌陷湿地和农宅变身为活力无限的自然乌托邦,连接人与自然、人与人、人与社会,给孩子享受自然的时间和空间,做好"水"文章,特色水之乐园,成为济宁市自然科普拓展营地。

九曲湖场地现状
航拍图

【任务描述】

面对要开发的湿地,如何确定其开发的方向和开发模式,首先需要认识拟开发湿地的相关知识。本部分的学习任务主要有两项:认识湿地相关知识,包括湿地的含义、分类,湿地旅游资源的特征及其旅游开发意义;学习归纳方法,从湿地旅游开发存在问题中提炼可以通过旅游策划来解决的问题。

【任务实施】

一、湿地公园的定义和分类

(一)湿地公园的定义

1. 什么是湿地

湿地公园必须有相应的物质载体,那就是湿地。湿地是生态系统的组成部分,是地球上人类得以生存的环境之一,与森林和海洋并称为三大生态系统。湿地不但具有陆地生态系统和水生生态系统的共同属性,也具备湿地的特殊性。

1971年签订的《关于特别是作为水禽栖息地的国际重要湿地公约》(以下简称《湿地公约》)第一条对湿地的定义是:湿地系指无论天然或人工,长期或临时性的沼泽地、泥炭地或浅水域地带,包括静止的和流动的,含有淡水、半咸水、盐水水体,也指低潮时不超过6米的浅水域。

湿地类型非常之多,它们共同的特点是其表面常年或经常覆盖着水或充满了水,是介于陆地和水体之间的过渡带，是地球上生物多样性丰富和生产力较高的生态系统。

湿地研究者从不同的学科对湿地进行界定，导致对湿地不同功能的开发和利用。从动力地貌学角度来看，湿地是区别于其他地貌系统（如河流地貌系统、海湾、湖泊等水体）的、具有不断起伏水位的水流缓慢的浅水地貌系统；从生态学的角度来看，湿地是陆地与水生系统之间的过渡地带，其地表为浅水所覆盖或者其水位在地表附近变化；从资源学的角度来看，凡是具有生态价值的水域（只要其上覆水体水深不超过 6 米）都可视为湿地加以保护，不管它们是天然的或人工的、永久的或暂时的。

就发展旅游而言，因不同的湿地资源类型形成了不同的开发模式。从湿地资源类型来看，湿地生态旅游开发的模式主要包括：滨海湿地旅游，河流、湖泊湿地旅游，沼泽湿地旅游，河口湿地旅游，人工湿地旅游等；从湿地产品开发的角度来看主要包括：湿地观光旅游、湿地运动旅游、湿地休闲旅游、湿地度假旅游、湿地科考旅游、湿地文化旅游、湿地探险旅游等模式。

2. 湿地公园

2005 年 2 月第一个国家湿地公园试点杭州西溪国家湿地公园获批。随着国家对生态环保的重视，国家湿地公园（含试点）数量不断增长，截至 2020 年底已经达 899 个。

按照 2004 年建设部《国家城市湿地公园管理办法（试行）》给出的定义：城市湿地公园，是指利用纳入城市绿地系统规划的适宜作为公园的天然湿地类型，通过合理的保护利用，形成保护、科普、休闲等功能于一体的公园。2005 年《城市湿地公园规划设计导则（试行）》中对城市湿地公园给出的界定是：城市湿地公园必须在城市绿地系统规划内，兼有湿地生态、科学研究、自然野趣及休闲娱乐为重要内容的公园。

总之，城市湿地公园是指纳入城市绿地系统规划的，对城市环境、文化、经济有一定影响且以生态保护、科普教育、自然野趣和休闲游览为主要内容的一类公园。

（二）不同类型湿地公园对旅游策划的要求

湿地公园按照位置、资源的类型、生产用途和等级可划分为不同的类型，类型不同，对可开展旅游活动的模式、管理的主体以及对生态环境的敏感性均有所不同，因此，不同类型的湿地公园对旅游项目和产品策划的要求是不同的。

1. 按照位置不同分类

湿地公园根据其湿地的内涵、建设来源和所发挥的湿地功能的不同，具体分为：自然湿地公园和城市湿地公园。自然湿地公园是依托湿地自然保护区，如上海崇明的东滩湿地公园，在湿地自然保护区内划定出一定的区域或范围，结合湿地公园的功能分区设置不同类型的辅助设施（如观鸟台、湿地植物展示中心、科普馆等），通过开展生态旅游项目、进行生态知识的普及和教育，使其充分体现湿地公园的生态建设、游憩、科普教育、文化价值等功能，发挥对湿地物种及其栖息地的保护等作用。而城市湿地公园，如杭州西溪湿地公园等，是将位于城市内部或城市附近的现已存在的或已受损、退化的湿地，运用湿地生态学理论，在保护原有湿地生态系统的基础上，通过合理的规划、改造和建设，人工恢复或重建湿地生态系统，使其发挥湿地系统的功能，成为自然生态系统的一部分。

2. 按照湿地资源划分

按照湿地的资源，可以将湿地划分为滨海型、河滨型和湖沼型等。滨海型湿地位于浅海水域，如海湾和海峡。河滨型湿地分布在河流及其支流、溪流及瀑布群一带，有些地方，还会利用大片湖沼湿地建设的湿地公园。资源的类型不同，其景观形态和可开发的游憩活动有差异，例如，江苏常熟尚湖国家城市湿地公园和云南普者黑国家湿地公园的景色表现出明显的差异。

 湖沼型湿地——江苏常熟尚湖国家城市湿地公园

 喀斯特地貌型湿地——云南普者黑国家湿地公园

3. 按照生产用途

按照生产用途，湿地可以划分为养殖型、盐碱型和废弃型湿地。养殖型用于渔业养殖，含有鱼塘和虾塘。种植型湿地用于农业种植及灌溉，这类湿地公园含有稻田、水渠、泅渠的灌溉田和灌溉渠道。盐碱型湿地公园主要是盐碱次生湿地，包括城市及郊区的盐池、蒸发池、季节性泛洪等。废弃型湿地主要是工矿开采过程中遗留的废弃地所形成的湿地，包括采石坑、取土坑、采矿池，经人工修复后形成的城市湿地公园。

4. 按照等级分类

根据《湿地公园管理办法》，湿地公园分为国家级和省级湿地公园两级。两者在生态环境等方面的不同点如表 10-1 所示。

表 10-1　国家级和省级湿地公园的条件比较

比较项目	国家级湿地公园	省级湿地公园
主题	主题突出	主题突出
湿地生态环境	优良	良好
湿地景观	特别优美	有特色
观赏、科学、文化价值	价值高	有一定价值
对区域生态环境的调节作用	重要调节作用	一定的调节作用
生态旅游服务设施	齐全	具备必要的服务设施

（三）湿地公园的作用

湿地公园最主要的作用是生态调节，调节区域内的温度与湿度。经水生动植物分解有害物质，从而净化水体环境。对旅游与休闲而言，湿地具有景观建设、城市生态建设、科普教育和娱乐作用。

湿地资源具有独特的艺术美和景观美，极大优化了城市景观格局，增加了城市区域景观的丰富性和多样性。

城市湿地公园是纳入城市绿地系统规划范围的天然湿地，增加了城市绿化面积和水面量，可形成独立的斑块景观，推动了城市的生态建设和文化建设。湿地公园使市民在城市可接触到自然水域，湿地中的水体、植被、鱼群、鸟类等，都充满了大自然的气息和意蕴，人们在享受自然美景的同时，增加了对湿地动植物的了解，无形中增加了知识、放松了心情。同时，湿地丰富的生物种类，为科研提供了试验考察的条件。

二、多种类型的湿地旅游资源

在湿地生态旅游资源的分类界定上，较有影响力的是按旅游资源特性和旅游功能分类的两种划分方式。如陈金华等以旅游资源特性为基础，将湿地生态旅游资源划分为自然旅游资源和湿地人文旅游资源两种类型，每一类又分成很多类别；刘慧媛根据旅游功能将湿地生态资源分成综合性休闲娱乐、观光、文化、体育、求知科考、康体疗养、度假等 7 种功能。

根据湿地的资源类型及旅游活动的关系，湿地旅游资源可以分为沼泽型、湖泊型、河流

河流型湿地——黄河三峡太极岛冬日观鸟美丽的无锡梁鸿国家湿地公园

型、浅海和滩涂型以及库塘型湿地几类，湿地资源的类型不同，旅游活动项目迥异。

沼泽湿地旅游资源主要包括木本沼泽、草本沼泽、芦苇沼泽和草甸等类型。一般远离城市，面积宽广，湿地生态系统结构与功能完备，属于自然演替的湿地公园。如新疆伊犁那拉提沼泽湿地公园、四川若尔盖高原沼泽湿地公园，这类湿地公园已经吸引了大批游客，带动了沼泽湿地旅游资源的发展。

湖泊湿地旅游资源是内陆居民赖以生存的源泉，镶嵌在城市之中的湖泊，更成为重要的湿地旅游地，如杭州西溪国家湿地公园、武汉东湖国家湿地公园等。

河流湿地作为一种特殊的湿地不仅因其独特的景观吸引游客前来观赏，穿城而过的河流也在城市生态建设中备受关注。例如四川阿坝州的若尔盖国家湿地公园主要由白河和黄河主河道构成，可欣赏黄河九曲第一湾大景，而南京长江新济州国家湿地公园和长江江心岛湿地公园，不仅对城市的防洪、通航以及净化水源具有重大意义，更是南京城市旅游的亮丽风景线。

浅海、滩涂湿地旅游资源是海域沿岸形成浅海滩涂生态系统、河口湾生态系统、海岸湿地生态系统、红树林生态系统、珊瑚礁生态系统、海岛生态系统等六大类、30多个类型。其中珊瑚礁海岸、红树林海岸是最具代表性和最具有观赏价值的滨海湿地旅游资源，可开发科普旅游和度假旅游。例如，海南岛的三亚珊瑚礁自然保护区。

库塘湿地旅游资源属于人工湿地，大型人工湿地以水库为主，乡村的人工湿地还包括渠道、塘堰、精养鱼池等，城市社区人工湿地公园一般规模较小。城市湿地如上海康健园、厦门的五缘湾湿地公园等，是城市居民和游客亲水、关爱湿地珍禽的休闲旅游好去处。水库湿地三门峡库区湿地，是国家级自然保护区。

 同里国家湿地公园的湿地科普知识解说牌

 城市湿地——厦门五缘湾湿地公园

三、齐全的景观层次和生态系统

湿地旅游资源具有以下三方面的显著特征。

（一）丰富多样的生物资源

湿地因其所处的地理位置不同，有着丰富多样的生物资源。湿地富集湿生植物，挺水植物如芦苇、香蒲，浮生植物如浮萍，沉水植物如菹草、金鱼藻、大茨藻、角茨藻、轮叶黑藻等，沼生植物如莎草、薰草、灯芯草等。湿地还有丰富的鸟类资源，湿地鸟类是湿地野生动物中最具代表性的类群，是湿地生态系统的重要组成部分，灵敏和深刻地反映着湿地环境的变迁。

（二）景观层次齐全

湿地公园不仅有着生物多样性，同时也是水景、动植物、人文建筑的荟萃地。我国著名的湿地公园，荟萃水景、植物、飞禽和人文建筑于一体。例如，杭州西溪湿地国家公园，生态资源丰富、自然景观质朴、文化积淀深厚，曾与西湖、西泠并称杭州"三西"，是目前国内第一个也是唯一的集城市湿地、农耕湿地、文化湿地于一体的国家湿地公园。

（三）生态系统的依赖性

湿地水文、土壤、气候相互作用，形成了湿地生态系统环境主要素。每一因素的改变，都或多或少地导致生态系统的变化，特别是水文，当它受到自然或人为活动干扰时，生态系统稳定性受到一定程度破坏，进而影响生物群落结构，改变湿地生态系统。这对于遵循生态规律开发湿地旅游项目，保护湿地生态的可持续发展具有重要意义。

四、湿地旅游及其意义

（一）湿地旅游

我国湿地旅游资源分布广泛，类型多样，差异显著，生物多样性丰富，正因为各方看到了湿地的价值，湿地旅游热潮在各地兴起。丁季华在《中国湿地旅游初探》一文中将湿地旅游定义为："以具有观赏性和可进入性的湿地作为旅游目的地，对湿地景观、物种、生态环境、历史文化等进行了解和观察的旅游活动。"[1] 这是基于游客旅游活动的定义。从开发的角度来看，鲁铭、龚胜生将湿地旅游定义为："以湿地为资源基础的旅游活动，具有强烈湿地环境保护意识的一种旅游开发模式。"同时指出："湿地旅游开发的宗旨是让游客在认识湿地、享受湿地的同时，提高湿地生态环保意识，湿地旅游是以生态旅游为目标，使湿地旅游延伸为绿色旅游。"[2]

可见，湿地旅游是以具有游赏的价值和可能性的湿地作为场地依托，围绕湿地景观、生物、文化等资源开展的湿地观赏和游憩活动，是一种具有强烈湿地环境保护意识的旅游方式。湿地旅游开发的宗旨是让游客认识湿地、享受湿地的同时提高湿地生态环保意识，认识到人类与湿地乃是一种伙伴关系，应该共存共荣，协调发展。

湿地旅游的活动包括以下几个方面。

湿地生物多样性观赏。在湿地公园，可观察物种多样性、基因多样性，各种物种在同一个生态系统中。人们通过观察、记录、摄影和分享，获得对自然的认识，提高了环境保护的意识。

湿地历史文化旅游。湿地历史文化旅游有其特定的文化内涵。它是以人类历史和地理环境的变迁而留下的物质和精神文化遗产为依托，旅游者通过历史的回顾和艺术审美，得到精神和文化享受的一种旅游活动。如游览黄河大观、赞美大禹治水之时，进而联系中国五千年文明史，农业文明对游牧文明一直处于守势，这是由于江河灌溉造成两岸居民耕作的稳定性和游牧打猎造成草原居民的粗犷性格有关。

湿地饮食文化旅游。饮食是游客在旅游过程中的一个重要因素，湿地旅游饮食文化对游客则更具有特殊的吸引力。突出饮食文化的参与性，不仅能激发旅游者的乐趣更可以让旅游者从中感受文化的内涵，而且也能够让他们在自己动手的过程中得到一种精神的陶冶。

湿地商品文化旅游。湿地旅游商品是旅游商品中一个重要组成部分，具有文化性、艺术性、时代性、纪念性、实用性等特征，可以通过突出商品的湿地文化特色、民族特色，或是以其独特的造型、具有特殊意义的包装来增加其文化内涵，旅客购买的既有该商品的价值和使用价值，更多的是购买其内涵。例如湿地动植物标本和化石，不仅为教育科研提供了第一手资料，而且可以开发出类型多样的工艺品供游客购买。另外，还有湿地园林文化、湿地建筑文化、湿地宗教文化等都具有其独特的旅游价值。

（二）发展湿地旅游的意义

湿地旅游为湿地生态环境恢复提供机遇。湿地生态环境恢
复，是指通过生态技术或生态工程对退化或消失的湿地进行修复或重建，再现干扰前的结构

上海炮台湾湿地公园的历史文化

---

❶ 丁季华. 中国湿地旅游初探. 旅游科学，2002（2）：11-14.

❷ 鲁铭，龚胜生. 湿地旅游可持续发展研究. 世界地理研究，2002（6）：72-79.

和功能，以及相关的物理、化学和生物学特性，使其发挥应有的作用。包括提高地下水位来养护沼泽，改善水禽栖息地增加湖泊的深度和广度以扩大湖容，增加鱼的产量。

美化自然。由于湿地具有旅游和科研价值，因此在许多湿地恢复研究中，特别注重对美学的追求，湿地美学原则主要包括最大绿色原则和健康原则，体现在湿地的清洁性、独特性、愉悦性、可观赏性等许多方面，美学是湿地价值的重要体现。

为湿地的生态保护提供资金支持和物资保障。开展湿地生态旅游能够增加湿地所在地区政府及居民的收入，推动区域经济的发展，增加的收入可以用于治理环境污染、保护湿地生态环境，同时让当地居民看到湿地所创造的价值，自发地保护湿地环境，促进湿地的可持续发展。

逐渐取代污染重、消耗高、产出低的传统工业。基于湿地生态环境的脆弱性以及对环境调节的重要价值，发展湿地生态旅游能够调整、优化产业结构。从保护湿地可持续发展的角度开发湿地旅游资源，能够培育目的地新的经济增长点，既可促进当地居民经济收入较快增长，又可保护当地宝贵的自然资源和脆弱的生态环境。

促进政府与民众生态意识的觉醒。湿地生态旅游的开发要求景区必须对湿地的生态环境进行保护与治理，恢复、提高湿地的生态环境水平。在这一过程中，无论是政府、当地居民、旅游开发商、游客的生态观念均在不断转变，认识到保护湿地才能长久地保护湿地的美丽，更会认识到自然生态系统危机会对人类生存和生活造成巨大的威胁，产生亲近、尊崇和敬畏大自然的情感，从而自觉保护湿地生态环境。

任务二　湿地旅游的开发理念与旅游功能开发

【案例导入】 ▶▶▶

济宁太白湖新区九曲湖湿地公园项目策划

项目范围南临南四湖，北连接庄街道，西靠太白湖，东与微山接壤，面积 62.4 平方公里，湖区面积 26 平方公里。涉及高庄村、朱庄村、秦庄村、岔河村、后石村、刘庄村、苏庄村七个行政村。

根据《济宁市环城生态带十二明珠设计导则》中对九曲湖公园的定位，让塌陷湿地和农宅变身活力无限的自然乌托邦，营造人与自然、人与人、人与社会的和谐氛围，为主要的目标市场之一孩子享受自然和进行科普教育提供良好的场所，充分做好"水"文章，形成特色水乐园。

【思考与讨论】

1. 该园区的旅游开发将以什么理念为指导？
2. 湿地公园开发如何把握大的趋势？
3. 湿地的功能区如何布局？

【任务描述】

1. 湿地旅游开发与保护的辩证关系。
2. 透过湿地开发失败的现象，认识湿地旅游开发应坚持的原则和理念。

3. 如何根据湿地资源和其所在地的旅游发展，选择适当的开发模式？

4. 如何对一个湿地旅游开发地进行功能划分？

【任务实施】

一、问题研判

湿地公园作为一种重要的生态系统，不仅具有保护生物多样性、防旱防涝以及调节区域气候的环境功能，还有可以为人类生活提供食物来源、为生产活动提供充足空间以及为各种各样工农业生产提供原材料的经济功能，最重要的还有提供生态旅游场所、教育基地的社会功能。

我国的湿地保护工作起步较晚，1992 年加入湿地公约。2017 年的《全国湿地保护"十三五"实施规划》中提到，"湿地建设内容包括湿地全面保护与恢复、湿地保护与恢复重点工程、可持续利用示范和能力建设等四方面"，标志着我国湿地从"抢救性保护"进入"全面系统保护"的新阶段。"湿地＋旅游"的新开发理念，更是让湿地资源保护、开发进入了2.0 时代。

然而，"湿地＋旅游"的开发过程中，存在这样和那样的问题，了解这些问题对于湿地旅游开发中如何开动脑筋，策划符合湿地生态功能又满足游客和居民旅游休闲需要的项目，具有一定的意义。湿地旅游发展中存在的问题主要表现如下。

开发活动内容单一，旅游主题特色不够鲜明。湿地公园在开发时主要进行基础设施建设，开发科普教育、生态观光旅游，但是有可能存在开发层次依然较浅，没有在深入挖掘历史文化资源的基础上，突出鲜明的旅游主题的问题。

在功能开发布局上，一般将其划分为管理服务区、科普宣教区、农耕文化区、湿地恢复区、湿地保护区、休闲娱乐区六大功能区，但可能存在有分区但分区不够明确的问题。根据马巧萍对张掖国家湿地公园的调研中指出，由于公园位于郊区，周边区域皆是农田，没有明显的分界线；其中园内蜿蜒曲折的湿地木栈道南北延伸，游客多半沿着木栈道游览，经常会迷路，导致故地重游，浪费游客的时间。

湿地公园虽然拥有丰富的自然资源和文化资源，但其园内的旅游项目多以静态的观赏为主，其旅游活动也只是小规模的庆典活动，没有融入丰富的人文资源。旅游活动项目单一，游客参与度较低，无法充分地将游客带入体验旅游中。

核心景观区的打造缺乏当地特色，同质化问题严重，缺乏湿地文化的体现，因而对游客不具有吸引力。娱乐设施缺乏，或者娱乐设施没有呈现湿地特色。

公园内缺乏教育科普板块，或科普宣传形式呆板，不能做到寓教于乐。

交通问题，外部交通不够便利，内部交通不通达，或换乘较多等。

湿地公园缺乏公共服务，例如，没有游客中心或问询中心，游客有困难时无处寻求帮助。

对湿地公园建设保护的认识存在偏差。如有些地方将湿地作为建设用地来使用、荒地来开垦，大量破坏水生植物，破坏自然生态系统，从而降低综合竞争力，阻碍可持续发展，影响旅游业的发展。

传统的、常规的旅游开发模式无法适应湿地独特的区位、自然环境及生态条件，制约湿地旅游的可持续发展。所有这些问题，需要人们深入理解湿地资源及其保护与开发的原则、可行性和合理性。

二、湿地旅游开发的争鸣与理念

（一）湿地旅游开发争鸣

对于湿地旅游开发的研究，国内学者从不同角度给予了不同看法。王紫雯、潘翠霞认为湿地旅游开发中要注重景观特质保护。汪辉则认为湿地公园的发展离不开湿地生态系统恢复与重建、生态旅游的倡导、社区的发展与支持等几个方面。沈杨以杭州湾湿地公园为例，认为湿地旅游开发要注重文化生态相融合，文化旅游对于环境破坏较小，有利于湿地生态环境的保护。徐菲菲、万绪才、杨达源则对湿地旅游资源开发进行了系统的规划。从历史文化底蕴、生态系统的完善性、市场竞争力以及区域经济社会条件等4个方面构建湿地生态旅游开发模式分析图，以此作为指导湿地旅游开发的理论基础。上述观点表明，对于湿地旅游开发的理念都离不开"生态"二字，保护生态环境，遵循可持续发展已成为湿地旅游开发的共识。

（二）湿地旅游的开发理念

湿地由于其独特的功能，这使得湿地公园在进行旅游开发时必须要遵循以下的理念。

一是从实际出发，实事求是。对于湿地公园旅游项目的开发必须根据湿地自身的特点，不可盲目地效仿和照搬其他旅游开发地的成功模式，开发创新要在充分认识湿地自身的资源和不足，充分认识所在区域的独特文化前提下，针对性开发对游客有吸引力的项目。

二是人与自然和谐的理念。湿地是人类赖以生存的重要物质基础，也是人们文化生活的重要来源，人和湿地是相互和谐、相互依赖的。在湿地旅游开发中，应该遵循科学发展观，秉承"保护、利用、提高"的理念，自觉保护湿地的资源，维护湿地生态系统的平衡，维护人与湿地的和谐。

三是坚持可持续发展理念。一般湿地系统具有脆弱性，一经破坏就很难恢复，还会给当地环境带来巨大的变化。因此，湿地旅游的开发，不能只注重其经济效益，在利用湿地资源为我们带来益处的时候，必须要坚持可持续发展的理念，不能只顾眼前利益，而忽略长远的效益，需要利用先进的管理技术，有效地开发和保护湿地，维护湿地生态环境的可持续。

因此，可持续发展观是湿地旅游开发最为重要的一个准则。

三、可供选择的湿地旅游开发模式

2005年发布的《关于做好湿地公园发展建设工作的通知》，明确指出"建立湿地公园是国家开展湿地保护活动的重要措施，与设立湿地自然保护区、湿地多用途管理服务区以及构建湿地野生动植物保护栖息地共同组成了保护湿地生态的管理体系"为湿地的旅游开发提供政策引导。

自然保护性的开发模式是最基本的开发模式。采用这种方式其核心是保存完好的原生态湿地景区，湿地的存在原本就是维护生态的平衡。游客能感受原初的自然生态，观摩湿地植物群，认识湿地、享受湿地的同时提高湿地生态环保意识。

景观旅游模式。在对一个湿地区域进行改造开发时，景观的建立往往追求自然形态，开发之后的形态特征表现为由宁静的自然水面、岸边植被茂盛、水鸟翩飞、生机勃勃的水生植物等组成的自然复合生态景观。

科普教育模式。即以生态保护为基础，同时以植物和鸟类科普教育为功能的开发模式。

城市休闲模式。城市中心或城市近郊的湿地公园，以生态维持为基础，注重打造城市休闲功能的开发模式。湿地的生态敏感度较低，项目建设要在其休闲活动区域而不是湿地核心保护区。

当然，湿地公园的旅游开发模式并不是采用单一的开发模式，往往采取复合发展模式，即以生态保护为基础，复合了湿地观光、科普教育、湿地创意产业、休闲体验和度假等多功能的开发模式。

四、九曲湖为例的湿地旅游发展目标与开发定位

（一）湿地旅游开发定位的方法

在分析湿地开发现状、资源条件和存在问题的基础上，进行旅游开发定位。定位是旅游策划所要解决的核心问题，解决旅游战略、方向和路径的顶层设计，涉及旅游发展目标、功能、主题和形象、市场等一系列定向问题。例如，如果要将湿地公园的发展目标定位为建成国家湿地公园，那么就要对照国家湿地公园的标准进行开发，保护湿地生态系统、进行科普宣教和展示国家湿地公园的重要社会功能，就是国家湿地公园的建设方向。

对湿地公园进行定位，需要对湿地公园的开发背景、旅游资源价值、特色吸引力和营销的主要目标市场等方面进行全面的审定，以确定不同于其他湿地公园的地位。定位决定了公园开发战略、投资规模、资金投向重点和营销方式，准确定位，可以大大减少开发的盲目性。

（二）九曲湖的旅游开发定位

分析九曲湖旅游开发依托的资源和存在的问题，为九曲湖的旅游开发进行定位，步骤如下。

1. 根据国家旅游资源分类评价标准，评价九曲湖旅游资源

根据《旅游资源分类、调查与评价》标准，九曲湖存在以下类别的旅游资源：

AAD 滩地型旅游地，BAA 观光游憩河段，BBA 观光游憩湖区，CAA 林地，CAB 丛树，CDC 鸟类栖息地，EBD 废弃生产地，FAB 康体游乐休闲度假地，FAG 社会与商贸活动场所，FAH 动物与植物展示地，FGC 运河与渠道段落，FGD 堤坝段落，HAB 事件。

九曲湖，以湿地旅游资源为主要特色，涵盖乡村自然生态景观、乡村田园景观、乡村人文民俗景观以及乡村景观意境等类型。

济宁九曲湖湿地公园旅游开发场地现状

湿地自然生态景观。自然湿地生态系统结构的复杂性和稳定性较高，可以减缓径流和蓄洪防旱，以及降解污染和净化水质，同时也为人类提供了聚集场所、娱乐场所、科研和教育场所。

乡村田园景观。田园风光是乡村景观中最主要的构成部分，是乡村生活的真实写照，也是乡村休闲旅游发展的基础。

乡村遗产与建筑景观。乡村遗产与建筑景观是人们居住、生活、休闲和进行社会活动的场所，以聚落和建筑等为物质载体，记载和反映了人文活动，代表了一定地方的文化特色。

2. 通过对九曲湖所在地的资源现状进行考察，分析九曲湖旅游开发面临的问题

（1）湿地资源缺乏垄断性：湿地休闲旅游产品面临趋同性危险。

（2）湿地产品面临趋同性：包括微山湖在内的周边湿地旅游项目众多，并且类型存在趋同，对项目带来很大的竞争压力。

（3）竞争压力：与九曲湖比邻的五彩万象城水上乐园已经形成了一定的水上活动品牌影响力。

（4）管理问题：需要进行规划的区域分为三大板块，在行政上尚未形成一个有机整体。

3. 在坚持科学发展理念，立足自身条件，面向未来可持续发展的基础上，进行旅游开发定位

坚持"湿地为本、生态优先、环境友好"为发展理念，以健康湿地、农业湿地和亲子湿地为一体融合自然的湿地公园，立足毗邻太白湖新区高教区、五彩万象、方特游乐园的独特地理优势，积极探索湿地保护与经济开发双赢的可持续发展路径，在"三位一体"的总体战略下，以生态湿地保育区（北部）、湿地农业体验区（中部），湿地休闲旅游区（南部）三"+"为发展模式，打造中国首个亲子湿地公园。

4. 在对资源现状、竞争环境和开发理念的分析基础上，确定九曲湖的旅游开发定位

一个在实地立体呈现地层地表生态关系的自然"博物馆"；一个在公园内集中传播保护自然的浓缩"大课堂"；一个在科普中精心注入无限趣味的乐活"大观园"；一个呈现亲子关系像自然一样和谐的家庭"浓情园"。

5. 制定九曲湖旅游发展目标

旅游发展目标将为旅游开发区域的未来发展指明方向。

九曲湖旅游发展目标为：国家湿地公园、中国首个亲子湿地公园、国家 AAAA 级旅游景区。

整个区块按照国家湿地公园和国家 AAAA 景区标准建设，在维护湿地生态系统完整性、生态过程连续性和生态服务完备性的基础上，充分发挥湿地的多种功能效益，以合理利用资源为宗旨，开发成为集公众游览、休闲、教育、健身活动为特征的特定湿地区域。

中国首个亲子湿地公园。湿地具有很强的科普教育意义，适合构建良好互动关系的亲子游。运用游憩化手法创新湿地动植物资源观光方式，创新科普手段与产品内容，将湿地生态文化和游乐相融合、科普教育和主题娱乐教育相融合，强调孩子与湿地自然的近距离接触和深度体验，打造中国第一个亲子主题的湿地公园。

济宁新旧动能转换样板区。维护城市的肾功能，建设绿色低碳的生态景区，响应全省的动能转换战略，创造人与自然和谐相处、传承地脉、以人为本的后工业时代闲适活动示范区，发挥旅游业在新旧动能转换中的作用。

五、九曲湖为例的湿地公园旅游功能的开发与谋划

（一）湿地旅游功能开发的六大类型

为了进行有序的开发，要对待开发地的功能进行合理布局。一般来说，湿地旅游功能主要包括生态观赏功能、科普教育功能、保健康体功能、休闲度假功能等，为了突出湿地公园的特色，需要对湿地公园的旅游功能进行开发与谋划。

1. 生态观赏功能的开发

美丽的自然景色，多种多样的生物种群，特别是多种珍稀水禽等资源使得湖泊、海滩、河流等湿地，能给人们带来色彩美、形态美的审美体验。例如，重庆园博园江南湿地公园呈现出"湖岸荻杨迎风舞，水滩鸥鹭啄鱼欢。蓝天白云落碧水，游人疑是天宫仙"的美丽景观。

植被面积较大的湿地公园，往往会形成视觉冲击力。例如，山东滕州红荷湿地公园万亩荷塘，大面积的荷花景观，给游客带来很强的视觉冲击力，感受大自然美的震撼。

2. 科普教育功能的开发

湿地生态系统、多样的动植物群落、濒危物种和遗传基因等在科研中都有重要地位，因

此湿地旅游开发非常注重生态知识教育、生物知识教育、环保知识教育、科技知识教育、劳动知识教育等湿地科普教育，通过展览馆、实地观察、参与性活动、科普讲座、主题科普活动等多元方式进行科普教育。生态知识教育，如湿地的生态作用及其运行模式；生物知识教育，如湿地动物和植物的观赏和识别；环保知识教育，如旅游环保；科技知识教育，如湿地净化和湿地利用；劳动知识教育，如喂养、植树等。

3. 保健康体功能的开发

湿地旅游目的地拥有良好的生态环境，其空气和饮水质量都要远远高于城市，因此湿地旅游深受都市人群的欢迎。另外湿地中的一些植物本身就有药用和保健的功能，如芦苇在湿地的分布很广，它的根俗称芦根，具有清热解毒、镇呕利尿的功能，是清热解火的上佳食品。

上海崇明东滩湿地公园科普馆

4. 休闲度假功能的开发

湿地旅游是一项包含吃、住、行、购、娱等多种消费的综合性休闲活动，选择具有一定承载能力的湿地水域，适当开发划船、钓鱼、观鸟、野炊、品尝特色美食等各种娱乐活动，给嬉戏于优美环境中的游客带来精神上的享受。无论是漫步堤岸，或是泛舟林间，都让游客感到赏心悦目，心情欢畅，满足他们回归自然、远离尘嚣的心理需要。

5. 湿地旅游的参与性体验性设计

湿地的旅游资源有利于开展各样活动。湖泊型湿地拥有丰富的鱼类、鸟类资源和水产品，可供旅客参与捕鱼、垂钓、水产养殖、品尝水鲜和观赏野鸭等一系列生态旅游活动。湖区的滩地资源，生长着大量可供放牧、养殖的牧草，也是鸟类的主要的栖息地，可开展放牧和观赏鸟类等生态旅游活动，利用开放成熟期的果园、菜园、瓜园等，体验自摘自食的农耕生活，利用湖面开展游泳、赛舟等水上运动，利用水面上的大堤和原有公路开展散步远足、骑车等运动项目。

6. 人文生态环境的营造

湿地周围人类活动的历史、多样的民俗风情与文化景观相结合，为人文环境的营造提供了基础。例如，洪泽湖区所在的淮安是国家级历史文化名城，历史上曾是漕运枢纽、盐运要道，可利用环湖地域的名人文化、运河文化、淮扬菜美食文化、洪泽大堤文化等资源构建文化生态旅游新模式，让游客的游湖之行成为文化之旅。

（二）九曲湖旅游开发功能定位

湿地旅游开发中的功能开发，要依据策划地的发展目标和定位，结合旅游开发区域的资源分布，划分不同的功能区。就济宁九曲湖湿地公园策划案例而言，将分为三大功能区，它们是湿地生态保育区、湿地农业体验区和湿地休闲旅游区。

湿地生态保育区。该区域为湿地生态核心保育区，禁止游人进入，在其外围要有较好的缓冲条件，沿线有水路划分界线，"绿链相接"形成完整的生态廊道，同时围绕湿地景观进行提升改造。

湿地农业体验区。根据对旅游发展愿景，围绕村庄、农作物、农田和农艺资源，对湿地发展趋势进行的多维分析，本区域应打造以乡村旅游为方向，休闲度假为驱动，农耕文化为内涵，湿地农耕体验为特色，具有业内标杆性、地区引领性、中高端品质特性的新型农业休闲旅游精品。开发思路是围绕倪庙村、塌陷区保留的朱庄村落，以原生态农业为主题，乡村振兴为抓手，以亲子农业、花卉农业、休闲农业、健康农业、湿地农业为特色的农业休闲，形成循环经济型农业产业结构为特色的湿地休闲农业区。

湿地休闲旅游区。对这个地区未来将演化为塌陷型湿地的趋势，以湿地为基地，挖掘

"九曲"文化内涵，以"九曲"二字的文化为灵魂，突出九曲湖独特的宁静美艳，结合亲子湿地主题园的市场空白，将湿地休闲旅游板块打造成为意蕴和内涵独具特色、充满向往的童话世界，以"九曲湖"为主题线索，以看"九曲神奇"、听"牧童短笛"为核心诉求和特色卖点，使其具有湿地属性、旅游属性和生活属性。

任务三　湿地旅游市场偏好分析及定位

【任务导入】

《2019—2025年中国湖泊湿地旅游市场分析及发展趋势研究报告》中，对湿地旅游市场的分析主要内容有：全球湖泊湿地旅游市场发展分析，包括全球湖泊湿地旅游市场分析，如市场环境、全球湖泊湿地旅游格局分析，主要国家地区湖泊湿地旅游市场分析（美国、欧洲、日本、澳大利亚等；中国湖泊湿地旅游产业消费者行为调研，包括不同性别、不同年龄的偏好，以及消费者湖泊湿地旅游选择考虑的调研与分析。

从研究报告的目录可以看出，除了对湖泊型湿地全球发展的走势进行分析，对市场偏好也进行了专项分析，为湖泊型湿地的旅游开发提供了市场依据。从市场偏好的分析内容来看，主要包括：消费者构成、消费者旅游偏好调研、消费者行为习惯调研、消费频次、消费时间和影响因素的调查。

【任务描述】

在对具体的策划对象进行市场分析时，既要考虑全球和中国湿地旅游的共性，又要区分不同类型的湿地，如湖泊、沼泽、库塘等不同类型湿地的特殊偏好，设计要调查和分析的内容。了解旅游市场的趋势和对特定湿地旅游项目的偏好是做好湿地项目策划的前提。本部分的学习任务是：学习旅游市场调研，包括如何针对具体的湿地公园项目策划，设计调研问题；依据消费者行为理论，对湿地旅游的市场偏好进行分析；在市场调研与分析的基础上对湿地旅游项目进行市场定位。

【任务实施】

一、湿地旅游市场的宏观趋势判断

湿地公园宏观市场分析是对全国、省范围内的湿地公园游客接待量进行定性和定量分析。从一般情况来看，生态旅游市场的迅速增长，为湿地旅游的发展提供了广阔的平台。从需求趋势来看，湿地旅游能使人们从有害身心健康的水泥世界走到绿色世界中恢复健康，使水泥世界中的人们去到绿色世界中实现身心平衡，因此，湿地旅游将自然而然地成为当前世界上最为时尚的旅游之一，甚至是最为时尚的一种生活方式。湿地是大、中小学重要的校外教育实践基地，也是观鸟者、环保志愿者、生态摄影者、背包客的首选旅游目的地。

早在2012年的世界湿地日，《湿地公约》常务委员会将当年的世界湿地日的主题定为"湿地与旅游"。与湿地相关的可持续旅游产业能够为所在国及社区带来可观的收益，但间断性湿地旅游的做法会对湿地保护产生负面影响。世界湿地日的主题宣传使得湿地与旅游这一议题受到更多关注。

二、湿地旅游方式的调查分析

湿地大多处于城市中心或郊区，出行方式以散客为主，团体为辅。出行方式主要为家庭旅游、自助旅游和自驾车旅游等。大多数湿地旅游本身的消费并不高，因为大多数游客都以休闲为主要方式，主要开销有可能存在于餐饮、交通、住宿等方面。

湿地旅游有特殊的活动，在进行湿地旅游策划时需要开展对特殊活动偏好的调查。例如，对于湿地观鸟活动，游客会考虑哪些设施的需要，了解游客对观赏点、观赏设施、观赏服务、观赏环境等方面的在乎程度，了解游客希望从湿地观鸟旅游中取得什么样的收获，例如，解压和放松心情，获得鸟类知识，还是发朋友圈获得点赞等。

三、不同游客市场的偏好分析

游客都希望在休闲时间得到快乐。如果展览是寓教于乐的，游客一定不会错过学习的机会，并且很快会厌恶那些光有价值或毫不生动的展览。湿地生态系统的复杂性使游客产生猎奇心理，吸引游客到湿地旅游；小初高学生的湿地旅游，一般以增加知识、身心得到放松为主；大学生和年轻群体的湿地旅游，除了增加知识、身心得到放松，还有寻求刺激的需要；家庭游客群体的湿地旅游，以身心得到放松为主，但考虑更多的是让孩子增加知识。

值得注意的是，不同群体尽管都有身心需要放松的需要，但是放松身心的方式不同，小学生以玩乐为主，年轻人以追求新颖刺激的项目为主，而中老年人则以闲适为主。不同群体对湿地知识的需要也有所不同，学生群体希望获取基本的科普知识，与此同时还要追求丰富社会阅历知识。

四、九曲湖湿地旅游的市场定位

上述各环节的市场调查和分析，其目的是确保湿地公园的旅游开发更具有市场针对性。就本部分导入的九曲湖湿地公园旅游策划案而言，不同的功能区所针对的主要目标市场各有侧重。三大功能区除了能满足一般大众市场的需求，根据游客偏好的不同，湿地生态保育区主要目标市场，从年龄细分来看，是青少年市场，从组织方式来看，针对研学团队市场。湿地农业体验区的细分市场定位为家庭市场和结伴游市场。而湿地休闲旅游区，主要针对亲子市场，从活动方式来看，以拓展市场为主。

任务四　湿地公园项目策划

【任务描述】

根据湿地公园的特征，湿地游憩活动是围绕水及其水生生物而展开的。本部分的学习任务是：根据不同类型的湿地公园，考虑需要配置哪些独特的游憩活动项目；能从提供的场景和自己的旅游经历中辨析湿地公园活动项目设计的依据和其合理性，根据湿地游憩活动设计的要点练习湿地游憩活动项目策划。

【任务实施】

一、湿地公园项目策划的内容

（一）亲水活动

游憩项目的设计，依旅游区的性质和类型不同而不同。湿地公园的游憩项目要能体现亲水性。亲水型湿地游憩项目主要包括水中漫游、亲水住宿和水上游船等。亲水步行栈道是湿地公园最为典型的项目，通过在湿地边界或内部设置一定的生态栈道，让大众能够比较近距离地亲近水体、亲近湿地，使其亲水天性得到有效释放，从而能够缓解压力和调节心情。游船是湿地公园最普遍的水上游览项目，通过在湿地公园内合适的区域开展水上游船游览，能够使大众欣赏到"船移景异"的湿地景观。

（二）科普活动

以认识湿地的形成、演变及其未来与人类的关系为主线，认识湿地水、植物和动物知识，增强环保理念，学习湿地保护方法等有关活动。

（三）湿地运动、娱乐与休闲

湿地旅游有各种目的，除了亲近自然、欣赏湿地景观，还希望在湿地参与户外运动、锻炼身体、调节身心、疗养、进行艺术创作等各种活动，这就需要依托湿地旅游资源，策划适合在湿地开展的各类户外活动项目，满足各类游客的多种活动需要。

（四）生活体验活动

湿地公园可以策划各类参与性体验活动，包括农作体验、捕获体验和参与湿地保护的湿地认领等项目。例如，在乡村型湿地，可以根据不同季节的农事生产活动，设置可供游客参与的农作体验项目，让游客感受"春天播种的希望、夏天成长的快乐、秋天收获的喜悦、冬天节日的喜庆"让游客在体验劳动乐趣、播种希望的同时，也享受自己的劳动成果。

二、湿地景点和游憩活动项目设计的要点

游憩项目策划是决定旅游目的地是否具有吸引力的关键。游憩指的是个人或团体于闲暇时从事的任何活动，它令人感到自由愉悦，获得满足的体验，具有日常性、随意性，是现代社会人们放松精神和身体的一种休闲方式。从游客行为活动的特征来看，游赏娱乐是最纯粹的游憩活动，而住宿、饮食和交通项目也具有休闲娱乐的性质，住宿餐饮要在满足生活必需的基础上，追求品位和品质，交通项目要在满足旅行的基本需求基础上，增加舒适性和享受性。

尽管针对湿地游憩，项目策划的不同参与者考虑问题的角度会有所不同，一般的策划要点如下：

第一，项目构思的起点是湿地公园主要目标市场的偏好，对主要目标市场有吸引力的项目才能够受到游客的欢迎。

第二，要考虑项目开发的约束条件，旅游项目的开发建设是在衡量资源的敏感性、科技手段、项目投资能力、开发前景、经济效益和社会效益等综合因素的前提下，才能确定项目开发的可行性。例如，2008年4月开始，浙江大学和德清县联合在下渚湖湿地公园实施"朱鹮异地保护暨浙江种群重建项目"，就要考虑朱鹮鸟的驯养繁殖技术和野外重建种群培育操作体系。目前下渚湖湿地公园建成了朱鹮鸟观赏区、朱鹮野化训练区和朱鹮科普展示馆。

第三，策划者要具有出奇的想象力，甚至超越资源条件的限制。造园艺术和现代科技的发展，为旅游项目的创新提供了新的人工手段。例如，上海辰山植物园的矿坑花园，是在采矿遗迹的基础上设计建设的。创作者根据矿坑围护避险、生态修复要求，结合中国古代"桃花源"隐逸思想，利用现有的山水条件，设计瀑布、天堑、栈道、水帘洞等与自然地形密切结合的内容，使其具有中国山水画的形态和意境。

第四，湿地公园的项目需要具有地方特色，塑造自身文化内涵，项目策划要具有湿地独

特自然性同时，突出文化性，可利用湿地所在地的历史文化资源或主要目标市场的文化诉求为基础，策划反映地方文化特质的项目。例如，同里国家湿地公园反映知青文化的知青文艺公社，游客可吃到土灶头、大铁锅烹制的"忆苦思甜"饭。

第五，能将湿地的科普知识游憩化。运用技术和艺术手段使科普体验项目游憩化，将湿地的生态知识和游乐设备及游乐手段相融合，将科普教育和主题娱乐相融合，增强科普旅游的兴趣和科普教育的效果，强调人与湿地的近距离接触和深度体验。

第六，运用景观设计艺术，营造愉悦的审美氛围。人工化营造是在湿地环境下，对景观进行局部艺术化改造，形成独特的艺术景观。例如杭州西溪湿地有一条水下长廊，行走在廊道，两边的水位高达胸部，而中间没有水，让游客体验从水中穿过的神奇感觉。

总之，湿地公园的项目策划要以生态设计理论为指导，尊重自然，减少对自然破坏作用的建筑和设施，突出亲水自然的生态设施。

三、湿地公园各类游憩活动项目及其设计

湿地公园项目可以分为湿地资源保护与恢复利用项目、科普宣教展示设施、科研监测设施、游憩活动项目、公园管理与服务基础设施等，其中湿地资源保护与恢复利用项目主要为更大区域的生态环境调节服务，与旅游关系密切的是游憩活动项目，例如观光、水上活动以及各种娱乐体验活动等。

（一）观赏型项目

审美体验型旅游产品就是以湿地公园自然、人文景观为目标对象，开辟湿地游览线路，观赏园内独特的动植物美景。一般会在沿途布置游人观赏线及观景平台。设计多种驳岸形式，为人们在行进过程中营造出不同的体验感受。在植物配置上，往往通过密林、观赏性花卉、特色灌木林等多样性植物，使当地特色的植物贯穿于湿地园区。例如，在江南可以开发荷塘美景、芦苇地、湿地之夜、候鸟计划等项目，感受江南湿地独特的魅力。

（二）湿地科普项目

1. 湿地宣教中心与科普馆

根据湿地公园类型、等级和环境的特殊性，可配置相应的湿地科普教育场馆，主要的项目类型有湿地宣教中心、湿地博物馆、湿地科普馆或展示馆、湿地植物园、湿地动物园、湿地科学园、湿地科普长廊等，它们是集中、全面进行湿地教育的人工设施。

2. 室外湿地知识识别区

通过营造区域内的湿地景观，向游客展示湿地净化水质功能，宣传湿地的生态服务功能，近距离体验湿地的独特魅力，深刻认识湿地作为"地球之肺"的重要性，进而提高人们的保护湿地生态的意识，并用实际行动去保护环境和爱护湿地的动植物。

3. 珍稀水生植物展示区

在区域内引进栽培各类珍稀水生植物，让游客能亲身体验湿地水生植物群落景观；在游步道沿线设置一定数量的宣传牌，介绍湿地知识，使游客在游览过程中学习知识，提升环保意识。该区域的目标是建设成融合科学知识与环保意识宣传教育为一体的综合性宣教展示平台。

4. 湿地综合植物生态园

湿地植物园、湿地动物园和湿地科学园是认识湿地尤其是认识湿地动植物更高层次的方式和途径。在湿地植物分布的地方配置专业的解说标牌、图片、文字等。通过建立湿地植物

园、湿地动物园和湿地科学园，配置专业的解说人员和标牌、图片、文字等辅助工具。

5. 湿地鸟类专类生态园

湿地动物最主要的是鸟类。以"百鸟回归"为主题，以人工放养为初始手段，鸟类自然气息为最终目的。

6. 湿地水生植物和鸟类科普长廊

在许多湿地的池塘边，都会生长着形形色色的水生植物，如菖蒲、水茭白、水葱、浮萍、野芹菜等，在亲水栈道或者环形道路的两边设置湿地植物解说牌，让游客们边走边欣赏湿地丰富的植物资源的同时，增长湿地科普知识。

7. 环境教育广场

利用广场空地，建设环境教育雕塑、环境教育碑或墙，以艺术和文字形式进行环境教育。

（三）湿地游憩活动

普者黑国家湿地公园天鹅湖景区观鸟区的科普解说

1. 湿地游船

船既是重要的交通工具，也是人类利用湿地的智慧杰作。以船置身于湿地当中，既是开展湿地生产生活的重要载体，也是欣赏湿地美景、体验湿地生活的重要方式。湿地游船因地方不同而各具特色。例如，江南湿地以画舫和摇橹船为主，山东微山湖面积辽阔，人们可以乘大船饱览一望无际的红荷风姿，而云南普者黑景区，以柳叶船为特色……因此，游客可以乘坐各类游船遨游水上，凉风拂面，欣赏鱼跃波涌、百鸟戏水的胜景。

2. 休闲垂钓

垂钓既是人类在长期的亲水、识水之后形成的一种既简单又先进的生态型湿地资源利用方式，又是现代人回归自然、修身养性、体验湿地的重要方式。设施包括：钓鱼平台供人们垂钓；野钓亭，是专为野钓爱好者提供的庇荫纳凉处。

3. 湿地迷宫

存在大片湿地植物的湿地公园，例如大面积的芦苇，则可以利用湿地中茂盛的芦苇荡，开发芦苇迷宫项目，让游客撑船在芦苇荡中探险、近距离观察野生动物的生活习性，也可以利用天然水系勾勒"湿地迷宫"。

4. 涉溪、河，浅水步行

在湿地的溪流、浅水区域，设计步行线路，参与涉溪、浅水涉行，可以让游客深度接触湿地水体的过程中，深度感受戏水的乐趣。

（四）湿地农作体验项目

湿地捕获体验包括进行生态绿色湿地植物产品采摘和捕鱼、捞鱼体验。采摘可以对湿地公园内现有的农作物区域进行改造，并增加新的瓜果、蔬菜等农产品种类，进行农产品采摘活动，让游客参与收获活动，体验收获的喜悦，品尝自己采摘的果实，也可以让游客把采摘的果实带走。

（五）湿地特色餐饮项目

利用湿地特有的食材和文化内涵，为游客提供特色餐饮，游客在湿地独特的环境中品味到地方特色美食。

（六）运动体验项目

湿地公园一般面积较大，往往其中有较大的水面，也有部分湿地中有山体分布。随着旅游发展从观光旅游向休闲旅游转型，徒步、自行车、攀登等户外运动逐渐成为一种潮流，可利用湿地地形开发自行车环湖游等项目。例如，上海崇明明珠湖景区建设了一条 8 公里的运动跑道，整个跑道环绕 3000 亩明珠湖水面，跑步者可穿行于森林、草地、湖泊之间。

湿地公园特色餐饮——云南普者黑国家湿地公园的荷花宴

（七）艺术创作

湿地环境优美，景观丰富，富有生机，很受广大摄影和绘画爱好者的喜好，是游客取景的好去处。湿地摄影、绘画同时也是旅游者更深入了解湿地的一种方式。在湿地规划设计艺术创作区，吸引湿地摄影、绘画者，提供创作必要的设施，如创作平台、三脚架、坐凳等。

（八）养生型项目

同里湿地公园的自然课堂——手工创作室

湿地养生是在清幽静谧的环境中营造养生项目，健康养生等概念性项目选址在城市湿地公园，具有广阔的市场。在湿地公园可以提供包括中医草药种植、中药养生餐饮、水疗 spa 等有利于身心健康的度假休闲设施以及中医药养生场所。在园内布局湿地生态禅养区、养生体验园等项目可体现出"禅养""养生"等中国传统养生文化价值。

【它山之石】

上海湿地公园的游憩项目

上海湿地公园类型齐全，不同类型湿地公园的项目具有不同的特色，见表 10-2。

表 10-2　上海市湿地公园的游憩项目

湿地旅游景区	功能区类型	项目类型	产品名称
上海东滩湿地公园	湿地精品观光区	● 湿地景观区 ● 湿地生境修复区 ● 水禽栖息地 ● 雨水收集区	湿地湖泊、湿地芦苇、花卉植物、森林观鸟、科普教育
	湿地休闲游乐区	● 休闲娱乐区	划船、骑行、徒步、垂钓
	湿地食宿区	● 美食项目	烧烤、露营、中西点餐厅
上海鹦鹉洲湿地公园	湿地净化展示区	● 前置库、表流湿地、涵养塘	净化科普教育
		● 圆形草坪	休憩、烧烤、露营
	盐沼湿地恢复区	● 盐沼科普角、种苗温室、盐沼湿地模型展示厅	潮汐科普教育、盐沼湿地植物识别
	自然湿地引鸟区	● 观鸟塔、科研观察站、引鸟湿地	鸟类科普教育

四、九曲湖湿地公园项目策划思路

（一）湿地生态保育区项目策划

设置水处理解说墙，解释中水处理与济宁水系的关系。通过模型直观介绍中水处理工艺，处理过的水的用途，从而认识水环境产业在城市建设中的功能与作用。主要功能为科普教育。观赏性项目设计"四万"景象，即万顷碧波、万花竞放、万鱼吐珠、万鸟齐飞。

（二）湿地农业体验区项目策划

倪庙农业公社项目。立足"乡村振兴"，依托倪庙村的生态优势和特色，紧紧围绕"田园综合体"这一中心主题，整合资源，包装项目，以自然、生态、有机、野趣为特色，全力打造以大农业、大休闲为核心的农旅产业新格局。主要功能是农作物生态科普、农艺观赏、湿地农事体验。

鲁冰花风情小镇项目。朱庄是石桥镇的一个自然村落，也是3#煤矿塌陷区中唯一保留的村落，依托其湖连河塘的自然格局，结合地域特色的农耕文化，艺术赋能乡村，打造一个展示和彰显九曲湖湿地水乡文化艺术，延续、保护历史记忆和水乡空间，围绕"生态宜居村""特色产业村""文化艺术村"等三大定位展开建设，打造"民宿村"，放大湿地水乡优势和特色。主要产品有鲁冰花花海园、艺创民宿、乡土文创中心和画里村庄等。

（三）湿地旅游休闲区项目策划

湿地旅游休闲区是重点策划的功能区，本功能区又进一步分为六个次级功能区，六大功能分区及其次级功能区的项目构思和主要功能如下。

1. 湿地小镇生活区

项目构思是以"湿地印象"文化为线索，打造一个集标识、形象展示以及演艺活动等为一体的中心广场，整个九曲湖湿地公园的主入口区域。

2. 湿地浪漫休闲区

建设樱花大堤，以樱花作为本分区一个卖点，并且通过樱花的浪漫和情景设置营造一种爱情氛围。建设项目为樱花浪漫大堤、九曲湾（爱情湾）、樱花林。

3. 湿地生态探秘区

以湿地生态环境为基础，创造了解湿地水系、植物、动物、环境变迁之间的关系，让游客尤其是亲子在自然的氛围中，宽心自在，充满喜悦、想象、创意，在对湿地各类生态和谐相处了解的过程中，欢喜圆融，在与他者共同合作的探索过程中，充满信心、自信勇敢，获得能量。

主要建设项目为荷博园、湿地植物大观园、未来湿地区、七彩植物园、湿地印象等。

（1）荷博园。荷花品种共有200多种，国内外常见品种有16种。种植世界各地不同区域、不同时间开放和不同颜色的品种荷花，形成荷花生态的多样性画卷，与本地荷花相映成趣。

（2）湿地植物大观园。通过植物群落的设计，将自然的湖泊、鱼塘、河岸走廊的水生和陆生植物合理培植，多样性、可持续的湿地植物生态系统与禽鸟栖息地巧妙结合，营造空间丰富且便于游览歇息的自然环境。

（3）未来湿地区。打造人工湿地水环境治理的典范，代表湿地未来的发展方向。人工湿地共分成三层，从物理沉淀、生物吸附、生物净化、人工增氧等几方面展示人工对水质的改造。

依据生态学的原理形成水生植物净化与生态改善的成套技术和系统。整个系统由曲水间、芦苇湿地、氧屏障、中下湖和清洁能源曝气富氧系统五部分组成，去除水体中的悬浮物、有机耗氧物和氨氮，使水质提升1～2个等级。

（4）七彩植物园。选择不同颜色和开发季节的水生、湿生、沼生植物，按照预定的图案轮廓培植，总体形态构成"曲"字图案，阐释不同湿地植物的基础知识及其对自然生态平衡的重要作用，体现湿地植物的知识性和鉴赏价值，成为游客全面精确了解、鉴别湿地植物的大课堂。

（5）湿地印象。将商业中心、文创产业园、微度假区、低碳酒店、会议中心等五个项目按照湿地印象定位进行构思、规划、建设和运营。并把"九曲"作为文化主题，从半岛形态上构筑"九曲"景观，真正打造成一个可游、可玩、可乐、可消费的文化旅游综合体。

4. 湿地水上欢乐区

以儿童喜欢的娱乐项目为支撑，在考虑与周边水上乐园竞争的前提下，打造湿地特色的水上游憩项目，与孩子、家人一起，共享数十项多彩游乐带来的天伦之乐。

主要建设内容有水上垂钓、湿地魔法水公园、水上表演、湿地萌宠乐园、九曲塔、青春之丘等。

5. 湿地中央湖区

中心湖面，建设内容为湖心岛（或九仙岛）、天鹅湖、鸟岛。

（1）湖心岛。湖心岛的策划创意：玉帝生有九女，七仙女嫁给董永，最小的九仙女同样生性贪玩，私恋凡间，经常下界到此游玩。以九仙女为主题创意线索，形成具有标志性的湖心岛，为游客打造非凡体验，获知九仙女传奇故事。

（2）天鹅湖。天鹅湖的功能为鸟类观赏、生物链知识教育。围筑水塘，饲养黑、白天鹅，配以鸳鸯、麻鸭、鸿雁等，池塘养鱼类、两栖类和爬行类动物，培植观赏性的湿地植物，如细金鱼藻、龙舌草、野菱等，构成以天鹅为主体吸引物的湿地生物多样性景观。

（3）鸟岛。采用植树修亭的方法，恢复生态，构建生态湿地园林。形成天然的鸟类展示基地，丰富湿地公园的生物多样性。主要功能为观鸟、林中漫步、科普教育。

6. 湿地亲子（研学）教育区

东西向的沿岸线构架亲子旅游通道，通过沿途、沿堤曲折的水路，若隐若现的田园以及一系列亲子主体的项目等景观打造最美亲子大堤。开发多样化科普活动和项目，让孩子们在休闲娱乐中学习科学、文化知识。发展定位打造最佳科普教育基地进军全国中小学生研学实践教育基地。

【任务训练】

湿地旅游的开发理念与旅游功能开发。

1. 实训目标

（1）了解最新的湿地开发理念，加深对湿地旅游开发理念的理解。

（2）结合对不同湿地旅游功能的开发，认识湿地在"地球之肺"和满足旅游需要之间的相关关系。

（3）在可持续发展观的指导下，培养湿地旅游游憩活动项目策划创意的能力。

2. 实训内容与方法

（1）选择若干典型湿地，通过查阅网站和实地考察，归纳该湿地公园的游憩活动项目。

（2）比较不同湿地公园的项目，评价其所使用的策划手段。

3. 标准与评估

（1）标准：能够分析湿地旅游项目开发所依托的资源可行性，并对不同项目的开发方式及其功能运用科学的发展观进行评价。

（2）评估：①按照实训要求撰写课程论文，作为平时作业。②要求有观点、有分析，熟练运用理论分析实践问题。

【复习思考题】

1. 简述湿地旅游的内涵。
2. 如何针对不同客源市场进行湿地游憩活动项目策划？
3. 简述湿地公园不同功能区策划技巧。
4. 简述湿地公园主题游憩活动项目的策划。

项目十一
森林公园旅游策划

学习目标

知识目标：

1. 认识森林公园的含义、分类和开发策划。
2. 了解森林公园旅游项目策划、产品策划的核心内容。
3. 理解森林旅游开发的原则和综合效应。

解说视频

技能目标：

1. 掌握森林旅游资源的挖掘、评价方法。
2. 学会森林公园市场定位及偏好分析。
3. 理清森林旅游项目策划的程序和步骤。
4. 能应用体验营销的方法进行旅游项目策划。
5. 能够根据森林公园的不同类别，进行差异化的旅游活动项目开发。

【案例导入】▷▷▷

四川佛头山国家森林公园旅游发展策划

佛头山森林公园是四川省平昌县镇龙山国家森林公园的组成部分，镇龙山国家森林公园涉及镇龙镇（县境东北部）、江口镇（县境中部）和白衣镇（县境南部），距离 100 公里内的城市有巴中市（90km），达州市（70km），佛头山森林公园由镇龙山、佛头山、白衣古镇三大景区组成，总面积 2553 公顷。

本旅游项目的策划范围东南起于大石岩，包括公路李家土扁、西南山坡汉王庙、东南山麓鼻旦子、东南山麓江阳公园。

平昌县政府部门对案例地旅游发展的期许如下：

城市化和新农村建设是当前国家的重点建设工作。平昌正处于新型工业化、城市化和新农村建设的关键时刻，平昌旅游迎来历史性发展机遇。

平昌要实现经济强县这样一个目标，除了大力发展工业，更要发展第三产业，尤其是要发展产业关联度大、就业拉动效应明显、对提升农村建设和增加农民收入具有显著效果的旅游业。加快旅游产业发展是抢抓历史机遇的必然选择，是平昌未来实现跨越式发展的支点选择。

在平昌的产业结构调整中，旅游业的发展需要对应变化，按照未来后工业化所对应的资源，形成超越工业化的旅游产品。

随着休闲旅游的发展，休闲开始成为一种生活方式。对于佛头山而言，单纯城市公园已经不能适应市场的发展需求，更难以获得跨越式的发展，转型发展休闲度假旅游已是提升核心竞争力的有效途径。

佛头山旅游资源比较丰富，可以利用川东北市场和成都分流市场，积极主动对应市场的细分需求，大力发展休闲度假旅游产品，实现跨越式发展。

那么，佛头山国家森林公园能否在进行旅游规划的时候，能否在对旅游资源、旅游市场、旅游发展大趋势的分析基础上，运用森林旅游开发的理论与方法，对佛头山森林公园进行项目策划和游憩活动开发，就是本项目学习任务要解决的重要问题。

任务一　认识森林公园及其旅游资源的特征

【任务描述】

森林公园的建设是为了开展森林旅游，可以将森林区域的资源、资金、技术和信息等进行整合发展森林旅游产业，形成具有旅游食、住、行、游、购、娱等六大要素特征的森林旅游配套服务体系，推动林区及周边产业结构的合理调整，森林旅游逐步成为林业产业中最具活力和最有希望的替代产业和新兴的主导产业。本部分的学习任务是：认识森林公园的界定及由来；了解森林公园类型及其划分依据；学习如何挖掘森林公园的旅游资源及其与其他景区的区别；掌握基于森林旅游资源开发的旅游和休闲产品的要领。

【任务实施】

一、森林公园及其旅游开发

（一）森林公园与森林旅游

旅游公园是应森林旅游的发展而出现的。2018中国森林旅游节新闻发布会上，中国国家林业和草原局森林旅游管理办公室负责人向媒体报告，"十二五"时期（2011—2015年），中国森林旅游游客量累计46亿人次，平均年游客量超过9亿人次，年均增长率达到15.5％。2017年，全国森林旅游游客量达到13.9亿人次，占国内旅游人数的28％，创造社会综合产值11500亿元人民币，森林旅游已经成为继经济林产品种植与采集业、木材加工与木竹制品制造业之后，年产值突破万亿元的第三个林业支柱产业。

森林旅游是指人们以森林、湿地、荒漠和野生动植物资源及其外部物质环境为依托，所开展的游览观光、休闲度假、健身养生、文化教育等旅游活动的总称。1992年原国家林业部在北京召开了全国森林公园及森林旅游工作会议，提出了把森林环境优美、生物资源丰富、自然景观和人文景观比较集中的国有林场建设成森林公园，全国掀起了建设森林公园、发展森林旅游产业的热潮。

森林旅游业的主体是森林公园。《中国森林公园风景资源质量等级评定（国家标准）》GB/T 18005—1999中对森林公园的定义是：森林公园是具有一定规模和质量的森林风景资源与环境条件，可以开展森林旅游，并按法定程序申报批准的森林地域。根据中华人民共和国《森林公园管理办法》（1994年1月22日林业部令第3号，2011年1月25日国家林业局令第26号修改，2016年9月22日国家林业局令第42号修改），森林公园是指森林景观优美，自然景观和人文景物集中，具有一定规模，可供人们游览、休息或进行科学、文化、教育活动的场所。

根据《森林公园管理办法》第六条，按照景观、服务设施和知名度，将森林公园分为以下三级：国家级森林公园、省级森林公园和市、县级森林公园。上述管理政策对森林公园的特征、范围、规模、价值、目的、功能、作用、等级、质量、开发方式选择等进行了界定，对森林公园的开发、保护和立法等提供了理论基础。

（二）我国森林旅游发展中存在的问题

我国拥有丰富的森林资源，随着生态旅游观念的深入人心，森林旅游成为越来越多游客选择的旅游方式，森林旅游需求的增长促进了全国森林公园数量的不断增长。然而，目前虽然已有一批高质量的森林公园，但是也应该看到在发展过程中仍然存在很多问题，从长远发展来看，森林旅游业是一个涉及林业、旅游、环保、建设、交通、地理、历史、文化等内容的行业，要建设高品质的森林公园，需要针对不同森林公园存在的问题和可持续发展的需要，进行旅游开发和运营的创新。

在森林旅游的学术研究中，不少学者针对森林公园产品的开发进行了研究，提出了森林旅游开发存在的问题和森林旅游规划策划的难点和关键点。李华、陈飞平认为江西森林公园休闲旅游发展存在缺乏统筹规划、旅游产品形式单一、资金投入不足、营销体系不健全等问题。张光辉对当前森林公园开发的现状及开发中存在的定位不准、项目缺乏创新和基础设施落后问题进行了研究。

对森林公园在发展旅游的过程中，存在的问题归纳如下：

一是没有突出森林旅游特色，与普通公园没有区别。主要表现在公园内的与森林有关的活动不够丰富，不够新颖。

二是森林旅游的开发深度不够，森林公园的活动项目只能满足浅层的观光，没有上升到休闲的层面，更没有合理利用森林的文化内涵，也没有考虑其他产业融合而开发的项目。

三是现有活动项目的利用率比较低，有些是活动项目所在地的环境比较差，影响了游客的体验质量。

四是活动项目的位置较为隐蔽，游览线路分散，游客不易找到。

五是景区内的服务设施建设较为落后，档次较低，无法满足游客对高档次设施的需求。例如，交通设施缺乏或单一，不能方便游客到达景区内的各个景点。餐饮条件差，简易的小吃店，露天的餐桌，嘈杂的就餐环境。

六是森林旅游同样面临着季节性的问题。如北方寒冷的冬天森林覆盖白雪，不宜进入林区旅游，受季节性影响较弱的特色文化项目开发相对较少。

七是森林旅游产品规划力度不够、类型不均衡。森林旅游产品主要是普通的没有特色的观光产品，那些具有参与性的、赋予历史文化内涵的度假旅游产品、面向高端市场的新型主题休闲旅游产品以及科考教育、运动体验等参与型森林旅游产品相对匮乏。

八是环境保护上仍存在些许问题。例如开发过程中宾馆等服务设施的建设影响了整体景区的生态原貌。

九是缺乏营销定位，没有明确森林旅游产品的主题，特色不够突出，没有以游客为核心对森林旅游产品进行体验化设计。

二、森林公园的分类及其策划特点

对于森林公园分类，出于不同目的可以有不同的分类标准和方案。我国学者按功能、质量等级、区位、景观、林分特征等各种指标对森林公园进行划分，认知森林公园的不同分类在于掌握不同类型森林公园旅游策划的委托诉求、旅游资源特征、旅游项目开发的约束条件等。

森林公园是以森林为景观基调，融合了其他多种景观类型，但总体上是以自然景观为主。在自然景观中，地貌景观又以其独立的构景作用和风景区形成的主体作用，在旅游资源中占有相当重要的地位，成为旅游风景区中最重要的要素之一。

一般按照资源类型，可以将森林公园分为山岳型、低丘型、平原型、江河型、湖库型、海滨型、海岛型、沙地型、特殊地貌型几类。例如，陈戈（2001）按地貌景观的不同可形成以奇峰怪石等山体景观为主的山岳型森林公园，以江河、湖泊等水体景观为主的江湖型森林公园，以海岸、岛屿风光为主的海岸—岛屿型森林公园，以沙地、沙漠景观为主的沙漠型森林公园，以火山遗迹为主的火山型森林公园，以冰川景观为特色的冰川型森林公园，以溶洞或岩洞型景观为特色的洞穴型森林公园，以草原景观为主的草原型森林公园，以瀑布风光为特色的瀑布型森林公园，以温泉为特色的温泉型森林公园。基于这样的分类，在森林公园项目策划和产品设计时，要遵循因地制宜的原则，发挥不同类型旅游资源的优势。

按旅游半径将森林公园分为以大中城市市区或城市周边为中心的都市型森林公园，距市中心20公里以内的大中城市近郊区的城郊型森林公园，距城市多在20~50公里的大中城市远郊县区的郊乡型森林公园，还有一类是远离大中城市，以秀、奇、野、幽为特色的深山老林的郊野型森林公园（兰思仁，2009）。这样的分类在旅游项目策划时，尤其要注意客源地与森林公园的交通布局和具体项目的活动时间。

根据开发目的可将森林公园分为公益型、旅游目的型和过渡型三类（张美云，2008）。公益型森林公园主要作为公益事业向市民开放，一般是免费的，强调的是公益性。旅游目的地型森林公园主要指具有较高价值的森林游憩资源，对游览度假游客具有较高吸引力，收取门票，强调盈利性。过渡型森林公园应是上述两者的结合，既注重吸引城市居民前来进行日常休闲游憩活动，又注重对外营销。这样的分类，在进行旅游策划时，要考虑市民和游客日常休闲锻炼和旅游活动的差异。

三、把脉森林公园的旅游资源

（一）森林公园旅游资源的类型

森林旅游资源是指用作人们在闲暇时间内进行休闲、度假、疗养、观光、游憩、娱乐等旅游行为的森林资源。它是以森林、林木、林地、森林环境及其动植物、森林景观、林区各种自然与人文景观等构成的森林生态系统的综合体。

根据《中国森林公园风景资源质量等级评定（国家标准）》GB/T 18005—1999，森林公园风景资源分为地文资源、水文资源、生物资源、人文资源和天象资源五类。

森林旅游产品和项目的策划是森林旅游策划的主要内容。森林旅游策划是以良好的森林景观和生态环境为主体，融合自然景观与人文景观，利用森林的多种功能，以开展森林旅游为宗旨，策划具有一定规模的游览、度假、休憩、保健疗养、科学教育、文化娱乐的场所。

森林旅游发展要随着旅游者不断发展的旅游需求的变化而变化，森林旅游开发和森林公园的建设，就是要综合运用林业、生物、生态、地质、地理、环境、旅游、美学、园林、建筑、宗教及历史、经济、考古、医药等多种学科的理论和方法，对森林旅游资源的美学、科学等价值进行评价，并对森林公园所在地的地理位置、地域组合、内外部交通条件、客源市场条件、区域经济状况、已开发建设景点及周围景区、已有服务设施与基础设施和能源状况等评价的基础上，运用创新经济学理论和创意方法，形成既有利于保护、研究，也能提供多元化旅游与休闲活动的旅游目的地。

（二）佛头山国家森林公园的旅游资源调查与评价

运用旅游资源调查、评价方法，对佛头山旅游资源进行调查和分析。

1. 佛头山国家森林公园旅游资源调查

（1）地质地貌。佛头山主峰位于平昌县治江口镇北侧，南北走向，长 8.2 公里，宽 2.2 公里，峰顶海拔 724.2 米。山体西北高东南低，山顶平缓，南北长岭如龙，东西岩崖陡峭。佛头山景区属仪陇—巴中—平昌莲花状构造，背、向斜呈微环形排列，主要有江口向斜和税家漕背斜。根据土壤普查资料，平昌县内的土壤分为水稻土、紫色土、冲积土、黄壤土等 4 个土类，7 个亚类，22 个土属，45 个土种。

（2）气候资源。气候属中亚热带湿润季风气候区。北有秦岭为天然屏障，致使公园气候湿润宜人，四季分明，冬秋略长，春迟夏短。多云雾，少日照。低山与平坝气温差 5～7℃ 左右。

（3）水文资源。佛头山森林公园属嘉陵江一级支流渠江水系。主要河流有巴河、通河及其主要支流蒙溪河、喜神河。

巴河。源于南江县玉泉乡分水岭，流域面积 17666 平方公里。从巴州区进入平昌县境，经公园佛头山林区纳通河，至白衣古镇纳蒙溪河，于元石乡的黄梅溪出境，经达州市至渠县汇入渠江。巴河平昌段主河道长 79.3 公里。

通河。源于陕西省汉中市广家店乡长梁，流域面积 8958 平方公里。从通江县爱国乡入平昌县境渐滩乡，纳喜神河，至公园佛头山景区汇入巴河。通河境内段长 43.3 公里，深切河床，蜿蜒曲折，多"U"形、"S"形急湾险滩。

蒙溪河。巴河支流。源于营山县合兴乡欧泉沟，流域面积 298 平方公里。从乌木滩入平昌县境，至佛楼乡入达州回龙乡境，再入平昌函水乡，纳磴子河，在白衣古镇汇入巴河。境内段长 48.9 公里。

喜神河。通河二级支流。源于万源市丝罗乡乱头包，流域面积 643 平方公里。从喜神乡入境，纳公园镇龙山林区山溪，至界牌乡寨口河汇入通河一级支流渐滩河，在渐滩河注入通河。喜神河公园段长 7.7 公里。

佛头山森林公园境内受出露地层为砂岩、泥岩相间重叠，大部分岩层为近水平叠置，且侵蚀剥离等外营力较强，沟谷密布，地形较为破碎。这种特定的水文地质条件，导致园区地下水资源比较贫乏。

公园内蕴藏的地下水属基岩裂隙水，其补给主要源于地表水。按储水特性，公园地下水可分为构造裂隙水和风化带网状裂隙水两类。出露形式多为泉眼，且埋藏不深。按地下水径流模数计算，年总径流量约为 1500 万立方米。

（4）绿化植被。佛头山所在地的镇龙山森林公园总面积 2553 公顷，其中森林面积 2132 公顷，活立木总蓄积 65000 立方米，森林覆盖率为 83.5%。

公园内有野生维管束植物 1000 余种，其中乔、灌木有松科、杉科、柏科、樟科等 50 科 160 余种。公园内的人工林约占林地面积的 50%，主要树种有马尾松、柏木、杉木、油松、青冈等。园内竹类资源丰富，主要有刺竹、水竹、慈竹、斑竹等 20 多种。公园内盛产的药用植物有茯苓、吴茱萸、胆草、苦参、板蓝根等 50 多种。传说林中有"鹿衔草"的植物，野鹿生病时，衔于口中，百病皆除。

（5）动物资源。公园野生动物属中国动物地理区划西南区喜马拉雅亚区中的中、低山带，亚热带森林灌丛、草地—农田动物群。林区有陆生脊椎动物 110 种，猕猴、毛冠鹿、林麝等重点保护动物 10 多种。在农耕地区，黑线姬鼠、黄胸鼠、褐象鼠、小象鼠等齿类具有优先优势。鸟类以生活于农耕环境中的麻雀、大嘴乌鸦、秃鼻乌鸦等为主，爬行类以游蛇、烙铁头等最常见，还有北方草蜥、中国石龙子、乌龟等；两栖类中泽蛙、青蛙、金线蛙、大蟾蜍等最常见。

（6）历史沿革。平昌县古属巴国。西晋武帝太康元年（公元 280 年）置平州县（属巴西郡），为置县之始，距今已 1700 多年。新中国成立后先后隶属川北区和四川省达县专区，今属巴中市。国营平昌县五峰林场始建于 1958 年，最初由县政府命名为"黎明农场"，1965 年改名为"知青农场"，1989 年由县林业局更名为"白家坟森林管理经营所"，1994 年由县政府改名为"国营平昌县五峰林场"。

（7）社会经济。平昌县辖区面积为 2229.12 平方公里。县内人口的民族构成以汉族为主。因通婚、工作调动等原因，陆续有回、藏、苗、壮、满、白、羌、布衣等 8 个少数民族迁入，其人口数不足全县总人口的 1%。

（8）宗教文化。宗教有佛教、道教等，以佛教较有特色。境内佛教约于唐末传入，民国初年有镇龙乡宝珠寺、佛头山佛头寺等 26 座寺庙有佛教活动。

2. 旅游资源类型评价

根据《旅游资源分类、调查与评价》（GB/T 18972—2017）评价标准，结合资源实地调研，对佛头山的旅游资源进行分类，见表 11-1。

表 11-1　佛头山国家森林公园旅游资源分类表

主类	亚类	基本类型	旅游资源单体
A 地文景观	AA 综合自然旅游地	AAA 山丘型旅游地	佛头山
		AAA 山丘型旅游地	佛头山五峰
	AC 地质地貌过程形迹	ACL 岩石洞与岩穴	红岩洞
B 水域风光	BB 天然湖泊与池沼	BBB 沼泽与湿地	沼泽
C 生物景观	CA 树木	CAA 林地	佛头山林场
		CAC 丛树	松树
		CAC 林间花卉地	梅花
	CD 野生动物栖息地	CDC 鸟类栖息地	鸟类栖息地
D 天象与气候景观	光现象	光现象	佛山佛光
		日出	佛山日出
E 遗址遗迹	EA 史前人类活动场所	EAA 人类活动遗址	佛头古寨遗址
	EB 社会经济文化活动遗址遗迹	EBC 废弃寺庙	佛头寺遗址
F 建筑与设施	FA 综合人文旅游地	FAC 宗教与祭祀活动场所	佛头寺、华严寺、极乐寺
		FAD 园林游憩区域	刘伯坚纪念园
		FAH 动物与植物展示地	园林植物园
	FB 单体活动场馆	FBB 祭拜场馆	观音像
	FC 景观建筑与附属型建筑	FCA 文化活动场所	游乐场
		FCK 建筑小品	沁心阁
		FCG 摩崖字画	摩崖石刻
		FCH 碑碣（林）	碑廊
	FF 居住与社区	FFA 特色社区	雪花坪村
G 旅游商品	GA 地方旅游商品	GAB 农林畜产品及制品	农家美食
		GAC 旅游商品	江口醇
H 人文活动	HC 民间习俗	HCA 地方风俗与民间礼仪	茶道
	HD 现代节庆	HDB 民间节庆	登山节

从资源类型而言，根据国家标准，旅游资源共分为 8 个主类、31 个亚类、155 个基本类型。佛头山旅游资源分属 8 个主类、15 个亚类、24 个基本类型。

3. 旅游资源等级分析

根据《旅游资源分类、调查与评价》（GB/T 18972—2017）中规定的评价项目、评价因子和评分标准，对各个单体进行资源要素价值、资源影响力以及附加值三个方面的评价。评价结果见表 11-2。

表 11-2　佛头山旅游资源单体等级构成表

佛头山旅游资源单体等级构成表					
等级	优良级旅游资源			普通级旅游资源	
	五级	四级	三级	二级	一级
数量	0	0	4	6	4
比例	0%	0%	28.6%	42.9%	28.6%

4. 旅游资源类型丰度分析

类型丰度是指普查区域所赋存的单体类型数量的丰富程度，一般用普查到的旅游资源亚类或基本类型数占国家标准所列旅游资源亚类或基本类型总数的百分比表示。

旅游资源类型丰度计算公式如下：

$$Y = \frac{L}{B} \tag{11-1}$$

式中，Y 为旅游资源单体主类丰度、亚类丰度或基本类型丰度；L 为普查区域旅游资源单体主类、亚类或基本类型数量；B 为国家标准所列旅游资源主类数量、亚类数量或基本类型数量。

将佛头山相关数据代入式（11-1），计算得出佛头山旅游资源单体主类丰度、亚类丰度和基本类型丰度分别为 100%、48.39% 和 15.48%。

5. 旅游资源储量分析

资源储量：指分析范围内单体等级得分的总和。一级单体得分为 1 分，二级单体得分为 3 分，三级单体得分为 5 分，四级单体得分为 7 分，五级单体得分为 10 分。将各等级旅游资源单体数量分别乘以每个级别的相应得分，即为某一区域或某一类型的旅游资源储量。计算公式如下：

$$C = N_5 \times 10 + N_4 \times 7 + N_3 \times 5 + N_2 \times 3 + N_1 \times 1 \tag{11-2}$$

式中，C 为旅游资源总储量；N_5 为五级旅游资源单体数量；N_4 为四级旅游资源单体数量；N_3 为三级旅游资源单体数量；N_2 为二级旅游资源单体数量；N_1 为一级旅游资源单体数量。

经过计算，佛头山国家森林旅游资源储量分值为 42。

四、评价森林公园旅游资源的特征及其旅游价值

（一）森林旅游资源的特征

1. 可持续性与脆弱性

由于森林旅游景观是未经人工雕琢的自然景观，属于一种自然客体，除部分森林资源属于人工种植之外，多数景观资源是不会被游客消耗的，绝大多数森林景观资源具有无限重复使用的价值。但是森林旅游设施的建设，会砍伐树木，游客旅游活动也常产生环境污染，说明森林旅游资源具有一定的脆弱性，只有科学合理地开发利用，精心管理森林景观，才能使这种资源永续性地发挥效益。

2. 自然景观与人文景观紧密结合

在历史的时空演替中，森林旅游资源更多的是由自然、社会因素组成的综合产物，不少森林旅游资源不仅蕴藏着具有自然特征的自然资源，也包含着具有社会特征的人文资源，甚至有时难于将二者清楚地分割开来。许多森林资源所在地也是人类文化活动的重要场所，例

如江西龟峰国家森林公园不仅生态环境极其优美，还拥有商周时期的历史文化遗址，有"中华第一佛洞"，有世界上最大的天然卧佛，有全国爱国主义教育基地（方志敏纪念馆），有江南最大的古代书院（叠山书院）。

3. 生物物种多样性

森林旅游资源依赖的是森林资源及其组成的环境和系统，森林生态系统是地球生态系统中的主体，系统中物种丰富，资源类型多样，景观特质多姿。在我国，森林旅游资源集中的森林公园和自然保护区内，一般森林覆盖率达85%～98%，野生动植物种类丰富，成为自然基因库。例如，张家界森林公园是植物的王国，物种多达500余种，被列为珍稀物种植物就有几十种。从旅游赏景角度看，它们有着复合的层次和相宜的季相和色彩，为游客提供丰富的审美体验。

4. 功能多重性

森林资源是林木、林地、森林景观、森林环境、森林小气候等森林生态系统的综合体，森林旅游是森林资源开发利用的一种重要方式，也是一种富有活力、极具魅力的利用方式。对于面积较大的森林旅游资源，例如国家森林公园，并不强求每一块林地都用于旅游，国家公园在为公众提供更多休闲享受的同时，也担任着保护生态完整性、公园的环境和自然资源的使命。

总之，森林旅游资源是兴办森林公园、发展森林旅游的物质基础。为了开发森林旅游，在人工林培育时应选择多样化的树种，营造多样化的森林旅游景观，从而增加森林旅游资源的吸引力，为森林旅游资源的可持续开发提供保障。

（二）佛头山森林公园的旅游资源具体特征

根据上述森林公园旅游资源的一般特征，分析佛头山森林公园旅游资源的具体特征。

通过对佛头山旅游资源的调查和评价，佛头山森林公园的旅游资源总体呈现"五性"特征：

一是旅游资源的"生态性"：保持了相当的自然性与完整性。佛头山旅游资源保持了生态性、原始性与完整性，具有"绿、幽、秀"三大特点。

二是旅游资源的"丰富性"：总量丰富，类型多样。佛头山旅游资源总体上分为地文景观、水域风光、生物景观、遗址遗迹、建筑与设施、旅游商品、人文活动和天象与气候景观八大类，每一大类又包括一些亚类。总体来说，数量丰富，类型多样，并且分布集中，构成了佛头山旅游开发的基础条件。

三是旅游资源的"佛教性"：精华独揽，得天独厚。佛头山森林公园各层次、各等级的旅游资源基本上都表现出自然旅游资源和人文旅游资源相得益彰的特点，佛教资源得天独厚。

四是旅游资源的"乡村性"：田园美景，花花世界。佛头山乡村旅游资源十分丰富，特别是雪花坪村乡村自然生态、田园风光、聚落与建筑文化等融为一体。

五是旅游资源的"森林性"：森林本色，精彩纷呈。佛头山景区是镇龙山国家森林公园的重要组成部分，其旅游资源主体是森林旅游资源，森林本色是佛头山景区旅游资源的主体特色。

综上所述，佛头山具有生态性、丰富性、佛教性、乡村性、森林性这五个方面的优势和特征，具有很高的生态、历史、科普和文化价值。

任务二　森林公园旅游市场偏好分析

【任务描述】

　　森林公园旅游开发要解决的问题首当其冲就是要找到自己的目标市场。目标市场定位影响着森林公园旅游开发的规模、内容和形式。因此，确定目标市场并分析其对森林旅游体验的特殊偏好，是森林公园旅游策划的专门技术。

　　本部分的学习任务是：分析森林旅游市场的需求及宏观趋势；划分森林旅游的细分市场并在此基础上确定目标市场；判断潜在客源市场的来源地；学习森林旅游市场偏好的调查研究方法；分析体验经济时代的旅游消费行为，并与森林旅游活动策划建立关联。

【任务实施】

一、森林旅游特点及其总体趋势

（一）森林旅游的概念及其特点

　　对森林公园旅游市场的分析，首先要了解森林旅游的含义。实际上，并非只有在森林公园内的旅游才是森林旅游。

　　狭义的森林旅游是指人们在业余时间，以森林为背景所进行的各种游憩活动，它包括野营、野餐、登山、赏雪、观鸟、滑雪、狩猎等。广义的森林旅游是指在森林中进行的各种活动，任何形式的野外游憩，它包括在森林区内的乘车、骑马、划船、漫步、登山、滑雪、露营、野餐、狩猎、垂钓、漂流、联欢、探险、摄影、观光和科学研究等。

　　从体验的角度，森林旅游体验是在森林旅游过程中，当旅游者情绪、体力、智力甚至精神达到某一特定水准时，在其意识中所产生的一种美妙感觉，是旅游者个人内在因素与森林旅游企业策划的森林旅游产品之间的互动过程，以及得到的各种知识、愉悦和满足感的总和。这个定义说明森林旅游体验与企业对森林旅游产品的策划有关，是通过森林旅游互动过程体现的。森林公园提供的旅游项目或产品是以满足旅游者情感需要为前提，认为森林旅游体验需求是潜藏在人们心中的，是隐性的，需要森林旅游企业去创造，使之显性。

　　从上述森林旅游的概念来看，森林旅游强调的是回归自然，是在自然环境中参与旅游活动，参与森林旅游的目的是缓解压力、愉悦身心、感悟生命。从森林旅游的活动来看，并非所有的活动只能在森林公园开展，但森林公园是森林旅游的主要载体。

　　森林旅游具有下面一些特征：

　　森林旅游是一种自然倾向型的旅游。人们在森林环境中游览、观光和活动，能够融入森林之中，呼吸新鲜空气，看重的是旅游过程中与环境的融合及心灵上获得的享受。

　　森林旅游是一种健身性的旅游。森林旅游独特的健身性在于为身体健康提供了清新的空气环境，森林具有吸碳吐氧、阻风吸尘、降低噪声、净化水质、调节气温等多种生态功能。森林含有较多的负氧离子，具有改善人体神经功能，促进新陈代谢，增强人体免疫的功能，在森林环境中活动，能使人感到心旷神怡、精神振奋。

　　森林旅游是参与性的生态体验式的旅游，结合森林文化，那些体现独特自然文化，如树木、花草以及种植体验等都受到游客们的喜爱，尤其是一些森林公园举办森林寻宝、挖笋、采摘、探秘等活动，让游客在游玩过程中，享受劳动。

森林旅游是科普知识型的旅游。森林旅游的自然资源，包括各类珍稀动植物、神奇的自然景观都有较大的科研、学习价值。例如，上海滨江森林公园，通过风力发电博物馆这个载体，满足游客探索科学知识的精神文化需要。

森林公园旅游的核心是融入森林生态环境，本质是游客对森林生态环境的享受和体验，因此自然性、参与性、体验性是游客享受环境，健身强体，获得知识的优良境地。

（二）森林旅游市场的总体趋势

近年来，随着中国社会经济的持续、快速、健康发展，居民收入的增加，城市化发展进程加快，我国森林旅游的规模呈现不断增长的发展趋势。

2014年3月7日，《全国森林等自然资源旅游发展规划纲要（2013—2020）》提出，到2020年，实现各类森林等自然资源旅游景区总数达到9000处，旅游人数达16亿人次，创社会综合产值达10000亿元，规划期内累计新增直接就业150万人，间接就业600万人，将森林等自然资源旅游培育成林业支柱产业，在满足城乡居民日益增长的生态空间需求的同时，成为展示美丽中国、传播生态文化的重要窗口的发展目标。

根据以上信息，2017年全国森林旅游游客量达到13.9亿人次，占当年国内旅游总人数的28%，尽管森林旅游可以去森林公园、湿地公园和沙漠公园等各类有森林的旅游地，但森林公园依然是森林旅游发展中的重中之重，其年接待游客量超过全国年森林旅游游客量的70%。

森林旅游业态的多样化发展，也引导森林旅游从观光旅游为主向观光旅游与森林体验、森林养生、休闲度假、研学旅行、山地运动、生态露营等多业态并重方向转变。出游动机和对森林旅游产品的偏好呈现多样化，"放松心情"成为主要的出游动机，热衷于山地运动、森林养生的群体正在快速壮大，对徒步穿越丛林、探险等兴趣的旅游增加。

森林旅游"促销"推动了森林旅游规模扩大。林业部门在2012年就启用了"中国森林旅游专用标志"，建成并开通了中国森林旅游网，还开通了"森林旅游网""中国森林旅游节""游森林""森林步道"等多个有关森林旅游的微信公众号，高密度推送森林旅游信息。

二、判断森林公园的市场来源并进行市场定位

（一）森林公园市场定位的一般方法

森林公园旅游开发的首要问题是找到自己的目标市场，而森林公园的客源来自哪里，又是森林旅游市场定位的首要问题。

从一般情况来看，森林公园的市场细分不仅在于观光和科普教育，更在于度假、疗养、运动、探险等诸多方面，具有生态、健康、回归自然、逃避城市等需求的（潜在）旅游者，都是森林公园的市场所在。因此，森林公园在进行旅游项目和产品开发策划时，还需要全面深入调查森林市场需求的走向，深入了解森林市场的真实需求，准确把握目标市场。针对目标市场对所策划森林旅游项目和产品进行市场测试筛选，可以很大程度上降低森林旅游项目和产品开发风险。

如何确定目标市场，需要进行一系列的市场调查和分析，例如调查森林公园一定半径范围内的人口、收入、旅游开支；调查各节假日游客的人数、组成、居住时间及消费水平；调查较长时间在本区内休疗养、度假的人数及其居住时间和消费水平；调查参与各类节事活动的时间、人数、消费水平；调查来本旅游目的地客源发展可能性。其中，客源市场来源判断是首要任务。为策划项目所作的专门调查成本高，因此借助于已经进行的调查数据判断市场来源不失为一种便捷的方法。

进行市场定位，还需要研判影响森林公园客源市场来源的许多因素，例如景区的知名度、吸引力范围、所处的地理位置、资源本身的价值等。聂献忠等认为旅游者客源地分布不仅反映旅游地旅游资源等级与知名度，还反映不同空间尺度旅游者行为决策对旅游地的感知映像，对分析确定不同层次的客流目标市场具有重要意义。再如，赵燕等（2015）对洛阳周山森林公园的调查结果显示，周山森林公园省内游客为97.77%，外省游客占2.23%。表明洛阳周山森林公园是一个吸引半径小、低知名度的地区森林公园旅游景区。

游客居住地距离公园的距离远近是影响客源最重要的因素，一般而言，游客构成呈现出近距离多，远距离少的特征，周围和省内的游客是最主要的市场来源，而知名度较高、等级较高的森林公园，有一定比例的远程客源市场。例如，文斌等对新疆著名景区喀纳斯国家森林公园的游客的地域结构特征研究中，主要以国内客源市场为主，其中疆内游客占52.2%，疆外国内游客占40.8%，共占游客总数的93.0%，来自国外和港澳台的入境游客占7.0%。对居于前七位的省外客源地进行排序，北京、广东和上海是喀纳斯森林公园的重要客源市场，游客比重总共占到了22.9%。

总之，森林公园的客源市场来源受地理位置、知名度、交通条件等因素的影响，此外，来自不同地方的游客还会具有一定的文化差异，需要进一步分析不同来源地游客对森林公园旅游的偏好，才能为森林公园项目和产品策划提供依据。

（二）佛头山森林公园旅游市场定位

1. 基于旅游目标市场的定位

从国内外旅游发展的经验和佛头山旅游的实践看，佛头山旅游市场主要依靠国内居民，具有近距离和重复性的特征，因此，在选择目标市场上，一定要切合实际，打好"本地牌""区域牌""国内牌"这三张牌。

2. 基于游客来源的客源市场定位

采用引力模型对主要客源地市场份额进行估测，以此为依据，并考虑与旅游区的距离，对国内客源市场进行以下定位（见表11-3）：核心市场——川东北市场；基础市场——周围城市群市场，包括南充、广元等市场；拓展市场——成都、重庆"省会城市"市场，即成渝城市圈等为重点的省会城市市场和其他重要城市市场。

表 11-3　佛头山森林公园旅游市场定位表

核心市场：川东北市场	重点市场：中国的港澳台地区及国外的日本、韩国
基础市场：周围城市群市场	潜力市场：东南亚、俄罗斯、西欧、北美
拓展市场：成渝城市圈为重点的国内重点城市市场	机会市场：其他机会市场

三、森林旅游消费行为的一般与特殊研究

（一）一般的森林旅游消费行为研究

完成了对客源构成来源的判断任务后，就要对森林公园游客的一般行为、旅游消费及旅游感知等方面的行为特征进行分析，目的是通过揭示游客的行为规律，为森林公园类型的景区规划、开发建设、客源市场开拓及旅游产品策划提供理论依据。

一般来说，可通过游客调查来了解森林公园不同类型的游客数量、构成比例和偏好，建立在这样分析基础上设计出的旅游产品就更有针对性，更加合理。

虽然森林旅游景观吸引力因游客教育程度、个人偏好等差异而不同，但我国游客的森林旅游动机、产品需求、行为特征等方面还是具备一些共性。

在旅游动机方面，进行森林旅游最常见的动机是欣赏自然景观、养生健身、游乐休闲等，舒适的气候环境是当今人们特别是城市居民选择疗养度假的首要考虑条件，森林公园在酷热的夏季温度凉爽怡人，是极佳的避暑胜地。

在产品需求方面，森林旅游最具吸引力的资源是森林植被、山石地貌和人文景观，其次是野生动物、水体景观等；而近年来，森林野趣的娱乐、康体健身、森林徒步等参与性强的项目，越来越多地被现代旅游消费者所喜爱，日益成为今后的旅游热点。

市场偏好调研是旅游策划过程中耗时耗力的工作，可以借助二手资料对森林旅游的一般市场偏好加以了解，在此基础上根据特定的森林公园策划对调查的问题进行调整。例如，魏园园对城市森林公园游客的游憩偏好进行调查，结果显示城市森林游客出游的主要动机是休闲娱乐，其次是自然观光，观赏动植物，运动健身，科学考察等。

从偏好程度来看，远离城市的森林旅游以自然风光为主要动机。例如，文斌等对新疆喀纳斯国家森林公园游客的旅游动机调查结果显示，旅游动机与旅游目的地提供给游客的旅游产品关系密切。其中以欣赏自然风光为目的的占 41.6%；体验异域风情、休闲度假（放松心情），分别占 18.1%、14.0%；猎奇探险及少数民族风情各占 11.1% 和 8.3%；感受和亲近自然占 4.5%；其他旅游动机所占比重较少，包括商务会议、疗养保健，其所占比重仅为 2.4%。

到城市森林公园的游客对娱乐活动的偏好较为强烈。魏园园对城市森林公园的游客游憩行为的研究显示，超过半数的游客的出游目的是休闲娱乐。游客热衷如烧烤、野餐、钓鱼之类的休闲产品。由于城市森林公园地理位置的不同，资源和气候具有一定的差异，应根据其资源和气候特点，因地制宜、最大程度地发挥自身优势，如北方的森林公园可设计冰雪健身游。

（二）旅游者消费行为的体验经济分析

在体验经济时代，物质消费已经不再重要，人们追求的是精神和情感的满足。体验经济时代的旅游消费趋势主要表现在以下几个方面：

情感需求占据主要地位。在体验经济时代，人们的消费心理由绝对理性逐步向感性化转变，旅游者更关注那些能与自我心理需求引起共鸣或者能实现自我价值的感性旅游产品。旅游消费在某种意义上已经成为一种情感消费行为，人们购买的是一种情感体验。例如，在森林里露营追求的是一种热爱自然的情怀。

旅游者追求个性化消费。旅游者不喜欢大多数人参加的团体旅游，而喜欢带有"自我"烙印、为自己量身定制的旅游产品。

旅游活动的参与性与互动性增强。人们已经不再满足于被动地接受企业的安排，而是主动参与到产品的设计中。诸如自助旅游、野外生存训练、挑战极限等项目吸引了越来越多的游客。

旅游的目标是为了获得非比寻常的体验。消费者从注重产品本身转移到注重接受产品时的感受。旅游者不仅仅重视旅游的结果，而是更重视旅游过程中的感受。这使得旅游产品的设计者设计某种氛围让游客沉浸其中，让游客通过森林旅游提升幸福感。

上述这些变化，为我们开发和设计满足未来市场需求变化的森林旅游项目和产品提供了参考依据，从游客情感出发开发和建设森林旅游项目，提高森林公园的竞争力。

（三）佛头山森林公园旅游市场行为特征调研和分析

市场调研小组于 2011 年 3 月 20 日至 2011 年 4 月 10 日间，在平昌县以及主要客源地达州市、巴中市以及广元、成都进行了市场问卷随机抽样网络调查。共发放问卷700份，回收有效问卷629份，有效率89.9%。考虑到佛头山景区的来访者包括本地人、外地人，调研小组针对不同人群设计了三份问卷；在针对外地游客的调查中，还根据是否游览过佛头山景区的不同情况，将问卷设计成了侧重点不同的两份；采取随机抽样调查法，使本次问卷具有涵盖面广、针对性强等特点。调研小组通过数据资料整理分析，对佛头山景区的旅游客源市场现状进行了深度剖析，以确定未来旅游市场的开发定位。

1. 佛头山森林公园旅游行为特征调研结果

（1）旅游信息选择渠道多样化，亲朋好友推荐占据主导。总体上，旅游者获取旅游信息的渠道呈现扁平化特征。最主要来自亲友同事推荐，网络、电视以及报刊等渠道来源很少。

（2）出游组织方式以家人/亲朋伴随最多。旅游者的出游组织方式以家人/亲朋伴随最多，比例达到57.29%，进一步验证了佛头山旅游主要是以家庭旅游消费群体为主；单位组织（26.51%）和独自出游（13.36%）次之。

（3）出游交通工具以私家车为主。旅游者选择交通工具最多的是私家车或者步行，占42.68%；其次是单位自备车，比例为25.2%。

（4）停留时间。旅游者平均停留时间短，一日游旅游者占92%。

（5）旅游消费水平不高。旅游者消费水平100元以下比重占36.84%，200元以下的比重占71.25%，总体消费水平低。

（6）旅游目的以观光为主。从出游目的来看，游客以观光旅游为主，休闲度假和宗教活动也占了一定的比例，如图11-1所示。

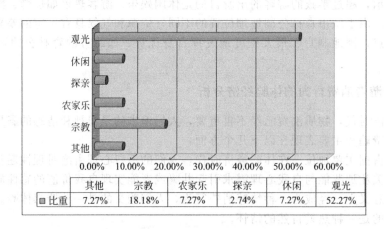

图11-1 佛头山森林公园游客出游目的

2. 旅游认知偏好分析

旅游者认为最有吸引力的旅游资源排在前三位的分别是：森林生态（66%）、宗教建筑（32%）、乡村风光（29.8%）。

游客对高品质休闲度假旅游提出的五大要求，见图11-2。

四、识别不同细分市场对森林旅游的偏好差异

不同细分市场对森林公园旅游项目和产品的偏好是有差异的。例如，青少年喜欢运动型项目，中老年喜欢休闲类，男性游客和女性游客的爱好也有一定差别。因此，需要通过游客调查来了解森林公园不同类型的游客数量比例和偏好，这样开发和设计出的旅游产品就更有针对性，更加合理，更有吸引力。

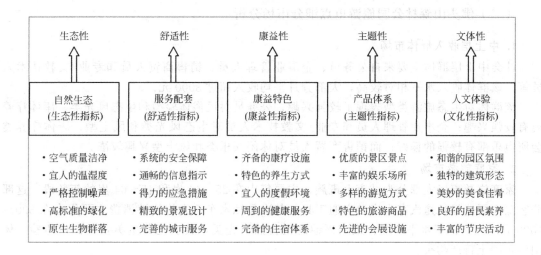

生态性	舒适性	康益性	主题性	文体性
自然生态 (生态性指标)	服务配套 (舒适性指标)	康益特色 (康益性指标)	产品体系 (主题性指标)	人文体验 (文化性指标)
• 空气质量洁净 • 宜人的温湿度 • 严格控制噪声 • 高标准的绿化 • 原生生物群落	• 系统的安全保障 • 通畅的信息指示 • 得力的应急措施 • 精致的景观设计 • 完善的城市服务	• 齐备的康疗设施 • 特色的养生方式 • 宜人的度假环境 • 周到的健康服务 • 完备的住宿体系	• 优质的景区景点 • 丰富的娱乐场所 • 多样的游览方式 • 特色的旅游商品 • 先进的会展设施	• 和谐的园区氛围 • 独特的建筑形态 • 美妙的美食佳肴 • 良好的居民素养 • 丰富的节庆活动

图 11-2　游客对高品质休闲度假旅游提出的五大要求

（一）对森林公园客源市场行为的偏好调研

国内学者对森林公园客源市场行为的调查研究，比较多的是对不同年龄段的游客对森林公园旅游产品的偏好分析，主要研究结果如下：

由于森林公园的类别不同，还可以对游客对具体森林公园进行偏好差异分析。黄丽萍从年龄、职业、文化程度三个角度，分析了游客对福州旗山森林公园七个产品的偏好差异。这七个产品是天然氧吧、瀑布群观赏、度假山庄、植物观赏、动物游乐、地形陡梯、人文景观这七类旅游产品。

对于远离城市的森林公园，还需要对其接待设施进行评价，这不仅是游客森林旅游决策的重要影响因素，也是森林公园接待设施的风格和设施配置的重点依据。齐程程以张家界森林公园为例，研究了在选择住宿产品时，游客在环境、客房、餐饮、住宿服务方面的差异，在选择森林游憩住宿产品时，年龄偏大的游客更在意住宿产品的风光与环境体验、休闲娱乐体验、外部设施体验、建筑体验、硬件设施、服务品质体验方面，而25岁以下的年轻人由于精力强盛，身体良好，对住宿产品的住宿条件和设施，周边的景色以及交通的便利程度等方面要求就显得没那么高；文化程度与所有指标均无明显差异，游客职业在外部公共设施、建筑体验、硬件设施、软件设施存在差异。这项研究表明进行接待设施策划时，对住宿设施主要从建筑、设备设施、服务体验、餐饮条件等方面进行差异分析。

因此，综合不同学者对森林旅游市场各不同年龄段游客偏好的分析，在森林公园项目开发时，应在开发大众都喜欢的项目基础上，考虑不同年龄层的需要有针对性地开发差异化产品。例如，面向大众的项目，可以是森林观光步道（森林浴）、森林迷宫等。面向青少年的森林旅游产品可以偏向于运动型、活动量大、富有刺激性的项目。

总之，不同年龄的消费者森林旅游消费特点不同，如青少年偏爱结合科普、学习、交流、探险、运动等项目，中老年人则主要是以康体养生、度假为核心，在优秀的生态环境中，享受生活，感悟人生，更多的是深度体验旅游。除了年龄细分，研究者还可以用同样的方法从文化层次、消费水平和兴趣爱好方面进行偏好的分析。

上述研究者对森林公园客源市场的行为分析，尽管是在不同的区域和不同类型的森林公园，但是对于旅游策划者尽可能周全考虑森林公园的旅游行为提供了分析的框架。

（二）佛头山森林公园旅游重点细分市场分析

1. 中上层收入群体市场

社会中上层群体主要来自公务员、企事业管理人员、销售商贸人员和专业/文教技术人员等。该群体收入水平相对较高，大部分月平均收入超过 3000 元。

该群体对生态旅游类型表现了较强兴趣；公务员对民俗体验和生态风光类、康体疗养类有较强兴趣；企事业管理人员和专业/文教技术人员对生态风光类和风土型、康体疗养类会所俱乐部有较强的偏好；而销售商贸人员对休闲娱乐类和风土型兴趣较浓。

2. 家庭旅游市场

家庭旅游市场大部分为城市上班族，主要集中在 25～44 岁和 45～64 岁的年龄段。这部分客源主要选择长途汽车为出游交通工具，其次是私家车。人均旅游消费主要集中在 300～1000 元之间，消费水平中等。最感兴趣的是自然风光类，其次是养生美食、民俗体验、休闲娱乐和土特产购买。

3. 学生旅游市场

学生群体是佛头山旅游稳定的、较大的细分市场，这个群体的旅游动机主要是了解自然、认识自然、认识历史、认识城乡关系。该细分市场对自然风光、科普、休闲娱乐、民俗体验型表现了较强的兴趣。

4. 城市离退休人员旅游市场

他们对历史与文化极有兴趣；旅游动机主要是回归怀旧，探亲访友，一般选择家庭和亲朋好友结伴作为主要出游方式；旅游消费水平不高，人均消费一般在 500 元左右；最感兴趣的是生态园、土特产以及古村古镇类，对休闲娱乐类也有一定的兴趣。

任务三　森林公园的旅游功能开发

【案例导入】 ▷▷▷

我国的森林公园前身是生产木材的林业部门，是林业部门向生态保护和发挥林木资源多种功能转型而来的，树林具有开发成为旅游景区的天然条件，通过发掘旅游资源和建设旅游设施，就可以形成对游客具有吸引力的森林公园型旅游目的地。

根据佛头山旅游资源的空间分布形态和交通发展态势，佛头山的旅游总体空间结构表述："山水舞龙，双核奔腾"。"双核奔腾"指佛头山国家森林公园和江口水乡两个核心；"山水舞龙"指山水相依，城景一体。

森林公园的开发最终落地是建设科学合理的功能区，森林公园要对游客产生吸引力，还必须在各功能区策划相应的游憩项目。在现有的旅游资源空间分布态势和恰当的功能布局原则下，佛头山森林公园将如何进行功能分区和项目配置呢？

【任务描述】

不同类型的森林公园在进行旅游功能开发时具有不同的模式，本部分学习任务：掌握森林旅游开发的原则；根据森林公园的性质进行开发模式决策；了解因地制宜地进行森林公园旅游开发的驱动因素；学习森林公园旅游功能区的划分及其相应的项目配置技巧。

一、森林公园旅游开发原则

立足森林，突出主题原则。森林景观是森林公园的核心，森林公园旅游开发应该坚持以森林资源为依托，根据人们对森林审美的要求，改善森林旅游景观。例如，在树种的选择上，以乡土树种为主，引进色叶、观花、赏果树种，做到林相优良，季相多样化，针叶、乔灌、树草等合理搭配，增强艺术效果。

发挥优势，形成特色原则。在深入挖掘森林旅游资源特点的基础上，根据市场需求，运用项目创意的技巧，开发个性化、高质量的森林旅游项目。

合理安排，重点突破。根据森林公园总体布局和功能区划，以及人才情况，量力而行，优先开发必需的景观景点和基础设施，突出自身特色的拳头产品，逐步进行深层次旅游项目的开发，循序渐进，稳步发展。

突出特色，多元化原则。在突出森林旅游资源的性质和特色的基础上，从多方面多角度多层次挖掘森林旅游资源的潜力，根据旅游要素配套建设相应的旅游设施，提供全面的食住行游购娱旅游服务，体现公园的综合功能。

生态平衡，可持续发展原则。重视森林资源的保护和自然生态平衡，在开发森林旅游的景观景点时要保护野生动物、古树名木等，正确确定保护的等级，合理划分保护带，人工建筑和设施尽量避开被保护物，建筑风格要与环境相协调。

二、森林公园旅游的开发模式

根据国内外森林公园旅游开发的经验，森林公园的旅游开发模式主要表现在以下几种类型。

（一）生态保护型

这类森林公园的区位特征是：距离城市人口密集区相对偏远，规模较大，资源较为单一，属于山野型原始森林公园、国有林场等。开发模式：保护为前提，无明显边界产品，以森林保护为开发模式。依据景区内资源特点，开发森林探秘、科普和户外徒步运动等产品。

例如上海滨海森林公园是在城市扩张的过程中，原始绿地被占用，绿化面积在缩小，危害着城市的生态环境。为了保护上海市的生态环境，上海在郊区进行林地建设，一些林地发展成为森林公园。在城郊预留绿地，可有效阻止城市大规模扩张，同时发育为城市的绿肺。

（二）景区驱动型

这类森林公园因旅游的需要而开发，一般具有强势的森林资源，常位于城市远郊区，多以风光游览、动植物景观观赏、户外游憩等为主要功能。往往是依托森林资源优势，在保护森林资源的前提下，通过基础设施建设和观景游览设施的建设进行旅游开发，主要手段有：景观命名、游步道、电瓶车等内部交通、森林知识科普等。例如，上海崇明岛的东平森林公园其前身是东平林场，已形成华东地区最大的平原人工森林，1993年建成国家级森林公园。森林公园植物资源丰富，森林覆盖率达到80%左右。森林公园开发了丰富多彩的娱乐项目，有荷兰风车、攀岩、大门岗、滑草等项目，公园内还开辟了桂花园、梅花园、樱花园、枫园、月季园等园中园，是上海著名的旅游胜地。

（三）休闲驱动型（城市健身休闲型）

这类森林公园以运动及休闲娱乐为主，多位于城市内或近郊区，规模较小，以森林为载体，采取以基础设施＋森林保护＋休闲配套为开发模式，植入城市休闲设施，满足当地居民周末休闲游乐为主要功能。旅游开发产品以娱乐项目、社交活动、休闲餐饮、体育健身、帐篷露营等开发为主。例如，上海共青森林公园目标定位以"自然、野趣、宁静、粗犷"的森林景观为主的城市公共绿地，同时为市民提供以"森林景观"为主的游憩休闲场所。娱乐项目主要包括豪华波浪、骑马场、激流勇进、野味烧烤、石矶垂钓、万竹园、儿童乐园、森林度假村等。上述项目被合理地配置在相应的景区分区，见表11-4。

表 11-4　上海共青森林公园景区分区及其项目

主要景区	旅游项目
南、北游乐园	儿童乐园、森林度假村、骑马场、激流勇进
松涛幽谷	雪松林带、问樵亭、野牧亭
丛林原野	人生纪念林、纪念人生生日、结婚等
秋林爱晚	泓庄茶室、临水平台、仿木桥、森林度假村
盈湖泛舟	划船、钓鱼、赏荷
水乡映秀	竹亭、绿荫茶室、石拱桥、大草坪蘑菇亭
万竹园	丝竹镇、镜竹塘、竹影桥、墨竹斋、竹韵阁、傣楼

（四）度假驱动型

位于度假胜地，具有特色的度假资源，如温泉、雨林、冰雪等，以建设基础设施、特色酒店/度假村、休闲设施为开发模式，其旅游产品开发多表现在度假产品及休闲产品设置上，如度假村、度假酒店、主题客栈、会议中心等度假设施的配套和禅意养生、心灵休憩、康体运动、森林疗养、娱乐健身、享老养老、温泉开发、观光探险等休闲活动的开展。例如，三亚亚龙湾热带天堂森林公园的定位是国际一流的滨海山地生态观光兼生态度假型森林公园。

（五）文化驱动型

奇创旅游策划公司提出了文化驱动型的森林公园开发模式。这类森林公园是基于现有自然人文资源，发展文旅相关产业，在"吃住行游购娱"旅游六要素的基础上，发挥文化IP创新力，关联森林生态及文化相关业态，成为"生态林业＋休闲运动＋文化养生＋科普教育"的创新业态集群。例如，广东东莞的观音山国家森林公园凭借得天独厚的生态资源，运用独特的文化驱动，举办以健康文化节为代表的系列文化活动，实施文化立园，大打文化牌。公园拥有世界上最大的33米高花岗石雕观音圣像，打造首届健康文化节，通过书法、国画、诗歌、文学系列公益文化活动，促进观音山文化品牌迅速成长。

总之，森林公园的建设与风景区、自然保护区和城市园林不同，但又借鉴了其他景区人文活动开发的方法，是对其特色的自然、人文景观的合理开发利用。每个森林公园都会承载当地人文活动的痕迹，因此，森林公园在进行旅游与休闲产品时，把森林公园所在地域的历史和民俗文化资源融入其中，可以使旅游产品更具特色。

 上海滨海森林公园
中的活动项目

 上海共青森林公园
的项目导览图

三、功能开发

森林公园的森林旅游，可以充分利用动植物资源、新鲜的空气及其空气负离子资源、宜人的气候资源、洁净的水资源以及宁静的环境等，不仅可以开发森林观光，还可以开发森林康养功能，例如森林浴、健康步道、森林木屋、森林运动和平衡神经锻炼场、森林疗养所等，还可以开发众多娱乐项目，如野营、垂钓、水上娱乐等，形成游览、观光、休憩、娱乐、疗养、科普、环保、科研等多种旅游功能的旅游景区。

（一）森林公园可开发的旅游功能

过去，森林在人们心目中仅仅只有提供木材和林副产品的作用，但现在森林的许多其他功能也已逐步为人们所广泛认识，主要包括观赏性、娱乐休闲性、疗养保健性、锻炼身体等功能。

森林旅游资源开发，在森林公园旅游资源评价的基础上，根据旅游资源的特点进行功能区划分，并针对各景区的功能特点，设计出各具特色的自然景点和人文景点。开发的原则是：要以森林野趣为特色，旅程与游程相配合，以保护森林旅游资源为前提。同时，森林旅游资源的保护具有强制性，利用具有制约性；其资源供给因其特性而变化，其资源需求因市场复杂而有波动性；其开发既可产生生态效益，亦兼有社会效益和经济效益。[1]

1. 观赏功能开发

观赏性功能是森林景观最基本的功能，良好的观赏价值是森林发挥其多种功能的基础。例如，我国东北森林景观有其独特的个性，四季可以用"初春兴安绽杜鹃，盛夏绿色醉客源，中秋层林染十色，隆冬尺雪漫山峦"来形容。特别是进入金秋时节，连绵起伏的群山又变成了一个多彩的世界，正是作家、摄影家、艺术家们采风创作的最佳时节。

2. 科普功能开发

森林公园一般具有森林科普（包括动物科普）、地质科普、天象科普（包括夜晚星象）等资源优势，在现有观光休闲旅游资源的基础上充分挖掘森林科普内涵，是利用森林旅游资源发展科普旅游的有效途径。通过科普导游讲解和科学解说牌等方式，策划科普旅游线路，增加游客科普互动和体验性的项目。常用手段是策划特色科普馆，利用高科技技术，演示森林、地质演化、生物衍化的过程，用四维电影等展示手段提高游客吸收科普知识的效果。

3. 文化功能开发

上海滨江森林公园
风力发电科普展板

本着以资源环境保护为基础、以文化为核心的原则，依托林区生态文化以及林区的民俗风情、不同地域的民族文化、历史文化遗存，挖掘和演绎独具特色的文化主线，通过项目表现文化元素，赋予公园丰富的文化内涵。

4. 娱乐功能开发

娱乐休闲性功能是指人们可以在森林公园内开展多种娱乐休闲活动，如对弈、打牌、捉迷藏、散步、闲聊、品茶、小憩、倾听蝉鸣鸟叫和松涛泉音、呼吸迷人芳香等。

娱乐活动项目的开发最重要的是坚持因地制宜的原则，根据地方资源的属性设计活动项目，突出地方特色，增添吸引力。例如，新疆山地是森林资源相对丰富的地区，除了可以和内地其他森林公园一样进行一般游憩活动，如远足、爬山等旅游项目，还可根据地形、资源等特点开展如滑雪、骑马、洞穴探险等活动，更能突显新疆山地森林的优势，体现地方特色，增强森林公园旅游活动的趣味性和参与性。

❶ 冯谷莲，谭自英，黄铁牛 . 旅游营销 . 武汉：湖北人民出版社，2000.

5. 疗养保健功能开发

健康清新的森林环境是无可比拟的，由大面积的森林、花草、山水等构成的自然生态系统所创造的空气清新、水质洁净的清幽环境以及可以充分享受的负氧离子、萜烯分子是森林环境独有的旅游资源。随着现代文明的进步和社会经济的发展，回归自然，走进森林，关注生态，利用森林的特殊功能来调节身心健康已经成为一种旅游趋势。森林里可进行日光浴、森林浴，还可开展森林疗养保健旅游活动。胡启帆认为随着森林康养理念深入人心，康养型森林公园必将成为我国森林公园的发展趋势，提出了将森林康养理念应用于森林公园总体规划的思路和策略，着力将其打造成为集森林旅游、生态观光、休闲度假、科普教育、保健养生于一体的康养型森林公园。❶

6. 保护性开发

森林公园和自然保护区不同于城市公园，而与风景名胜区有更多的共性，注重保护与开发并重，必须永远保持其原有状态，又必须向公众开放，才能发挥其固有的审美、文化、科学价值作用。保护性开发是以资源的真实和完整提供旅游活动，给游人以优美景观和美好体验；以环境效益和社会效益为主，促进人、社会、文化、经济的综合发展。

（二）佛头山森林公园功能定位及项目策划

根据森林公园功能划分的原则，将佛头山景区划分为六个功能片区。

（1）旅游门户接待片区——以"旅游接待"为主题，以打造佛头山旅游会客厅为核心定位。依托区位交通优势，打造以游客服务、旅游接待、形象展示为特色的旅游门户片区。

（2）生态旅游示范片区——以"生态旅游"为主题，定位为佛头山森林公园核心区，体验佛头山森林生态的精品旅游区。旨在利用秀丽的佛头山自然风光，打造成为佛头山中央森林公园。

（3）红色经典教育片区——以"红色经典"为主题，打造平昌首屈一指的"红色经典"革命教育示范基地。

（4）乡村休闲度假片区——以"乡村生活"为主题，以打造平昌一流乡村度假风向地标为核心定位。依托雪花坪村良好生态本底，通过独具特色的建筑、民俗、景观和艺术人文气质，打造雪花坪小镇。

（5）佛教文化朝觐片区——以"佛禅修行"为主题，打造以"怀乡、自然、涅槃、皈依、朝圣"为导向的佛教旅游胜地为核心定位。构筑多种佛教境界的创意建筑景观及休闲方式，打造成为"佛山胜地，净土天堂"。

（6）江口水乡休闲片区——以"江口水乡"为主题，打造以"水景、水道、水乡、水城"为主要载体的水乡胜地。

江口水乡不在本次规划任务之内，故不做具体项目策划与设计。佛头山景区功能分区一览表见表11-5。

表11-5 佛头山景区功能分区一览表

功能分区	功能	面积/公顷
旅游门户接待片区	交通集散、旅游接待、餐饮娱乐、游客服务	15
生态旅游示范片区	森林游憩、森林休闲、森林保护、寻幽探奇	118
红色经典教育片区	革命教育、红色体验	10

❶ 胡启帆，毛炳发，张绿水. 基于森林康养理念的森林公园总体规划研究——以江西省象山省级森林公园为例. 南方林业科学，2019（6）：49-53.

功能分区	功能	面积/公顷
乡村休闲度假片区	旅游度假、主题体验、游览观光、休闲娱乐、商业购物、酒店服务	35
佛教文化朝觐片区	佛寺观光、佛教文化休闲、佛教朝觐	122
江口水乡休闲片区	水景游憩、水乡休闲、水上娱乐	—

任务四 森林公园体验旅游产品策划

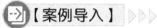【案例导入】 ▷▷▷

国外著名森林公园的旅游产品体系

森林旅游本质上就是为旅游者提供一种远离城市喧嚣感受自然生态的经历、体验。森林体验旅游使旅游者到环境质量优美的大自然中去参加体验活动，既能达到人们愉悦身心、知识增益、丰富阅历、开阔眼界、焕发精神的休闲目的，又能增强热爱自然、保护环境等意识，是人们休闲度假的一种良好方式。

国外著名的国家森林公园的旅游产品设计，具有以下共同特点：①旅游产品开发的可持续性。例如，美国黄石国家公园的开发坚持"保护第一"的重要原则，采取许多措施进行环境保护，不开展对环境及生物多样性影响较大的旅游活动。②旅游产品设计以市场为导向，注重体验性。例如，苏格兰加洛韦森林公园白天是被密林覆盖、小山延绵起伏的地方，夜晚则繁星点点，非常美丽。③旅游产品体验主题化。主题是体验的基础和灵魂，如加拿大卡普兰诺河索桥公园内的印第安文化游。④旅游产品体验深刻化。例如，新西兰峡湾国家公园内多峡湾，开发了海上观光线、徒步栈道，攀岩蹬道、直升机、固定翼和水上飞机多种空中观光方式，为游客提供了海、陆、空多角度全方位欣赏国家公园风光的途径。

【任务描述】

大多数森林公园的前身是林场，从林场发展成为森林公园最主要的手段就是增加森林体验活动。本部分的学习任务是：了解森林旅游产品开发的有效方法——体验营销；学会体验营销的步骤；应用体验营销的理论和方法进行森林公园体验产品的策划。

【任务实施】

一、森林公园旅游产品谱系

森林公园的旅游产品，从供给方而言，是森林公园运营者为了满足来园的游客在森林公园内活动的各种需要，凭借各种旅游设施和环境条件向森林旅游市场提供的全部服务要素之和。从需求方来看，是指任何形式的到林区或林地所进行的旅游活动，包括观光、徒步、登山、越野、垂钓狩猎、野营、探险、科普、疗养度假等。森林生态环境被视为是森林公园旅游的核心卖点，森林旅游产品的本质是游客对森林生态环境的享受和体验。

森林公园的旅游产品谱系，是不同类型森林公园产品及其细分组合，按照森林旅游资源的功能和利用方式来划分，目前我国开发的森林旅游产品分成以下 9 大类，见表 11-6。

表 11-6　森林公园旅游产品分类

产品类型	设计项目
观光游览型	野生动植物、森林生态景观、山水岩石景观、气象景观、人文景观等有一定欣赏价值的森林风景资源
康体健身型	漫步、骑马、开车、狩猎、钓鱼、漂流、游泳、划船、滑雪、滑冰、冲浪、攀岩、团体拓展训练等
保健疗养型	森林浴、负离子呼吸、康健步道、温泉疗养等
郊野游憩型	野炊、野营、烧烤、露天舞会等
教育艺术型	动植物识别、标本采集等自然知识的教育和摄影绘画
野考科研型	科学考察
探险猎奇型	洞穴探险、江河源头探险等
滞留服务型	森林别墅、森林小木屋、生态房等
旅游商品	高山茶叶、森林饮料、干鲜野菜果品、珍贵药材、木竹材料加工的旅游工艺品和旅游纪念品等

二、体验经济、体验营销与旅游策划的关系

体验经济时代的到来对旅游业的发展提出了新的要求，游客已经不再满足于传统大众旅游时期的"走马观花"方式旅游，更多的是期望通过亲自参与而得到难忘的整体旅游体验。这就要求森林公园类景区将体验营销的思想运用在产品设计和开发中，紧跟旅游需求的变化，设计和开发出能够为旅游消费者提供难以忘怀的体验式森林旅游产品。

（一）体验与体验经济

体验是通过多种感觉器官，如视觉、听觉、味觉、嗅觉、触觉等对体验物进行感觉、知觉、记忆、思维、想象，使体验物在人的大脑中留下痕迹的过程。

体验一词，在哲学、心理学、美学、文化学等社会科学均有所研究，经济学对体验的研究最早来自 1999 年约瑟夫·派恩和詹姆斯·吉尔摩合著的《体验经济时代的到来》，文中指出现在的经济时代是继农业经济、工业经济和服务经济后出现的体验经济时代，认为体验经济是企业以服务为舞台，以商品为道具，以消费者为中心，创造能够使消费者参与、值得消费者回忆的活动。

体验同商品和服务相比，具有如下特点：①内隐性。体验是一种心理感受，具有内隐性。②主观性。体验的形式受每个人的心智模式影响，不同人对同样事物的反应有区别。③诱导性。通过向顾客提供适应其心理特点的产品和服务，可诱导顾客产生积极的体验。④情感性。体验强调的是顾客心理所发生的变化，满足了顾客自我实现的高层次需求，因而体验比其他经济提供物具有更高的价值。

就旅游而言，"走马观花"的旅游形态已无法满足游客需求，游客对个性化旅游体验的需求愈加迫切。旅游体验理论被引入旅游企业营销和旅游项目的开发建设中，尤其是"快乐剧场模式"运营的主题公园，而其他以科教、保护为核心的景区，则在娱乐活动项目的策划中加以应用。

（二）旅游体验营销的特点

自 20 世纪 70 年代以来，旅游体验研究逐渐成为国外旅游学界的重点课题，我国对旅游体验的研究也逐步跟进。国内旅游学术界的研究主要表现在两个方面：一是从《体验经济时代的到来》一书出发，从经济学、管理学视角探索旅游体验，进一步了解旅游者，设计体验旅游产品。二是从"旅游的本质"出发，研究旅游体验的基本理论框架。从这两方面来看，旅游体验营销能迎合体验经济时代人们对体验的需求，同时又能抓住旅游的体验本质，对旅游项目和产品策划具有指导意义。

旅游体验营销有着与传统营销不同的特点。体验营销是以"创造有价值的顾客体验"为

目标的新型营销方式。汪涛、崔国华认为，体验营销是指企业营造一种氛围，设计一系列事件，以促使顾客变成其中的一个角色尽情"表演"，顾客在"表演"的过程中将会因为主动参与而产生深刻而难忘的体验。体验营销的观点认为顾客既是理性的也是感性的，顾客出于理智和出于追求刺激、乐趣等一时冲动而购买的概率是相同的。

基于旅游体验营销的服务营销则是注重如何使一项服务个性化，如何使顾客在接受服务的过程中产生与众不同的感受。因此，旅游企业和旅游目的地可以通过创意，创造出独特的旅游体验产品和服务。例如，在主题公园景区，可以体验出生入死、险象环生的探险过程。

森林旅游非常适合应用体验营销的理论和方法进行活动策划。森林旅游是发生在森林资源为依托的景区的特定旅游体验，森林旅游行为是在林区内依托森林风景资源发生的以旅游为主要目的的多种形式的野游活动，它为人们提供了融于自然、陶冶情操、丰富生活的多种机会，是各类人群所喜爱的旅游活动。

总之，在体验经济时代，人们的消费需求是通过体验满足更高层次的需要，森林旅游产品的提供者可以体验营销理论与方法为指导，根据不同消费者需求新特点，设计为其提供体验舞台的森林旅游产品，形成独特的吸引力，使森林旅游者通过自身参与而得到难忘的旅游体验，发挥森林资源在旅游业中的作用。

三、旅游体验营销的模式及步骤

（一）体验营销的模式

体验是复杂的又是多种多样的，但可以分成不同的形式，且都有自己所固有而又独特的结构和过程。伯恩德·H. 施密特（Bernd H. Schmitt）在《体验营销》一书中将体验形式定义为感官、情感、思考、行动、关联五个方面，称之为战略体验模块。[1]以下将分析伯恩德·H. 施密特的体验营销模式在旅游体验产品策划中的应用。

1. 运用感官式营销提高知觉体验

感官式营销是通过刺激视觉、听觉、触觉与嗅觉，创造知觉体验，使游客产生美的愉悦、兴奋与享受。感官营销的目标是创造知觉体验的感觉，以此来引发消费者购买动机与增加产品的附加价值等。例如，目前流行的沉浸式旅游体验，采用科技和艺术手段，即通过全景式的视、触、听、嗅觉交互体验，使游客有一种"身临其境"的感觉。

2. 情感式营销策略

情感营销是以旅游者内在的情感为诉求，致力于满足旅游者的情感需要。人们的情感可分为感情与情绪两个方面，从正面的情绪状态到负面的感受，从温和的心情到强烈的感情，从喜怒哀乐到爱恨悲愁，皆可纳入情感的范畴。

例如对于在快节奏、高频率工作和生活中的人，人与人之间的感情交流日益减少，情感饥渴症随之而生，互动交流型产品则能满足人们交往的需要。在进行旅游产品策划时，借助于人们生活中的各种感情如亲情、爱情、友情、乡情等，根据目标客源市场的职业、爱好、兴趣等因素，设计出具有情感感染力的意境，诱导其产生相应的情感情绪，产生购买动机。

3. 思考式营销策略

思考式营销诉求的是智力，以创意的方式引起顾客的惊奇、兴趣、对问题集中或分散的思考，为顾客创造认知、解决问题和增强自信心的体验，思考营销目的在于对消费者智力启迪及创造认知。例如，水车是重要的农具，由于其造型美观常常作为景观要素置于河边，可

---

❶　伯恩德·H. 施密特（Bernd H. Schmitt），等. 体验营销. 周兆晴，编译. 南宁：广西民族出版社，2003：113.

以设置一些问题，启发人们对水车工作原理的思考。思考式营销策略常常在科技型、教育型和历史文化旅游产品中体现。在森林公园开展的教育体验活动主要有森林科普游、森林科学考察游等，所需要的基本设施如森林（自然）博物馆（或标本馆）、专类馆、专类园、科普廊、解说步道、标识牌、解说牌等。旅游者可以通过学习强化游客的精神感受。

4. 行动式营销策略

行动式营销也是一种参与式营销，通过增加参与者的身体体验获得娱乐体验。目标是引导消费者身体力行，影响其生活和做事的方式。通过提供参与性的活动，指出做事的替代方法、替代的生活形态与互动，丰富消费者的生活。例如，目前流行的自己动手（DIY）艺术创作、农事体验、落叶标本制作和各种娱乐活动，获得的就是娱乐体验。森林公园可提供娱乐休闲类旅游产品激励旅游者参与其中，如野营基地、采摘、丛林野战等，通过参与其中、乐在其中的体验方式，体验更有深度、更具个性化、更独特的森林旅游产品。

5. 关联式营销策略

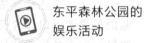

东平森林公园的娱乐活动

关联营销包含感官、情感、思考与行动营销等层面。关联营销超越私人感情、人格、个性，把个人与理想中的自我、他人或是文化产生关联而获得的反应。即这种体验必须通过与他人接触并形成某种联系或关系而获得的体验。这种营销有助于形成品牌偏好和品牌忠诚。关联活动的诉求是为了自我改进（例如，想要与未来的/理想自己有关联）的个人渴望，要求别人（例如，亲戚、朋友、同事、恋人或是配偶和家庭）对自己产生好感，让个人和一个较广泛的社会系统（一种亚文化、一个群体等）产生关联，从而建立个人对某种品牌的偏好，同时让使用该品牌的人们进而形成一个群体。

（二）体验营销策划的步骤

旅游体验营销需要设计，旅游体验设计的策略包括确定主题、策划体验旅游活动、营造体验氛围和实施体验营销等几个环节。

1. 确定主题

制定明确的主题可以说是经营的第一步。主题就如同一篇文章的中心思想，一支乐曲的主旋律，缺乏主题和东拼西凑的体验设计，难以给顾客留下深刻印象，甚至会事与愿违地造成负面体验。谭凯诚提到体验需要先设定一个精炼的主题，这是迈向通往体验之路的第一步，也是关键的一步。

良好的主题能串联景物，增强体验的作用，使游客留下很深的印象。主题是景区的灵魂，没有主题的景区只是散乱景物的堆砌，游客游览后无法留下令人难以忘怀的经历。

2. 策划体验旅游活动

体验旅游活动的策划方式有：寓教于乐、点燃梦想、身临其境。方法是在原有的产品和服务中附加体验活动，也可以把体验当作核心提供物来经营，以体验活动为导向设计旅游产品系列。体验活动设计的关键是将服务有形化。

由于旅游者不希望仅仅被动地接受旅游服务，而是愿意融入舞台中使自己成为参与者而不是被动的接受者。在进行旅游体验设计时，必须认真考虑旅游者的个性化需求，了解旅游者的偏好、特点和需要，并将旅游者作为一种资源融入旅游体验中去。

3. 营造体验氛围

令人难忘的体验经历不仅需要主题和参与活动，而且还需要外围环境的和谐衬托。利用现有的体验资源搭建体验的场景和舞台，类似体验剧场，让游客参与其中。例如，南京一家餐厅仿照电影《侏罗纪公园》刻意营造侏罗纪时代原始森林的场景，在餐厅里布置钟乳石、古树、瀑布、假山和恐龙的模型，还有石头的餐桌、椅凳，身着牛仔服的服务生，餐位上摆放着介绍各种恐龙的资料。客人一进餐厅就会沉浸于独特的体验之中，从而留下深刻印象。

4. 实施体验营销

互动是实施体验营销的关键环节。旅游过程中的互动包括游客与参与景区活动的互动、游客与导游、服务人员的互动以及游客与游客之间的互动。实施体验营销，要考虑不同游客的偏好。比如去武当山的游客有很多都希望能在武当领略到太极武术的风采，针对这样的游客，景区可以为其设计不同于一般观光的武术表演和研习太极的旅游项目，区别于一般观光旅游活动的参与性体验。

四、森林公园体验产品策划的策略和要求

根据上述体验营销的理论、方法和步骤，针对特定的森林公园进行体验旅游产品策划时，围绕游客身心体验和全方位感受进行产品开发和项目设计，让游客留下难忘的印象。

（一）如何确立森林体验的主题

主题是森林公园体验产品策划要围绕的核心，制定鲜明的主题是进行体验式森林产品设计的前提。派恩等指出主题化成功的关键在于领悟什么是真正令人瞩目和动人心魄的体验，并提出了衡量创意好的主题的五个标准：①具有诱惑力的主题必须调整人们的现实感受；②最丰富的有关地点的主题，通过影响人们对空间、时间和事物的体验，彻底改变人们对现实的感觉；③富有魄力的主题集空间、时间和事物于相互协调的现实整体；④多景点布局可以深化主题；⑤主体必须与提出体验的企业性质协调。因此，在制定体验主题时，要考虑以下几个方面的问题。

1. 主题的塑造应注重游客在森林公园想获得的利益

主题确定需要关注来此森林公园游客的特定体验内核，要考虑某类游客的个性化和各类游客的多元化的旅游体验，为其提供个性化的森林旅游体验。主题是在顾客需求层次分析的基础上确定的，只有了解了游客进行森林旅游期望获得的利益，才能打动游客，激发他们尝试的欲望，启发游客获得全新的体验，从而产生心灵愉悦的体验。

2. 体验主题可基于地域文化主题、历史文化和民族文化特色来挖掘

每个森林公园都有其不同的生态、文化价值，大多数森林公园是将不同的文化加以组合，形成区别于其他森林旅游景区的品牌价值形象，达到用主题差异来吸引游客的目的。例如，安徽天堂寨国家森林公园的主题是"华东最后一片原始森林"，突出了地方性。马永强等以旗山国家森林公园文化旅游产品应以旗山森林公园内优美的自然环境为依托，结合闽侯区域民俗文化、社会经济，突出旗山森林公园"松主题"文化和精神，围绕松主题旅游形象定位进行建设。

3. 主题的挖掘应该是全方位地考虑旅游体验

为了达到符合集空间、时间和事物于一体的相互协调的现实整体的主题策划标准，需要从景物、建筑、设施设备、服务用品和旅游纪念品的外观形式，到食、住、行、游、购、娱各环节的项目内容，用一条清晰明确的主线贯串起来。例如，温州文成县月老山爱情主题森林公园，景区内生长有水杉、云松、红豆杉等几十种珍稀树种，有的树龄达100年以上，通过爱情将景物、设施和婚庆活动整合起来。景区内有爱情海、心心相印船、水杉林、婚纱廊、爱情长廊、爱之翼、爱之屋、双乳峰、月老庙、舍得石、世界最大红双喜字等景观，处处洋溢的氛围，时时绽放爱的激情，景区每年还定期举办七夕文化节、相亲会等节庆活动。

4. 挖掘森林文化内涵，提升森林旅游的文化品位

森林文化表现出人类对森林及其生命关联的理解与认知。设计具有文化内蕴的森林旅游主题，指导文化体验性的产品项目的建设和节庆活动的开展，可提高游客对大自然的文化气息的感知，从而加深旅游体验强度，提高旅游体验质量。例如，杭州半山国家森林公园内将二十四节气作为主题，"春夏秋冬细细分，一年四季密密归。"二十四节气是中国人特有的文化符号。

5. 体验主题要与经营管理主体者的核心能力一致

由于经营者管理、经营、组织等具备的能力存在一定的差异，主题的选择只有与其能力相配合才能有效地开发。例如，上海滨江森林公园的建设着重突出"自然—生态—野趣，保护—创新—发展"的主题，这就要求有能力提供生态和野趣的环境，充分利用苗圃的原有资源，创造更吸引人的城郊森林景观的同时，有一定的财力、物力和人力提供与众不同的各项功能和服务。

（二）森林旅游体验需求分析

国家森林公园旅游市场是森林旅游产品商品化的场所，森林公园的市场既与其他景区有共性，例如，具有异地性、季节性、多样性、波动性等特点，也有森林旅游与休闲的特殊需求，例如，我国南北方森林旅游的淡旺季分布不同，做好森林旅游市场的调查研究和分析评价，是进行森林公园产品策划的重要依据之一。这里，主要学习如何从体验营销的基本概念出发，设计有针对性的市场调查方案，为体验旅游产品策划提供依据。

市场调查围绕体验需求进行，由于人们在森林中的体验主要是感官上的体验和行为上的体验，因此，可以从两个方面了解游客对体验的需求：一是从感官上，感官是人的大脑对物体个别属性的直接反映，它是获得体验最直接、最主要的来源，是体验的第一个环节。因此，策划者需要了解人们在森林公园旅游，对视觉、听觉和触觉等感官的需要是什么。二是从行为上，到森林公园旅游离不开行、游、住、食、购、娱这几个基本要素，策划者需要了解游客在森林公园旅游时对交通、游览项目和住宿等这些要素和环节上的特殊体验需求，从而设计体现体验营销理念的各类旅游产品和配套产品。

【思考与讨论】

在森林游步道中设计声景系统，选择什么音乐和歌曲好呢？

不同的游客有不同的需求，也就形成了各不相同的细分市场，因此，还需要对细分市场的不同体验需求进行分析。体验设计时不但要明白消费者的具体需求，而且要知道为体验付费的是谁，也就是产品受众目标在哪里？消费者是谁？这就要求在设计前做全面的市场调查和深度市场细分，然后依据目标市场设计体验旅游产品的市场体系。例如，高端旅游人群，在于对生活品质、精神愉悦有所追求，其视觉、听觉的感知会与中、低端游客不同。不同年龄层游客对森林旅游的体验需求也不同，青年游客需要逃避体验，中小学生需要教育体验，中年游客需要森林健康旅游产品，这就需要有针对性地进行市场调研。

（三）体验场景和氛围营造的内容

在提炼出本景区森林旅游的主题之后，再围绕这个主题进行合理的氛围设计，形成独特的氛围体验，从而达到促进产品销售和培养顾客忠诚的目的。体验场景设计就是根据主题利用现有森林资源搭建体验的"舞台"，为旅游者提供一个体验的真实环境。在森林公园内部，可以森林景观、动植物景观、山水景观、地质地貌景观等自然景观为背景，运用颇具地方特色的民风民俗、节庆活动、建筑等人文景观设施来点缀，营造整体的森林自然人文相和谐的体验氛围。

每一个场景中都要根据森林体验的具体要求进行精心组合而不是简单罗列，由体验主题线索把它们内在地串联起来。例如，上海东平森林公园内的方言之路，在森林的一条游步道两边，围绕方言这个主题以木质展示板的形式，将崇明的方言以文字和版画的形式介绍。

氛围营造的方法是对景区的硬件设施和软件要素进行组合，根据资源的特征，配置相应的设施，并与森林景观相协调，对森林公园游客活动配套的基础设施如步游道、广场、垃圾桶、厕所等进行专门设计，对接待服务设施如小商店、岗亭等进行专门设计和布点，体现人文关怀。

（四）森林公园的感官环境创设

 上海崇明东平森林公园的环境方言之路

感官是人对物体某一属性的直接反应，人们到了旅游景区，最初的体验就是感官体验，它是最容易调动情绪的体验之一。森林公园项目和产品开发时，需要设计人员设计出能给游客带来视觉、听觉、嗅觉、味觉和触觉全方位冲击的旅游产品，才能加深他们在主题环境中的感知体验。

要了解感知体验设计，需要辨析感知的深层含义。感知是感觉和知觉的统称，感觉是人的大脑对直接作用于感觉器官的刺激物的个别属性的反映，如颜色、声音、气味等即为物体的个别属性，是体验的第一个环节。感觉是知觉的基础，知觉是感觉的继续。

感知体验设计是指利用各种感觉，通过诉诸视觉、听觉、触觉、味觉和嗅觉创造感知体验过程的设计方法。就森林公园而言，需要从森林公园的文化主题、环境、功能和产品等方面如何刺激感官来设计感知体验环境，为森林旅游者创造喜欢的内心情绪和情感体验过程，提高游客们对该森林公园旅游的兴致。

视觉设计。视觉捕捉事物的颜色、外形、大小等客观情况，产生包括体积、重量和构成等有关物理特征的印象。

听觉设计。美妙的声音可以传递幸福愉悦的快乐感等。听觉的设计是提醒游客倾听森林中各种声音的发音源，例如，森林公园中各种自然的声音，如：动物声景（鸟鸣、虫叫）、风声景、雨声景、流水声和生活声等方面进行设计。

嗅觉设计。森林公园里不单有自由清新的空气，还充满各种花香味，给游客带来身心的快乐。充分合理利用森林公园中大自然的清香和芬芳，如：花香、叶香、草香、果香等，设计满足嗅觉体验的项目和产品。例如，北京八达岭国家森林公园每年六月的丁香生态文化节，花开时节，丁香谷景区已成为北京六月最香的山谷。

触觉设计。触觉是通过皮肤感觉，可以感觉冷暖、粗糙、细腻和干湿等，触觉还具有心理属性，触摸的刺激信号传递到大脑后，通过联想、记忆会引起一连串心理感觉。例如：森林公园中的儿童沙地，孩子们可手持塑料铲、玩具挖掘机等，尽情玩耍，享受与自然的零距离接触，培养尊重自然、敬畏生命的生活态度。

【思考与讨论】

从上述案例来看，哪几个方面体现了体验营销的观念？

（五）佛头山森林公园精品项目策划设计

佛山森林公园要在主要客源市场形成品牌，首先要避免同质化，全力实施能形成差异化的精品工程，在开发中抓住资源的特点、突出开发的重点、找准市场的卖点、做出形象的亮点。

与森林有关的项目策划方案如下。

1. 生态旅游示范片区

主题形象：建设"绿"的世界，"树"的王国，"花"的海洋，"鸟"的天堂。

功能定位：自然观光、文化时尚、营地休闲。

项目策划：

（1）白鹭天堂——"鸟的天堂"。

建设内容如下。

在距离 2 号亭约 200 米旁建设白鹭天堂，占地面积约 2000 平方米。定位为以野生鸟类和半人工化饲养鸟类观光、科普为主要功能的观鸟基地。主要建设项目有百鸟公园、观鸟栈道、放飞广场等。

（2）鹰岩春晓——"江阳十景"。

建设内容如下。

① 鹰岩春晓。拆除 4 号亭。新建三层阁楼一座，取名"鹰岩春晓"，供游客极目远眺，同时又成为整个森林公园标志性的瞭望台和森林火灾观测站。

② "江阳十景"。"鹰岩春晓"阁楼一层布置"江阳十景"展示内容，介绍"鹰岩春晓、双江螺旋、狮滩雪浪、南台飞瀑、宝山夕照、龙潭秋月、佛头夜雨、华寺木鱼、角井灵泉、蜈岭卧云"等"江阳十景"内容，分文献记载、书画描述、名人题咏等类别展示。

③ 鹰岩春晓观光平台，在 4 号亭外侧，利用巨型岩石，搭建超级观光览胜平台，供游客极目远眺，让游客去感悟古今景色的变化。

④ 空中楼阁。建好汉坡，在梯道起始处，叠石一块，上书"好汉坡"三字。建爬坡栈道，分木栈道、钢筋栈道、泥石栈道三种，陡峭险峻费力为主体特色。a. 首先在山崖峭壁上开凿 2.5 米宽的栈道，栈道以钢架支撑，以钢板铺设，栈道与山体连接处，设有完善的保护设施；b. 泥石栈道。即现状道路，保持原状，甚至有意增加陡峭度。c. 第三段为木栈道。

⑤ 天籁之音——倾听"自然"的声音。游人在漫步松树林过程之中，呼吸新鲜空气，体会自然森林美妙，聆听风声虫鸣鸟语"天籁之音"。项目设置如下。

许愿风铃（铃）。选择一处树林，树林中设置金属风标系列，风标上设置风铃，供游客前来许愿，方圆几里都能听到音乐吟声发出的"天籁之音"。

音乐之声（路）。步道两旁设置背景音乐，沿路安装小型景观音响，播放佛禅文化的经典而通俗的音乐，如《云水禅心》等。使得自然天籁与心灵之声在此交响共鸣，游客产生身心愉悦的感受。并以碎石铺路，道路两旁点缀自然花丛。

天籁之音（亭）。策划在山谷松林间建天籁之音亭一个，突出草、竹、树三元素，让游客到此聆听大自然天籁之音。草棚竹亭设置特殊屋顶，让屋檐的雨水滴到地面的瓦罐中，以便发出清脆悦耳的响声；在山林间适当设置竹木音响器具，以增强天然音响的效果。

⑥ 森林营地。设置户外帐篷度假营地，并形成足够规模，游客可自带、可租赁、可当场购买，体验帐篷度假自助烧烤的乐趣。

⑦ 花果山。建"花果山"果园，主要有枇杷园、桃园、布朗李园、黄花梨园等，打造百果园，使其具有观花、观叶、赏果等多种功能。

⑧ 梅花三弄——"探梅胜地，爱恋世界"。目前已有一定规模的梅树种植，应考虑连点成线成片，形成规模，突出梅花香雪海壮观的观赏效果。同时结合景观标识系统设计，以悬挂、绑扎、插入等多种固定方式，增加梅花、竹子等景观植物品种的介绍名牌，增强观赏性和科普性。以爱情的发生发展的过程为序列，突出相思、相恋、相伴的过程中的感情体验，设置以梅花为主要载体的各种景观，和可参与的各种方式的活动，将自然的优美景色、游人的热情参与、梅花文化的诗情画意，巧妙而自然而然地融入此区，"三弄、三台地、三境界"，全力打造佛头山森林公园"梅花三弄"品牌，使之在四川众多探梅胜地中脱颖而出。

第一弄为望梅止渴——第一重境界："相思"——营造梅园春色，打造赏梅胜地。为梅花观赏园。依托第一台地，种植多品种、大面积的梅花树，结合梅的植物学分类方式和突出观赏特性的方式，设置若干梅花专类园，以珍惜梅和多品种竹类取胜。其特色有二：一是收集尽可能多的梅花品种，对稀有品种，除妥善养护外，还加上详细说明，使游客增长赏梅知识。二是制作梅花盆景，让游客在观赏之余，还可以购买回家。

第二弄为青梅竹马——第二重境界："相恋"——演绎"青梅竹马"，打造浪漫胜地。依托第二台地，梅园与竹林相结合，演绎"青梅竹马"的纯真甜蜜。项目设置如下。

斑竹公园。在梅花丛中，以斑竹、紫竹、金镶玉竹等三种竹子为主体，建设三个小竹园，重点展现三则与竹子有关的爱情佳话：一是斑竹一枝千滴泪，表现娥媓、女英的忠贞；二是白娘子为救许仙盗取仙草；三是朝霞仙子为救夫君化身甘泉。

无猜之道。把串联整个梅园的道路命名为"无猜之道"，取意"两小无猜"。"之道"一语双关，既为游览步道之"道"，又是青梅竹马，相恋相识之"道"。建无猜小亭、牵手小道、爱的誓言、缘石、一剪梅、梅花爱情物语铭……

青梅竹马。在地势优越的山坡上让梅花和竹子混植，协调搭配，打造青梅竹马标志景观。梅林中铺筑蜿蜒曲折、自然朴素的翠竹，布置若干小景，中立巨型雕塑一个，演绎"青梅竹马"这一故事的典故由来，上书"青梅竹马"四字，供浪漫情侣体验留影。

第三弄为非诚勿扰——第三重境界："相爱"——打造"两人世界"。建于第三平台。主要提供青年男女休闲、娱乐、餐饮设施。这重境界象征男女从相思、相恋步入相爱的阶段，"非诚勿扰"，为热恋男女提供两人世界。项目设置如下：非诚勿扰。20个供热恋青年非诚勿扰的私密小屋。花前月下。提供座凳、石梯、竹椅，建"花前月下"花园。恋恋会所。提供甜品、餐饮等服务。

【任务训练】

不同类型森林公园旅游产品与游憩活动项目策划的对比分析。

1. 实训目标

（1）理解不同类型森林公园的类型，及其产品和游憩活动项目开发的适应性。

（2）找出不同类型森林公园产品开发的核心。

（3）培养未来森林旅游需求趋势的判断能力，培育前瞻性看问题的能力。

2. 实训内容与方法

（1）选择你身边熟悉的森林公园，对其旅游产品和游憩活动进行评价。

（2）根据森林旅游未来市场变化的趋势，运用市场—项目—资源法进行游憩活动项目策划。

3. 标准与评估

（1）标准：懂得市场—项目—资源法的步骤，并运用该方法，选择某森林公园，根据其所处的生命周期不同阶段，进行游憩活动项目的策划。

（2）评估：①能完整地根据市场—项目—资源法的步骤撰写策划报告。②对市场判断有前瞻性，对资源与市场适应性分析较为全面，文案结构合理，方案有一定的创新性。

【复习思考题】

1. 简述基于不同标准的森林公园分类及其对森林公园旅游策划的意义。

2. 选择不同类型森林公园，并对其进行市场细分和游憩活动偏好分析。

3. 结合实际谈谈森林公园旅游功能开发存在的问题，根据森林公园功能开发的专门技术进行优化提升。

4. 根据旅游休闲市场变化趋势，结合森林公园的开发条件，进行市场定位和森林旅游产品策划。

项目十二
地质公园旅游策划

学习目标

知识目标：

1. 认识地质公园的含义、分类和开发策划。
2. 了解地质公园旅游项目策划、产品策划的核心内容。
3. 理解地质公园旅游开发与科普教育的意义。

解说视频

技能目标：

1. 掌握地质旅游资源的分析、市场偏好、科普教育需求。
2. 能够根据科普教育需求进行项目策划。
3. 能够根据地质公园的资源特色，结合科普教育策划深度体验旅游产品。

任务一　地质公园基础知识及旅游资源特征

【任务描述】

在地质公园进行旅游开发时，首先要了解有关地质公园及其与旅游关系的相关知识，本部分的学习任务是：理清在地质公园旅游策划时会遇到的相关概念及地质公园的基本构成要素；区分地质公园的类别及其旅游开发的异同；对地质公园可供开发的旅游资源进行评价；认识地质公园旅游开发的模式及其开发模式的选择条件。

【任务实施】

一、地质公园的相关概念及构成

（一）相关概念

提到地质公园，需要对几个相关的概念加以区分。

1. 地质遗迹

地质遗迹是指在地球演化的漫长地质历史时期，由地球内外动力的地质作用，形成发展并遗留下来的不可再生的各种地质体的总和。其主要类型包括：有重大观赏和重要科学研究价值的地质地貌景观；有重要价值的地质剖面和构造形迹；有重要价值的古人类遗址、古生物化石遗迹；有特殊价值的矿物、岩石及其典型产地；有特殊意义的水体资源；典型的地质灾害遗迹等。

2. 地质公园

地质遗迹是建立地质公园和发展旅游业的重要地质资源，是旅游地学的主要研究对象。

旅游地学与地质公园都是中国地质工作者的首创，是中国地质科学院的重大科学研究成果之一，其在中国地质工作发展史上具有里程碑意义。

我国的地质公园是老一辈地学专家学者利用中国地质科学院的学科优势和中国地质学会学术团体的影响力，在将地球科学运用到为中国旅游业发展服务中所创立的旅游地学理论指导下，提出的建立地质公园的建议和一整套实施方案，并最终促成地质公园得以建立。

《关于申报国家地质公园的通知》中对地质公园的定义，即："地质公园是以具有特殊的科学意义，稀有的自然属性，优雅的美学观赏价值，具有一定的规模和分布范围的地质景观为主题；融合自然景观与人文景观并具有生态、历史和文化价值；以地质遗迹保护，支持当地经济、文化和环境可持续发展为宗旨；面向公众提供高科学品位的观光游览、度假休息、保健疗养、科学教育、文化娱乐的科学公园，同时也是地质遗迹景观和生态环境的重点保护区和地质科学研究与普及的基地。"

地质公园的任务除了保护地质遗迹、保护自然环境和向公众传播地球科学知识，促进公众科学素养的提高，将向公众开放、开展地质旅游活动列为地质公园的一大任务，这也是地质公园与地质遗迹保护区的显著区别。也就是说，通过发展旅游业，开发高品质的旅游产品，拉动公园周边社区居民就业，促进地方经济发展。旅游业的需求是发展地质公园的动力，保护地质遗迹是建立地质公园的依据，中国的地质条件和丰富多彩的地质景观资源条件是发展地质公园的基础。

3. 地质旅游

地质旅游是指开发旅游地质资源，利用地质遗迹进行旅游活动，大力宣传与之有关的地质科学知识，尤其是地质遗迹的形成、演化和发展规律，以提高人们的地学知识和保护地质环境的意识。

4. 科普旅游

科普旅游是通过旅游达到普及科学知识的一种特殊旅游形式，寓教于游、寓教于乐，得到国内外旅游者的一致认可，我国对科普旅游的研究日渐高涨，但对科普旅游的概念界定仍然较为模糊，各学者从不同的视角出发，对科普旅游的内涵进行了界定，比较有代表性的科普旅游定义见表12-1。

表 12-1 关于科普旅游的定义

学者	定义
李裕红	是通过旅游的深层次开发，突出其科学文化内涵，满足旅游者的好奇心，普及科学文化知识的生态旅游产品
邓伟	是一种特殊的旅游产品，也是一种发展理念。从产品角度看，科普旅游是集科普与旅游为一体的旅游产品；从发展理念看，科普旅游是在旅游的发展过程中始终以科普教育为准则，指导旅游的发展方向
于洪贤 黄继武	是在充分利用现有科技资源的基础上，通过以旅游内涵为主题的规划、设计，将科技、实验、讲座与旅游者的广泛参与融为一体，让旅游者在游览过程中提高自身科学知识和文化素养的一种新型旅游形式
李绍刚	狭义的科普旅游是以旅游活动为载体，以传播科学文化知识为目的的旅游形式；广义的科普旅游是以游览为目的，在参观游览过程中传播、普及科学知识的旅游形式

【思考与讨论】

地质公园的特征对旅游开发的限制表现在哪里？

（二）地质公园的类型

目前，地质公园并没有统一的分类方法，了解不同类型的地质公园，是为了能根据不同类型地质公园的资源特征、科普任务、管理制度等进行相应的旅游活动策划。

根据地质公园依托的资源价值和建设状况，地质公园分为四级，即世界地质公园、国家地质公园、省（自治区）地质公园、县（市）地质公园。①世界地质公园。联合国教科文组织世界地质公园，简称世界地质公园，是地质公园中级别最高的，具有特殊地质科学意义、稀有性、美学价值和教育功能的重要地质遗产，才能入选"世界地质公园"。②国家地质公园。国家地质公园是由所在国中央政府的专门管理机构批准的地质公园，这类地质公园必须要有国家级的地质遗迹两处。③省（自治区）地质公园。由省（自治区）级人民政府的专门机构受理批准建立，要求必须具有省级意义的地质遗迹三处。④县（市）地质公园。县（市）地质公园是由县（市）级人民政府批准建设的。这样的分类告诉我们，不同级别的地质公园，除批准设立的机构级别不同之外，最主要的区别在于"地质遗迹"的数量和价值，这对于我们在地质公园进行旅游策划时，根据地质公园级别的不同挖掘资源、在不同层级的部门收集资料和策划相应级别的旅游项目具有相同意义。

根据地质公园面积的大小，可将地质公园划分为特大型、大型、中型、小型4种，如特大型地质公园面积为500平方千米以上，小型地质公园面积小于20平方千米等。

根据地质公园的需求目的，可以将地质公园划分为科学考察研究主导型、观光游览主导型和综合型地质公园。①科学考察研究主导型的地质公园具有科普修学旅游价值，因其所含地质遗迹在科学研究和科普教育方面的突出功能，是科普修学的旅游胜地。例如标准地层剖面、地质构造、古生物化石产地、地震遗迹等地质公园，对于科研具有重要的价值，但仅限于地学界，在社会上的影响面很小。除了吸引专业科学研究工作者，游人主要是科普修学旅游者和户外猎奇爱好者等。②观光游览主导型的地质公园具有自然美学欣赏旅游价值。这种自然美依附在各种地质遗迹上，如地质遗迹本身构造上的规模和气势美。该类型的地质公园常和自然风景密切相关，一般规模较大，具有宏大的观感和气势。③综合型地质公园兼具以上两者功能，具有多种地质遗迹类型和景观价值，存在科学价值和旅游审美的功能，该类型有的地质公园因其主题内容附加了周边的自然或人文景观，并相得益彰，而成为旅游吸引物。

依据地质公园中主要地质遗迹类型的不同，可将地质公园划分为以下类型：地质剖面类（地层学遗迹）地质公园；地质构造类（构造地质遗迹）地质公园；古生物类（古生物遗迹）地质公园；矿物与矿床类（矿产地质遗迹）地质公园；地质地貌景观类地质公园——包括岩石地貌类、火山地貌类（火山地质遗迹）、冰川地貌类（冰川遗迹）、流水地貌类、海蚀海积景观类、构造地貌类地质公园等；水体景观类（水文地质遗迹）地质公园；环境地质遗迹类（地质灾害遗迹）地质公园——包括地震遗迹类，陨石冲击遗迹类，崩塌、滑坡、泥石流遗迹类，地裂与地面沉降遗迹类地质公园等。这样的划分，便于我们在地质公园进行旅游策划时，根据地质遗迹类型的不同，策划特定类型的旅游项目，例如，地质剖面类地质公园和火山地貌类的地质公园，旅游活动的方式就不同。

 长兴金钉子地质公园的项目

 雁荡山世界地质公园灵峰景区的日景夜景

二、地质公园可供开发的旅游资源和开发模式

（一）地质旅游资源

从地质公园的定义来看，地质公园是以具有特殊科学意义、稀有性和美学观赏价值的地质遗迹为主体，并融合其他自然景观、人文景观组合而成的一个特殊地区，因此，地质公园旅游策划可凭借的核心资源就是地质遗迹，地质遗迹以及与其他自然和人文资源的组合，就构成旅游策划的资源来源。

地质公园可以供开发的旅游资源依其类型不同而不同，基本的自然旅游资源要素如下。

地形地貌：地形地貌是地质公园景观设计的基础场地，为地质公园景观设计过程中提供多种景观空间，在自然地形上进行景观和空间的设计和改进，形成地质景观吸引物。

水体：水体景观是公园造园的重要表现形式之一，公园无水不活，在景观设计中，需结合当地的水文特征来打造地质公园具有观赏和嬉水功能的空间环境。

气候：气候对地质公园的生态环境有着重要的影响，地质公园景观和空间设计也需要考虑到气候的条件，利用当地气候规律和特征开发适当的项目，例如康养旅游。

植被：植被是公园场景渲染和烘托的重要元素，不仅本身是旅游欣赏的对象，而且还有调节气候、美化建筑等功能。

生态敏感区：地质公园中生态环境变化最激烈和最易出现问题的地区，也是地质公园生态系统可持续发展及进行生态环境综合整治的关键地区。

（二）地质公园开发模式

可以按照地质公园的功能划分为观光型、科普型和生态型等几种开发模式，实际中往往是各种模式兼而有之，只是出于保护的需要而要确定不同的旅游开发强度。

第一种是生态科普模式。适合于原生环境极好，且几乎无破坏，地质构造及其他自然景观构成并重、地质环境奇特、地质特征独特且科研价值及资源品质极高、人文景观较缺乏的地质景区，兼具国家地质公园、自然保护区和世界自然文化遗产特征。

第二种是地质旅游为主，辅以生态及其他旅游项目的混合模式。该模式适合于生态环境处于原生态且较为粗放、地质构造占主体、地质内涵独特、人文景观丰富的地质公园。

第三种是以生态科普为主，地质旅游和其他旅游项目为辅的混合模式。对生态环境保护极好、地质特征较为普遍、自然景观优美、人文景观欠缺的地质公园可利用该模式进行开发，重点保护，地质科技旅游以自然生态教育和提高环境保护意识为目的，开展观光、探险漂流等项目。

【思考与讨论】

根据不同的开发模式，选择家乡的某地质公园，判断其适合选择何种开发模式。

三、地质公园旅游资源的功能

（一）美学特征和美誉功能

地质公园内的地质遗迹景观展现出沧海桑田变迁的壮丽宏伟。例如，漳州滨海火山地质公园就是一个大海加火山地貌的地质公园，在那里能看到蓝天、碧海、绿地、火山和沙滩，地质公园的林进屿火山口周围发育有放射状的圆环构造多达16处，是世界罕见的喷气口群，极具观赏价值。

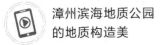 漳州滨海地质公园
的地质构造美

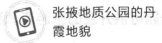 张掖地质公园的丹
霞地貌

（二）科学研究的功能

地质公园地质景观具有典型性强、保存完整、类型多样的特征，地质构造遗迹，不仅有利于理论研究，物种丰富多样，也有利于生物多样性的研究。例如甘肃景泰黄河石林景区，"黄河石林"并不是像云南路南石林同类的喀斯特地貌，它是砾岩和砂岩等碎屑岩层经流水侵蚀、重力崩塌和风力侵蚀等作用而形成峰林，与云南和广西一带的石林截然不同，具有极高的石林研究价值。

（三）教育教学功能

地质公园内多层次、复合式的旅游资源，成了直接、形象、生动的自然课堂。对学生而言，地文景观将课本上枯燥抽象的地理名词、构造现象、地貌特征、地理规律等转化为直观、立体的景象展现在人们眼前，使课本内容深入浅出、贴近生活、达到学以致用的目的。对普通游客而言，丰富的生态景观，让人们从内心深处对美好事物产生共鸣，从而激发对大自然的热爱，唤醒人们的科学爱好和环保意识。

（四）满足探险需要功能

探险旅游具有纾解自我压抑心理状态的功能，一次探险旅游，对未知事物的征服，能证明自己、战胜自己、令人产生自身价值实现的满足感、成就感。地质公园内险峻的地形、深邃的洞穴、狭窄的峡谷、万丈悬崖能满足地质探险爱好者的需求。例如，广西壮族自治区河池市凤山地质公园和乐业大石围天坑群地质公园联袂成功入选世界地质公园，2010 年在地质公园举行"2010 中国凤山世界地质公园探险旅游节"，探奇洞穴奥秘。

【思考与讨论】

根据对雁荡山地质公园的价值评价，结合地质公园可能的游客市场，哪些价值对于地质公园的旅游开发较为重要？

任务二　地质公园旅游开发的主题与形象重塑策划

【问题导入】

地质公园概念性规划设计需要做的创意性内容有哪些？怎么才能将内容做得出彩，怎么才能将内容策划得有创意性？

【任务描述】

在进行旅游规划和策划时，有一种方法是形象导向的旅游规划和旅游目的地开发模式，即将旅游形象引入旅游规划中，并作为主轴贯穿于旅游规划的主要组成部分，以突出形象对旅游市场的吸引力。本部分的学习任务是：认识地质公园主题形象策划存在的问题对旅游市场吸引力的不利影响；针对地质公园存在形象定位不准的问题，进行形象重塑策划；学习主

题确定的依据与方法。

一、地质公园旅游开发主体形象不明问题

我国有不少地质公园旅游开发时，没有抓住核心地质遗迹资源的内涵进行形象塑造，从而无法使地质公园的地质奇观发挥其对游客的吸引力。每个地质公园都有着独特的地质风貌，例如，云南石林保存和展现了最多样化的喀斯特形态，高大的剑状、柱状、蘑菇状、塔状等石灰岩柱是石林的典型代表，此外还有溶丘、洼地、漏斗、暗河、溶洞、石芽、钟乳、溶蚀湖、天生桥、断崖瀑布、锥状山峰等，构成了一幅喀斯特地质地貌全景图。毫无疑问，这幅地质地貌全景图绝对称得上是一幅完美的艺术图画，里面的每个细节都值得细细观赏和品味。然而，人们对云南石林地质公园景观特征的认识还比较模糊，人们往往只知道它属于地质景观。

二、地质公园旅游形象策划的理论与方法

旅游研究者对旅游形象的研究已较为成熟，常出现的词语如"旅游形象策划"。李蕾蕾认为"国内研究从一开始就关注旅游形象的策划和设计，较少探讨形象本体的问题"，由此出现"过度地移植和套用CIS（企业识别系统）"的模式和方法。尽管如此，CIS方法为旅游形象塑造奠定了基础。

人们对形象的直观认识是基于视觉形象，就景区而言是景区的景点标识牌、线路指示牌等的设计，包括对文字、图片、字体、颜色和含义的设计；建筑和设施的造型，例如地质公园博物馆的造型设计与内部布展设计；景区内员工服饰风格、行为和规范用语等，这些均构成地质公园的视觉识别形象。

尽管旅游形象设计的实践及其研究积累了一定的相关理论，关于旅游形象设计的研究也相当成熟，但对地质公园进行形象设计研究的比较少，张林生对旅游形象的理论进一步进行研究，并应用于贵州思南乌江喀斯特国家地质公园的旅游形象策划，包括地缘形象、人文形象、理念形象、行为形象和视觉形象。地缘形象是从乌江喀斯特国家地质公园所在地思南的区位，说明了地质公园发展地质旅游的区域优势。人文形象是从思南的历史、文化和周边旅游地的关系，说明了思南在整个贵州省的历史文化地位。理念形象是以乌江地质公园内喀斯特地质旅游资源优势为依托，对其旅游发展进行理念定位，定位为"规模宏大、景观奇特、体系完整、人文气息浓厚的喀斯特地质公园"，并针对不同客源市场设计了形象与宣传口号。如针对国际市场的"东方喀斯特，贵州思南""中国喀斯特自然博物馆"，针对国内市场的"您给我一天，我还您一个几亿前的奥秘"等。

国内学者还应用区域旅游形象策划（RIS）的方法对地质公园进行旅游形象重塑。白根川等运用RIS框架对兴文石海地质公园进行了旅游形象重塑，认为：从R的角度来看，园内集中了世界级规模的大漏斗、地表景观和地下洞穴群，被誉为"三绝同在一画中"。同时兴文石海景区又是一个多民族聚居地，苗族风情和独一无二的民族文化遗存：僰寨、僰兵屯及僰族消亡之谜。对兴文石海的区域地理文脉进行分析，确定兴文石海的旅游形象定位为"三绝喀斯特——僰苗风情绝"。

在实践中，绿维创景地质旅游规划设计中心提出，"地质＋创意＋旅游＝地质旅游的新时代"，表明该中心是"创意山水，魅力地质——中国最具专业的地质旅游规划设计专家"，由此可知，地质旅游是旅游大家族中的一员，地质旅游需要加创意，意味着策划对地质旅游的作用。创意山水，意味着地质旅游策划的对象是"山"和"水"，而非仅仅是地貌。

三、地质公园主题形象定位与重塑的方法

（一）依托法

主题与形象定位常见的方法是依托法。依托法是依托效应来塑造主题形象的方法。依托名人、名句、著名事物、权威评价，具有较好的传播深度和可行度。

依托名人效应设计主题形象。例如，甘肃景泰黄河石林是一处以黄色砂砾岩为主，造型千姿百态的国家地质公园，曾拍摄过电影《神话》的片段，可以利用成龙的名人效应制定出"世外桃源，山水胜景，《神话》境界"的宣传主题。

依托文化效应设计主题形象。例如，蕴含中西的庐山建筑文化驰名中外，从19世纪末到20世纪30年代，世界上20多个国家在庐山牯岭建别墅近千栋，清凉秀美的庐山20世纪初就被称为"万国公园""世界村"。

依托权威效应设计主题形象。权威机构对旅游地的宣传效果是巨大的，一些景区形象由此设计，简单易行，立竿见影。例如，河南嵩山世界地质公园，2001年作为我国首批世界地质公园，以其35亿年地质演化轨迹、三次剧烈地壳运动、地球内外的各种应力使其具有独特的地质地貌景观，成为举世瞩目的一本"地质百科全书"。

依托物产效应设计主题形象。利用被大众所熟悉的物产品牌设计主题形象。例如六安大别山国家地质公园内物产富集，藏珍蕴宝，六安大别山地质公园森林生态系统稳定平衡，植物主体垂直分带明显，森林覆盖率在96%以上，被誉为"华东物种基因库"。

（二）文饰法

用文化渲染烘托主题形象，即通过挖掘地质公园的资源特色，赋以文化主题，形成文化品牌。例如，衡山的寿文化、武当山的太极文化。青海贵德国家地质公园的主题形象突出土与根文化，推出了"七彩丹霞、轩辕后土"地质公园文化品牌形象。进入地质公园的大门，游客就会看到写在贵德国家地质公园大门两边的对联"土脉绵延根在地，人缘千古情为源"，景区以该对联展示文化内涵，以"七彩峰丛、轩辕后土"为主题，由13个以"土"为核心的主题广场和7条色彩不同造型各异的丹霞峡谷组成不同的片区；天地人缘博物馆、女娲湖、女娲演艺台又点缀其中，是一座土文化内涵丰富，丹霞自然景观奇特，地质研究与科普教育价值极高的文化旅游胜地。

（三）悬念法

悬念法是设定悬念性的形象，作为广告噱头增加神秘感。例如，海南五指山——不登五指山，不算到海南。漳州滨海火山地质公园是中国唯一的滨海火山地貌风景旅游区，景区内有两座神奇的火山岛——林进屿和南碇岛。而"曾经沧海难为水——万年的火水缠绵""看海底火山，知神秘地球"这两句主题形象定位，激发了游客进行火山探秘的情绪。

（四）释义法

有些地质公园具有特定的意义，可以通过释义法诠释其理念，概括特定形象，注解景区名称。例如，上海崇明岛国家地质公园是"世界第一大河口冲积沙岛"。崇明岛国家地质公园是世界上独具特色的河口冲积岛型地质公园，淤泥质潮滩地貌、湿地植被和鸟类资源构成丰富的地质遗迹，滩、湖、塘、河、沟、泥、坝组成绚丽的河口湿地生态景观，地质遗迹的科普旅游价值和景观欣赏价值在国家地质公园中具有独特性。

（五）谐趣法

为了增加传播力，借用谐音进一步突出地质公园的主题形象。例如，雁荡山地质公园征集旅游主题宣传口号，引起了社会高度关注，各界人士积极响应，广泛参与，共收到来自全国各地热心作者的 10208 条作品，经过筛选，获奖口号：等你上亿年，只为与你"雁"遇（作者：牛其玉），"雁"同"艳"谐音。雁荡山世界地质公园形成于一亿二千万年以前，是环太平洋大陆边缘火山带中一座最具典型性、完整性、代表性的白垩纪流纹质破火山，有一极富烂漫色彩的地貌便是夫妻峰，酷似一对久别的夫妻在热烈的拥抱，由此雁荡山也被视为著名的"爱情圣地"。

任务三　地质公园科普旅游功能开发策划

【问题导入】

地质公园如何成为地学科普靓丽风景？

同时思考下列问题。

1. 地质公园在科普上的功能为什么会滞后？

2. 旅游方式转型给地质公园科普策划提出了怎样的要求？

3. 旅游策划技巧中可凭借的"势"体现在哪里？

4. 如何创新地质科普的有形展示？

5. 地质公园旅游项目策划如何处理好科普项目中公益性和商业性的关系？

6. 地质公园在新的发展阶段，对科普策划提出了怎样的要求？

【任务描述】

科普功能是地质公园旅游最重要的功能，是地质公园旅游策划的重头戏。科普旅游策划的好坏，是地质公园旅游开发成功与否的标志。

本部分的学习任务是：认识地质公园科普旅游的概念、科普旅游开发的重要性；重点掌握地质公园科普旅游开发的重要工作及科普环境解说策划的技法；运用旅游策划技巧中的势进行环境解说策划。

【任务实施】

一、科普类旅游的概念及发展态势

科普类旅游是一种新型的旅游方式，是在具有科普资源的景区开展的集审美、求知、体验与休闲于一体，能较好地满足游客多样化的旅游需求。

地质公园拥有丰富而独特的地质地貌资源，这些资源既具有极高的科学价值又具有极美的观赏价值，是能满足游客审美求知的重要自然景区，因此，地质公园的性质和资源条件决定了它是开展地学科普旅游的绝佳场所。

在诸多因素的影响下，科普类旅游具有良好的发展态势。一是各类景区注重发挥所拥有的独特地理、动植物知识优势，使其成为少年儿童学习自然的大课堂，成为普通游客丰富科技知识的旅游重地。二是近些年有关部门出台一系列政策和措施推进了科普旅游的发展，早在 1999 年，中国科协就提出了"全民科学素质行动计划"。2016 年国务院发布《全民科学素养行动计划纲要实施方案（2016—2020）》提出了全民科学素养的目标，即到 2020 年，科技教育、传播与普及长足发展，增强公民科学素质建设的公共服务能力，公民具备科学素质的比例超过 10%。原国家旅游局和中国科学院等机构，通过建立科技旅游基地的方式促进科技旅游的发展，2017 年 5 月 19 中国旅游日当天，公布"首批中国十大科技旅游基地"，促使科普类景区进入越来越多普通游客的视野，动物园、科技馆、植物园、海洋馆、博物馆等科普类项目的人气也急剧升温。三是科学类创作内容已经成为知识普惠时代今日头条的优势内容门类。科学科普创作者在今日头条平台上利用图文、短视频、问答等多种媒体形式，将深奥的科学领域知识转化为大众容易接受和理解的信息产品。这些非实物性的科普信息，无疑将激发人们去拥有"实景"的对公众开放的景区去探真。从地质公园的情况来看，刘玉玲对游客希望了解科普知识的比例的调查显示，"很想和比较想了解地质公园科普知识的游客占 72%"，说明游客对该地质公园的地质地貌科普知识比较期待。

成功的地质公园科普旅游策划，可以正确定位地质公园发展目标，避免雷同，发现真正的特色资源，增强核心竞争力，发挥社会效益，创造经济效益，赢得地质旅游市场。

二、地质公园的科普功能开发的任务

（一）关于地质公园科普功能开发的研究

我国原国土资源部颁布的《中国国家地质公园建设工作指南》（国土资源部地质环境司 2006 年 10 月）明确指出，普及科学知识，发挥科普教育功能是建立地质公园的主要目的。为了实现上述目的，地质公园在开发旅游项目的同时，就必须考虑与科普旅游的理论与实践活动。

研究者们对地质公园开展科普旅游的研究，提出了地质公园科普旅游的概念和科普旅游开发的模式等。地质科普旅游是指通过开发地质旅游资源，利用地质遗迹开展旅游活动，大力宣传与之有关的地质科学知识，尤其是地质遗迹的形成、演化和发展规律，以期提高人们的地学知识水平和保护地质环境的意识。[1]于雪剑等认为地质公园作为一种新型的旅游产品，可以提高旅游者对地学知识的认识，对旅游者进行环境保护和科普知识的教育，加深旅游内涵，丰富旅游内容，同时也为地方经济的发展创造了条件。科学合理的开发方式对国家地质公园科普旅游发展具有重要意义。张梦堰等认为陵川王莽岭国家地质公园内有着类型丰富的地质和人文景观，在建立科普与旅游相融合的地质公园方面具有很大优势，并从政策及实施手段方面提出了科普旅游开发建议[2]

通过多种旅游开发模式，使得我国众多的地质公园不仅成为各类学生学习地质知识的重要场所，也成为提高国民科学素养的重要阵地。总结学者们对地质公园的旅游开发模式的研究，国家地质公园科普旅游开发方式有以下几种。

针对中小学生群体的教育科普。利用地质公园的与课本相关的资源，结合中小学生课程学习内容进行科普。地质公园内拥有地理、地质、民风习俗、传统文化、历史人物、生产和生活经验等各类资源，可为中、小学生"科学""地理""生物""历史"等课程学习提供实践教学的场所，满足青少年开展科学普及教育、科学创新活动需要的场所。

针对大中专学生的教学实践科普教育。国家地质公园中地学资源丰富，具有代表性和影

❶ 金利霞，方立刚，范建红. 我国地质公园地质科技旅游开发研究——美国科罗拉多大峡谷国家公园科技旅游开发之借鉴. 热带地理，2007，27（1）：28，32.

❷ 张梦堰，胡炜霞. 山西省国家地质公园科普教育与旅游融合开发研究——以陵川王莽岭国家地质公园为例. 河北旅游职业学院报，2020（3）：1-5.

响力的地质遗迹点随处可见，地质公园可为大中专院校地学类课程提供实践教学环境，学生通过在地质公园中课程实习将理论知识应用于实践。如，地质公园内的地质遗迹景观，在地史、地层、古生物、岩石、构造、水文地质、地貌、美学等方面，都有重要的科学研究价值。

针对普通游客群体的科普教育。地质公园作为一种特殊的旅游景区，其独特的地质地貌景所蕴含的科学知识对普通游客也具有一定的吸引力，可以将地学知识普及与游客旅游活动结合起

一些地质公园的科普基地挂牌

来，增加旅游活动的深度。白凯等对国家地质公园游客认知行为的研究表明，游客对"地质科学含义"的认知程度是相对较低的，游客并没有完全认识国家为宣传和扩大地学知识及增加全民保护地质遗迹资源的初衷。说明普通游客到地质公园来旅游，大都以自然观光与放松身心为主，以学习知识和科学考察为首要目标的比例很小。许涛等认为游客在自然观光和放松身心的同时，获取地质科学知识是旅游者选择目的地的潜在动力。因此，在地质公园开发针对普通游客的科普旅游，有利于提高普通游客对地质公园的认知程度，如何在满足游客自然观光和放松身心的同时，激发其获取地学知识的潜在动机，就成为地质公园科普旅游项目策划认真思考的问题。

（二）地质公园博物馆建设是体现地质公园科普工作成效的标志

每一特定的地质公园除了观赏其独特、有典型价值的地质遗迹或地质景观，还需要开辟一定的空间、建设必要的场馆和提供必备的设施开展科普宣传活动，通过科学、艺术的方式，利用现有的地质遗迹点等空间场景，进行地学相关知识的场景再现。

地质公园通常会设立地质博物馆或在游客中心内布置相应的展示来进行科普宣传。其功能主要有科普教育、展示和陈列功能等，便于普及宣传地球科学知识，同时也具有游人休息娱乐的功能。

地质博物馆可集中向游人展示出地质公园典型的地质遗迹及其自然环境，普及宣传地球科学知识，利用所拥有的各类展示厅，以多种形式充分展示公园地质特点。基本的展示方式包括灯箱、展板、实务展台、展墙、展柜、信息系统等。通过通俗易懂文字、生动活泼的形式、精美的图片和实物等，对公园内奇特的地质遗迹景观、自然山水、人文历史景观都进行充分展示，也可提供如 3D 影院等娱乐活动寓教于乐。拥有大数据库例如地质遗迹、景观空间数据、属性数据库等信息查询系统供游客查询，以高科技手段最大限度向游客提供相关地学知识和旅游信息。还可以应用"声、光、电"等艺术化的技术，游客能更直观、更直接、更有兴趣地获得所需要的地学知识和旅游信息。

地质博物馆建设需要遵循"集科学性、启迪性、参与性、趣味性为一体"的宗旨，使地质科普平民化、大众化，这样才能将专业性强的知识转换为游客容易接受的地质科学知识。

贵德国家地质公园的博物馆

（三）科普游客细分市场需求偏好及其对应的活动分析是解说策划的前提

随着科普旅游的蓬勃发展，科普旅游市场需求偏好也表现出差异化、个性化和复杂化的特征。地质公园是满足科普旅游的重要景区之一，而其自身的性质和资源类型也决定了必须满足差异化的科普旅游需求，因此，探索既能满足差异化游客需求又能突显地质特点的科普旅游开发模式，是地质公园进行旅游策划时要进行的重要工作。

由于中小学生是地质公园科普旅游的重点人群，认识中小学生科普活动的主要内容就十分必要。于雪剑等在对重庆万盛国家地质公园科普旅游的开发模式的研究中，提出科普项目活动可有针对性地策划为"普及型""学习型""研究型""游乐型"等，还可以是综合实践

活动型、户外观光体验型等。

针对中小学生，根据其年龄特点，策划参与性的学习活动，如辨认岩石化石、爱护环境教育、春游园、秋游园、夏令营、冬令营及其他专题性科学普及活动。

针对大学生，策划研究性学习活动，培养其创新精神和实践能力。确定地质研究的选题，让学生通过参观学习等方式进行研究，研究型学习活动可以结合专家讲座、知识辅导以及实践培训，在一定的时间段完成。

针对大学相关专业的学生，策划科学教育培训项目。地质公园拥有具重要地质价值的地质剖面或地层遗迹，还有对研究地质变迁有重要价值的标本等，这些材料是地质、矿产专业以及环境教育培训的活教材。高校的相关专业在地质公园建立地质、矿产专业学生的野外实习基地，成为学校的地质现场教学园，进行现场教学及课程实习。

针对地质爱好者，策划科普表演活动。不同年龄段的人会对地质地貌呈现不同的爱好，因此可以针对不同年龄的地质爱好者策划相应的科普活动。例如，对低龄儿童，可由地质公园科普培训人员指导幼儿园老师自编自导科普表演剧，比如"三叠纪海洋公园"，由小朋友扮演海百合、中生代海洋中的霸王——鱼龙、海洋中的蜥蜴——海龙、奇怪的"海龟"——楯齿龙等海生动物，通过亲自参与表演，认识各种古海洋中各式各样的生物。

三、地质公园的环境解说策划

（一）地质公园环境解说策划的重要性

地质公园的环境解说对普通游客了解地学知识十分重要，解说策划的关键是如何将各类解说媒体贯穿于整个地质公园的游程中，方便不同类型的游客在观赏地质奇观的过程中学习地学知识，例如，针对中小学游客要考虑他们能够接受的方法。

作为科普教育基地，地学知识解说可帮助游客了解地质遗迹的由来及其生态环境，人文景观解说可帮助游客了解生活在那片土地上的人类的关系。为了加强地质公园的科普教育，原国土资源部颁发《国家地质公园建设指南》，把地质公园标志牌、地质博物馆、科学解说牌等作为公园重点建设内容。地质公园的等级越高，对环境解说的要求也越高。2006 年，联合国教科文组织公布的《世界地质公园网络申请者评估表》中明确规定了世界地质公园评估的六要素，其中，解说系统与环境教育排在第三位。

（二）地质公园旅游解说的特点

解说牌的位置十分关键，是在具有典型科学意义的景点附近，标牌上的内容对解说对象的成因、性状、主要特征等进行简要的说明，方便普通游客阅读和理解，解说策划工作要选择合适的地点。

解说内容通俗易懂，解说的内容要由专业人员确定，专业人员能对地质公园的特殊地质条件及其所拥有独特的地质遗迹景观，解释其在地史学、地层学、古生物学、岩石学、构造学、沉积学、水文地质学、地貌学、地质美学等方面的价值。鉴于地质公园传达的地学知识博大精深，专业性的解说对一般游客而言较晦涩难懂，因此，面向游客的旅游解说系统的策划就是一门值得研究的艺术。解说的媒介选择、解说内容的编排等各方面都必须考虑满足旅游者的心理需求和接受知识的习惯。例如将嵩山"五代同堂"地层比喻成一个大家庭，采用拟人的手法，用通俗易懂的形式向游客介绍嵩山地质知识，起到了很好的科普效果。

地质景点的解说牌是地质公园的基本特色和要求，是营造地质公园氛围、保护珍贵的地质遗迹、发挥地质公园科学普及功能的重要手段，而精心规划、合理设计的地质景点解说牌，能激发游客阅读学习的兴趣，起到良好的科普教育效果。

采用恰当的方式进行地学知识的解说。地质公园解说不同于专门环境下的学习。向云峰等的研究认为地质公园旅游者的参与动力是游憩性学习，即以观光、放松身心为首要目的，学习地球科学知识为潜在动力，是"附带"式的学习。这种认知学习相对于纯理性的、书斋式的、系统的、有意识的学习，是浅度的，这个特点，说明为地质公园的解说策划宜采用通俗易懂的方法。

因此，在进行地质公园解说策划时，要根据游客的参与模式，运用科技和艺术化的手段，将难懂的地质知识通俗易懂地向解说对象传播。

（三）地质公园旅游解说存在的问题

从文献研究来看，地质公园解说存在各种问题。钱洛阳对上海崇明岛国家地质公园解说存在问题的调查，发现存在解说员解说水平不高、志愿者服务功能有待加强和完善、缺乏专家解说服务等问题。向云峰、何勇、许涛认为体验经济背景下，地质公园存在解说的问题表现在：①不了解社会大众的消费需求心理；②科普解说词与相关科普书籍太过专业、晦涩难懂；③价值问题常被忽略；④缺乏地质旅游科普路线及地质景点解说词的深入研究和建设。石晨霞、张忠慧对地质公园解说系统分析表明：景前区引导作用不明显、主题碑设计缺乏创意、公园博物馆缺乏特色。

上述对地质公园解说存在问题的研究表明，能采用策划的方法解决解说存在问题在于：要根据游客诉求策划地质公园的解说，要适合非专业游客对地质科学知识的理解，在解说媒体选择上要有创意和特色。

（四）地质公园解说的对象

为了达到不同的解说目的，地质公园需要对以下对象进行解说。

地质景观解说。包括地质构造，地球内外动力作用，地质公园内部主要地质遗迹的成因、类型、分布及特征，岩石的形成和类别，岩石的鉴赏，古生物地质公园所在地的区域地质背景及演化史，地质遗迹的现状及所采取的主要保护措施等的解说。

地质公园的其他自然景观。指地质景观以外的自然景观，例如水文和植被等。火山坑地质景观往往会形成地下森林，这是伴随地质景观而出现的重要自然景观。

地质公园的文化景观。有些地质公园内会存在丰富的人文建筑等景观，这些景观与该地质公园的人类生活和生产方式相关，例如，漳州滨海火山地质公园内独具特色的人文景观灯塔等。

地质公园的自然地理概况。这是地质公园中常规的解说对象，包括地质公园的地理位置、地形地貌，地质公园所在区域的气候特点、水文地质特征、植被土壤情况等。

地质公园所在区域的社会文化背景。包括社会历史沿革、经济背景、文化背景、生活习俗，尤其是传统节庆等。

地质公园内开展的活动。包括举办的各种旅游专项活动、节事活动、专家座谈和研学活动等。

地质公园的旅游设施指南。包括旅游线路和科考专线步道等的指示、游憩活动区域指示、环境设施等。

地质公园的安全解说。包括安全警示、危机事件应急管理等，给游客以安全感，体现人文关怀。

（五）地质景点和景观解说策划的技法

对地质景点解说的策划是整个地质公园解说对象的重中之重。地质景点是具有一定地质现象，并能从中折射出地质区位性和吸引力的直观景点。地质遗迹景点是地质公园最主要的吸引物，开展地质旅游基本组成单位是单体地质景点。并非所有的地质遗迹点都能成为地质景点，一个地质景点至少要满足如下条件：一是该景点必须有容易辨认的地质内容，例如典型的断层等。二是该景点的地质内容必须能折射出与地壳变化有关的趣味，例如能引发人们无比惊叹等。三是该景点的周围人为痕迹尽可能少。

地质景点的解说内容主要包括以下几个方面：一是地质景点的形状、物质组成以及象形神话故事。二是地质景点的成因、演化历史遗迹由此引发的或者与此相关联的地质故事。三是该地质景点独特的科学价值与科学研究方法。四是该地质景点对人生启迪、人地关系的意义。

地质公园的各类标牌是地质公园品牌形象的直接表达，而地质公园景点标识牌的策划，是地质公园科普功能与旅游功能能否完美结合的标志。

地质景点标识牌策划。地质景点是公园内最典型的地质地理特征的体现，标识牌包括公园主牌、副牌、园区牌和景区牌四种类型。标识牌是地质公园的标志，其设计风格直接影响到游客对地质公园的印象和兴趣。

标识牌文字内容策划的要点：一是表明地质公园的区域位置、自然地理特征、地理坐标、公园类型、公园面积和所包含的园区、景区等。二是地质公园的地质背景、地质历史、典型地质遗迹等；三是地质公园的生态背景、生态组合特点、典型的生态景观等。四是地质公园的历史文化背景、典型的人文景观和民风民俗等；五是结束语部分，要对公园的资源特色、区位特色、旅游特色等进行高度概括。

其他标识系统包括地质公园的交通引导牌、界域标识牌、区域说明牌、景观说明牌和管理说明牌等。这些标牌的设计和取材要与环境相协调，即各类标识牌的设计形式、主题色调、文字风格都应该与其周围的环境和谐一致，选取材质不仅要考虑周围的景观环境特征，还有考虑当地的气候条件和其他因素，做到美观、经济、耐用。

任务四　地质旅游策划

【问题导入】

了解上海崇明岛国家地质公园简介、由来及总体布局规划，崇明岛国家地质公园的旅游规划已经进行了功能定位，地质景观是地质公园的核心吸引物，地质景观观光和科学考察是地质公园旅游的主要活动。

【思考与讨论】

如何在功能定位确定的情况下策划地质公园的地质旅游项目和活动？

【任务描述】

根据地质公园的资源、科普教育功能和市场游憩诉求，进行地质公园的景点策划；根据旅游线路策划原则，进行地质旅游特种线路策划；根据地质旅游的主题，进行地质主题活动策划。

一、地质公园地质景点策划

（一）策划原则

保护为主，适度开发原则。地质特征是地质公园所在地长期的地质历史时期内演化而成的，这些地质特征记录了古地理、古气候、古生物、古构造等地学方面的自然信息，是自然生态环境和人类活动的重要组成部分，一旦破坏将不复存在，因此，在对其进行旅游开发建设过程中，要始终坚持"保护为主，适度开发"原则，保护地质地貌遗迹，保护其原真性。

传达地质特色原则。不同地质公园虽然都是由一定的地形地貌、地质遗迹（地景）、河流湖泊、绿化植被等要素构成，但是不同的地质公园具有自身的特色，尊重并强化地质公园独特的自然景观特征，就是尊重和保护地球在漫长演化过程中留下的地质遗迹。因此，地质景点策划要充分注意地质遗迹科学内涵与其独特的自然环境和谐一致，突出富有创意和个性的景观，营造特色景观环境。

整体谋划布局原则。对地质公园的景点总体布局，优化空间结构，优化地质遗迹景观的组合、地形地物、行政区划等的分布，从点、线、面的不同层次、功能和相互关系进行优化布局，处理点线面之间的相互关系。

（二）地质观景点策划

首先要挖掘地质公园自身所拥有的独特地质景观，例如海南雷琼海口火山群世界地质公园的观光点有玄武岩、熔岩流等火山喷发遗留下的景观，火山石器文化园，火山神庙，马鞍岭火山口观光等。浙江雁荡山地质公园核心地质景观有灵峰日夜景、大小龙湫、方洞和三折瀑等，每个地质公园都以其自身的地质景观而独具特色，并在此基础上进行观景点的策划。

观景点策划的目的是为景观设计提供思路。地质景观设计是指在地质公园特定的范围内，利用并塑造其地质遗迹景观、人文景观和其他自然景观，或者人为开辟山水地貌，围绕公园地质遗迹的景观特色，并结合公园内植被的栽植和建筑的布置，构成景观与旅游功能和谐的环境过程。这个过程是一项将地质遗迹要素、生态环境要素和旅游休闲结合在一起，达到科学与艺术完美结合的工作。

地质公园内有些处于自然状态的景观资源，从旅游开发角度来看，是无法适于游客直接欣赏的。例如，崇明岛国家地质公园是世界第一大河口冲积沙岛，拥有潮沟、波痕、陡坎、复杂的潮汐运动、大河分流、盐水入侵、最大混浊带等，是大河口地貌的典型地质景观，但是目前在实地对于如何欣赏这些特色地质遗迹的景点设计较为缺乏。崇明岛国家地质公园的典型地质遗迹是潮滩地貌，但绝大多数人不了解在哪里可以欣赏"九曲十八弯"的曲流河景观，也不了解在哪里什么时间可以看到大河入海并与水天连成一线的壮美景观。另外，一些地质公园的景点命名没有特色，例如，仅以"柱状节理"这样的命名，就很难确定是哪一个地质公园的，因此，从旅游开发的角度，只有通过科学和艺术的分析、发掘，进行合理的景观选择、修饰和改造，才能在经济合理的时间和空间范围内为游客提供最具特色的观景点，最大限度地强化地质公园的主题景观特色，最为有效地保护地质公园的生态景观环境。

我国著名地质公园内景点的命名，体现出该地质公园的地质遗迹特征和文化内涵的完美结合。例如，玫瑰园内的典型地质遗迹玫瑰石是一种典型的叠层石，名称来源有两点：一为藻类的形状像一朵朵盛开的玫瑰花；二是岩石的颜色呈鲜艳的玫瑰色，玫瑰园也因此得名。

地质景观观赏点定位要掌握的要点除了地质遗迹本身的特质和所在地的历史文化内涵，还应考虑观赏的角度及其观赏的时间。例如，雁荡山地质公园开发了夜游雁荡活动，游客可尽情发挥想象力，赋予自然地质遗迹以丰富的文化意义。

二、地质观光考察线路

地质观光考察线路是为游客在地质公园内旅游时与地质遗迹有关的景点及其他景点的组合，是一种专题旅游线路。查阅我国地质公园的门户网站，地质科普线路缺乏形式及内容，地质景点、地质广场与博物馆等场所之间彼此比较孤立，没有形成互动，有些地质景点的名称过于专业，游客理解困难，影响了游兴。

地质观光考察线路主要是由一定数量的地质遗迹及景观点、交通走向及体验活动等要素构成，地质遗迹及其景观是线路的核心，是线路组成的重要资源基础，其数量、质量及空间分布等特征直接影响着地质公园科普旅游线路的空间聚散结构、线路长短等。

地质观光考察线路的策划，就是利用交通和主题将各地质遗迹点连接起来，游客旅游过程中可以到达各地质景点，从事相关活动，并获得有关地质方面的知识。例如，雁荡山地质观光考察线路包含：距今 1.2 亿年多次喷溢出的熔岩（灵峰景区的朝阳嶂、天冠峰）——三次火山喷溢出的岩流（三折瀑景区的上、中、下折瀑）——涌流（灵岩景区的小龙湫岩壁）——四期火山喷发岩层（方洞附近的观音峰），火山喷溢熔岩流（方洞金腰带）——球泡流纹（大龙湫景区路边的岩壁），柱状节理（大龙湫景区的剪刀峰）。

可以开发地质遗迹发现之旅，结合发现地质遗迹，给地质遗迹命名或写故事等主题的活动，增添游客对参与观光考察活动的兴趣。

地质观光考察线路策划需要掌握三个基本原则：一是主题鲜明原则。利用地质遗迹点的特征，针对不同的细分游客需求推出不同主题的线路，展示线路的特色。例如，雁荡山世界地质公园有日景和夜景线路，日游线路主要有游览大龙湫景区的剪刀峰、昭君出塞、龙湫瀑布等，夜景则是灵峰夜景，可以看到夫妻峰、雄鹰敛翅、犀牛望月等独特景观。二是可进入性原则。进入地质观光考察线路的道路畅通，保证游客顺利进入地质观光考察线路中。不仅如此，还要考虑提供多样化的交通游览方式，满足不同游客考察的需要。可根据需要和地形，选择徒步、电瓶车、山地自行车、滑索、空中栈道、驴车、马车等。三是参与性原则。单纯的观光容易产生疲惫感，参与性是指要设计能够让游客停留下来的体验化、游乐化的观光考察项目，令其对地质遗迹景观产生好奇进而主动地学知识。

从涉及地质考察的研究文献来看，陈金林按照《青海湖地质公园规划》（2014）设计，提出了青海湖地质公园适宜的地质观光考察线路有如下三条：即各类湖岸观察点、沙漠与水体景观专题和沙漠与水体作用专题线路。这个研究为旅游策划者从不同类型地质和自然景观要素的组合线路进行地质科普旅游线路的策划提供了思路。

三、主题活动项目策划

一般说来，地质公园是以地质遗迹为主，再附加相应的人文或自然景观所建立起来的，地质公园是一种特殊的科学公园，地质遗迹对科研工作者来说具有较高的科研价值，但对普通游客来说，则是了解丰富的地质遗迹知识的恰当场所。有些地质公园存在将科普与旅游割裂开来的现象，地质公园仅仅作为普通的观光游览型景区接待游客参观，若是只进行单纯科普，单纯地进行地质遗迹的保护，缺乏相应的旅游活动，科普活动则显得枯燥单调，降低吸引力。要提高普通游客对地质科普的兴趣，就需要增强通过活动将科学普及知识融入游客游玩、观光的过程中，通过"科普＋旅游"的形式，让游客在度假、休闲、娱乐的体验过程中，主动摄取科学知识，寓学于游。

一般来说，适合地质公园开展的旅游活动项目包括如下几类，不同类型的地质公园可根据自身的旅游资源条件、市场需求和科技力量，策划适当的项目。

地学观赏项目。游览观光是旅游活动的基本层次，地质公园若缺乏观光的基础，就无法开展地质旅游活动。地质公园是以地质遗迹为主要的旅游吸引物，各个地质公园独具一格的地质遗迹景观，是吸引旅游者到此参观的基础。如在雁荡山世界地质公园可观赏流纹岩地质遗迹"石球"，地质景观观赏项目是满足游客地质公园基本旅游活动的载体。

地质文化旅游项目。地质公园除了拥有许多地质遗迹，还包括了许多人文类的景观资源。如伏牛山世界地质公园的老君山和翠华山地质公园的道教文化等。这就需要深入挖掘旅游资源的文化内涵，融合"自然资源＋文化要素"进行旅游项目创意。

体育探险项目。地质公园可借助其自然资源开展一些体育探险活动，例如在适合开发体育探险的区域开发攀岩运动项目，吸引户外运动爱好者参与，让他们在进行攀岩运动的过程中也近距离地理解地质公园的地质遗迹。岳阳平江石牛寨国家地质公园的攀岩项目"飞拉达"，现在已经成为这个景区的网红项目。

数字媒体技术项目。全息投影与幻影成像等现代数字媒体技术被应用到了包括地质博物馆在内的一些场所，在增加公园趣味性的同时，也能让旅游者更容易学习相关的地学科学知识。如长兴金钉子地质公园的地质遗迹，是全球最完整的二叠、三叠系界线层型剖面，且建有世界上最具动感的 4D 特效影院，以保护区专题片《生命大灭绝》为背景，引用动感立体等高科技手段，身临其境地领略地球史上生物的演变、灭绝、进化的历程以及金钉子的重大意义。

主题活动场馆。地质公园在地球日、环境日期间常常会组织宣传活动，尤其是针对学生群体，园区建设地质公园广场或报告厅等会议设施，为开展独特的主题活动提供必要的设施设备。活动的内容包括分发科普宣传资料、科普知识抢答赛、开展地质公园为题材的青少年书画大赛、科普游乐比赛等活动项目。

主题日活动。如借助"环境日"开展地质公园主题活动，把地质与环境变化紧密结合起来，开展科学普及为主题的系列活动，例如，邀请国内外知名科学家莅临地质公园，在地质公园代表性地质遗迹点附近向游客进行专题讲解，或举办专场科普讲座，为了提高地学知识科学普及的效果，通常设计游客互动环节。

研学旅游活动。地质公园是集中了科学性、稀有性和独特性的科学公园，是开展研学旅游的理想场所。例如，张掖地质公园管理局与市科协、文化旅游部门、实践教育基地等共同举办 2019 "万名学生科普行"主题研学活动，活动中，广大师生穿越形成于 1.35 亿年前的神奇地貌，解读地质知识，触摸上亿年历史的温度，赞叹大自然的鬼斧神工。

摄影大赛。在地质公园开展，融知识性、趣味性和参与性于一体的摄影比赛，邀请摄影协会、普通的散客和团体游客参与。如，"最美地球印记"地质公园摄影大赛，提高公众对不可再生的地质遗迹等自然资源的保护意识，鼓励人们加入"呵护美丽国土"的行动中来。

【任务训练】

地质公园科普旅游项目策划。

1. 实训目标

（1）针对不同地质公园辨别其具体的地质景观。

（2）根据地质景观及其周围环境设计地质景点。

（3）根据不同类型的市场需求，策划地质公园主题活动的场馆。

2. 实训内容与方法

（1）选择上海崇明岛国家地质公园或其他地质公园，调查其地质遗迹景观类型、数量、分布和开发现状。

（2）尝试为上海崇明岛国家地质公园或其他地质公园策划特色鲜明的地质旅游项目。

3. 标准与评估

（1）标准：了解崇明岛地质公园的地质类型，能运用项目创意方法策划 1～2 个项目。

（2）评估：①能列出资源的类型和数量、分布和开发现状。②在对开发进行评估的基础上能针对某一特定市场策划开展地质旅游的活动项目。

【复习思考题】

1. 请阐述地质公园与旅游开发的关系。

2. 地质公园科普与旅游如何融合发展？

3. 如何通过策划地质公园的解说塑造良好的地质公园品牌形象？

4. 简述地质景观观光点策划的原则。

项目十三
花卉主题园旅游策划

📖 学习目标

知识目标：

1. 认识花卉主题园的含义、分类和开发策划。
2. 了解花卉旅游开发的业态整合模式。
3. 理解花卉主题节事活动策划的功能和作用。

解说视频　高清图片

技能目标：

1. 掌握花卉旅游资源分析方法和主要目标市场的需求分析。
2. 掌握花卉产品的三层结构和旅游产品的昂普策划方法
3. 能够根据花季策划花卉展的主题。
4. 能够根据花卉文化主题策划相应的花卉主题活动和周边联动旅游。

⤷ 【案例导入】 ▷▷▷

如皋顾庄生态园旅游策划

如皋顾庄生态园旅游策划区域位于如皋市区南端，距离上海 150 公里、南京 200 公里。规划区位于华东首屈一指的十里花市，北部规划为城市 RBD，东部为花木大世界。

休闲农业与乡村旅游是我国当今旅游发展方向之一，具有强大的生机和广阔的前景。如皋顾庄开展生态旅游策划，是基于以下两个背景。

在休闲工业方面，抓住机遇，因势利导，巩固规范管理成效，加强典型示范带动，提升公共服务能力，开拓创意农业和传统农业文化挖掘工作新领域。

开展全国休闲农业创意精品推介活动。按照"研讨理论、展示成果、推动产业"的总体目标，研讨休闲农业创意发展理论，组织全国休闲农业创意精品大赛、创意论坛，开展休闲农业创意精品投资贸易对接活动等，培育休闲农业新亮点，实现资源文化优势向产业经济优势的转变。

项目的规划范围：东起大司马南路，西至益寿南路，南至城南大道，北到中央大道，涉及顾庄、大明、纪庄 3 个村，总面积 133.87 公顷，约 2000 亩。基地内部农业用地多为苗木种植区，苗木种植面积约 1527 亩，其中大田 1157 亩、自留地 370 亩；精品苗木 680 亩，苗木种类 125 种。如皋顾庄土地利用表如表 13-1 所示。

表 13-1　如皋顾庄土地利用表

代码	用地名称	面积/公顷	比例/%
R	居住用地	13.42	10.02
C	公共设施用地	4.61	3.44
S	道路广场用地	5.15	3.85
E1	水域	6.90	5.15

代码	用地名称	面积/公顷	比例/%
E2	农林种植用地	103.78	77.52
合计	规划用地总面积	133.87	100.00

从旅游策划委托方提出的任务，初步判断如皋顾庄生态园的旅游发展是以花卉为核心资源的花卉旅游项目策划。那么，当今花卉旅游的发展状态又是怎样的呢？

花卉旅游的业态至少存在花卉主题景区、花卉节庆、花卉文创产品、综合性文化盛会、花卉小镇等几种形式。那么，如皋顾庄花卉资源的旅游策划究竟以什么方式发展花卉旅游业呢？

任务一　花卉旅游及花卉主题园的发展

【任务描述】

学习花卉旅游的知识，了解花卉旅游的产品形态和花卉景区的分类；判断花卉旅游的发展趋势；理解花卉旅游景区与苗木产业融合发展的关系。

【任务实施】

一、花卉旅游的含义

（一）花卉园区的含义与分类

不同类型的花卉园区，管理部门和运营方式均有所不同，因此，认识不同花卉园区的性质，对于确切判断委托策划单位的特定要求、原则和特点，合理地策划符合不同类型花卉园区运营特质的花卉旅游项目、产品和节事活动，具有重要意义。

学界对于"花卉园区"的理解更多的是用"花卉产业园""花卉示范园""花木产业园"等，薛君艳认为花卉示范园是以当代先进技术为依托，立足主导产业和本地资源的发展需求，按照现代花卉产业生产和经营体系配置生产要素和科学管理，在一定地区范围内建立起的科技先导型现代花卉示范区。厦繁荣等认为观光花木产业园是基于生态学和经济学理论因地制宜、组织生产，生态上自我维持低投入，经济上可行的花木生产系统，同时赋予观赏性、科学性、艺术性和趣味性，集生产示范、科普教育、旅游观光、休闲娱乐于一体的农业公园。黄国华等按照按观赏内容将花卉园分为：生产型花卉园区、观赏型花卉园区、盆景型花卉园区；按旅游业态可分为景观休闲型、科普观光型、生态度假型、主题游乐型、产业博览型、农家花乡型。韩彩霞根据花卉园的内容将园区划分为以下四类：生产型花卉产业园区、专类花卉旅游园区、观光和科普型花卉产业园区以及综合型花卉产业园区。

主题型的花卉园区是围绕某一文化主题而开发建设的，典型代表是花卉主题公园。花卉主题公园是从传统的植物园发展、演变而来的。然而最早的植物园与现代意义的花卉主题公园有一定的区别。植物园以科学研究为目的，设立之初的目的是作为药用植物学的教学研究基地，进行植物保护和环保教育。在全世界的主题公园的建设热潮推动下，植物园在功能方面集植物观赏、休闲娱乐、科普教育、植物保护、科学研究为一体，从而使植物园发挥出更大的综合效益。花卉主题园依托其独特的植物景观以突出园区主题和吸引力，但植物仅仅是构景的要素，而主题则能整合植物资源形成特色。例如，广州番禺的百万葵园就是以"向日葵""花的世界"为主题建设的花卉主题生态园。

（二）花卉旅游的内涵

随着生态旅游在国内的兴起，以自然风光、山地景观和农家乐等为代表的乡村旅游日益成熟，乡村花卉资源成为逐渐发展起来的新兴旅游项目，发展前景良好。花卉旅游是一种专门的旅游类型，不仅仅在乡村开展，城市拥有花卉资源的地方，也将花卉旅游视为提高旅游发展层次的有利抓手。

花卉旅游固然与花卉有关。通常，人们将花卉理解为具有观赏价值的草本植物，其实这只是狭义上的花卉。广义上的花卉不仅包括了具有观赏价值的草本植物，同时也包括木本或草本的地被植物、开花乔木、花灌木以及各种盆景等，而且还包括那些原本分布于南方地区但移植到北方地区后只能做温室盆栽观赏的灌木和高大乔木。

花卉，即观赏植物，是具有观赏价值的草本和木本植物。旅游，如果包含休闲娱乐，花卉旅游＝花卉＋旅游，简单地说，花卉旅游就是以观赏花卉为主要目的的一系列旅游活动，是一种新兴的能满足人们游览观赏、保健疗养、科研生产以及学习花卉知识等多方面需求的生态旅游活动。

关于花卉旅游有许多不同的定义，这些定义中所包含的花卉旅游内涵，是花卉旅游策划创意的来源。

从需求的角度来看，崔学彬指出花卉旅游是利用花卉资源，以满足游客观赏、游玩、疗养、科研等需求为目的的新型综合性旅游活动，属于生态旅游的范畴。王书侠认为，花卉旅游是以花卉植物、花卉文化、花卉艺术或者其他花卉的有益特性为主要观赏目的的休闲旅游，并提出花卉旅游活动是一种以休闲为主题的旅游活动。

从供给的角度来看，谢云等认为花卉旅游就是以旅游市场为前提，以花卉资源为依托，是以满足观赏、游览、疗养、保健、科研、观摩以及学习花卉知识等方面需求为目标的新兴的综合性旅游活动，是生态旅游的重要组成部分。汤澍等认为花卉旅游是以花卉资源为基础，以花卉文化为载体的旅游活动，以花卉景观为核心的自然景观组合物和以花卉文化为核心的社会文化综合体构成了其主要的旅游吸引物。

需求角度的花卉旅游，可以为策划者了解花卉旅游者的心理需求和动机，是花卉旅游产品策划的基础，而供给角度的花卉旅游，可以为具有花卉旅游资源的单位，在花卉旅游的供应各环节建设满足花卉旅游的项目和设施，例如，花卉专类园和乡村花卉种植提供的花卉旅游产品有一定差异。

此外，对花卉旅游内涵的不同理解，也可策划不同风格的花卉旅游产品。例如，马子森提出花卉旅游是一种新型的旅游形式，基于花卉而产生的一系列旅游产品。花卉旅游有两个核心，即花卉景观和花卉文化。以花卉景观为核心的产品是指供游客观赏的各种天然及人工种植的花卉；以花卉文化为核心的产品则是围绕花卉开发的各种旅游休闲度假产品以及一些可购买的花卉旅游商品和可参与体验的花卉主题活动。

总之，花卉旅游是以花卉为主要吸引物，开发和设计花卉相关的休闲度假和文化旅游产品，发挥花卉旅游资源提高吸引力、深化文化内涵以及提高休闲度假品位的作用。

二、花卉旅游的驱动力及时空分布

（一）花卉旅游的驱动力

世界各地，一年四季都有地方正在开花，花开之季的地方，就会吸引四面八方前来赏花的人们。千花千面，每种花卉都有其独特的吸引力，人们对花卉的热爱根扎在骨子里，习惯于本能中。

花卉旅游热主要由以下因素造成。

回归自然的理念和生活方式，花卉旅游成为亲近自然最好的旅游形式之一，是人与自然相协调的美好体验活动。花卉旅游被认作是一种从内涵上与生态环境协调发展的旅游活动形式，可以满足游客对旅游体验和生态环境的双重需要。

文化体验助长花卉旅游。对花卉形态美和花卉文化的双重审美追求，驱动花卉旅游与休闲、艺术创造结合。人们在欣赏各种花卉美丽的同时，通过摄影、写生、文学创作等方式将花卉的美记录下来，使花卉成为人们精神世界中不可或缺的文化生活。

能满足多样化的休闲旅游需要，花卉旅游聚合了观赏、保健和科研等多种功能，丰富游客和居民休闲旅游的选择。花卉的药用价值激发了花卉保健疗养旅游的需要，中医养生学上的香花疗法就是根据病情选择不同的品种，利用鲜花促进病人康复。

（二）花卉旅游的时间分布

各种花卉的花期不同，花期的固定性决定了赏花旅游的季节性。春秋两季气候宜人，也是大多数花卉盛开的时节，游客一般都会选择春秋两季外出赏花旅游。

从全年来看，一年四季皆有花可赏，花卉旅游的旺季集中在 3～4 月。每年，从 3 月初开始掀起花卉旅游热，3 月下旬～4 月上旬为最高峰，一般最晚延续到 5 月。据百度指数显示，"油菜花""樱花""桃花""杜鹃花"等关键词搜索在近年中呈现明显特征，即每年 3 月左右出现一波明显高峰，且波峰整体呈逐年上升趋势。据去哪儿网发布的信息显示，从 3 月初开始，"赏花""油菜花"等词汇搜索量出现明显的增幅。

从周次来看，赏花集中在周末。通过百度指数研究，花卉旅游的主要时间在周末。对"油菜花""樱花""桃花""杜鹃花"等关键词进行搜索，显示年度最高峰都无一例外地出现在周五～周日，这是因为赏花游多为短途游。

不同地理位置的花卉，也会因气候的不同在不同时间开放。例如，长江以郁金香花期为每年的三四月份；玫瑰的花期为每年五六月份；百合的花期为每年的七至十月份等。华东地区的油菜花在每年的四月开放，而西北青藏高原和河西走廊一带的油菜花，则在七八月开放。

（三）花卉旅游空间区域分布

花卉城市是著名的花卉旅游区域，例如，我国的昆明、洛阳和武汉等，各地由于地理与气候的不同，花卉具有非常明显的地域特色，随着花卉旅游人数的上升，不仅那些拥有独特花卉资源的地方开发花卉旅游景区，甚至没有花卉资源的地方也引种花卉，形成花卉旅游景区。

三、城区花卉园区的旅游策划特点

城市拥有众多的园林、公园、湿地和绿地，每到周末，越来越多人走进绿色，拥抱自然，如果城市公园是享受城市中的"森呼吸"，那么城市各类花卉园则是享受城市中的"花沐浴"。

（一）植物园

植物园是以科普教育为主，以四季植物和花卉为特色，形成植物展示＋科研教育＋特色活动为主的花卉旅游地。例如，上海植物园的前身是苗圃，是一个以植物引种驯化和展示、园艺研究及科普教育为主的综合性植物园。目前展览区设植物进化区、盆景园、草药园、展览温室、兰室和绿化示范区等 15 个专类园。

（二）城市花卉专类园

在花主题旅游广受游客追捧，赏花游持续升温的当下，花卉旅游景区成为社会资本竞相追逐打造的旅游项目之一，开发建设以花为主题的花卉主题园。城市中以某一特色花卉为主导，兼顾优美环境，开展生态休闲、花卉节事活动。主要特色是以花卉观赏为目的，进一步可以细分为城市花卉公园、品种花卉园和花卉主题园。例如无锡的梅园，园内遍植梅树，多达 5500 多株，品种繁多，是江南著名的赏梅胜地之一。园林设计者根据地势高低，结合梅园特点，以梅饰山，倚山植梅，梅以山而秀，山因梅而幽，别具特色。上海嘉定区的紫藤园和松江区新浜镇的牡丹园、杭州的薰衣草园等均属于花卉专类园。

 中国唯一的紫藤公园——嘉定紫藤园

 美哭你的无锡雪浪山薰衣草

 泉州芳草园

（三）花卉主题游乐园

花卉主题公园是具有特定的文化内涵和花卉主题，展示花卉景观的独特魅力，以人工配置的植物景观作为旅游亮点吸引游客，提供创意性游园体验活动的人造休闲娱乐空间。该类花卉旅游地以花卉景观为环境特色，游乐活动为主导，在富有创意的花卉景观中参与一定的游乐活动。在花卉主题公园的规划建设中，植物景观设计是建设的重点，服务设施和休闲娱乐设施的配置也是重点。总之，花卉主题乐园充分挖掘花卉文化和当地的历史文化、名人文化、民俗文化等文化资源，将文化元素融入花卉旅游项目建设，贯穿花卉旅游活动的各个环节，增强花卉旅游的参与性、趣味性和文化性。

（四）花卉博览园

中国花卉博览会始办于 1987 年，是我国规模最大、档次最高、影响最广的国家级花事盛会，被称为中国花卉界的"奥林匹克"，上海崇明区获 2021 年第十届中国花卉博览会承办资格。举办过花卉博览会的地方将成为中国花卉博览园。例如，常州市武进区的中国花卉博览园 2013 年举办了第八届中国花卉博览会，结合常州历史文化特点，用植物造景的手法打造了一座最具地方特色，最具艺术创意，最浓花卉文化和最佳商业模式的，融展示、休憩、观赏、旅游、娱乐于一体的永久性主题文化公园。

（五）景区内的园中花卉园

景区对内部拥有一定的花卉旅游资源加以开发，形成独具特色的花卉旅游项目和产品，并定期开展花卉节事活动。景区花卉园花卉种类较为固定，观赏时间和市场都较为稳定。景区中的花卉园数量非常多，城市公园在建设过程中，为了突出自身的特色，往往会设计建造以某一花卉为主的花卉游览功能区，例如，上海莘庄公园的梅园、共青森林公园的八仙花园、世纪公园的蜡梅花园、长风公园的郁金香园以及上海海湾森林公园中的梅园。

花卉旅游开发联盟总结了花卉园转型的 3 条路径：景区＋平台，景区＋产品，"景"上添花，不断推陈出新的文创运营。重庆江津雨仙农谷以网红民宿"稻田酒店"为突破口，结合花海、牧场等配套休闲项目吸引游客，就是成功转型的案例。

 上海漕溪公园牡丹苑

 上海世纪公园蜡梅花展

四、郊区特色花卉休闲业态及其对旅游策划的要求

传统的花卉生产区域多集中于乡村田野，在建设美丽乡村的理念下，花卉旅游因内涵丰富、格调高雅，成为最具浪漫、惬意的旅游项目，并逐渐成为继节事旅游、乡村生态旅游后的一种发展迅猛的新兴旅游项目。乡村经济中的苗木产业与旅游产业融合，具有形成花卉旅游景区的先天优势。郊区特色花卉休闲业态，是利用观光农业资源优势，以花卉生产专业化的村镇为基础，结合郊区新农村建设，形成花卉产业与休闲旅游、生态餐饮等产业相融合的新兴业态。

（一）综合型花木观光园

我国花卉苗木园多以苗圃形式经营，产业化程度低、经营模式单一。随着休闲旅游业的繁荣发展，观光型花木园不断涌现，花卉苗木园在生产花卉苗木的同时，还可以作为观光旅游休闲地，通过发展旅游业拓展了经营模式。例如，江西金乔园林苗圃通过做旅游的思路来经营苗圃，逐渐由生产型苗圃转变成集生产与观光相结合的综合型观光花木园。

由于花卉具有很强的观赏性价值，利用花卉苗木产业发展花卉旅游往往是先从观光入手，一般通过下列方法实现与旅游业的融合。一种方法是根据不同品种的花卉，营造沉浸式的独特体验。例如，开发花园、花海、花卉走廊，以大规模壮观的花卉场景给予游客视觉上的强烈愉悦感。另一种方法是通过不同花卉苗木的交叉搭配和各种活动的组合配置，因地就势，形成休闲化的旅游空间。例如，上海金山花开海上景区的花海、梅园和秋景园等功能区。

与此同时，利用花卉资源的综合价值，从吃住行游购娱商学养闲情奇的全面视角来审视花卉苗木的价值，通过产品功能的交叉设计和基础服务的综合设计，为游客提供全新体验模式。也就是说，在业态结构上实现"看得丰富、停得下来"，在吃住行游购娱六个旅游基本要素上均有所设计。

总之，花卉苗木旅游是苗木花卉产业与旅游业相结合的产物，从旅游的角度来看，苗木花卉旅游开拓了新的旅游空间和领域，丰富了旅游业的特色和内涵；从花卉的角度讲，苗木花卉旅游拓展延伸了苗木花卉产业链，为苗木花卉产业提供了新的发展途径。

（二）花卉产业园

花卉产业园是集花卉苗木种植、交易、展览、观光休闲等为

 上海花开海上生态园

一体的花卉旅游地。例如，北京市在《花卉产业"十二五"发展规划》中提出将在北京国际鲜花港、昌平小汤山和南口、房山长阳、通州台湖建成五大花卉产业园区。上海鲜花港也是农业产业化结构调整的典范，2002 年开园，是一个以花农培训、花卉种植、新品展示、新品研发、种苗出口为主的现代农业示范园区。花卉产业园区，通过建立花卉历史博物馆、花卉主题广场等，连接花卉种植基地，融入历史人文资源，体现花卉文化收藏、艺术创造、休闲饮食等功能，促进以花卉文化为主题的旅游业发展。

（三）花卉花海乡村

花海指花的"海洋"，形容花很多。高亦珂等在 2015 年中国首届花海论坛上对花海系统作出解析，即：传统意义的花海指由密集的开花草本或者木本植物组成，常采用大面积的种植方式，营造繁花似锦的效果，延伸意义上的花海指观赏植物的具观赏价值的部分大量群集式地在同一时间段内出现所营造出的景观。桑丹等对花海定义为自然或人工的密集的花卉在花期集中盛开时形成视觉效果强烈的开阔的大地景观。花海景观按人工化程度不同，可将其分为人工花海、自然花海以及半人工花海。按功能类型分类分为生产功能和观光功能，其

中，景区观光类花海以观赏游览为主要目的，以基础配套设施为基础，通过门票、饮食、交通、住宿及花卉衍生品等收益，运用合理的运营管理模式，带动景区及相关产业可持续的发展。

在我国，依托花木发展旅游打造苗木花卉之乡的案例中，形成了不少独特的经验。一种是发展生产型花海。花卉产业从盆花和鲜花的生产销售，发展到近年出现花海旅游的花卉种植新业态，这是休闲农业和旅游农业的新发展，花卉产业从"纯农业"的种植业进入了"旅游服务业"，其中花海建造就是一种典型做法，许多地方政府和花卉园艺从业者热衷于种植大面积的花海来制造旅游新景观吸引游客。例如，地处祁连山腹地的民乐县是张掖市主要的花卉制种基地，民乐也依托近十万亩油菜花海景观，在民乐县东南部建立了国家 AAAA 级旅游景区——扁都口生态休闲旅游区，成为中国美丽田园十大油菜花景观。

【思考与讨论】

从各类花卉景区和涉及花卉景区来看，花卉旅游策划的机会在哪里？花卉旅游策划案如何写？

任务二　花卉类旅游产品开发与策划

【案例导入】▷▷▷

如皋顾庄生态园花卉旅游产品策划

通过实地踏勘和旅游策划访谈，如皋顾庄生态园存在以下几个方面的问题。①如皋顾庄生态园旅游业处于发展的初级阶段，旅游产品尚未完全形成。②资源问题：缺乏唯一性、垄断性，具有一定的同质性，并且面临单一性。③市场问题：南通受长三角诸多旅游目的地的竞争威胁；而顾庄生态园本身市场认知度较低，且现有产品同质性较高，并且产品本身曲高和寡。④竞争挑战：周边项目类型存在趋同，对项目有一定的竞争压力。⑤认知挑战：盆景花木旅游尚处于观光休闲的浅层开发阶段，游客对此尚未形成更深层次的认同感。⑥面临趋同性挑战，认知度不够。

尽管面临上述问题，但顾庄发展旅游业具有一定的优势和发展机遇。①资源优势：山水与人文相得益彰，历史与现代交相辉映，如皋和南通都具有巨大的潜力市场。②品牌优势：如皋盆景，享誉中外。③区位优势："市中心"，是"中心"。④市场优势：如皋旅游市场近年来平稳上升，在南通的优势地位越发明显。

目前顾庄发展旅游的问题可以概括为以下几个方面：有资源禀赋，少整合升级；有人文内涵，少深度挖掘；有发展潜力，少战略引领；有独特价值，少包装策划。

欲策划本项目，必先跳出顾庄，跳出如皋，站在中华文化复兴和中国旅游转型升级的高度，重新审视顾庄生态园的战略价值，从而明确了本策划的使命。

本策划的使命：一是要把顾庄生态园的"特色"彰显出来；二是要把顾庄生态园的"魂"找出来；三是要把顾庄生态园叫得响、打得出的"概念"设计出来；四是要把顾庄生态园核心"旅游吸引物"打造出来。

【任务描述】

从理论上对花卉旅游产品进行深入分析，从游客花卉旅游的动机与消费需求上了解花卉旅游的特点和趋势，在理论和实践经验的基础上进行花卉旅游产品的设计。认识花卉旅游产品的三层含义（基于营销学的）。基于游客需求对花卉产品进行分类。掌握花卉旅游产品策划的要点。

【任务实施】

一、花卉类旅游产品开发相关知识

（一）花卉旅游产品界定

花卉旅游产品是基于花卉而产生的一系列旅游产品。包括供游客观赏的各种天然及人工种植的花卉景观、围绕花卉文化开发的各种旅游休闲度假产品、可购买的花卉旅游商品和可参与体验的花卉主题活动。

花卉旅游产品具体包括景观观光型、主题游乐型、花卉节庆型和生产体验型几种基本类型。①景观观光型是以赏花为主的旅游方式，观赏花卉的色、香、形，体会色彩美、嗅觉美等，尤其是花卉植株的形态千变万化，有植株形的、有叶形的、有花果形的，更有枝形的变化，构成了大自然美妙的图画。②主题游乐型是指参加与花卉主题有关的娱乐活动，这种旅游参与性强，一般由主题花卉园提供。例如，在上海浦江郊野公园的奇迹花园，举办了主题为"神奇动物在哪里——2019年奇迹花园艺术花展之春趣嘉年华"，有许多孩子们玩的游戏项目，各种特定的布景使游客非常满意。③花卉节庆型。以花卉为主要吸引物，整合景区多种资源，游客在观赏花卉的同时，参与多种文化、体育、娱乐等丰富多彩的活动，当地居民与游客获得欢快的节日体验。④生产体验型。传统的生产体验主要是种植和采摘，游客可以在花卉种植大棚体验花卉种植，在花卉采摘园体验采摘花卉植物，获得耕耘与收获的乐趣。但是随着人们休闲品位的提高，生产型的体验逐步向休闲创意型发展，在花艺馆学习花卉知识，练习插花艺术等，制作鲜花美食养生产品等，还会体验创意创新的乐趣。例如，插花艺术可以让游客充分展示自己的想象力和创造力，陶冶审美情趣，干花制作则可让游客参与制作的程序，提高游兴。

总之，花卉旅游产品不是单一的，花卉旅游产品的开发需要将观光、参与、休闲、度假、科普等结合在一起，增加花卉产品的文化内涵，从而满足游客对高品质花卉旅游产品的需求。

（二）花卉旅游产品的三层结构

完整的花卉旅游产品可以从三层结构来理解，即最里层的核心产品、第二层的有形产品和第三层的外延（延伸）产品。

核心花卉旅游产品是指为花卉旅游者提供的基本效用或利益，是产品整体概念中最重要的内容，如花卉旅游就是能给游客带来审美愉悦、爽心悦目的心理体验，满足花卉科普知识的获得等，因此，花卉核心旅游产品的开发要以市场需求为导向，因为不同年龄、性别、职业等层次旅游者对花卉旅游的诉求不同，只有满足其诉求才能实现基本利益。

花卉旅游的有形产品是指核心产品借以实现的形式，例如，花卉主题园的设计风格、花卉的品种和美观程度等，给予游客爽心悦目的效应必须通过花卉具体的呈现形式才得以实现。刘加凤认为花卉旅游产品的活化，可以通过三个方法来实现。一是意境环境，即根据花卉品种的特性，优化组合花卉品种和空间结构，创造出花卉旅游地独有的游览氛围。二是主题场景，将花卉的文化内涵整理归纳提炼并融入景观设计中，如薰衣草浪漫婚纱摄影场景的设计。三是要素活动，通过将花卉文化渗透到活动设计、听觉设计、味觉设计、触觉设计、季节性设计等旅游产品开发的各个细节之中。四是生态设施，景区内的旅游服务设施（餐饮、住宿、交通等设施）的建筑风格与花卉本身的环境融为一体。

因此，在花卉旅游开发时充分依托本地花卉旅游资源，挖掘花卉文化及其地方文化，推出集参与性高、体验性强、趣味性浓、文化性厚、娱乐性强于一体的花卉旅游产品系列。

花卉旅游的附加产品（外延产品或拓展项目）是花卉旅游提供者为游客提供了超出其期望的服务或者价值，这是整体产品中的附加的服务和增加的利益，例如，花卉旅游活动中附加的项目等。花卉不但赏心悦目，有些花还能入药，有保健作用，开发健康养生、美容养颜等产品，因此，在花卉旅游开发中重视设计衍生产品项目。那些将花卉旅游与其他相关产品的组合，能给游客超出期望的价值，例如，花卉与温泉的结合。

（三）基于游客需求的花卉产品分类

1. 按照旅游产品需求层次划分的花卉旅游产品

根据旅游者行为理论，旅游者的旅游活动行为可以分为基本层、提高层和专门层三个由高到低的层次，基本层次可使游客达到观赏的目的，提高层次可使游客获得娱乐或其他享受的进一步提升，专门层是使游客达到专门的某种目的，例如医疗或养生，相应地，花卉旅游产品也可以按照层次划分为花卉观光旅游产品、花卉休闲度假产品和花卉文化品赏旅游产品。杜乃星对成都花卉旅游产品的开发研究中，认为成都可以建设三大类型的花卉旅游产品，即花卉观光、文化体验和休闲度假产品，每种类型的花卉旅游见表 13-2。

表 13-2　成都花卉旅游产品体系表

花卉观光旅游产品	文化体验旅游产品	休闲度假旅游产品
花海观光游	诗歌文化体验游	花乡农居度假游
田园观光游	农耕文化体验游	花卉养生度假游
花卉节庆游	民俗风情体验游	康体休闲度假游
花卉摄影游	花卉美食体验游	踏青登山游
花海骑游	科普教育游	运动健身游

在分类的基础上才能对不同层次的花卉旅游产品进行专门设计和开发。例如，衍生产品项目的设计，要注重养生旅游产品的开发，瞄准健康养生、美容养颜等新的潜在市场，发挥花卉旅游新的经济增长点。高层级文化产品的开发要深入挖掘花卉文化，加强产品文化内涵的注入。例如，挖掘成都地区花卉文化的内涵，并融合地方民俗风情文化、踏青文化、山水文化、诗词文化、美食文化等多元文化因子，将其注入花卉旅游产品的开发中，提升花卉旅游产品的文化内涵及价值。

从实践部门来看，奇创旅游策划公司将花卉旅游的产品形态分为三大类：花卉景观观光类、花卉休闲体验类和花卉度假养生类。

2. 按照产品功能分类的花卉旅游产品

花卉旅游产品按照功能分为观赏区、休闲区、商品区和参与区，不同功能区配置了相应的花卉旅游产品类型。①观赏型花卉旅游。在花卉集中的地方进行观赏，满足审美愉悦的旅游。②休闲型花卉旅游。依托花卉开展参与性活动，比如插花、鲜花沐浴等，获得身体上放松的同时获得精神上的陶冶。③商品型花卉旅游。类似花鸟市场提供花卉采购及花卉养殖知识的培训等。④参与型花卉旅游。以花卉为载体，让游客参与到旅游中来，比如让游客参与采花、做花瓣茶、做鲜花饼等活动，加深游客对花卉旅游的体验。

如何理解花卉旅游核心产品的内涵？旅游产品三层结构理论对于花卉旅游产品策划方法具有什么指导意义？

二、基于旅游产品昂普（RMP）法的花卉旅游产品策划

（一）花卉旅游产品策划的昂普（RMP）分析法

旅游产品策划的昂普（RMP）分析法，即从资源（Resource）、市场（Market）、产品（Product）三个方面来剖析某一地方花卉旅游产品发展现状，作为花卉旅游产品策划的基础。资源（R性）分析，分析花卉旅游产品开发基于的自然环境、社会历史、花卉旅游资源的类型、分布、规模和价值等。分析资源利用状况，例如开发密度、季节性以及竞争性产品开发对比情况等。市场（M性）分析，分析花卉旅游开发地潜在的休闲需求增长情况，包括旅游接待人次、休闲与旅游消费能力和趋向、出游时间以及旅游方式等，尤其是对花卉旅游产品的特殊偏好和个性化需求，对花卉旅游产品档次的看法等。产品（P性）分析，分析对花卉旅游资源开发的程度，花卉旅游产品类型和档次，花卉旅游产品的供给模式，如观光型还是节庆型等，了解花卉旅游产品的开发潜力。

（二）花卉资源评价

花卉归属于植物旅游资源。花卉是指具有一定观赏价值的、并经过人类精心栽培养护的观叶、观花、观果、观芽、观茎的草本植物和木本植物，也包括香花植物、草坪及地被植物。花卉旅游资源则是指一切可以用于发展花卉旅游业的自然资源和人文资源的总称。

花卉旅游资源评价，就是从合理开发利用的角度出发，对花卉旅游资源本身的价值及其外部开发条件等进行综合评判和鉴定的过程。从而明确该花卉旅游资源在同类旅游资源中的等级和地位，确定其开发序位，为制定花卉旅游规划等提供科学的判断标准或理论依据，是科学地开发花卉旅游资源的前提。进行花卉旅游资源评价时，必须根据其价值表现、内涵、功能等情况，对花卉资源的形成、属性、价值、规模等内容，做出恰如其分的评价；同时还需对其区位、环境、文化背景、资源组合和开发利用水平等多方面进行系统评价。

李海燕等根据《旅游资源分类、调查与评价》（GB/T 18972—2003），建立了花卉旅游资源评价体系，花卉旅游资源的基本类型见表 13-3。

表 13-3　花卉旅游资源的基本类型[❶]

主类	亚类	基本类型
A 自然资源	AA 综合性地文景观	AAA 山地型花卉旅游地，AAB 公园型花卉旅游地，AAC 其他
	AB 水体	ABA 花卉与河段，ABB 花卉与湖泊，ABC 花卉与湿地，ABD 其他
	AC 生物	ACA 花卉资源，ACB 其他

---

❶ 李海燕，张述林.重庆市花卉旅游资源类型分析.绿色科技.2016（12）：145-148.

主类	亚类	基本类型
B 人文资源	BA 花卉历史古迹	BAA 古代花事,BAB 其他
	BB 特色建筑类	BBA 花文化主题酒店,BBB 花卉博物馆,BBC 花卉工厂,BBD 其他
	BC 宗教花文化	BCA 花卉与佛教文化,BCB 花卉与天主教文化
	BD 社会风情	BDA 花卉民俗,BDB 花卉节庆,BDC 花卉旅游商品
	BE 花卉文学艺术	BEA 花卉诗词歌赋文,BEB 花卉楹联、题刻,BEC 花卉历史典故,BED 神话传说,BEE 影视,BEF 戏曲、音乐,BEG 书法,BEH 绘画
	BF 其他	BFA 其他类型

建立了评价指标体系之后,就可以利用层次分析的方法,对花卉旅游资源的景观价值、花卉种类的丰富性、色彩组合、历史价值、文学性、花卉经济发展、花卉旅游开发的保障条件以及竞争性等状况作出评价。

由于花卉旅游主要是在开花期进行,因此,资源调查要对花期进行专项调查。例如,长江以北地方,2~3 月开花的有杏花、梨花和迎春花,油菜花在 4 月开花,3~5 月开花的有郁金香、蔷薇、牡丹、芍药、月季,6 月开花的有玫瑰和荷花,薰衣草的花期比较长,在 6~8 月都能看到,9 月可观赏菊花。

要对花卉的主要品牌进行调查。即对种植面积大、品种名贵的花卉进行专门的调查,调查面积、分布、品种系列、育种等。

调查和评价花卉节庆活动的开展情况,节庆是花卉旅游的主要形式之一,花卉节庆能提高花卉园的人气,提高所在地方的知名度。要对历年和同类花卉节庆活动进行梳理和评价,了解节庆活动的时间、规模、影响、宣传等。

根据上述旅游资源评价的方法,对如皋顾庄生态园的旅游资源进行评价,评价的结果体现在三个字上:第一个字是"绿":举目青翠,卧于绿野,生态,绿色,自然,沉默而含蓄,有城市所稀缺的清新空气和绿色空间,自然天成,充满野趣;第二个字是"灵":盆景是苗木,更是艺术,如皋盆景有数千年历史,在七大流派中以优雅造型著称。充溢"灵气",具有一般花卉苗木并不具备的个性与品质;第三个字是"雅":盆景相依,田间相望,清幽秀丽,典雅闺秀。

(三)花卉旅游产品策划的市场分析

随着国民人均收入的显著提高和生活水平的持续发展,非基本生活品花卉在大众生活中的位置逐渐提高,带动了花卉产业和花卉旅游业的发展,以花卉观赏为目的的观光旅游大规模增长,甚至成为旅游的主要目的。

昂普旅游产品策划方法的另一项工作是进行花卉旅游产品的市场需求分析,可采用问卷、专家意见等方法,了解花卉旅游市场趋势,为建设花卉旅游景区和开发具体的花卉旅游产品提供依据。

针对花卉旅游产品策划的市场调查内容,主要是以下几个方面:一是了解游客是否愿意选择花卉旅游,是否愿意前往居住地或周边的花卉旅游景区;二是了解主要目标市场距离花卉旅游产品开发地的交通状况,愿意去多远的地方参与花卉旅游等;三是了解游客对花卉旅游景区的偏好,例如,是城市花卉公园还是乡村花海,是花卉文创产业园还是科普性的植物园,是花卉博览会还是花卉主题游乐园,了解游客对花卉节庆活动类型的偏好等;四是了解游客参与与花卉有关旅游的停留时间,例如包含花卉主题景区的线路,是当日游还是 2~3 天的短程,还是一周以上的长途旅游;五是了解游客愿意在春季、夏季、秋季、冬季哪个季节前往花卉旅游景区，还是四季均可以；六是了解游客结伴参与花卉旅游的方式，例如，与父母、恋人、儿女、朋友、同学、同事等；七是了解花卉旅游有形产品和延伸品的偏好，例如，鲜花及其食品，花卉工艺品、主题摄影（婚庆、毕业庆典、生日纪念等）、主题性节庆活动（农业嘉年华等）、养生度假产品（花香疗养、花卉温泉等）、科普教育产品（花卉种植，花卉百科知识影映，鲜花制品工艺参观与体验等），另外对科技研发功能、特色餐饮，主题住宿功能的关注情况等。

如果要发展花卉女性旅游产品，还必须挖掘花卉产品的女性文化内涵，只有这样才能针对女性旅游者的爱好和特征提供满足其爱好和需求的花卉旅游产品。如花卉美容、花卉艺术等，可推出插花、花卉摄影等与花卉审美相关的项目和产品。

下面是对如皋顾庄花卉旅游市场偏好的调查案例。

根据消费者行为理论和花卉旅游市场调查的专门方法，如皋顾庄生态园项目策划团队利用网络进行游客对顾庄花卉旅游市场偏好的调查，调查的内容包括对大型花木基地的参观学习、水上娱乐（垂钓、划船、游船）、奇花异林的观赏、农事体验（耕种、普通劳动、瓜果采摘等）逛街、购买土特产品、住农家和品尝农家菜、花浴花疗等主题体验，参加品花节等大型活动、文化参观（遗址、名人故居等）、夜间旅游休闲活动、演艺表演与体验活动、吧式消费（如酒吧、茶吧等），调查结果见图 13-1 如皋顾庄生态园旅游市场偏好分析图。

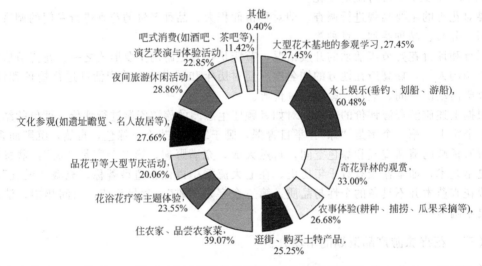

图 13-1　如皋顾庄生态园旅游市场偏好分析图

网络调查的数据表明：顾庄旅游市场对参与型的娱乐活动、体验型的乡村休闲、自然花木观光、夜间休闲和文化观光具有较明显的偏好；花木相关节庆活动、体验型休闲产品也具有明显需求。

（四）基于三层结构的花卉旅游产品策划

1. 核心花卉旅游产品策划

目前我国大部分花卉旅游地的开发现状，是以花卉自然景观作为产品的主要特色，侧重于单纯的视觉观光角度，利用花卉生长地本身拥有的花卉资源，通过简单的景观打造来展现花卉田园风光。

核心旅游产品开发最重要的是核心花卉的品种及其文化要素的挖掘，例如无锡雪浪山薰衣草花卉园薰衣草文化产品的开发和杭州超山梅花文化的开发。雪浪山薰衣草园花卉品种繁多，有各类香草和草花，香草类有：西班牙薰衣草、迷迭香、西洋蓍草等，草花类有：银叶菊、孔雀草、矮牵牛等。然而，最核心的花卉是薰衣草。2013 年 11 月从法国引进了薰衣草苗木，共栽种了 120 多亩薰衣草，引入"法国蓝""解忧六号""解忧七号"等优质薰衣草品种。挖掘主题是核心花卉旅游产品策划的重中之重。突出园区的主题是各类花卉产业园区进行规划设计时必须遵循的原则，以此保证花卉产业园区旅游发展的整体性。确定主题之后，花卉园紧紧围绕主题进行项目策划，将主题特色体现在项目设计的各个方面。

2. 有形花卉旅游产品策划

人类爱花，花卉旅游无疑可形成浪漫有趣而又有社会意义的产业。从供方来看，花卉旅游的开发，是以花造景，依花卉资源开发娱乐活动的条件，例如利用花卉设计花海图案，在花卉田园中打造各种与花卉观光有关联的特色活动等。

杭州第 11 届梅花节主题及配套活动

从时间上看，要形成一年四季花开不断的产品形象。通过研究花的开花时间，巧妙组合各种花卉，形成年年岁岁都有花，一年四季开不断的形象，最大程度减少无花期。

从内容上来看，开展多元化的花卉旅游活动需要结合各类文化活动，例如，鲜花摄影展、绘画展、诗歌比赛、鲜花选美，编写传说故事，穿插民俗表演，文化艺术与花卉实体相映成趣，提高观赏价值。

开发花卉种植、采摘和插花艺术等活动，游客可以参与手工制作干花，插花，缝制香包等，享受劳动果实。

主要的花卉旅游产品形态有：①花卉鉴赏产品。是通过对花卉习性特点的解说，让游客在观赏过程中收获花卉品鉴的无穷乐趣，包括露天和温室花卉观赏。②花卉科普教育产品。是指花卉知识交流、科普知识学习和农技花艺技术的培训。花卉园丰富的花卉资源和雄厚的技术力量，可以开展培训、技术交流、花卉知识讲座活动。③花田农事。在花卉主题景区单独开辟出几个小的花卉片区，作为游客种植、采摘的专属体验区，让游客体验到农耕的喜悦感和成就感。"花卉采摘"属于初级体验区，在初级体验区中，旅游者可以进行简单的采摘。④花海婚庆。鲜花代表着浪漫，尤其是对新婚夫妇和恋爱中的青年男女具有很强的吸引力，花卉景区有着举办户外婚礼的天然优势，这些景区可以在花卉项目的基础上，开发结婚摄影棚、婚纱摄影景观等，供新人在花海中拍摄美丽婚纱照，感受浪漫花海风情，也可以在花海中举办户外婚礼庆典和婚纱摄影作品展览等。⑤花田游乐。花田由于规模大而被开发为花田迷宫供游客在花海中体验迷宫乐趣。例如，台湾高雄市杉林区有一个全台最大、占地 3 公顷的葵花花田迷宫，让游客可以赏花，钻进花田，穿梭在花田小径中，徜徉花海的迷人魅力，充满浪漫与趣味。⑥插花体验。在花卉主题园建设插花馆，选取适宜的花卉品种进行插花艺术供游客参与、体验与学习。⑦花卉艺术产品。这是以花主题展开的绘画和摄影作品，这些作品是艺术创作者运用绘画和摄影的艺术创作方法记录花的美丽，让游客从不同的艺术方法欣赏感知到花的美，提高艺术修养。

总之，花卉旅游活动项目的设计是整个园区旅游策划过程中一个最为关键的内容，直接影响到园区旅游业发展的好坏，而园区如果是多种旅游活动共存，游客的体验维度会拓展并深化。

3. 外延花卉旅游产品策划

根据花卉旅游开发地的资源和市场偏好，对花卉资源地的山岳、温泉、河湖、林果、乡村民俗、农业生产等相关资源进行地域整合，将相关资源要素渗透到花卉产品开发之中，相互协调与融合，形成花卉旅游的外延产品。

上海金山花开海上生态园的花历

最具开发潜力的花卉外延产品是花卉旅游商品和花卉餐饮产品。例如花卉食品、鲜花茶饮和花卉纪念品。鲜花食品以鲜花为原料制成鲜花食品，推出鲜花大餐。花卉与茶文化结合，开发花茶产品。开发花卉旅游纪念品，将花卉制成干花、压花艺术品、花束和花篮等，香料花卉可制作香囊、香枕等。例如，薰衣草香囊。

花卉餐饮产品有着悠久的历史。早在南宋时期就有了很多集中记载了十余种以花为主料或配料的饮食及其加工方法，明清时期，人们也常采集鲜花用蒸馏法制作香露，以供入汤、入酒及调汁制饵等各种形式的食用。不少花卉旅游景区提供花卉餐饮产品。上海鲜花港景区推出的美味鲜花食品包括特色花茶、特色花酒、糕点、菜肴和花粥等。

上海顾庄公园的樱花衍生品丰富多彩，通过主题营造、文创商品开发、形象包装等方式，丰富樱花旅游产品。主要产品有樱花之秀色：以樱花色、香、味、形为美的商品系列；樱花之温馨：以樱花装饰功能为主的实用性产品系列；樱花之猜想：以樱花的内在品质为发散的创新系列等。

三、花卉旅游项目开发案例借鉴

（一）成都三圣花乡花卉旅游开发产品定位

成都的三圣花乡素有"中国花木之乡"之称，是一处以观光休闲农业和乡村旅游为主题，集休闲度假、观光旅游、餐饮娱乐、商务会议于一体的城市近郊生态休闲度假胜地，是国家 AAAA 景区，因其开发了花乡农居、荷塘月色、幸福梅林、东篱菊园、江家菜地五个主题景区，并称为成都"五朵金花"，每个景区的开发主题和设施见表 13-4。

表 13-4　成都三圣花乡的"五朵金花"

五朵金花	主题	定位	景点和设施
幸福村	幸福梅林	民俗村	主题梅园、梅花博物馆、体育公园、游客服务中心、100 余家特色休闲农家乐
红砂村	花乡农居	创意村	茉莉园、牛王庙、百亩玫瑰主题风情园、维生花卉园艺、近百家休闲娱乐场所
万福村	荷塘月色	画家艺术村	乡村酒店、休闲会所、艺术村、画廊、荷塘、莲花广场、乡村天空、万福春光画意村
驸马村	东篱菊园	摄影村	精品乡村酒店、休闲餐饮、娱乐会所
江家堰村	江家菜地	雕塑村	乡村酒店、学校教育基地、认种土地、认养蔬菜

三圣花乡旅游开发案例给我们在花卉旅游开发方面有以下三点启发：一是充分把握生态休闲的时代特征与都市人对乡村田园的回归渴望；二是构建农业休闲产品体系，突出每个产品的特色，统一包装，避免内部竞争；三是以地方花卉节庆体验为特色卖点。

（二）英国伊甸园

英国伊甸园位于英格兰西南部康沃尔郡圣奥斯特尔（St Austel）附近，原址是一座废弃的黏土矿区，项目开发以环保、主题特征、神奇体验、前沿技术为理念，在丘陵地区废弃的荒地进行创意开发。园内种植 10 万种以上植物，为全球最大有植物保育场的所在地。该园以主题化方式分别设计"潮湿热带馆""温暖气候馆""凉爽气候馆"，三大展区共由 6 个"大温室"构成，6 个"大温室"分别展示 6 个不同国家的植物。

主要项目包括三类。体验类：话剧、研讨会、艺术秀、园艺论坛、音乐节和儿童节目等；观赏类：两大温室、三大展览馆等万种植物；教育类：每年 1 月和 9 月向不同年龄段的学生提供生态环境教育服务。

这个案例对花卉旅游开发的启示是极具创意构想，创造体验互动式的植物科普馆以及科普教育基地，例如，植物花卉教育基地。另外是抓住了特定的市场，即儿童市场，开发儿童科普项目。

四、花卉旅游功能区划分及项目策划

以下以如皋顾庄生态园为例，说明花卉旅游功能区项目的策划。

（一）花卉旅游项目概念策划

根据如皋地区花卉旅游资源和市场分析，提出如皋顾庄的花卉旅游项目有两项，第一个是"顾庄盆景生态园"，第二个是"顾庄中央盆景公园"。概念提出的理由是基于以下两点考虑：一是通过"盆景"把顾庄生态园的盆景旅游主题突出出来；二是通过"盆景"把顾庄生态园的旅游特色确立下来。

根据对项目发展愿景，资源禀赋以及生态旅游发展趋势进行的多维分析，通过城乡统合、资源整合、功能复合、生态融合和村落竞合的手段，顾庄生态园旅游发展战略定位是："都市里的村庄：城市的乡村生态休闲度假胜地""盆景中的王国：世界盆景之都"。

为了能让游客获得盆景王国的核心印象，需要通过有形的项目形式来塑造。如皋顾庄生态园策划了中华盆景大道、盆景映像公园和盆景文化长卷公园四大园区。①中华盆景大道，为贯穿整个景区的游线。规划在园区内建设一条观光大道，起点和终点在园区入口，以电瓶车为主要交通工具。②盆景映像公园（盆景博览和科普教育组团）是以花木盆景基地为依托，打造集生产、游憩、科普、休闲于一体的盆景精品博览公园。③顾庄中央生态公园（田园休闲和生态农业组团），是依托特色农业资源和三个新农村建设，"多点串线成面"，形成以生态美食、乡村观光为主的乡村休闲旅游基地。④盆景文化长卷公园（文化体验和文化创意组团），是整合如皋盆景文化资源，以创新资源观的理念，挖掘文化资源的内在价值，将该区打造成展现如皋盆景文化创意空间，建设如皋首个盆景文化创意产业园。

（二）项目策划阐述

项目策划要为拟策划区域的各种项目命名，阐述项目建设的内容，提出项目策划的思路，最重要的是说明项目策划的内容。如皋顾庄生态园的项目策划如下。

1. 中华盆景大道

"中华盆景大道"以景区电瓶车游线建设为主体，贯通"三园"，串联"八景"。"八景"设置如下。

第一景　盆景之光——中华盆景第一树。

策划思路：是一棵巨大的如皋盆景造型"树"，中华盆景树主体呈"云头雨足美人腰"，由水泥雕塑做成。声、光、电立体配置，立志打造"中国第一盆景树"。以第一印象示人，给予游客一种震撼气势。

第二景　人间春色——盆景艺术步道。

策划思路：1990年，盆景《饱览人间春色》在日本大阪第五届国际盆景艺术中荣获最高奖，也是中国盆景迄今为止获得的最高奖项。以"人间春色"立意，以景点建设思路，以风格各异、品类多样的盆景为中心，配以花、果、草等植物和园林景观，建设中华盆景大道。

建设内容：搭建一段木结构框架廊道，形成绿化遮阴景观长廊，以展示各种精品造型盆景为核心内容。

第三景　云雨春晓——中华盆景第一楼。

策划思路："云雨"二字取意如皋盆景的"云头雨足"。建"云雨春晓"阁楼，形成俯瞰整个顾庄生态园标志性登高览胜景点。阁楼以如皋盆景文化点缀其间。

建设内容：①云雨春晓。建三层阁楼一座，取名"云雨春晓"，供游客极目远眺。②观光平台。搭建超级观光览胜平台，供游客极目远眺，让游客去感悟绿色景色的变化。

第四景　天籁之音——倾听"自然"的声音。

策划思路：游人在漫步树林过程之中，呼吸新鲜空气，体会自然美妙，聆听风声虫鸣鸟语"天籁之音"。

项目设置：①许愿风铃。选择一处树林，树林中设置金属风标系列，风标上设置风铃，供游客前来许愿，方圆几里都能听到音乐铃声发出的"天籁之音"。②音乐之声。步道两旁设置背景音乐，沿路安装小型景观音响，播放佛禅文化的经典而通俗的音乐，如《云水禅心》等。使得自然天籁与心灵之声在此交响共鸣，游客产生身心愉悦的感受。并以碎石铺路，道路两旁点缀自然花丛。③天籁之音。规划建天籁之音亭一个，突出草、竹、树三元素，让游客到此聆听大自然天籁之音。草棚竹亭设置特殊屋顶，让屋檐的雨水滴到地面的瓦罐中，以便发出清脆悦耳的响声；在山林间适当设置竹木音响器具，以增强天然音响的效果。游客触摸，即可发出不同声音。

第五景　盆景剧场。

策划思路：以演绎表演为主要内容，为游客提供一个驻足、参与、观看的场所。

建设内容：①大舞台。小型广场，定期展示和表演。②DIV工坊。以教练并观看盆景技术和手艺为主，内设盆景教室、茶室等。

第六景　花花世界。

规划思路：沿路一线种植月季等颜色花卉，形成"花花世界"景观。

建设内容：月季花开、数字花卉和动物花卉。

第七景　荷塘月色。

策划思路：沿河道，形成一片水域，种植荷花，营造一个"荷塘月色"的胜景。有夹岸栈道，有小桥流水，假山叠石。

建设内容：栈道、假山叠石。

第八景　盆景迷宫。

策划思路：取意如皋盆景"美人腰"之意。形成具有原野氛围较大规模的盆景迷宫，成为不可多见的一道风景。游客在盆景迷宫中徜徉，穿越一片迷途，享受在其中游荡时偶尔发现一片片美丽盆景时的惊喜。

建设内容：以迷宫路径排放大规模盆景。

2. 盆景映象公园

开发思路：以如皋盆景园为主体，将文园析出，家居植物园置入，并相应扩大北部组团规模。将旅游休闲元素与独一无二的盆景资源开发嫁接起来，突出绿色、环保、生态、教育、艺术、创意、文化等系列主题，由目前单一的花卉盆景生产基地，逐步发展成为一个集生产性、旅游性、生活性和创意性于一体的如皋盆景映象公园。

主题形象：盆景世界，翡翠王国。

项目阐述：如皋盆景映象公园由"四园一馆"组成。

项目1　中华养生盆景园。规划思路：以现代花卉苗木基地为依托，突出"养生"主题，打造一处以药用植物盆景为主线，长寿文化为衬托，长寿景观为点缀，集养生、观赏、体验、休闲为一体的中华养生主题盆景园。

项目2　现代家居植物园。规划思路：结合苗木大户种植经营特色，建成国家非物质文化遗产，建设互动体验式的旅游项目，吸引游客参与互动，体验自然，集聚人气，提高知名度；开发具有如皋特色的家居植物。具体分为木本植物区、草本植物区、肉质植物区、藤本植物区和家居精品区。

项目 3　名人盆景园。规划思路：盆景乃天下奇观。如皋盆景由于形成的条件非常特殊，造型独特，闻名中外。如皋盆景大师辈出，但通常仅见各别作品出现。规划以"大师"为亮点，将如皋盆景大师集于一园，打造一处大师盆景园。

主要内容：①大师工作室；②大师课堂；③大师盆景展示馆。

项目 4　如皋盆景主题体验馆。规划思路：从整体出发，"串点连线成片"，作为如皋盆景文化品赏的产业区进行规划建设，提出"唤醒历史记忆，再现人文情景，弘扬传统文化，发展文化经济"的思路，突出"盆景文化"这一主体，辅以历史文化、名人文化等其他如皋地方特色文化，规划建设"如皋千年盆景文化长卷公园"，形成以盆景文化体验为主题特色的创新文化旅游产品，打响"如皋千年盆景文化长卷公园"在如皋、南通乃至全国的知名度和影响力。

3. 如皋盆景文化公园

以"盆景文化"为核心，以重大文化项目规划建设为重点，针对本项目定位的特点，对盆景文化的精髓进行筛选和提炼，围绕"唐宋元明清，从古看到今"进行演绎，力求体现如皋特点、中国特色，整合各种资源，把"千年盆景文化长卷公园"打造成一个以如皋盆景文化为突出亮点的盆景文化旅游精品。

概念设计：盆景千年文化长卷公园。

项目阐述：主要有六个核心项目。文化广场、S 街、中国盆景文化中心、历史大道、花王庙以及文园。其中，与盆景有关的项目如下。

项目 1　文化广场。主题创意：盆景文化主题广场，是整个盆景文化长卷公园的"第一印象区"，也是"主题形象展示区"。

项目 2　S 街——打造独一无二的如皋盆景 CBD 盆景文化商业街。策划创意：①形态上主要提取如皋盆景特有的"S"状街道格局，创造出具有古典风貌特色的商业建筑群，形成商业氛围。②内涵上传承盆景文化，抓住盆景文化、特色商业、传统民俗三条线索，使文化和商业得到充分展现。③总体营建"道、街、店，文化遗迹多，小店连成片"的文化盛景。

项目 3　中国盆景文化学术活动中心。集盆景文化研究、文化创意、艺术创作、商务会议、学术研究等为一体的如皋中国盆景文化遗产中心。

4. 顾庄中央生态公园

策划思路：原真性、体验性、舞台化打开顾庄中央生态休闲长卷，将抽象的农耕文明变为有趣的现代农业休闲旅游产品，立足休闲主题，突出花海特色，通过展示、教育、游赏的三合一空间规划，创建一个旨在体验花乡农居特色的现代乡村休闲板块。

发展定位：围绕一个"农"字，突出一个"花"字，将旅游休闲元素与花卉农业精粹嫁接起来，进一步突出主题性、娱乐性、参与性，打造一个集博览、学习、示范、旅游、休闲于一体的顾庄中央生态休闲公园。

利用花卉资源建设的项目内容：①玫瑰园。玫瑰园主要以花卉为主题，打造成为如皋著名的婚纱摄影地和青年男女浪漫幽会地。②万花园。万花园将结合冒辟疆与吴蕊仙的感人故事，打造蕊仙园；结合如皋倒花篮的民歌、民间舞蹈，重塑百花仙子雕塑，建设黑牡丹、石榴等专业植物园区和植物造景园，展示如皋传统花木文化。

5. 如皋度假聚落

策划思路：围绕"花香农居"主题，一带一品，一户一景，错位互补，协同发展。

发展定位：立足"花香农居"个性的彰显，定位于现代乡村度假聚落，使之成为都市里的村庄的最好脚注。

建设内容：围绕居住、休闲、度假，打造"顾庄三家村"。盆景村以盆景为鲜明主题，走高端路线，突出创意、艺术，主体发展高档会所、艺术聚落、主题茶馆、精品客栈。花居村以花居民宿为鲜明主题，走大众路线，突出生态度假、民宿体验，以花乡客栈为主体特色，重点发展各种类型和风格的中低档客栈。农家乐村以农家乐为鲜明主题，走综合路线，突出农家美食体验，重点发展餐饮娱乐以及多种农作体验。

任务三　花卉节事活动策划

【案例导入】

说起鲜花、鲜花节，大家不约而同地会想到云南的昆明，走进昆明高铁火车站，映入旅客们眼帘的是各式各样的鲜花饼和鲜花店……昆明市是云南花卉产业的生产和交易中心。在1999年昆明市首次举办世界园艺博览会后，昆明每年都会开展形式多样的花卉旅游活动，除了昆明国际花卉展，还有圆通山樱花节、大观公园荷花节、郊野公园桃花节等。

当前全国各地利用"花"的吸引力，以"花卉节事"做主题的活动很多，春季桃花节、梅花节，初夏牡丹花节，夏季薰衣草节，秋季菊花节等花卉旅游文化节在各地层出不穷，各地旅游部门利用"花"发展旅游提升旅游人气，活跃地方旅游文化取得了良好的效果。

利用花卉举办节事活动有两种方法：一种是利用开花农作物和果树的花期，举办花卉节，例如油菜花节、梨花节等。全国有名的有云南罗平的油菜花文化旅游节、四川苍溪的梨花节、新疆的杏花节等。在知名花卉节事活动的带动下，一些拥有开花作物和果林的地方，利用大规模的花海本身所具有的奇特观赏价值和为游客提供的愉快体验，举办花卉节事活动。

【任务描述】

一次花卉节事活动有着一系列内容，包括活动目标、节庆主题、组织机构、活动时间和地点、活动日程安排、开幕式、游园赏花、宣传推广等，那么如何确定活动的内容、节事活动的主题如何确定？围绕主题的活动项目如何设计呢？本部分的学习任务是：认识花卉节事活动在花卉旅游中的重要性和发展趋势；理解花卉节事活动成功的要素；学习花卉节事活动主题确定的方法；掌握花卉节事活动项目策划的要点。

【任务实施】

一、花卉旅游节事活动的策划

（一）花卉节事活动类型

花卉节事活动策划是花卉园旅游策划中的重点，是花卉产业与旅游结合的重要方式，是旅游策划的用武之地。花卉节事是以花卉为主题而举办的节庆活动，周武忠（2008）认为花卉节庆旅游，就是以旅游市场为前提，以花卉资源为依托，是以满足观赏、游览、疗养、保健、科研、观摩以及学习花卉知识等方面需求为目标的新兴的综合性旅游活动，是生态旅游的重要组成部分。花卉节庆旅游属于会展经济的一种形式，已经发展成为一种产业。而区域性的花卉节事活动是当地政府根据本地区的花卉资源特色为了特定目的而创办的，举办的目的是塑造区域形象，扩大地方的知名度，与此同时刺激消费，带动相关产业，促进地方经济发展。

根据不同的划分标准，花卉节事活动可以划分为不同的类型。

根据花卉节的规模等级和影响力，花卉节旅游可分为世界级、国家级、省级和市县级四类。国家级的花卉节会选择在不同的城市举办，例如，上海举办了4届中国菊花展览会，1982年，中国菊花展览会的前身——首届"中国菊花品种展览会"在上海人民公园举办；1985年，上海中山公园承办了第2届中国菊花展览会，2004和2019年，上海世纪公园和共青森林公园，分别承办了第8届和第13届中国菊花展览会。

 第13届中国菊花展览会——
上海共青森林公园

 第13届中国菊花展览会——
上海方塔园分会场

按花卉品种分类，主要有梅花节、牡丹花卉节、桂花节、月季花节等。例如，南京国际梅花节、洛阳牡丹花卉节、西湖国际桂花节等。

根据花卉节的主导功能可以分为商业经贸型花卉节、游览观光型花卉节、民俗文化型和综合型花卉节。其中：①商业经贸型花卉节举办的目的主要是为花卉、商业经贸往来提供机会和交流平台，促进花卉市场的发展，前往的游客同时又是商业活动的直接或潜在参与者。如中国花博会。②游览观光型花卉节主要以各种优美的花卉景观为吸引物，供游客游览、观光和鉴赏，从中获得美感享受和身心健康。③民俗文化型花卉节带有民族风情特色，旅游者参加此类花卉节可以了解当地特殊的民俗文化，并从中获取一定的科学文化知识。④综合型花卉节在主题和内容上都表现出明显的综合性。

花卉园区举办花卉节庆活动主要是游览观光型，是花卉园区以自身特有的花卉景观为吸引物，在特定的时期，观赏不同花卉的"色、香、姿、韵"，从中获得美感享受和身心健康。节庆期间既有游览观光活动，又有商业经贸会展，还有民俗文化旅游等。例如，洛阳的牡丹花卉节，融赏花观灯、旅游观光、经济贸易、对外交流和文化体育活动为一体的大型综合性经济文化盛会。各式各样的花卉节事活动令人们眼花缭乱，要能顺利地举办一次卉旅游节事活动，需要掌握花卉节事活动的一般范式，并在此基础上，根据花卉节事的专门类别进行有针对性的活动设计。

 杭州余杭薰衣草庄园薰衣草
文化节的展板

 新浜牡丹园（上海松江）
牡丹花节

（二）花卉旅游节事活动策划的要点

赏花活动作为我国民间传统的习俗，是自发性游玩的主要活动。北宋时期洛阳开始举办万花会，这是我国历史上第一次官办牡丹观赏盛会。在民间，在中国历史上还有一个与中秋节齐名的节日——花朝节，是纪念百花生日的花卉节事活动。如今旅游业开发了花卉节事后，使得赏花活动通过商业运营来组织，将文化活动与经济发展相结合，拓展了花卉节事活动的效用。

旅游部门策划一次成功的花卉活动，需要考虑用以下几个方面的要点：第一，主题的选择要富有创意。现如今举办花卉节事的地点和方式越来越多。但是在活动的主题选取上一般都是"地点＋花名"，不富有诗意，也不足够吸引游客。因此，一个富有诗意的主题，首先就能给游客留下深刻的印象，还易于激发他们的出游兴趣。花卉旅游节事主题策划也要符合自身特色。虽然花卉节事的主题要求富有创意，但是创意并不是凭空的想象。它需要与所策划的花卉节事的主题相符合。要结合当地的特色，才能保证不会误导游客。第二，大型花卉节事活动需要政府部门统筹规划。形成以政府部门主导的统一规划、系统开发、突出重点、避免重复、尽快使其商品化和规范化的特征，又便于花卉节事旅游向项目策划专业化、管理科学化的方向发展。在统筹规划中，花卉节事活动的开发也能够更好地避免一些项目的重复。第三，要结合地方文化特征，形成自身特性，传播当地特色文化。每一种花卉节庆都有其独特的文化内涵，结合当地的文化特征来进行活动项目的策划，极大地增强了旅游项目本身的独特性，有助于提高节事项目的吸引力。第四，观赏性与参与性并重。大多数的花卉节事活动还停留在花卉的观赏上，给游客带来的只是浅层次的体验。花卉节庆旅游活动的开展，还应该提高旅游者在旅游活动中的参与程度，让游客增加体验感，使其流连忘返。第五，重视基础设施的保障。举办花卉节事活动需要建设和维护花卉节庆活动场馆及旅游服务设施，来保证旅游节事活动的顺利开展。

二、花卉旅游节事活动成功案例借鉴

举办各种花卉旅游节事活动，是花卉资源的开发的重要形式，国内外许多城市每年都积极举办各种形式的花卉旅游节，而拥有花卉资源的景区，也纷纷组织花卉节事活动的方法进行旅游产品创新。

（一）早期的花卉节事活动

早期的花卉节事活动是在景区和城市公园举办的。例如，1998 年上海长风公园举办的上海国际花卉节，尽管没有持续进行，但举办当初，盛况空前，积累了一定的举办花卉节经验，也为其他类似花卉节事活动的举办提供了专业化运作的模板。第一届上海国际花卉节，由上海市旅游委、园林局、农林局和普陀区人民政府主办和承办。除国内大批参展商外，还有来自荷兰、美国、以色列、比利时、韩国等国家，以及中国香港地区的商家参展。此后不断总结经验，活动越来越丰富。

（二）景区开展的花卉节事活动——无锡太湖鼋头渚樱花节

景区开展的花卉旅游节事，是由花卉型景区或拥有花卉资源的景区开展的花卉旅游节事活动，下面以无锡鼋头渚樱花节为例，说明这类节事活动的特点。无锡太湖鼋头渚景区的樱花节在长三角地区非常有名。鼋头渚是无锡的核心景区，来无锡必游太湖，游太湖必至鼋头渚。而鼋头渚也是世界知名的赏樱胜地之一，种植有 30000 余株各类樱花，共有 100 个品种，是国内规模最大、品种最全的樱花种植基地，有"中华第一赏樱胜地"之美誉。

鼋头渚的樱花分成"早樱、中樱、晚樱"三部分，开花时间和品种空间分布有差异。"早樱"通常在每年的二月底就进入盛花期，"中樱"一般在三月中旬至月底进入盛花期，主要分布在樱花谷、十里芳径、长春桥等。"晚樱"一般在三月底至四月上旬进入盛花期，每年都有大量的摄影爱好者前往鼋头渚的湖边，拍摄樱花，场面极美。

樱花节期间开展各类活动，以 2018 年为例。2018 年 3 月 10 日，在樱花谷主舞台，万人齐跳樱花舞。每个游客的参与都是在为太湖鼋头渚樱花节开幕造势；3 月 10 日—4 月 10 日，刀刀狗主题乐园开放；3 月 10 日—5 月 5 日，萌宠欢乐园开放，游客们可以零距离接触呆萌动物，3 月 10 日—4 月 10 日，樱花文创市集，游客可以樱花伞、樱花酒、樱花糕点、樱花茶等特产作为伴手礼，赠送给亲朋好友；3 月 10 日—4 月 10 日，樱花小镇开放，游客可以在此野餐露营。从时间上看，既有顺序也有重叠，游客可按偏好选择参与时间。

从 2018 年，已经开始尝试结合一些大众喜闻乐见的活动来为樱花节增添乐趣，如：万人齐跳樱花舞。除了观赏樱花，赶"樱花集"也成为节事活动的一部分，是"旅游＋购物"的良好运用，游客购买樱花文创产品不仅给鼋头渚带来了经济效益，也为鼋头渚的文化和名气做了宣传。

（三）地方性的花卉节事——罗平油菜花节

地方性的花卉旅游节是由城市、区县政府牵头举办的，策划这样的花卉旅游节事活动，要从地方经济社会的全局出发，将花卉旅游节事活动作为与政府计划的实事相结合，以花为媒整合各类资源，以提高整个地区的知名度和影响力为目标。下面以云南罗平县油菜花节为例，说明这类节事活动的特点。

罗平油菜花节是指云南省罗平县于每年初春举办的油菜花节。罗平是我国的油菜花主要产区，以菜油价廉质优而闻名于世。自 1992 年以来，罗平已经成功举办了 18 届油菜花节，并成为面向全国、走向世界的大型农业观光旅游活动。

云南罗平县借助 80 万亩油菜花海及县境内独特的生态农业、迷人自然景观，每年春天，成为世界最大天成花园。种植园内金灿灿，金色的山冈、金色的沟壑、金色的原野、金色的河堤、金色的花坛、金色的盆景，罗平成了花的海洋、金色的世界。

罗平油菜花节有以下几个方面的特点：①主题明确，突出文化。罗平油菜花节从 1992 年开始，已经举办了十几届，每一届的主题都不一样，但都富有诗意。像春天的邀请、东方花园、诗化罗平等。②花卉旅游与当地自然风光相结合。罗平油菜花海面积共计 80 万亩，周围与多依河、鲁布革三峡、九龙瀑布相结合。③花卉节事与旅游线路相结合的创新方式。在油菜花期间，罗平重点推出油菜花海-鲁布革电站-多依河-鲁布革峡谷-九龙瀑布群油菜花海的旅游大环线，油菜花海-多依河-九龙瀑布群油菜花海生态考察游环线。④融入了当地的民族文化。罗平地处滇、桂、黔的交界处。这里聚集着布依、苗、彝等少数民族，民族文化特征较为突出。油菜花节已经和当地的民族传统节日"对歌节""泼水节"一起举行，极具民族特征。⑤节事活动项目丰富。罗平油菜花节期间还举办大型的主题文艺演出，以及环游花海马拉松大赛、摄影大赛、焰火晚会等形式多样、内容丰富、内涵新颖的活动项目。⑥政府的支持。县委和县政府用"大产业、大文化、大服务、大市场、大环境"的理念，全方位启动与旅游业密切相关的交通、通信、电力、城市配套设施和旅游景区建设，为其提供科学规划、宣传、指导、资金支持。

三、花卉节事活动的主题确定的方法

花卉节事活动策划中，主题确定是最为关键的环节，鲜明的主题，能激发目标市场的旅游动机，并且是主题活动是否具有特色的决定因素。

花卉节事活动的主题是举办一场花卉节事活动举办的宗旨和中心思想。一般而言，每一届的主题都有所不同，不同的主题与花卉的特点、花卉的文化内涵、花卉举办地的形象等有密切关系。例如我国举办的中国国际园林花卉博览会，自 1997 年创办以来，除了在大连举办的第一届没有主题，其他届都有不同的主题，历年中国国际园林花卉博览会的主题见表 13-5。

表 13-5　历年中国国际园林花卉博览会的主题

届数	举办时间	举办地点	主题
第二届	1998 年	南京	城市与花卉——人与自然的和谐
第三届	2000 年	上海	绿都花海——人 城市 自然
第四届	2001 年	广州	生态人居环境——青山 碧水 蓝天 花城
第五届	2004 年	深圳	自然 家园 美好 未来
第六届	2007 年	厦门	和谐共存 传承发展
第七届	2009 年	济南	文化传承 科学发展

届数	举办时间	举办地点	主题
第八届	2011 年	重庆	园林,让城市更加美好
第九届	2013 年	北京	绿色交响 盛世园林
第十届	2015 年	武汉	生态园博,绿色生活
第十一届	2017 年	郑州	引领绿色发展,传承华夏文明
第十二届	2018 年	南宁	生态宜居,园林圆梦
第十三届	2021 年	徐州	绿色城市,美好生活

在景区利用花卉资源举办花卉旅游节事活动,同样也需要进行主题策划,以促进花卉节事活动的持续举办。

确定花卉节事活动主题主要包括以下几种方法:①根据花卉品种确定主题。单品种的花卉节事活动一般以某一花卉为核心,配以其他花卉,形成该品种的花卉旅游节事活动,例如,荷花节、郁金香节、杜鹃节和牡丹节等。因此,可根据该品种花卉的文化内涵确定主题。例如,2019 年上海顾庄公园樱花节以"樱满枝头花争艳"为主题,以反映樱花规模大、品种多的特色。②"举办地+花名节"式主题。举办花卉节的目的之一是聚人气,招商引资,因此一些花卉节事活动的主题采用该方式,提高举办地在人们心目中的知名度。花卉节事活动强调地方名片。例如,山东滕州从 2004 年开始每年 8 月举办红荷节,已经连续举办了十八届,每一届都独具匠心、热闹非凡,已成为滕州的城市新名片。2019 年第十六届红荷节以"文旅风·红荷韵"为主题,在承袭历届办会主旨、文化精髓、科普创新的同时,强化了文化、体育和湿地元素植入。③根据花卉节事活动的时空背景确定主题。这是根据花卉节事活动举办的时代背景和地方发展形势确定主题,综合性的花卉博览节(会),花卉展览来自全国甚至世界各地,具有很强的时代背景和综合性的花卉文化,很难以一种花卉所反映的文化内涵确定主题。同时,综合性的花卉节事活动举办目的,往往与一个地方政府在特定时期的推动社会经济发展的任务密切相关,也是进行地方营销的重要方法,因此,这类花卉节的主题需要根据花卉节事活动的时空背景确定主题。例如,开封的菊花会,2019 年,乘建国 70 周年之势,菊花文化节主题为:"奋进七十年,出彩开封城",不仅包含开封地方特色,更突出了中国举国大庆的时空背景。④根据市场定位确定花卉节事活动的主题。市场定位的目的,是确立市场的主攻方向。包括确定客源目标市场,细分市场等,为旅游项目策划找到细化的依据。根据市场定位确定节事活动的主题有利于提高主题的针对性。例如,为庆祝"三八"妇女节,2016 年北京植物园热带展览温室举办"朝迎三月阳,夕闻百花香"主题赏花会,展出 200 余个品种的鲜花万余株,让女同胞们在花海中度过自己的节日。再如,针对儿童主要目标市场,2019 年 3 月上海浦江郊野公园举办奇迹花园春季艺术花展,花展主题为"神奇动物在哪里——2019 年奇迹花园艺术花展之春趣嘉年华"。

四、主题花卉节事活动的项目策划

(一)主题与活动项目的关系

当确定了花卉节事活动的主题之后,还有一个重要的任务等待我们去完成,那就是花卉节事的活动项目策划,这是整个花卉节事活动策划任务的重头戏。

花卉节事的活动项目策划,是在对相关花卉节事活动信息收集的基础上,对各类信息进行评估,根据主题对花卉节事活动的内容和活动项目进行策划,激发旅游消费者的参加愿望,并落实到他们参加花卉节事的实际行动中。

随着花卉节事活动的不断发展,文旅结合的紧密度加强,科技手段的应用,花卉活动项目的类型也越来越丰富。不仅包括传统的观花赏花项目,绘画摄影这一类文化项目,还有民间手艺和习俗表演项目，另外还加入了论坛、讲座等学术项目和商业洽谈项目等。例如，上海樱花节源自上海顾庄公园樱花节，自 2011 年开始每年举办，时间在三月中旬，为期一个月时间。每年的樱花节是顾庄公园一个最大的花卉节事活动，吸引上海及其他省市的游客来此欣赏，到了 2019 年，已经举办了九届，2019 年的樱花节，从 3 月 15 日开始到 4 月 15 日截止，达到 165.5 万人次的客流量。

下面以上海顾庄公园历年樱花节的主题活动，说明主题与活动项目的关系。

上海樱花节

上海樱花节是上海宝山顾庄公园每年春季的一项重大文化旅游活动，在上海及长三角地区的知名度和影响力与日俱增。2019 年，顾庄公园的樱花种植面积达到 1200 余亩，共有近 90 个樱花品种、1.2 万余株樱花，面积、品种、数量均为上海之最。上海顾庄公园利用樱花优势，自 2011 年举办上海樱花节以来，每年会围绕"樱花"及樱花文化提出节事活动的主题，并根据该年的主题策划主题活动。例如，2011 年，第一届的主题是"赏"万株樱花、"摄"樱像记忆、"画"樱姿百态、"会"樱花情韵、"咏"樱之花语、"评"赏樱十景，与此对应的主题活动是：汉服秀、茶艺秀、美食秀、时尚秀、动漫秀等专场展演及"百模弄樱""彩虹戏樱""舞者秀樱"等系列摄影游园活动。2012 年，第二届樱花节的主题及活动是：花之赞——游客评选最美樱花树；花之美——游客赏樱之旅，拍下樱花节美景可参加"樱之韵"摄影大赛；花之秀——上海知名高校的艺术社团、社区艺术社团演员在樱树下，为游客表演充满青春与活力的文化盛宴；花之韵——在樱花林中挥毫泼墨，赏樱听琴，观摩茶艺表演；花为媒——数百名未婚男女青年以樱花为媒，相聚交友。

从 2011 年开始发展到 2021 年，上海顾庄公园樱花节的主题不断丰富。2014 年提出了"花漫上海，'樱'约而来——中国梦·好樱缘"主题，并相应地策划了 5 个主题活动，这 5 大主题活动是"春知樱觉"、"赏樱选魁"、心心相"樱"、"樱"水思源和"樱"趣横生，从第八届开始，樱花节活动的主题增加到 7 个，增加的两个是"樱"你而来、"樱"邮尽有，极大地强化了品牌效应。

主题确定之后，为设计体现主题内涵的活动如下。

以"春知樱觉"为主题的活动是摄影和诗歌比赛，征集展现顾庄公园樱花之美、快乐赏樱、文明赏樱等情景的摄影作品，以及以"诗赋樱花情缘"为主题，赞颂烂漫樱花，展现美好生活和境界的诗歌作品。

心心相"樱"——"花为媒"青年交友活动，是以樱花为媒设计趣味游戏，让青年男女在互动中加深了解，寻找幸福。

票选最美樱花树，先是通过专家推荐，选出几株候选樱花树并设置名牌，游客则通过公园微信公众号参与投票，票数最多的为樱花王。同时，通过随机抽奖的方式向参加评选的几十位幸运游客提供"游园大礼包"，让游客们在活动中获得知识、享受乐趣。

樱花时装秀、汉服游园活动，能使参与者在活动中感受文化的魅力，同时还邀请民间戏曲爱好者及武术表演者于森林运动园区的露天舞台演出。

"樱"你而来体育系列主题活动，是通过女子 10 公里跑步精英赛、全国"百城千村"健身气功系列展示活动（上海分会场）启动仪式等，培育"樱花＋体育"品牌活动赛事理念，开启了运动赏樱新模式，树立健康、绿色、时尚的生活方式新典范。

"樱"邮尽有宝山邮轮旅游嘉年华，将"樱花"与"浪花"结合，推广上海吴淞口国际邮轮港形象，传播邮轮文化。"樱花"与"浪花"花开并蒂，推广邮轮旅游目的地港形象，通过旅游咨询、邮轮品牌推广展示和产品销售、宝山旅游宣传等，游客可参与卡通人偶互动、小游戏、邮轮实景留影、宝山风光留影等互动。

如何理解花卉旅游节事活动主题策划的依据，主题确定之后需要通过什么方法和手段来演绎主题？

（二）如皋顾庄四季节庆活动策划

节庆活动的持续开展需要进行科学合理的策划，国际通行的运营方法是通过节庆活动组织，即节事时序化、旅游集聚化、娱乐运动体验化，使淡季不淡，旺季人旺，从而带动较大客源。根据花卉节事活动策划的方法，对如皋顾庄花卉节事活动进行策划，如图13-2所示。

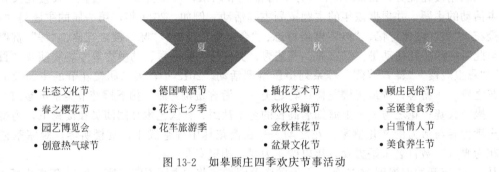

图13-2　如皋顾庄四季欢庆节事活动

如皋顾庄节事活动的主题：四季欢庆节庆。这个主题的是为了避免传统景区的季节性问题，客流量冷热不均，即平时门可罗雀，黄金周等爆满现象，通过四季活动的策划，调节淡旺季差异。

按照季节策划了春夏秋冬花卉节事活动的主题，并根据不同的主题安排相应的活动，例如，"春"主题的解释活动包括生态文化节、春之樱花节、园艺博览会和创意热气球节，并在不同的季节策划相应的花卉活动，例如春之樱花，夏之花谷、花车，秋之桂花和插花盆景等。

【任务训练】

花卉节事活动的主题与项目策划。

1. 实训目标

（1）花卉景区节事活动的现状与作用分析。

（2）结合实际认识针对特定群体进行花卉园活动的主题策划。

（3）培养市场调研和主题提炼的归纳能力。

2. 实训内容与方法

（1）选择身边熟悉的花卉博览园，查阅景区网站，梳理历年主题，并对其主题策划的依据进行分析。

（2）根据主题策划的方法，选择花卉主题园策划节庆活动。

3. 标准与评估

（1）标准：能够完成一份完整的花卉节事活动策划报告。

（2）评估：①有完整的内容框架。②运用了主题策划的方法。③有相应的符合主题内涵的活动，活动方案具有一定的可操作性。

项目十四
康养旅游项目开发策划

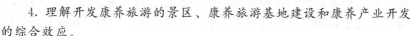

学习目标

知识目标：

1. 认识康养旅游的含义、分类和开发趋势。
2. 了解我国康养旅游的相关政策对康养旅游发展的影响。
3. 理解康养旅游资源、康养旅游需求、康养旅游产业链的关系。
4. 理解开发康养旅游的景区、康养旅游基地建设和康养产业开发的综合效应。

微课视频

技能目标：

1. 掌握对康养旅游基地的开发条件的评价方法。
2. 能够分析康养旅游需求偏好。
3. 能根据康养需要开发特定的康养功能区。
4. 能够根据不同的功能策划相关游憩活动项目。
5. 从资源整合、康养产业、产业链的角度思考康养旅游策划。

【案例导入】

四川达州巴人酒谷旅游概念策划

四川达州巴人酒谷规划区位于宣汉县东北部，县境中部，距县城55公里。与南樊公路连接，与国家AAAA级景区巴山大峡谷遥相呼应，共享南樊出行要道。

以沙沟村为规划范围，西界前河，主要分布在沙沟村的西面及南面，规划总用地面积约4.3平方公里。

规划区含主要村落沙沟村，位于达州市宣汉县县境中部五宝镇，前河中游，南（坝）樊（哈）公路过境，与宣（汉）南（坝）公路连接，前河常年通航。总户数815户，总人口3350人。全村面积5.8平方公里，耕地面积1653亩，林地1150亩。水文属嘉陵江水系。村内有沟渠、河塘，主要承担排水、泄洪功能。经济以农业为支撑，巴人村地窖酒厂为依靠。

针对拟规划、策划区域的现状，能否从近年来需求不断上升的康养旅游出发，将达州沙沟村打造成康养旅游目的地呢？在我国，一些具有康养优势的森林公园、湿地公园和乡村旅游地，发挥资源禀赋，在原有游憩功能基础上，导入相应的康养、体验营销和产业链运营理念，探索开展了中医、瑜伽、太极、健康漫步等活动，收到良好反响，一些景区将大健康与康养旅游进行有机结合，从过去单一化的旅游地，发展成为具有康养特色的旅游景区和度假区。

在我国，目前康养旅游地建设和开展康养旅游项目的景区，在发展过程中可能存在以下问题。

产业功能混乱，核心功能不突出，产业特色不明显。表现为康养旅游地的建设没有明确地提出以某一产业功能作为其打造的核心产业，没有明确康养旅游产业的功能，存在盲目跟风，产业模式千篇一律的现象。

产业发展方向定位不准确，目标市场不够清晰，康养旅游地的产业功能建设与当地的康养资源优势不相符，且产业功能跟当地的康养旅游市场需求符合程度比较低，没有根据康养消费群体的具体需要进行项目设计，消费群体很难根据自己的需求有目的进行康养旅游地的选择。

产品层次与需求结构不相符合，产品定位多停留在中低端水平，康养活动和设施大多重视物质层面，对于精神层面及疗养层面的高端产品较为缺失，地方文化资源挖掘不深，康养旅游地在服务和技术层面薄弱。

康养旅游地的空间功能分区混乱，主次不分，核心产业区域和辅助设施区域以及衍生产业区域不明确，各功能区之间没有形成有机联系，难以形成一个完整的功能体系，甚至出现矛盾。

缺乏产业特色和空间特色，产业特色和风貌空间特色不匹配，没有围绕核心文化建设。康养地的产业和项目建设仅仅考虑到满足基本的功能需求，忽视该功能类型产业所特有的特征及当地风俗文化特征。无论是在建筑风格还是旅游地空间元素设计方面，未考虑当地的产业特征，物质空间层面和非物质空间层面相背离达不到相得益彰的效果。

随着物质生活水平的提高，人们对"健康、愉快、长寿"的欲望越来越强烈，而单纯的养生已难以满足人们对高品质生活的追求，融合时下发展迅猛的休闲旅游，养生旅游迎来重大发展机遇。国家统计局2019年8月发布新中国成立70周年经济社会发展成就系列报告之二十，报告指出，2000年，我国65岁及以上人口比重达到7.0%，0～14岁人口比重为22.9%，老年型年龄结构初步形成，中国开始步入老龄化社会。康养旅游已经成为我国从省到市到县再到风景区等各级政府及管理部门的重要布局方向。原国家旅游局也通过打造中国康养旅游示范基地，来逐步规范康养旅游的发展。

鉴于上述康养旅游发展存在的问题和我国人口老龄化的发展趋势，达州沙沟村若要发展康养旅游为突破口，就需要认清形势，在项目开发和运用中避免上述问题，创建新的发展模式。

任务一　康养旅游的兴起及政策解读

【任务描述】

在国家大力支持康养旅游发展以来，康养旅游成为行业关注的热点，康养旅游地也成为新一轮旅游投资的热选。一些度假区和景区，在功能策划时也增加了康养旅游项目。国内不同单位部门、研究学者对康养旅游、养老旅游、森林康养基地、康养小镇等概念都有各自的表述，学界和业界对康养旅游的看法各抒己见。2016年1月由原国家旅游局正式颁布的《国家康养旅游示范基地》（LB/T 051—2016）标准将康养旅游确立为新的旅游方式，并将其纳入国家的旅游发展战略中，促进了康养旅游的发展。

本部分的学习任务是：认识康养旅游的相关概念，能够清楚康养、健康及其与旅游的关系；探知康养旅游发展的内驱力和外在影响因素；追溯国家和地方为发展康养旅游而推出的各种政策，辨别这些政策对康养旅游产业、康养旅游地发展和康养与旅游结合的影响。

【任务实施】

一、康养旅游相关概念

（一）康养

康养是理解康养旅游的基础。要深入理解康养旅游的概念，首先要从健康的概念去解读它，1948 年，世界卫生组织（WHO）宪章首次提出人的健康是"没有疾病、没有虚弱"，并对其不断补充完善，不仅是没有疾病或虚弱，还包括生理、心理和社会适应性健康等。1989 年，WHO 宪章对健康概念定位为五个维度：无病无弱、生理与心理健康、社会适应、道德良好、环境和谐，尤其增加了环境适应性和道德良好这种精神层面的一些因素，健康的内涵与外延空间越来越大。何莽认为康养是健康、养生、养老的结合，康养概念的发展是基于社会和自身研究发展的需要，康养已经延伸到了社会各个领域。

社会科学文献出版社、中国老龄协会（全国老龄办）人才信息中心、中山大学旅游学院联合发布的我国首本康养蓝皮书《中国康养产业发展报告（2017）》中提出：康养的核心功能在于尽量提高生命的长度、丰度和自由度。这三个维度下，从健康到亚健康再到病患甚至是需要临终关怀的群体都有必要纳入康养的范围。

（二）康养旅游

在深入理解健康的基础上，研究者开始思考如何通过旅游达到健康的目的，对康养旅游从游客进行康养旅游的目的及满足康养旅游的物质条件等方面，界定康养旅游。杨振之认为："康养旅游是以良好的物候条件为基础，以旅游的形式促进游客身心健康，增强游客快乐，达到幸福为目的的专项度假旅游。"李济任等认为，"健康旅游包括三个维度：健康（以治疗为目的使用热能、矿物或海水）；旅游（利用空闲时间以娱乐为目的）、康养（健身中心、游泳池、水疗设施），健康旅游包括追求健康养生的所有旅游形式，例如康养旅游、医疗旅游、美容旅游等。"陈纯对康养旅游的内涵研究综述表明，大多数学者认为健康旅游可以从两个角度看，第一是治疗角度，主要是与医疗旅游相关，包括治疗和治愈疾病；第二是休闲角度，主要是康养旅游，注重放松、休闲和逃避常规等。

原国家旅游局于 2016 年 1 月在《国家康养旅游示范基地标准》中将康养旅游表述为通过美容养颜健体、营养膳食、修身养性、关爱环境等各种手段，使人在身体、心智和精神上都达到自然和谐的优良状态的各种旅游活动的总和。

总之，康养旅游就是依托良好的自然生态环境、人文活动环境等资源条件，以维护或促进身心健康为需求动机，结合旅游观光、休闲度假、运动康体、医疗保健、养心养颜、健康膳食等形式，以达到强身健体、修身养性、医疗康复、延年益寿等目的的一种新式旅游活动，是不同旅游业态与健康养生融合发展的结果。

康养旅游与其他旅游方式相比，具有自身的特点：一是旅游偏好表现为重视身体素质的锻炼，心理愉悦和享受，以身体防病治病和精神放松为主要旅游目的。二是主要目标市场是有一定经济实力和闲暇的老年群体、亚健康群体和病患群体。三是可以在旅游地停留较长时间，重游率比一般游客高。四是在旅游方式选择上，喜欢和亲人、好友结伴度过愉悦、健康的幸福时光。第五，最大的特点是需要具备一定的医疗配套资源。

（三）旅游与康养的关系

康养与旅游是主体和载体的关系。康养最终目的为达成身心健康，旅游则是为达到这种目的而采用的手段，是现代生活中不可或缺部分。

分开来看，康养与旅游有各自的领域。康养以医疗、健康、养老等为核心，在信息和高科技时代，康养包含生物、远程、移动、康复、智慧、医美整形、健康体检、精准医疗等，而旅游则具有基本的食住行游购娱六要素，然而，由于二者在提高生命和生活质量方面具有共性，因此康养业和旅游业的结合日趋紧密。

康养是大健康产业中的延伸产业，是将"治疗"前移到"预防、保健、治未病"，通过保健、康养，消除亚健康，提高身体素质，从对抗疾病的方式转向呵护健康、预防疾病的新健康模式。康养产业的覆盖面广、产业链长，能推动健康、养生、养老、医疗、旅游、体育、保险、文化、科技信息、绿色农业等诸多领域产业的有机融合。

在空间上，康养与旅游的紧密结合表现为在旅游景区内部和周围发展康养业。例如，浙江丽水市大力发展康养幸福产业，在乡村和一些景区布局医疗康复、康体保健、养老服务、避暑康养等业态，重点推进郎奇—白桥养生养老项目、百山祖避暑乐氧小镇"生态古民居"项目、青田县太阳岛国际休闲养生综合体项目等。

有研究表明在旅游过程增加康养元素具有减压、帮助睡眠和调节代谢的功能，这些功能与其他休闲方式达到的效果不同。上海某疗养中心也将不同性别的老人进行了对照试验，发现自然的康养条件比人工催眠、人工娱乐环境能够产生更加优良的睡眠环境。康养环境在调节人体神经系统的功能的同时，还具有提高人体免疫力的功能，我国在此项目上也做了大量的病理研究，发现植物释放的精气之中富含多种烯类物质，可以有效地抑制细菌以及病毒的再生，对人体的康复治疗有着极大的帮助。认识这些功能，在康养旅游地进行康养旅游定位策划时有所帮助。

（四）康养旅游的分类

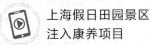
上海假日田园景区
注入康养项目

按照依托的资源和活动特征的不同，康养旅游可以分为生态康养旅游、运动康养旅游、医疗康养旅游、文化康养旅游等几类。

（1）生态康养旅游，通过旅游目的地良好的生态环境，如温泉、森林、田园、海洋等生态资源，进一步对其进行养生保健设施和项目的开发，提供康养旅游系列产品，使消费者达到增益身心健康的消费目的，如森林浴等。温泉康养是生态康养最重要的方式，王立红认为温泉康养旅游实际上是一种介于家庭工作日常生活和医院之间的一种中间状态。以整合医学理念为指导，有机融合中医、西医以及全球传统医学与补充医学的精华，充分利用有利于健康的温泉水、温泉地微气候及良好的生态环境等自然疗养因子，并结合特定的配套设施及专业服务，来设计和制定康养旅游的套餐疗程。

（2）运动康养旅游。是以该地或其周边的运动资源或者大型的运动活动为依托。以运动的参与或者体育赛事的观赏为主要内容，同时以配套的休闲、养生设施和项目为辅助，以达到消费者促进身体健康的消费目的。如高尔夫、登山、徒步、海钓、帆船、游艇等。

（3）医疗康养旅游，以疾病的预防与护理，身体的康养与修复为核心，依托康养旅游地的医疗保健设施和机构，吸引游客进行医疗护理、医疗保健、体检、康复等活动。该类型的康养旅游对医疗水平有较高的要求。在我国具有优势的是以中医资源为依托的中医药康养旅游。

（4）文化康养旅游，是具有浓郁的养生文化，充分地挖掘当地养生文化，以康养旅游目的地的自然生态环境和自然资源为依托，充分地整合资源与文化，实现优化和提升生活质量，达到养生的目标。例如，利用当地传统养生文化如禅修、素食、道教医术、太极养生功、易筋经气功养生等为主要养生手段，让游客身心健康得到提升。

上述对康养旅游的不同界定，对于具体的旅游康养基地和康养项目开发建设时因地制宜地加以选用。可以针对不同的年龄层，如青少年、中老年，也可以基于不同的健康状态，健康者的保养、亚健康的疗养和疾病人群的医养，最主要的是基于资源的差异发展森林、温泉和中医康养旅游等。

（五）康养旅游产业

在旅游地开发过程中，产业定位究竟是"健康服务"还是"养老服务"，养老是不等于康养的。要认识这两个概念的差异，可以参照国务院在 2013 年印发的两个文件，即《关于加快发展养老服务业的若干意见》和《关于促进健康服务业发展的若干意见》。《关于促进健康服务业发展的若干意见》中对"健康服务产业"界定为"是以维护和促进人民群众身心健康为目标，主要包括医疗服务、健康管理与促进、健康保险及相关服务，涉及药品、医疗器械、保健用品、保健食品、健身产品等支撑产业。"《关于加快发展养老服务业的若干意见》中的"养老服务业"是指"以老年生活照料、老年产品用品、老年健康服务、老年体育健身、老年文化娱乐、老年金融服务、老年旅游等为主的服务产业。"

2016 年 1 月，原国家旅游局颁布的《国家康养旅游示范基地》标准，标志着康养旅游的发展已经纳入了国家层面，5 个"国家康养旅游示范基地"的公示，表明康养旅游已经拥有了专门化的实体，一般公众也对康养旅游有了具体的认识。

然而，实际中对康养旅游的认知远远超过了"康养旅游基地"。韩秋等认为康养产业覆盖面广，产业链长，涵盖养老、养生、医疗、社保、文化、体育、旅游以及信息等诸多业态，渗透到食品、医药、教育、旅游以及医疗设备制造等领域，关联城市建设、生态环境、民风民俗、科技信息、文化教育以及社会安全等部门，有旅游养老、养生养老、居家养老等形式。目前康养产业的发展存在着从健康产品制造业向健康服务业的过渡态势，终端健康消费环节，医疗卫生、运动健身、旅游休闲等相关服务业行业分别满足人们的不同健康消费需求，如医院、疗养院、休闲健身娱乐中心、旅游景区和文化活动等，在有形产品形态的基础上附加其他服务内容提供给人们，而营养保健品直接以产品形态供人们健康消费。

可见，康养旅游产业最典型的特征是与相关产业的融合。康养旅游作为康养产业的一个分支，是集健康、休闲、养生、旅游为一体的综合性休闲方式，康养旅游作为一种新兴产业，能够为其相关领域发展提供平台，逐步形成新业态。例如，旅游＋养老产业，能够融合度假、休闲、养生、观光等旅游形式于一体，让康养旅游老年群体在旅游观光中达到休闲、养生的目的。康养与医疗卫生融合，开展中老年人康复服务康养＋养生保健心理咨询诊断与评估等项目。康养与文化旅游融合，整合当地的特色文化资源，开发休闲旅游观光、文化体验等健康旅游产品和服务。康养与农业融合，以花果园等形式，建休闲农业与生态养生结合的"城乡融合型"康养目的地。

二、康养旅游的驱动因素

从旅游的发展阶段来看，人们的旅游已在观光旅游基础上，更加重视对身心的调节，从身体的旅行转向身心的放松，康养旅游可谓正当其时。

从社会发展来看，康养旅游解决人口老龄化问题的有效方式之一。人口老龄化是社会经济发展到一定阶段的产物，也是世界人口发展的普遍性规律。[1] 我国将面临老龄化持续增长带来的社会难题。老年人随着年龄的增加，身体机能出现下滑。选择去旅游康养地度假不失为一种良好的老年生活方式。因此，通过发展康养旅游解决缓解人口老龄化的问题，对于科学调整国家老龄事业发展、有序完善养老服务体系建设、促进社会和谐稳定具有重要意义。

---

❶ 魏立华，丛艳国. 老龄人口旅游空间行为特征及其对旅游业发展的启示. 人文地理，2001，14（1）：20-23.

除了从年龄层考虑，中国亚健康呈现年轻化、稳定增长趋势。造成亚健康的原因是工业化、城市化导致的环境恶化，加上节奏紧张的城市工作和生活，使许多人产生了头痛、失眠、抑郁等亚健康症状，亚健康现状需要一些方法来释放身心压力。

由中华中医药学会发布的《亚健康中医临床指南》中指出：亚健康是处于健康与疾病之间的临界状态，中医俗称未病。亚健康人群一般不需要药物治疗，更多地主要从饮食、规律生活、身心放松、运动等方面调理。随着亚健康群体的不断增多，康养旅游应运而生。

从旅游业发展来看，人们对健康生活的追求与向往，也驱使旅游业向康养旅游新业态转型。康养旅游是 21 世纪旅游产业与健康产业融合的"新蓝海"，也是"健康中国"战略实施的助推器，康养旅游是旅游业转型升级的新机遇，康养旅游丰富了旅游新元素，提升了旅游的需求层次和品质，不仅促进了我国传统旅游模式转型升级，同时也有利于旅游产业链的横向发展与推进。

三、康养旅游项目开发的政策导向

在康养旅游需求与日俱增的背景下，从国家相关部门到地方各省市纷纷出台政策与规划，鼎力支持健康旅游新业态。可以说目前从国家到地方，从大健康领域到健康、养老、森林康养和康养旅游等，形成了较为完善的政策支撑体系。从国家到地方均突出顶层设计，了解这些政策，为策划健康有序的康养旅游具有重要意义。

（一）国家政策

党的十九大报告将健康中国作为国家战略实施，与"美丽中国""平安中国"一起成为"十三五"规划的三大关键词，开启了"大健康"时代的新蓝海。同时，原国家旅游局《2015 年全国旅游工作会议报告》中提出了旅游"新六要素"，其后又拓展为"文、商、养、学、闲、情、奇"旅游发展七要素，其中的"养"就是指康养旅游。

在具体政策方面，特别是 2013 年以来，我国政府有关部门相继出台了一系列文件，明确提出了对康养旅游发展的相关要求和指导意见。2015 年李克强总理在政府工作报告中提出"健康中国"战略，将健康主题上升到国家高度，也拉开了康养产业与旅游业融合发展的序幕。2016 年 10 月 25 日中共中央、国务院印发并实施《"健康中国 2030"规划纲要》，这是我国为应对工业化、城镇化、人口老龄化以及疾病谱、生态环境、生活方式不断变化等带来的新挑战，统筹解决关系人民健康的重大和长远问题，党和政府为推进健康中国建设，提高人民健康水平而发布的重要纲领性文件。纲领提出要促进健康与养老、旅游、互联网、健身休闲、食品融合，催生健康新产业、新业态、新模式。制定健康医疗旅游行业标准、规范，打造具有国际竞争力的健康医疗旅游目的地，大力发展中医药健康旅游。同年，原国家旅游局发布《国家康养旅游示范基地》（LB/T 051—2016）行业标准，同年批准建设湖南灰汤温泉、黑龙江五大连池、贵州赤水等 5 个国家级康养旅游示范基地。2017 年，国家卫计生委《关于促进健康旅游发展的指导意见》国卫规划发〔2017〕30 号，提出的发展目标是：到 2020 年，建设一批各具特色的健康旅游基地，形成一批健康旅游特色品牌，推广一批适应不同区域特点的健康旅游发展模式和典型经验，打造一批国际健康旅游目的地。

（二）地方政策

在国家关于发展康养旅游的大政方针下，各省市的旅游行政主管部门也纷纷根据本地区的实际情况，对本省市的康养旅游提出要求。例如，原上海市旅游局关于印发《上海市旅游工作 2017 年总结和 2018 年要点》的通知中，提到用好科技、教育、医疗等要素资源，大力开发科技旅游、康养旅游、研学旅游等特色产品。

湖北省人民政府于 2016 年 5 月发布的《湖北省旅游业发展"十三五"规划纲要》在建设国家养老基地中提出要"依托优势自然资源和生态环境，配套医疗、休闲、度假、体育、居住、护理等主要业态，构建健康保障服务、生活保障服务、文体娱乐服务为一体的综合服务体系"。《贵州省健康养生产业发展规划（2015—2020 年）》提出把贵州省建设成为国际知名的宜居颐养胜地。2017 年河北省出台了《关于推进中医药健康旅游发展的合作框架协议》，协议指出河北省将打造一批中医药健康旅游示范基地，探索"互联网＋健康＋旅游"的新模式。河南省人民政府办公厅印发的《河南省旅游产业转型升级行动方案（2017—2020 年）》，其重点任务之一便是实施康养旅游提速行动。湖南省 2016 年 12 月发布了《关于推进森林康养发展的通知》，提出打造国际知名的森林康养目的地和森林康养大省。

从上述政策我们可以看出，地方政府从近期的年度工作计划、中期的 5 年规划和长远的 10 年发展规划，都涉及了本地区康养旅游的发展政策，成为康养旅游策划依据的重要来源。

（三）专项政策

专项政策是针对特定类型康养旅游发展专门制定的，如温泉康养、中医药康养等。

2018 年 10 月，文化和旅游部以及中国旅游协会温泉旅游分会共同起草了《国家温泉康养旅游项目类型划分与等级评定》为我国温泉康养旅游行业标准的制定提供了重要的支撑。

在中医药健康旅游方面，根据原国家旅游局和国家中医药管理局《关于促进中医药健康旅游发展的指导意见》和《关于开展"国家中医药健康旅游示范区（基地、项目）"创建工作的通知》，发布了 15 家单位为国家中医药健康旅游示范区创建单位公示名单。这表明开发能够满足人民群众健康服务需求的相关产品是健康旅游的重点任务。

总之，受国家顶层设计的推动、消费市场的刺激，全国各地都在积极发展健康旅游产业，康养旅游已经成为我国从省到市到县再到风景区等各级政府及管理部门的重要布局方向。

康养旅游将是健康服务的新业态，政府在积极促进健康与养老、旅游、健身休闲和食品等产业的融合，开发康复疗养特色旅游线路，推广中医药健康旅游是中国的特色，开发高端医疗旅游、中医药特色旅游、文化养生旅游、银发养老旅游、体育康体旅游等将获得有利的政策支持。

任务二　康养旅游的特征、人群细分及其需要偏好

【任务描述】

康养旅游地的建设，还要整体考虑目标人群对康养地的精准需求，需要对康养旅游所必须依赖的环境指标，例如气候、气温、湿度、负氧离子、噪声、森林覆盖率、芬多精、植物的特殊偏好，这就需要根据市场需求，确定康养旅游地的专业化建设，并对康养旅游地的景观风貌、医疗设施、娱乐设施、智能设备、商业餐饮等进行有针对性的设计与安排。

本部分的学习任务是：能够根据相关统计资料预测康养旅游的市场规模；能够运用市场学的理论与方法对康养市场进行有针对性的细分；学习康养需求的市场调研途径和方法，从一般的市场调研中提取康养需求的信息；在分析市场需求的基础上，结合拟策划区域的资源和医疗条件配置康养设施。

一、康养旅游市场大环境

对康养旅游市场大环境的分析，有利于把握行业的规模，目前的变化和未来发展的趋势。如果有康养需要者是老年群体，那至少要了解老年群体的总体规模和变化趋势。如果是年轻人有改善健康状态的需要，那至少要了解这样的需求所占比例是多少。

有康养旅游潜力的客源市场，从总量上看是十分庞大的。中国老龄协会2019年上半年发布的《需求侧视角下老年人消费及需求意愿研究报告》表明，从1999年进入人口老龄化社会到2018年的19年间，中国老年人口净增1.18亿人，成为目前世界上唯一老年人口超过2亿人的国家。老龄化进程的加速势必带动养老产品的需求量。

世界卫生组织的一项全球性调查表明，真正健康的人只占5％，疾病人群不足20％，其余75％以上的人都处于亚健康状态。[1] 亚健康人群通常没有器官、组织、功能上的病症和缺陷，但是自我感觉不适，疲劳乏力，反应迟钝、活力降低、适应力下降，经常处在焦虑、烦乱、无聊、无助的状态中，自觉活得很累，这样的人群对健康疗养十分期待。

从康养旅游者的出游条件来看，老年人有丰富的经济基础，时间充裕。目前，大多65岁及以上老年人已退出工作岗位或空闲在家，时间较为充裕，加上医学技术的发达，老年人大多身体状况良好；同时，老年人工作多年，自身积蓄储备丰富，子女在经济上还可以予以支持，他们完全具备进行康养旅游的条件。

二、康养旅游市场细分

从有关康养旅游市场研究的文献来看，康养市场可以从不同的维度划分。任宣羽在《康养旅游：内涵解析与发展路径》将中国康养旅游市场划分为三个市场，即银发市场、亚健康人群市场和追求生活品质人群市场；周亦波对森林康养旅游的研究中，将森林康养旅游产品分为四大类：修身养性类、延年益寿类、强身健体类、森林医疗类；吴耿安、郑向敏依据康养旅游产品的功能将康养旅游划分为生态养生、运动休闲、休闲度假、医疗保健、文化养生五种类型康养旅游。奇创旅游规划设计咨询公司认为，一系列康养问题拉动养生需求，聚焦银发养老、康复医疗、保健养生、美容康体四大人群市场。

从上述对康养旅游的分类方法来看，不同的分类方法作用不同。康养旅游市场的划分，并非严格按照年龄、性别等一般的社会人口学特征来划分，而是根据康养旅游需求的实践经验，按照需求量大的原则总结归纳了康养旅游的主要市场。市场细分是目标市场定位的基础，在市场细分的基础上，康养旅游地可根据自身的开发条件，进行目标市场的定位。

三、康养旅游需求市场需求特征

对市场进行细分的目的，是为有针对性地了解康养群体的需求是什么，与其他群体有什么样的差异，以便在康养旅游项目和提供服务时有的放矢。对需求特征的分析，首先可从主要的康养旅游群体一般的需求研究入手，在此基础上对拟策划地的主要目标市场进行调研，掌握特定的康养需求。

---

❶ 白晓芸. 中医引领构建亚健康产业体系. 中国中医药报，2017-09-14 (003).

（一）不同细分市场康养旅游的需求特征

1. 银发养老群体

老年群体普遍以情感满足、身心关怀为需求，对康复、保健、温泉养老关注度更高，关注生活环境及内心归属，关注情感满足，因此在康养旅游项目的功能开发中，主要设计一些老年娱乐活动、保健医疗、温泉浴和健康教育类的项目。从季节来看，老龄人对夏季避暑、冬季避寒且适合养生的旅游产品需求旺盛，康养旅游地应针对市场需求开发长宿型的"异地养老"产品。譬如我国著名长寿之乡巴马，每年都有前往旅游或长住的游客，或在巴马居住几个月，或是冬天来、夏天走，因此被称为"候鸟人"。候鸟式康养旅游的群体大部分为老年人群体，该群体首要的任务是追求身心健康。

银发群体已经退休，不受工作地点的约束，于是会选择旅居养老的方式。陈勤昌、王凯（2019）认为，旅居康养具有明显的"亲水性"和"亲景性"特点，山水型、山林型、城郊型、温泉型等休闲度假资源，逐渐拓展成康养医护类旅游产品。旅居养老群体有着较强的生态环境依附性特征，其对康养旅游地休养度假能力有着特殊的需求，因此异地化旅游体验和个性化养老服务成为旅居活动的重要考量。

2. 康复群体

康复医疗客群以体检医治、康复疗养为主要需求，中医诊疗方式最受欢迎。这类群体的旅游动机是治疗某种疾病或不适，消费特点是费用低廉医疗服务、高品质医疗服务、差异化医疗服务。对康养旅游项目的功能需要有检查、康复理疗、医疗医药、膳食疗养。

3. 亚健康群体

这类人群面对快节奏、高压力的工作和繁杂的日常生活，存在亚健康问题。这类人群追求参与性和体验性较强的康养旅游的活动项目，比如运动健身项目、娱乐项目、民族传统趣味性体育项目等。也可以结合传统的中医保健和现代高科技医疗技术资源和先进的医学设备，为旅游者提供针灸、推拿、理疗、按摩等医疗康复项目以及加入养生文化要素的项目，比如养生美食、养生讲座、养生体验活动等。这样的群体主要选择我国温泉疗养地进行各种活动。

4. 保健养生群体

保健养生客群以修身养性、养生保健、品质生活为主要需求。旅游的动机是修身养性，缓解压力，消除负面情绪、通过养生理疗减轻生理上的不适、身体各项机能的回复与恢复调理。在康养旅游项目的功能开发中以养生文化体验、康养美食、温泉SPA来设计旅游项目。美容康体客群普遍以美颜整容、运动健身、释放压力、高雅生活为主要需求，因此在康养旅游项目的功能开发中可以设计一些美容养颜、高端时尚运动和传统文化养生运动来吸引客群。

5. 疾病人群

无论年龄大小，还有一类人群患有某种慢性疾病或病后的身体恢复，有条件的地区可以凭借其独特的矿泉、"中医药"等资源开展康复治疗，在此过程中适当参加休闲娱乐活动。

（二）达州巴人酒谷旅游概念策划市场调查

为了了解市场对达州巴人酒谷旅游项目开发的需求，对达州、巴中、重庆、成都的本地居民到访宣汉的游客进行市场调研，了解游客对宣汉及巴人酒谷的印象、期待中的巴人酒谷旅游以及到巴人酒谷的旅游行为特征。对出游目的市场调查结果如表14-1所示。

表 14-1　客源市场细分及其出游目的的调查结果

客群类型	家庭亲子客群	乡村游客群	休闲度假客群	酒文化客群	康养游客群
出游目的	减压放松 令孩子增长见识 增加家庭互动	猎奇 减压放松 联络友情 增长见识	减压放松 联络友情 深度体验	主题活动举办 酒旅游项目	养生公园 特色餐饮

从调查结果来看，几乎各类细分市场均含有养生及其类似的旅游目的，因此，达州巴人酒谷策划康养类旅游项目是符合市场需求的。

四、康养旅游需要的特种设施条件

康养旅游接待地除了满足旅游需要的公共服务设施和吃住行等相关旅游综合服务设施，还需要专业性的康养设施。这些设施不但需要配备完善，还应该具备较特殊的功能功能，并与设计的康养项目相配套，例如设置养生厨房、健身娱乐中心、诊疗中心、康复中心、美容中心等。例如，腾冲火山景区为了让游客体验最舒适的康养环境，根据不同游客的需求开发了养生阁、民间理疗、温泉食、原汤和中草药池等不同项目。

康养旅游旨在依托现有的旅游资源通过健身康体、养颜修身、营养膳食、关爱环境等综合化的手段，使人达到身心、精神与自然万物共鸣呼应的境界，在进行康养旅游产品的开发时要坚持"以人为本"的原则，对于人身体素质的提升以及内在精神的升华有重要意义。

任务三　康养旅游地的选址及产业发展

【任务描述】

康养旅游地的选址、建设与生态旅游资源有着密切的关联，森林、温泉和湖泊很早就成为疗养胜地。然而，传统的疗养院不能满足当代人对高品质生活的追求，如何利用好优质资源发展康养旅游，创造独特的开发模式，是康养旅游地可持续发展要考虑的重要问题。

本部分的学习任务是：认识能开展康养旅游的资源及区位条件；运用资源整合的方法挖掘拟旅游开发地的生态和文化养生旅游资源，并对资源的康养价值进行评价；了解我国各类康养基地的类型；在对拟旅游开发地旅游资源的康养价值进行评价的基础上，通过产业融合的原理和方法进行开发模式的决策。

【任务实施】

一、选址条件

康养旅游资源禀赋是开发康养旅游产品的基础，资源的规模、特殊度等都会对康养旅游产品的规模、体系化等产生直接或间接的影响。如康养基地的规划选址应依托于森林环境中的疗法因子条件，尽量选择森林康养条件优良、交通条件便利且无自然灾害发生的安全区域。实际上，交通等条件是任何旅游地的必备条件，而作为康养旅游地，其选址条件主要是环境和生态资源条件。

（一）康养环境良好，康养资源富集

康养环境是衡量景区生态属性的重要标准，也是开发康养旅游的基石，包括空气质量、土壤环境、地表水质量、声环境质量等。康养旅游资源大致可以分为自然类和人文类两大属性资源体系。

自然康养旅游资源，包括气候、水质、土质、景观、中草药资源、农业资源等。多数养生养老旅游项目均以优越的自然资源环境为依托，如森林中的负氧离子、富硒土地、弱碱性水等地域资源。除一般的自然生态资源外，比较重要的康养旅游资源是：①气候，气候的舒适度、温度、湿度、风速是影响人体舒适度的主要影响因素。②负氧离子浓度。负氧离子浓度是指单位体积空气中的负氧离子数目。负氧离子在一定浓度下会对人体机体产生有效的生物反应，可提高人体免疫功能。③声环境质量。良好的声环境，为康养人群营造平静、舒缓、健康的环境，进而得到身与心的放松。

人文康养旅游资源包括文化养生养老、民族医疗体系、特色饮食资源、传统医养资源等。康养旅游地要考虑的独特养生资源有：①民俗养生文化。如根据二十四节气进行养生等。②宗教养生文化。如道教的身、心、灵合一、内丹养生以及佛教的禅定、精修等。③中医药养生文化。如针灸、推拿、五禽戏、中草药、民族特色药物等在养生方面有独特的作用。④康养人文氛围。康养氛围是指在景区内，贯穿在食、住、行、游、娱中的养生观念以及养生程度。同时地方文化的融入，以及人为参与养生活动，提升康养体验质量。

（二）康养体验资源全面

大自然的环境因素例如温度、湿度、降水量、负氧离子、森林植被等都会带给人们特殊的身体体验，马倩倩从体验营销的角度，提出了康养小镇的五感康养资源。视觉康养资源：山水、天空、云彩、森林色彩、动物景观等；听觉康养资源：溪水流动声、瀑布声、风吹山林声、鸟啼声等；嗅觉康养资源：新鲜的空气、高浓度的氧气、负氧离子、有益于人类身体健康的植物挥发物等；触觉康养资源：可触摸的植物、土壤、石头、温泉、水流、舒适的森林小气候等；味觉康养资源：具有地方特色的养生菜肴、纯净的矿物质水、新鲜的农作物食品等。

（三）康养植物资源独特

植物对人们的身心健康非常有利。不同的植物在色彩、香气、叶片形状、开花颜色等方面具有不同的特点，同时不同植物也可以释放出包含不同物质的植物精气，这些物质可以使人体感到放松，从而使人们的身体和心灵得到治愈。

了解不同植物对康养的不同作用，便于康养旅游地项目策划时，根据当地的植物作用确定康养旅游针对的市场，也可以目标市场定位后，根据目标市场的需要，确定适当的植物配置。例如，提神醒脑、安神养心、调节情绪和神经的植物有：紫薇、阴香、玫瑰、天竺葵、合欢等。调节新陈代谢的有：仙人掌、芦荟。消除疲劳的有：兰花、香叶天竺葵、紫罗兰、薰衣草、木樨等。抗抑郁的有：茉莉、柠檬草、菊花、丁香、迷迭香、薄荷等。

二、康养旅游资源的评价

（一）评价指标体系

按照《国家康养旅游示范基地标准》，康养旅游基地除了有地表水、声环境、土壤环境

和与养生有关的独特自然或人文资源，还要对这些资源的规模和质量进行评价。

康养旅游的研究者从资源和市场出发，构建了康养旅游资源的评价体系。例如，贺广江构建了包含养生资源、养生设施、养生产品、养生环境四个一级指标、十一个二级指标和三十三个三级指标的康体养生旅游目的地评价指标体系；何莽从康养旅游需求要素出发，选取自然环境需求、设施需求、养生氛围需求和社交需求四个主要因子，作为康养旅游特色小镇开发建设中应该注重的要素和资源；李秀云、李俊杰等构建了可以科学有效评价森林康养基地开发建设的"八要素模型"，即气候条件、旅游经济、资源环境、专门人才、市场需求、市政服务、医疗卫生、交通条件八个一级指标。这些调查指标是确定一个地方是开发建设森林康养地适宜程度要考虑的重要环节和要素。

不同类型的康养旅游地，其资源评价指标体系是不同的。段金花（2019）依据《国家康养旅游示范基地标准（LB/T 051—2016）》《森林养生基地质量评定标准》《中国森林公园风景资源质量等级评定（GB/T 18005—1999）》等国家、地方标准，结合森林康养基地、生态旅游资源评价等学术研究，再经过专家咨询，构建了森林康养基地生态旅游资源开发潜力评价指标体系。这些评价体系的建立，是康养旅游地资源评价的理论和方法，不同康养旅游地在开发时，需根据这些理论和方法，构建具体的评价体系。

（二）四川达州巴人酒谷旅游概念性策划中的资源分析

1. 地理条件分析（气候、水文、动植物、地形）

巴人酒谷地处中亚热带湿润季风气候区，年平均气温 16.8℃，年平均降雨量为 1200 毫米。主导风向以东北风和北风为主，其次为西北风，属小风速区，全年半年多时间是无风或微风。由于立体地貌构成了立体气候特征，该地区也具有北亚热带和南温带气候特征。

前河是宣汉境内的主要河流且流经规划区东侧及南侧，前河发源于大巴山南麓望头山，由东北城口县入境；流向西南，横贯县境东南部。全流域面积 2754 平方公里，其中县境内面积 1917.7 平方公里，干流长 145 公里；点落差 327 米；平均坡降 2.3%，支流较多。

规划区森林植被茂盛，天然植被基本为次生性，山区植被垂直分带较为明显，分为灌木丛植被带，矮黄栌山地落叶灌丛，亚高山常绿灌木丛，亚热带常绿针叶林，亚热带落叶阔叶与常绿针叶交混林。

所在地区动植物丰富，野生动物达 400 余种，其中国家重点保护野生动物有 22 种，常见的野生动物有裂腹鱼、大鲵、白鹤、蛇等，还有阳鱼、憨鸡、明鬃羊（四不像）等珍稀动物。这些野生动物都具有较大的观赏价值。野生动植物中有植物药材 171 种，动物药材 39 种。

规划区域内海拔最低点为 375 米，位于规划区西南角楼子坝。最高点海拔 818 米，位于规划区东南侧将军岭一带。规划区域从西到东地势依次增高。规划区西侧地势相对平坦，东侧地势相对陡峭。

2. 资源类型

巴人酒谷具有开发避暑和康体运动、休闲度假旅游产品的气候条件。拥有发展农业旅游、观光旅游、休闲旅游和体验旅游的基础条件，有多种珍贵中药材和动植物等资源。根据《旅游资源分类、调查与评价》（GB/T 18972—2017）标准，巴人酒谷的旅游资源分类见表 14-2。

表 14-2 巴人酒谷的旅游资源分类表

主类	亚类	国标数目	沙沟村数目	比例	
地文景观	AA 综合自然旅游地	7	1	14%	2.78%
	AB 沉积与构造	7	0	0%	
	AC 地质地貌过程形迹	14	0	0%	
	AD 自然剧变遗迹	7	0	0%	
	AF 岛礁	2	0	0%	
水域风光	BA 河段	3	2	67%	20.00%
	BB 天然湖泊与池沼	3	1	33%	
	BC 瀑布	2	0	0%	
	BD 泉	2	0	0%	
	BE 河口与海面	3	0	0%	
	BF 冰雪地	2	0	0%	
生物景观	CA 树木	3	3	100%	63.64%
	CB 草原与草地	2	1	50%	
	CC 花卉地	2	2	100%	
	CD 野生动物栖息	4	1	25%	
天象与气候景观	DA 光现象	3	1	33%	25.00%
	DB 天气与气候现象	5	1	20%	
遗址遗迹	EA 史前人类活动场所	4	0	0	16.67%
	EB 社会经济文化活动遗址遗迹	8	2	25%	
建筑与设施	FA 综合人文旅游地	12	10	83%	48.00%
	FB 单体活动场馆	5	1	20%	
	FC 景观建筑与附属性建筑	11	3	27%	
	FD 居住地与社区	8	4	50%	
	FE 归葬地	3	0	0%	
	FF 交通建筑	5	3	60%	
	FG 水工建筑	6	3	50%	
旅游商品	GA 地方旅游商品	7	3	43%	42.86%
人文活动	HA 人事记录	2	2	100%	53.33%
	HB 艺术	2	1	50%	
	HC 民间习俗	7	3	43%	
	HD 现代节庆	4	2	50%	

3. 资源评价

（1）总体评价。旅游资源种类丰富、生态环境优美、文化荟萃优秀。

（2）资源优势。一是旅游资源的"立体性"：旅游资源类型多样，覆盖面广，数量较多，具有综合性、丰富性和多功能性特征。二是旅游资源的"原真性"：旅游资源保持了相当多的原始性与完整性，具有生态性、环境性和原真性特点。三是旅游资源的"内涵性"：旅游资源底蕴丰富，内涵深刻，具有人文性、内涵性特点。四是旅游资源的"独特性"：酒旅游资源独特。五是旅游资源的"乡村性"：旅游资源以乡村旅游为主要特色，分布总体呈现大分散、小聚集的特点，区域组团特征明显。

达州巴人酒谷的核心旅游资源

（3）核心旅游资源。

① 酒资源。"酒"是特色资源。稀缺资源和竞争性资源，是沙沟村乡村旅游的独特性所在，在众多乡村旅游中，具有你有我无的稀缺优势和比较优势。

宣汉巴人地窖酒厂，位于北纬30°的"中国白酒金三角"地带，与茅台、五粮液、泸州老窖、郎酒的窖址在同一轴线上，距巴山大峡谷30公里。渗水性良好的钙质土壤和21.4℃的年均气温，是白酒酿造的绝佳优质环境。

巴人地窖酒厂，占地 100 余亩，生产车间 22 个，员工 400 多人，年生产能力达到 2.15 万吨，拥有两条自动化罐装生产线和全套进口检测检验设备。

巴人地窖酒厂生产的巴人村苦荞酒，以苦荞为主要原料，使用富含多种矿物质的 1500 米高山自然泉水，采取土家族千年中草药曲药秘方及医董酒、五加皮、啤酒的精华与现代科学技术结合的特殊工艺，集浓、酱、清、芝麻香大曲、中药曲融合一体（馥郁香型），呈现出多种微生物陈酒风味，其香型独特，形成了"三正三香"，即香正、味正、酒正、闻香、入口香、回味香的特点。

② 乡村自然生态景观。乡村自然生态风光反映乡村自然山、水、生物等风光与特征，体现了传统农业社会的"天人合一"的精神实质，是规划区旅游发展的基底和背景。

规划范围内现有耕地 148 公顷，约占规划区总面积的 40%，基地内基本农田现状主要是设施良田和设施菜田。从空间分布上看，农田主要分布在规划区西侧的土黄溪、酒厂周边、鞍子沟、作坊梁、楼子坝以及东北侧何家湾的部分区域。除楼子坝区域呈大片平整田地外，其余区域田地大都依托山势呈梯田状。

（4）林业资源。规划范围内现状林地 146 公顷，约占规划区总面积的 39%，规划区内林地主要为亚热带常绿针叶林，大都为山地自然保护林。在空间布局上，规划区东侧地势较高的山区林地较为密集，具有潜在的森林旅游游憩以及自然保护的价值。与此同时，规划区西侧地区林地较为分散稀疏。

（5）河流资源。宣汉县主干河流前河流经规划区东侧以及南侧，前河水系由大坝水闸控制，水质良好，水量有限，不适于漂流之类的娱乐项目。前河驳岸为自然生态驳岸，河岸两侧大都有较为丰富的植被，生态景观良好。规划区内其他区域水系匮乏，规划区西侧以及东南侧有少量池塘。

三、康养旅游地开发可选的类型

《国家康养旅游示范基地标准》颁布后，各地加大了对康养旅游的宣传，大众对康养旅游的物质载体有了明确的认识。实践中，除了康养旅游示范基地，还存在若干类型的全部或部分拥有康养项目的旅游地，具有不同的名称和性质，如医疗旅游区、医药康养旅游地等。还有一些景区，为了满足未来康养旅游的需要，也通过康养项目和产品的开发塑造康养旅游的品牌形象。了解康养旅游地的类型，便于旅游策划时准确定位并配置相应的功能。

（一）康养旅游示范基地

《国家康养旅游示范基地标准》中明确规定，康养旅游示范基地应包括康养旅游核心区和康养旅游依托区两个区域。康养旅游核心区指一个或者几个特色明显的、有一定规模和体量的康养旅游实体组成的区域。康养旅游依托区是指康养旅游核心区所在的具有国家行政建制设立的中心县或城市建成区。依托区应具有旅游功能要素和主要吸引物，是实现健康、养生、旅游等产业融合的实验区域，也是核心区发展的基础设施和管理服务的支撑区域。

康养旅游核心区和康养旅游依托区间应有较强的功能联系，康养旅游核心区具备独特的康养旅游资源优势，而康养旅游依托区能为核心区提供产业联动平台，并在公共休闲、信息咨询、旅游安全、休闲教育等公共服务体系上给予有力保障。

（二）国际医疗旅游区

2013 年海南博鳌乐城国际医疗旅游先行区获国务院审批，成为中国第一家以国际医疗旅游服务、低碳生态社区和国际组织聚集地为主要内容的国家级开发园区。易慧玲、李志刚总结了其康养产业发展的特点：第一，突出特色，医养结合。"博鳌乐城国际医疗旅游先行区"契合老年人在医疗健康等方面的需求，依托政府给予的优惠政策，优先享有医药品与国外同时上市的特权，并开展健康管理、特许医疗、照护康复、医疗美容等为特色的服务内容。第二，产业融合，催生康养旅游新业态。将气候、海洋、温泉和少数民族文化加以融合，建设一批以健康、温泉养生为主题的精品旅游线路及产业集聚区。

（三）中医药康养旅游目的地

这类康养旅游地的主要功能有科研开发、康健医疗和生产制造等。例如，江苏泰州中国医药城和河北以岭健康城均为中医药康养旅游目的地。2015年3月，《泰州市旅游业跃升发展三年行动计划》明确提出将康养旅游打造成为泰州旅游新名片，把泰州建设成为长江经济带上集"医、药、养、游"于一体的大健康旅游集聚示范城市。随后又制订了中医药健康旅游发展专项规划，中国医药城为国家康养旅游示范基地核心区。

（四）温泉康养旅游目的地

这类康养旅游目的地围绕对人体极为有益的温泉和矿泉资源，开发温泉养身、健康体检和运动休闲等活动项目。例如，湖南灰汤温泉为温泉康养旅游目的地，位于湖南省宁乡市南部灰汤镇，是中国三大著名高温复合温泉之一。现建有灰汤紫龙湾温泉、湘电灰汤温泉山庄、金太阳、华天灰汤温泉等多座温泉山庄和度假酒店，是集温泉养生、运动休闲、健康体检等于一体的康养旅游目的地，被誉为"新潇湘八景"。

（五）森林康养旅游目的地

早在《林业发展"十三五"规划》中就已经写道，到2020年，林业产业建设工程建设目标是森林康养和养老基地500处，森林康养国际合作示范基地5～10个。国家林业和草原局、民政部、国家卫生健康委员会和国家中医药管理局四部委联合发布《关于促进森林康养产业发展的意见》林改发〔2019〕20号，到2035年，建成覆盖全国的森林康养服务体系，建设国家森林康养基地1200处。被遴选为森林康养基地试点单位的景区，都要求具备优质的森林生态资源、有良好的生态景观，森林面积较大且集中连片，便利的交通、较强的餐饮和住宿接待能力、具有较好的经营管理能力和康养服务条件，并且被选择成为基地试点的森林康养产业的发展要得到当地政府和主管部门的强烈支持。

（六）长寿养生旅游区

拥有长寿养生旅游区名号的是广西巴马长寿养生国际旅游区。广西巴马县百岁老人数目远高于其他地区，受到国际医学界的广泛关注。1991年国际自然医学会正式确认巴马为世界第五个长寿之乡。2013年列入广西三大国际旅游目的地建设名录，并建设巴马长寿养生国际旅游区。巴马康养旅游发展的特点有以下几点：第一，利用强地磁场，每立方米2000～50000个负氧离子，小分子弱碱性水，日照时间长且多为远红外线，土壤富含硒、锰、锌等微量元素五方面资源优势进行旅游开发，树立康养旅游目的地形象；第二，发挥旅游联动作用，形成康养旅游产业链。第三，发掘民族文化和瑶医瑶药的康养属性，推出民族医药康复旅游、民族医药文化体验等系列特色产品。第四，树立康养品牌形象，举办中国—东盟传统医药健康旅游国际论坛，并获得永久举办资格。于2016年成功注册"长寿巴马"全类商品及服务商标，强化市场对长寿品牌的认知度。

（七）康养小镇

对于"康养小镇"这种新兴业态，由于条件、资源、地域等不同，千差万别，"康养小镇"是指以"健康"为主题的新建或改建的小镇,以健康旅游产业为核心,将健康、养生、养老、休闲、旅游等多元化功能融为一体,形成生态环境较好的特色旅游小镇。康养小镇的核心业态是医疗服务机构,再配置旅游相关产业,形成多业态康养旅游综合体,以"产业为依托,旅游为纽带,地方文化为特色,健康为亮点"。其中,产业包括房地产、医疗产业、养生产业、旅游酒店、餐饮业、养老产业等,主要提供医疗康复、疗养服务和养生度假服务。例如,浙江丽水的青田县威尼斯康养小镇,规划总面积约1027亩,项目建设用地面积约223亩,主要包括养生养老、休闲旅游、生态农业、水上乐园及道路、绿化等附属设施建设。

(八)含康养项目的景区

受康养旅游基地开发标准的限制,专门的康养旅游基地数量有限。一些有条件的景区,在功能区设计中,利用自身的优势资源,开发康养主题片区,满足游客的康养需求。例如,陕西凤县灵官峡景区以"铁路古迹、休闲氧吧、古羌文化"为特色,在保持原有生态植被景观的基础上,成功地打造成了商、养、学、闲、情、奇功能设施齐全的综合性景区。其康养旅游片区以医疗旅游中的康复与养生为核心,充分利用凤县优良的健康自然资源,温润的气候,最佳的海拔位置,全绿色无污染的农作物,当地独有无污染空气、水源、中药材为吸引点,结合医疗康养恢复标准,从体征、症状全面调节游客自体健康,使游客得到有对比、有标准、专业的医疗康养恢复计划。陈香波等比较了森林疗养和园林康养的异同点,提出未来应加强森林疗养与园林康养的循环医学研究,丰富康养植物配置科学理论,发挥自然疗愈的作用。❶

四、康养旅游的产业发展模式决策

(一)康养旅游地业态类型

从产业角度来看,康养旅游地以生态和文化资源为基地,产业贯穿一二三四产业,涉及精准医学、康复医学、老年医学、生态医学(如森林、温泉的医疗效果等)等前沿学科,还涉及远程医疗、移动医疗、智慧平台、大数据等前沿技术,是各类产业高度融合的综合体。各种产业融合的方式不同,形成了康养旅游的不同发展模式。每种模式具有自身的特点,康养旅游地建设时需要坚持因地制宜的原则慎重决策。

生态养生旅游是依托项目地良好的气候及生态环境,构建生态体验和度假养生,如温泉水疗、森林负氧离子、高山避暑、海岛避寒、湖泊养生、矿物质养生、田园养生等养生业态,打造休闲农庄、养生度假区、养生谷、温泉度假区、生态酒店/民宿等产品,形成生态养生健康小镇产业体系。

养老旅游产业是将医疗、气候、生态、康复、休闲等多种元素融入养老产业,发展康复疗养、旅居养老、休闲度假型"候鸟"养老、老年体育、老年教育、老年文化活动等业态,打造集养老居住、养老配套、养老服务为一体的养老度假基地等综合开发项目,带动护理、餐饮、医药、老年用品、金融、旅游、教育等多产业的共同发展。

体育康养旅游是依托山地、峡谷、水体等地形地貌及资源,发展山地运动、水上运动、户外拓展、户外露营、户外体育运动、定向运动、养生运动、极限运动、传统体育运动、徒步旅行、探险等户外康体养生产品,推动体育、旅游、度假、健身、赛事等业态的深度融合发展。

---

❶ 陈香波,杨博,尹丽娟,等.自然疗愈的力量——从森林疗养到园林康养.园林,2021,38(21):2-6.

文化康养旅游是深度挖掘项目地独有的宗教、民俗、历史文化，结合市场需求及现代生活方式，运用创意化的手段，打造利于养心的精神层面的旅游产品，使游客在获得文化体验的同时，能够修身养性、回归本心、陶冶情操。如依托宗教资源，打造文化度假区、依托中国传统文化，打造国学体验基地等。

农业康养产业，是通过发展绿色种植业、生态养殖业，开发适宜于特定人群、具有特定保健功能的生态健康食品，同时结合生态观光、农事体验、食品加工体验、餐饮制作体验等活动，推动健康食品产业链的综合发展。

医学康养产业是以中医、西医、营养学、心理学等理论知识为指导，结合人体生理行为特征进行的以药物康复、药物治疗为主要手段，配合一定的休闲活动进行的康复养生旅游产品，包括康体检查类产品，它是医疗旅游开发中的重要内容之一。

因此，康养旅游地可以选择若干业态为核心，也可以是各种业态的综合体。例如，海南三亚的海棠湾·上工谷——中医药康养特色小镇，就是通过"三生"（生产、生活、生态）、"三产"（农业、健康产业、服务业）的有机结合和关联共生，实现特色农业、文化旅游、中医健康体验等复合功能叠加。

（二）四川达州巴人酒谷旅游开发的产业模式构建

四川达州巴人酒谷着力完善产业基础要素，构建五大产业体系，即酒工业制造产业、文旅休闲产业、文化创意产业、健康养生产业和美丽乡村产业。

沙沟村应以旅游业为先导产业，将现状产业进行有效整合，引导现有工业企业向以旅游纪念品、工艺品的二产转型，同时减少对环境的影响。

1. 酒工业制造产业

现状：在巴人村酒厂基础上，建设廊道、企业馆以及酒文化广场、森林酒世界等。

目标：做大做强巴人村酒厂，彰显巴人村酒厂在沙沟村旅游中的中坚作用。

业态类型：博物馆、企业馆、研学基地、酒文化广场、温泉酒店。

内容：巴人村酒厂提质，即增设参观廊道、企业馆、博物馆。巴人村酒厂扩容，即形成涵盖酒厂、风情小镇、酒店等巴人酒文化博览园景区。巴人村酒厂业态完善，即建设广场，将之建设成为综合性的接待服务配套项目，设置企业馆、会议中心、研究院以及住宿、餐饮等服务设施。

2. 文旅休闲产业

乡村文旅休闲产业体系包括以下项目：创意农业、农耕体验、慢村乐活、精品民宿和特色农家。

3. 文化创意产业

现状：沙沟村文化资源丰富，内涵深刻，但是缺少文化创意旅游项目。

目标：打造一处集乡村文创与乡土文化体验的文化聚落。

业态类型：民宿、文化礼堂、手工作坊、博物馆。

内容：建设民俗坊、风情园等项目，重点发展乡村文创经济，建设乡村文创项目、酒创项目。

4. 健康养生产业

紧紧围绕"健康养生"命题，以整合健康管理、中医养生、旅游养老、禅意养性、巴人村酒养身、运动养体以及高端森林民宿等经营业态，建设一个覆盖健康养生、旅居养老、高端人居、旅游度假等功能于一体，具有养生属性、旅游属性和文创属性的达州首家老年养生健康产业基地，川东北首个以太极为主题的养生养老基地。

5. 美丽乡村产业

传统农业产业向观光休闲农业、生态庄园为主的乡村旅游休闲产业转型，同时增设乡村养老服务片区，为老年人提供良好的养老服务。

观光休闲农业包括玫瑰、蔬菜及其附属产业，如酒制作、花茶制作，以及婚纱摄影、花田观光为村民带来收益。在乡村旅游发展片区，增加文创产业元素，增加旅游发展动力。

美丽乡村产业体系包括三个内容，即旅游商品、农事体验项目和特色餐饮。

任务四　康养旅游地功能布局及其活动设计

【任务描述】

康养旅游地的发展，需要对其发展进行定位，并根据生态环境和养生、医疗设施对康养旅游功能区进行合理的布局，运用项目创意的方法策划富有新意的、独特的康养旅游项目和产品，满足康养旅游消费者休闲养生、康体度假、生态疗养、修身养性、养老保健等目的，获得身心健康与精神愉悦的满足。

本部分的学习任务是：了解康养旅游地策划的定位思路、市场定位、产品定位和品牌形象等定位的内涵和必要性；遵循一定的原则对拟开发的康养旅游地进行功能分区和布局；掌握全面的康养旅游项目类型，并根据市场和地方特色策划相应的项目；能够围绕主题或康养地形象进行系列产品设计。

【任务实施】

一、发展定位

（一）发展定位的方法

无论何种类型的康养旅游地，在进行旅游策划时，都要对旅游业发展的目标进行定位，确定未来一段时间的发展主题。

定位之后，在后期跟进计划中就要围绕这一主题定位开展设计工作，充分依托康养地的旅游资源，将旅游与养生、养老、绿色生活、健康运动等相结合并作为策划的切入点。

康养旅游在中国发展的过程中，已经形成了一些有特色的康养旅游地，例如，吐鲁番高昌区亚尔镇上湖村以"沙"为特色的沙疗小镇，长寿之乡恭城以瑶族医药诊疗和养寿为特色发展康养旅游，句容茅山康缘中华养生谷主推道教和中医药养生，这些例子表明康养旅游地只有突出特色，才能给人留下深刻的印象，形成品牌效应。

在康养旅游地开发建设时，首先要进行一系列发展定位。即定位思路、整体发展定位、市场定位、产品定位和品牌形象定位等。定位的思路是在前述康养资源、政策透视和市场分析的基础上，结合国内外康养旅游、养老产业的发展现状和趋势，本着因地制宜、立足优势、顺应趋势的策略进行定位策划。对康养旅游地来说，其总的功能定位一般是康复、健身和休养，在此基础上适当增加旅游功能，例如休闲度假、生态体验、趣味农耕等功能。产品定位是根据市场定位，为特定的市场提供量身定制、个性化的、专业性的康养旅游产品。

（二）四川达州巴人村的策划思路和发展定位

根据上述理论和方法，四川达州巴人村的策划思路和发展定位如下。达州巴人村的旅游资源有五宝（见图14-2）：酒、村、林、田、河。

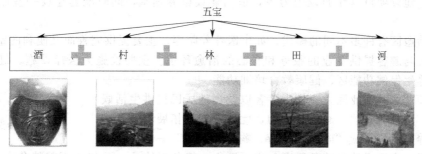

图14-2　达州巴人村的五宝旅游资源

策划思路是以巴人村酒为特色、以文化为灵魂、以生态为基础、以乡村为载体、以养生为核心、以休闲为根本打造具备奇酒探索·奇境养生·心灵栖息·人文体验·农业休闲·乡村度假·亲子生活等多种功能的乡村旅游度假区。

旅游发展的总体定位。以乡村振兴为契机，以优质生态和优美乡村为本底，以优秀文化为内涵，以具有独特性的"巴人村酒"为依托，以"酒"为主要特色，紧紧围绕"美丽宜居、产业支撑、文化引领"三条主线，创新"养生"主题，打造"乡村旅游＋康养产业"的独特模式，推动以旅游养生为核心的乡村文旅产业的集群发展。以"喝养生酒，圆田园梦"为诉求和卖点，打造一个集旅游、度假、养生、探寻、体验、美食、颐居等为一体，中国首个融巴人文化、酒文化和养生文化"三位一体"的乡村养生精品旅游景区。浓缩巴人故乡风情开启美酒养生之旅。

未来建设的远景目标：建成国家AAAA级旅游景区＋养生小镇＋酒文化产业园＋特色田园乡村。形成"穿越奇幻田园畅饮养生美酒""美丽乡村·养生福地""绿水青山巴人村，美酒飘香养生地"的品牌形象。

二、康养旅游地的功能分区

（一）旅游开发功能布局和项目策划的原则

康养旅游地开发的功能布局和项目策划，需要遵循一定的原则。应根据康养旅游地的资源条件、交通等基础设施和不同消费群体对康养旅游的需求取向，在保护该地生态的同时，因地制宜、合理布局不同类型、不同层次的康养旅游地的功能区，实现投资主体多元化、发展规模多层次、康养方式多形式的发展格局。

四川达州巴人酒谷旅游概念策划项目策划原则是：①注重生态环境的保护，保留村庄原始风貌，慎砍树、不填湖、少拆房，尽可能在原有村庄形态上改善居民生活条件；文化融入城镇化建设，传承文化，尊重自然，方便人居，发展有历史记忆、地域特色、民族特点的美丽村镇。②在尽量不破坏生态环境的基础上，完成基础设施建设，保留原始的自然景观。③文化注魂，传承地域文化，融入乡土民俗，建设有特色的生态文化景区。

（二）康养旅游地特殊的功能区

与其他旅游地不同的是，康养旅游地在策划中必须保证有康养功能区，通常会设置康养休闲度假区、康复治愈区、健康广场和健康步道等功能分区，以满足不同目的康养旅游的需要，而策划的目的是赋予这些功能区鲜明的特色。

康养休闲度假区是以康养为特色品牌的各类项目的位置区域，一般位于特定资源如温泉附近、森林资源的核心区。规划建设的项目主要有康养酒店、疗养设施以及自然风景观赏区和景观带。建设项目以疗养设施为主，适当建设康养别墅，同时配套建设一些康养的游乐设施。

康复治愈区有许多不同的模式，如中医疗养院等，主要提供完善而又便利的室内康养场所，为居民与游客提供专业的服务和身心的治愈环境。主要设施为医疗设施、健康咨询设施、中医养生保健功能区、健康教育培训功能。

配套商业区。商业区主要是为游客以及当地居民提供生活娱乐的场所，定位为餐饮、酒店与购物，此外发展和拓展当地具有特色的康养产品，形成"吃、住、游、购、娱、教"一体的特色街区或广场。主要设施是特色民宿、主题酒店、特色餐饮及一系列的康养特色产品购物区。例如，日本的很多温泉康养场所都有温泉康养街，游客在进行温泉康养之后，在放松的状态下到温泉康养街区进行购物、品尝美食、欣赏文化娱乐活动等。

 武山温泉疗养院的各类康养产品

综合服务区。此区的定位主要为游客的接待窗口并且引导游客分散到康养旅游地的不同区域的位置。主要设施包括了游客服务中心、生态和智能景观停车场等。

健康主题广场或健康街道。这是体现康养特色的集散广场，可以在中心区域设置作为康养文化主题与指示作用的雕塑等形象载体，突出广场的康养主题的视觉效果。例如，上海崇明岛东平森林公园附近的东平镇建设了社区健身主题公园，用通俗易懂的语言描述，每天饮食的十只网球原则，引导健康的饮食行为。

 上海崇明东平镇健康主题公园

不同类型的康养旅游地，功能分区也有一定的差异，康养旅游地可根据实际情况确定不同的功能区。参照先进国家森林生态康养基地建设的成熟经验，森林生态康养基地的功能区包括核心区森林景观区、外围缓冲区、健康文化旅游体验景区、康复疗养或医院区、酒店商贸配套区、森林生态康养区、农林园艺场区等；依托中医药建设的康养旅游园区，其功能区可以是中医药科普体验、康疗养生、健康诊疗、商务休闲、配套酒店和餐饮等，而康养小镇的功能综合性更强，可依托山地、峡谷、水体等地形地貌及资源，发展山地运动、水上运动、户外拓展、户外露营、康体养生等项目，推动体育、旅游、度假、健身、养生等各业态的深度融合发展。

（三）四川达州巴人酒谷的功能区空间布局

四川达州巴人酒谷旅游开发的空间布局结构为：一核·一带·三区。

一核：巴人酒文化博览园——奇酒探索区。依托巴人村酒厂，围绕"酒"字策划，在"奇"字上找卖点，在"养"字上做特色，打造巴人酒文化博览园。

一带：楼子坝水世界——秀水探幽区。在"水"字上策划，在"秀"字上做特色，打造"巴河水秀"。

三区：第一区是观音山养生公园——康养探秘区。依托整个山林资源，围绕"森林"策划，在"禅"字上做特色，打造康养产业基地。第二区是淘气宝宝农场——花田探源区。围绕"农"字策划，在"大地农业艺术"上做特色，打造大地农业艺术公园。第三区是巴人村——慢村探寻区。围绕"村"字上策划，在"慢"字上做特色，打造巴人慢村。

三、康养项目策划

康养项目主要包括提供开展康养体验活动的实物景区、康养设施设备和相应的服务活动项目。在进行项目策划时，要根据拟策划地的实际需要，选择适当的项目类型。

（一）与康养旅游地功能匹配的开发项目

康养旅游项目策划是将康养旅游资源如气候、生态、传统康养方式等多样化益体益心元素融入养老康复项目，发展康复、旅居、候鸟和疗养等业态，提供养老居住、康养休闲和康养服务为一体的各类康养旅游项目。康养项目的建设具有一定的设计要求，例如，在景观设计上，要适合老年和康养人群的身心需要，使其能亲近生态环境，体验康养地文化内涵。吴为廉等在《旅游、康体、游憩、设施设计与管理》一书中，提出了各种类型康体游憩设施策划设计要求、标准、设计要点、注意事项等，包括游憩草地种植设计、游憩生态绿地与景观植物建植设计，公共服务设施和常见康体设施等。

大部分的康养基地建设过程中，都会选择一个或若干个康养项目，作为该康养旅游地的核心吸引物，对康养型旅游目的地或一般景区的康养项目建设而言，可考虑建设以下具有康养特征的项目。

养老综合项目。将医疗、气候、生态、康复、休闲等多种元素融入养老产业，发展康复疗养、旅居养老、休闲度假型"候鸟"养老、老年体育、老年教育、老年文化活动等业态，打造集养老居住、养老配套、养老服务为一体的养老度假基地等综合开发项目，为老年人打造集养老居住、医疗护理、休闲度假为主要功能的养老小镇。

长寿养生项目。拥有长寿名声的康养旅游地，如中国长寿之乡、养生福地等名号，开发食疗养生、气候养生和养生文化项目。通过为人们提供冥想静思的空间与环境，达到在恬静的气氛中修身养性、长寿养生的目的。

中医药膳项目。挖掘康养旅游地的中药材资源，药食同源是东方食养的一大特色，将中药融入美食。

文化养生项目。深度挖掘康养地独有的宗教、民俗、历史文化，结合市场需求及现代生活方式，运用创意化的手段，开发利于养心的精神层面的旅游项目，使游客在获得文化体验的同时，能够修身养性、回归本心、陶冶情操。

体育康养项目。依托康养地的山地、河流和湖泊，开发户外拓展、户外露营、养生运动（如太极、瑜伽、扇舞等）、徒步旅行等户外康体项目，推动体育、旅游、度假、健身等业态的深度融合发展。

综合性的康养基地，可进行多元化开发。以健康养生、休闲养老度假等健康产业为核心，进行休闲农业、医疗服务、休闲娱乐、养生度假等多功能开发。

康养旅游配套设施。康养旅游配套服务既有硬件设施的要求，也有软性多样化服务的需求，依据康养地类型的不同而不同。例如，生态旅居旅游服务配套主要由生活配套设施和旅游休闲产品配套组成。

随着全民健身运动的兴起，建设健身步道的做法较为普遍，就连一般的景区也建设康养步道。康养步道的策划需要从步道的线路、步道材质、步道周边景观质量等方面进行综合考虑。考虑步道两边的植被、水体、地形等要素，同时要设置一些供游客进行休息和供体验者进行康养活动的休息平台等设施。康养步道起始点要有标识系统，对每个康养步道的线路、距离、坡度、主要康养功能和运动量进行清晰详尽的标示和说明。

总之，康养旅游项目的开发需要根据资源的类型而展开，某风景旅游景观规划设计公司归纳了不同类型的资源可开发的康养项目，见表14-3。

 景区的健康步道

表 14-3　不同类型的资源可开发的康养项目

康养旅游地类型	可开发的项目
森林植被康养类	生态游憩、养生康体、运动探险、特色酒店、养生养老地产
温泉矿物康养类	温泉矿物养生、游乐体验、康复疗养、度假酒店、养生养老地产
滨海湖泊康养类	滨海疗养康复、运动探险、水产美食养生、滨海休闲度假、养生养老地产
宗教文化养生类	观光朝圣、宗教文化体验、禅修养心、禅养度假、养生养老地产
民俗文化养生类	民俗文化体验、国学养生基地、养心度假、研学基地、养生养老
中医药康疗类	医药种植园、医药康养养生、医药养生文化博览、医药文化科教体验、养生养老地产
现代医学类	高端体检、医疗救治、康复疗养、美容美体、康复养老地产

（二）四川达州巴人谷旅游概念策划中的项目设计

策划区域的项目分为五大功能分区：巴人酒文化博览园、观音山养生公园、淘气宝宝亲子农场、巴人村、楼子坝水世界，其中与康养有关的项目是酒与养生、养生主题公园和乡村慢生活养生。

下面对其中与养生有关的功能区进行介绍。

1. 巴人酒文化博览园

（1）区域范围。巴人村地窖酒厂以及酒厂右侧，直至观音寺山脚下，规划面积 259635 平方米。

（2）资源特色。以巴人村酒厂、巴人村酒为核心资源。

（3）发展思路。围绕巴人这一故事基线进行创作和策划；将酒主题融入游览全区中；让游客在体验中了解巴人村酒的独特；感受巴人村酒人的工艺传承和匠心精神。

（4）发展定位。中国首个巴人酒文化博览园。以巴人村酒厂为有力依托，以巴人文化为内涵，以"酒"为主题，"养"为卖点，"品"为内容，打造具有鲜明主题，独特个性，集巴人文化体验、酒文化展示、工业旅游参观、格调商业休闲、风味美食、温泉养生等为一体的中国首个巴人酒文化博览园。

（5）项目策划。酒文化广场：中央广场、游客中心、生态停车场；巴人村酒厂：科普展示中心、基地、工厂、研究院、体验中心；巴山夜雨风情小镇：巴山夜雨、风情街、非遗文化部落、酒·秀剧场、巴人的美食市集、川酒名品店；森林酒世界："酒"字迷宫、森林酒吧、森林酒店、森林酒文化民宿客栈、丛林酒镇、竹酒坊、酒文化长廊；酒文化温泉酒店：温泉、主题酒店、会议中心。

2. 观音山养生公园

（1）规划范围。整个沙沟村山上部分，包括观音寺、何家湾、下松林等大片区域，规划面积约 596467 平方米。

（2）资源特色。以森林、自然资源为特色。

（3）规划思路。围绕一个主题、遴选两种文化、创新一种模式、营建一个特色、健康养生、观音文化、"康养＋创智＋旅游"发展模式、太极养生。

（4）发展定位。紧紧围绕"健康养生"命题，以整合健康管理、中医养生、旅游养老、禅意养性、巴人村酒养身、运动养体以及高端森林民宿等经营业态，建设一个覆盖健康养生、旅居养老、高端人居、旅游度假等功能于一体，具有养生属性、旅游属性和文创属性的达州首家老年养生健康产业基地、川东北首个以太极为主题的养生养老基地。

（5）主要项目。观音山养生公园项目，具体项目为观音像雕塑、观音祈福院（祈福池、许愿树、素斋堂、静修堂、佛道讲座、禅修讲座、茶艺讲座）、房车露营地（汽车电影、野外露营、青少年夏令营）、酒窖花园（地窖丛林景观、酒吧、木屋、茶室）、林下经济产业（竹酒产品、药酒产品、休闲木屋）、巴人公社（中医养生中心、健康管理中心、观音山运动公园、养老公寓）、五宝鼎、太极养生绿道、户外运动聚落（林中漫步、森林探洞、山地自行车、野营、登高远眺、岩壁攀岩、高空飞索)。

3. 巴人村

(1) 基本情况。沙沟村山环水绕，是一个山清水秀的美丽乡村。①地形地势：夹于山体之间，中间地势平坦。②山林植被：植被覆盖好，主要以松柏科植物为主。③水体资源：村域内水系主要为前河及山上泉水。④村庄环境：村落整洁、典雅。

(2) 资源特色。拥有山水融合的自然生态与整洁的村庄环境，民风淳朴，是名副其实的生态村。

(3) 存在问题。分割式发展严重：与宣汉县境内的山村同质同构现象严重，且村落分散布局；空心化现象突出：多数村民外出务工，或举家搬出；产业链延伸不足：吃、住、行、游、购、娱等旅游要素缺失，特色产业链短缺；家庭收入不高：村民多数并不富裕。

(4) 策划创意。积极推进"沙沟村"更名"巴人村"工作。

(5) 发展定位。根据对沙沟村发展条件、资源禀赋等所进行的多维分析，沙沟村应以"慢生活、慢文化、慢养生"为主题，以"养心"为核心，"慢村漫游"为特色，通过"巴人村"品牌整体包装，打造绿色农业、生态观光、休闲旅游、文化创意、美丽宜居、乡土美食等功能，农家乐、民宿、客栈、庄园、手艺传习馆、慢食餐厅、文创乡居等多种业态的巴人慢村。

(6) 主要项目。自行车环路、四季花海、民宿客栈、传统酒工艺馆、文化礼堂、慢食食堂、创意 DIY 手作工坊。

4. 楼子坝水世界

(1) 区域范围：巴人村西南角，前河以及东侧平地，重点为楼子坝水域，面积约565290 平方米。

(2) 资源特色：水质清澈，沿河景观优美，岸边有大量平地，河里有特色水产。

(3) 存在问题：水流较为平坦，一些惊险刺激的水上项目发展较为困难；目前沿岸没有相关旅游配套设施。

(4) 思路定位：水资源是巴人村的优质资源，在不破坏生态系统的基础上，打造"黄金水道"，以"水"为魂，以"夜游生活场景"营建为目标，以"秀"为卖点，形成一岸一湾一岛的结构，开发集水上观光、滨河休闲和体验水上演艺、儿童游乐等于一体的夜游生活体验区，打造"梦幻水上秀"。

(5) 主要项目。游船 (水上风光、沿岸风景、特色水产美食)、半岛剧场 (水幕电影、露天水幕灯光秀、水上剧场、激光喷泉、音乐表演)、养殖体验中心 (垂钓体验基地、知识科普基地、智慧养殖中心)、河畔公园 (篝火露营基地、沿河景观带、水寮、晃桥)、下里巴人灯光秀音乐舞台、月亮湾儿童沙滩乐园。

四、系列康养旅游产品设计

康养产品是指以康养资源为媒介，通过制定一系列的活动从而达到管理个人健康的目标。因此，康养旅游地会根据老年群体、亚健康群体等需要，配置养生、养老、运动、医疗、乐活等主题系列产品。面向全龄化益养需求，设计游、学、禅、乐、情、膳、美、住、健、护等全方位康养旅游服务体系。

由于资源和康养旅游地的类型不同，研究者提出了不同的康养旅游产品系列，例如，陈勤昌等按照旅游资源的特点进行划分，将养生养老旅游产品分为观光养生、度假养生、养生体验、养生科普教育、医疗养生、农业养生 6 大门类。马倩倩[1]通过对国内外的相关经验和案例进行总结，列出了各类森林康养产品供策划者在森林康养产品开发时选用，如表 14-4

---

❶ 马倩倩. 基于旅游康养的神农驿站特色小镇规划研究. 西北农林科技大学，2019.

所示。

表 14-4　康养产品分类

产品类型	森林康养产品
森林体验类	日光浴、森林浴、芳香疗法、声音疗法、气候疗法、地形疗法、园艺疗法、温泉疗法、太极疗法、篝火疗法、树林瑜伽、树林石疗、树林水疗、树林鱼疗、树林木屋、树林采摘、树林农场、树林牧场、手工制作
山地运动类	登山、攀岩、徒步、探险、露营、山地自行车、冬季滑雪、体育竞技运动
健康饮食类	康养食疗、品茶、品酒、养生调理中药、保健药、健烹讲座、辟谷修习
休闲观光类	树林观鸟、山顶观星、赏瀑观水、各类植物观赏
心理疗法类	冥想疗法、呐喊疗法、林区阅读、色彩疗法、古筝疗法、长笛疗法、轻音乐疗法、小溪垂钓
科普体育类	森林读书、环境教育、植物教育、康养知识教育、中医药知识传授

在康养旅游产品策划中，还可以按照主题设计系列康养产品。比如，安徽齐云山结合道教养生文化和乡村旅游开发出一系列乡村道教养生旅游产品，以听道乐、品道茶、观道场等为代表，并定期举办道教文化旅游节。广西的长寿之乡巴马以生态为背景，以"长寿、养生"为主题特色，深入挖掘长寿养生文化内涵，融合当地特色长寿文化和瑶族风情，打造具备"养眼""养身""养心"特色的康养旅游系列产品。

总之，康养产品体系的主要体现在以康养资源为依托，以康养理念为主体，开发出系列化及规模化的产品，注重康养旅游者的体验，形成配置合理、差异化的产品群。

【任务训练】

康养旅游的产业整合策划。

1. 实训目标

（1）分析康养需求的发展趋势和政策导向。

（2）能够从策划地的产业找出发展康养旅游的关联性。

（3）培养从康养旅游存在问题和不同细分市场的消费行为上策划康养旅游项目的能力。

2. 实训内容与方法

（1）选择具有开发康养旅游条件的自然地域或康养旅游景区，了解发展旅游康养旅游存在的问题，对其康养和旅游产业的业态进行比较和竞争分析。

（2）练习发展定位策划和项目策划，包括发展愿景、产业融合和针对不同细分市场的康养项目策划。

3. 标准与评估

（1）标准：能够进行康养产业存在问题分析，进行康养市场细分、消费动机及其消费偏好分析，能够从市场竞争和当前国家与地方政策导向中进行康养产业的核心项目策划。

（2）评估：①撰写分析报告，含与策划相关的康养旅游驱动因素分析、存在问题研判。②能构建拟选地区的发展康养旅游项目的产业融合体系。③如何在资源没有特别优势的情况下通过项目创意提出1～2个别出心裁的概念性康养旅游项目。

【复习思考题】

1. 辨析康养旅游的相关概念。

2. 如何理解我国不同时期的康养旅游促进政策对康养旅游地发展的影响。并列明康养旅游基地的选址条件。

3. 辨析不同类型康养旅游地的功能分区。

项目十五
露营地旅游活动策划

学习目标

知识目标：

1. 认识露营地的含义、分类和发展趋势。
2. 了解露营地的功能划分、布局模式和设施的基本要求。
3. 理解露营地开发的环境影响。

技能目标：

1. 掌握露营地开发的资源条件。
2. 能根据功能要求策划特定的主题。
3. 能够根据特定的功能策划活动方案。

解说视频

【问题导入】

国家统计局发布了《2018年国民经济和社会发展统计公报》数据显示，我国私人汽车保有量首次突破2亿辆，达到2.07亿辆，增长10.9%；私人轿车保有量接近1.26亿辆，增长10.3%。

随着我国家庭汽车拥有量的增多，自驾游、房车旅游开始增多。喜欢自驾车的旅游者不满足于晚上住酒店，白天到景区的被动的团队旅游方式，而选择住在景区、游在景区，并选择参与性强的、动态的旅游方式，露营旅游逐渐兴起，继而配套露营旅游的房车、移动式木屋、户外用品等行业也逐渐升温，国内各类休闲露天营地大量出现。体验经济时代，随着人们旅游经验的不断丰富，在旅游中开始更加追求个性化，渴望在体验的过程中享受旅游，期望获得更多的体验价值。露营旅游及露营地的开发，正顺应了体验经济时代下旅游者的需求转变趋势。

国家和地产政府对自驾游消费和相关新业态发展也采取鼓励发展的政策，进一步推动和引导了自驾、露营地的建设。2009年12月发布的《国务院关于加快发展旅游业的意见》把旅游房车纳入国家鼓励类产业目录，此后，自驾、露营地建设、房车等项目相继纳入国家鼓励支持产业目录，2014年，国务院出台《关于加快发展体育产业促进体育消费的若干意见》和《关于促进旅游业改革发展的若干意见》，提出："在有条件的地方制定专项规划，引导发展户外营地、徒步骑行服务站、汽车露营营地、航空飞行营地、船艇码头等设施"。同时，这些项目也得到了全国各地方政府以及各级旅游管理部门和旅游企业的重视，各地方政府也结合实际情况出台各种落地政策。中国汽车露营协会提出了"三圈两线"（首都经济圈、长三角经济圈和珠三角经济圈构成的东南沿海线和丝绸之路沿线）的营地建设规划。

此后，国家又相继出台《休闲露营地建设与服务规范》《三部委联合支持旅游业发展用地政策》《自驾游管理服务规范》《积极发挥新消费引领作用加快培育形成新供给新动力》等政策文件，对露营地选址、规划、功能区、服务设施和质量提出了更为具体的要求，为彰显特色，塑造差异，避免雷同的营地建设提供了政策引导。

从地方来看，也提出了区域内营地建设的目标。广东省在《广东省贯彻落实国家〈"十三五"旅游业发展规划〉实施方案》中涉及露营地的内容是，打造 10 条公共服务完善的自驾车旅居车旅游线路，建设 100 个自驾车旅居车营地，甘肃于 2018 年前在全省建设 200 个左右符合国际标准的房车露营地，房车露营地建设采用"总部＋基地＋驿站"的方式。

国家和地方鼓励发展露营地的政策，极大地促进了各地露营地的规划与建设，如何依托露营所依托的资源，进行营地和旅游活动项目的配套建设，为旅游策划提出了新的研究和实战要求。

任务一　露营地的类型及其特征

【问题导入】

目前国内很多"房车露营地"缺乏基本的基础设施，营地功能也较单一，专业的营地管理人才严重匮乏，制约了营地的健康有序发展。现象一：车位式营地占主流，专业营地寥寥无几。现象二：功能单一、缺乏主题特色。现象三：重房车露营，轻自驾帐篷。现象四：专业的露营地经营人才严重缺位。

【任务描述】

有关汽车露营地方面的政策，预示着我国露营地建设将迎来大好的机遇，本部分的学习任务是：了解露营地的相关概念和类型，重点是探索露营地建设与旅游景区规划和策划的关系；判断露营地需求的增长趋势和露营地消费的方式，为主题活动策划提供依据；研究我国露营地在不同生命周期发展中存在的问题，判断如何根据产品创新的方法和思路对露营地的产品进行创新策划。

【任务实施】

一、露营地相关概念

（一）露营

露营最早可追溯到人类社会早期，人们为了生产活动或军事活动，在游牧、狩猎、迁徙、军事等过程中，在野外临时搭建住宿场所和设施。欧洲为娱乐而进行的露营，起源于 1853 年，当时英国人霍丁同 300 多人的四轮马车队伍一起跨越了美国 1200 英里的大片草原，并在 1908 年出版了世界上第一本"露营者手册"。1932 年 8 月，世界露营及露营车总会在荷兰正式成立，标志着世界露营活动的正式形成。在我国，露营变成了一个时尚词汇，露营地建设成为各地旅游发展的兴奋点。❶ 之所以呈现这样的发展，是受我国汽车工业发展和我国汽车消费增长驱动的。2010 年，港中旅集团在北京密云开发建设了中国首家国际标准的房车营地"港中旅密云南山房车小镇"，汽车露营地建设进入起步阶段。全国休闲标准化技术委员会组织完成了《休闲露营地建设与服务规范》（GB/T 31710—2015），确定了自驾车露营地等的建设标准，对露

---

❶ 魏小安．露营：生活态度与生活方式．大众标准化，2015（10）：8-13．

营的定义是：露营是使用自备或租赁设备，以野外临时住宿和休闲生活为主要目的的活动方式，主要包括背包露营、自驾车露营和房车露营三种基本类型。

（二）露营旅游

露营旅游是旅游的一种方式，是旅游者暂时性地离开惯常居住地，利用帐篷、睡袋、汽车旅馆、小木屋等设施在野外生活住宿，并参与其他游憩活动的一种户外旅游形式。

露营旅游与一般旅游最大的不同在于交通和过夜方式的选择。现代旅游是20世纪初拥有自己的小汽车数量增大推动的，驾车旅游比借助马车或蒸汽火车更方便灵活，驾车旅游成为时尚，也就是从这时候起，在欧美等国家出现了汽车露营活动。"驾着你的爱车，带上你的家人，我们一起来旅行！"欢快的旋律，唱出了现代都市人对美好新生活的一种向往和追求，而这样的一种新生活，正是一种新的旅游休闲的生活方式。这是中国露营地"1+10城市论坛"对自驾游和露营地旅游的生动描绘。

露营旅游以自驾旅游为前提，在我国，私家车拥有量的增加和公路网络的建设，使自驾车旅游也成为休闲度假方式主要方式，自家旅游者以自驾车能到而大众公共交通不十分便利的旅游地为主，以获取与众不同的旅游体验。而随着我国自驾游数量的增多，必然成为露营地的发展创造了需求。

汽车露营旅游还有一种特别的方式是使用专门的休闲娱乐旅游专车，也就是我们通常所说的房车。房车顾名思义就是在车内配有居家生活所需的常用用具和设备，如卫浴设备、热水器、床铺、炉台、烤箱、冰箱、衣物柜等。中国房车产业和房车旅游发展潜力巨大。从2016年到2017年短短两年，我国房车保有量从48600辆跃升至69432辆，根据2018年中国房车购买力及房车旅游发展前景分析，预计近几年中国房车产量和销量将迎来大突破。

（三）露营地

露营地具有广义与狭义之分，广义的露营地指具有一定面积，可供人们进行露营活动的某一片土地。狭义的露营地指较为专业的露营地。国内学者对专业性的露营地定义给出了不同的看法。钱振伟认为露营地是具有一定自然风光，可供人们使用自备露营设施如帐篷、房车或营地租借来的小木屋、移动别墅、房车等外出旅行短时间或长时间居住、生活，配有运动娱乐设备并安排有娱乐活动、演出节目的具有公共服务设施，占有一定面积，安全性有保障的娱乐休闲小型社区。赵亮认为，露营地是相对露营者而言的，凡是人为圈定的、供户外露营者过夜与休闲的区域都可谓之露营地。大致可以分为两类：一类是为背包游客或徒步旅行者提供的未经开发的露营地；另一类则经过美化并设有各种服务设施，往往需要收取一定费用。从上述研究者对露营地的界定可以看出，露营地是露营活动的地理载体，具有两个基本的功能即居住和游憩活动。居住的形式以帐篷、房车、营地租借的小木屋、移动别墅等形式为主，配有体育和娱乐设备，安排运动、娱乐活动和演出节目等公共服务设施，是周围环境良好，占有一定面积，安全性有保障的娱乐休闲区域等。

在我国，露营地应管理、功能和特色不同，也有不同的称谓：例如，根据不同的需求目前已经开发出了"露营公园""公路驿站""乡村营地""房车小镇""汽车文化体验中心"等露营地产品，名称不同、露营地的性质不同其所属的行政主管部门和运营方式也会具有一定的差异。例如，公园一般属于园林绿化部门或风景名胜区。如北京龙湾国际露营公园，大别山露营公园等。

房车旅游的优势及我国旅游方式的转型，必将推动国内房车露营基地的建设发展。房车露营地是指具有一定自然风光和娱乐设施，可提供给房车宽敞的停靠位置，满足房车停放后，可以在房车乘客门侧有足够的活动空间，实现可以打开遮阳棚，放置桌椅和外置厨房设备的需求。

在露营地建设中，受传统露营、新型房车露营以及露营旅游需求的多样化，露营地的功能日益综合化，出现了营地综合体形式。这是一种以房车营地、教育营地、运动营地等为一体的综合营地形式，从单纯地解决度假及住宿的需求，综合为通过倡导一种新的生活方式，淡化房车作为项目核心的内容，而突出营地的功能。将整个概念中心从具象的产品过渡到抽象的全新生活方式上来，从而让消费者在进行产品选择时，将房车的产品从不可变化的定式，升级为四季不同、周周不同的生活方式提供者。

【思考与讨论】

房车旅游发展受到哪些因素影响？年龄、汽车文化还是利好政策的推动？这些因素继而又对房车营地的策划具有什么样的影响？

二、露营地的类型

（一）露营地建设标准规范中对露营地类型的规定

在《休闲露营地建设与服务规范　第1部分：导则》（GB/T 31710.1—2015）中，根据交通和住宿标准的不同，对露营地进行分类。

根据进入营地所采用的交通工具，可分为房车露营地、汽车露营地、骑行露营地（自行车/摩托车、马匹）和徒步露营地等。

根据主要住宿设施的性质，可分为房车露营地、木屋露营地、帐篷露营地和沙漠露营地等。房车是配备卧室、起居室、卫生间和厨房等基本生活设施，通过自立行驶或借助外力牵引行驶的交通工具。帐篷是用帆布或其他材料做成的、可拆装组合的折叠式露营设备。

识别不同类型的露营地，为的是根据类型来选址和配置基础设施。例如，根据建设标准，休闲露营地要配备相应的休闲服务设施，房车露营地要对房车的营位布局进行策划，而汽车露营地是汽车活动露营除了要考虑停车的场地，还需要配备帐篷、小木屋等住宿设施。综合露营地是集多项可进入方式、具有多种住宿设施和休闲娱乐设施的大型多功能露营地。

针对综合型的露营地，在进行开发策划时，不仅要考虑多样化的功能，而且要对其产业运营、发展模式和与环境的关系等都要予以综合考虑。例如，途居黄山露营地就是比较典型的综合型露营地，是中国最早集高端接待、高级餐饮、养生度假、休闲娱乐为一体的自驾游、自助游、房车露营宿营地。

对于综合型的露营地，在进行开发建设时需要从各方面周密考虑，整体部署。从发展模式看，途居黄山露营地毗邻黄山风景区，属于景区联动型的营地。依托于既有景区的旅游吸引物和活动提供高质量旅游产品支撑；利用景区现有接待设施提供高品质服务支持；营地可为景区宿营游客提供多样住宿类型选择；依托景区的既有市场开拓客源市场，能更好地提升景区整体经济效益；从区域位置来看，露营地依托国家级风景名胜区——黄山风景区，可借助黄山风景区的优势发展露营地。因此属于风景区型露营地。

（二）根据露营地所在地资源基底分类

依照营地所处自然环境，《休闲露营地建设与服务规范》（GB/T 31710—2015）国家标准将露营地分为山地、滨水、森林、海滨、乡村、海岛露营地几种类型，在项目开发时，每种类型的露营地，根据地形地貌的不同都有不同的项目设计，给游客不一样的感官享受。

山地型露营地是指处于山脉间，以山川地势为主要背景的露营地。除了具有露营区域、生活服务区域、通常的休闲运动设施，山地露营地还可以借助于地形设置攀岩、山地自行车等活动项目。

海岛型露营地，位于小岛，以水见长、四面环海为特征。除了具备基本的必备设施，可提供丰富多彩的海上、海底运动项目。

滨水型露营地是临湖或临河而建的露营地，具有祥和、宁静的环境特点，一般可设垂钓、划船、皮筏、独木舟等主题活动。

海滨型露营地依海而建，往往以沙滩景观和海上活动为特色。例如，沙滩排球、网球、沙雕、海底探险、船艇活动等，是该类露营地常见的娱乐活动项目。

森林型露营地是以森林为大环境的露营地，处于茂密葱郁的林木中，空气清新自然，营位间隔可以较远，适合静享度假时光。此外，森林区域因为动植物资源丰富，具有特殊的观赏价值，可同步策划欣赏野生动植物、森林瑜伽、徒步行走、植物标本制作、野外模拟枪战游戏等娱乐活动。

乡村型露营地与乡村连成一体，可利用乡村里的生活服务设施如商店等成为露营地的设施，获得田园般的舒缓生活享受，感受淳朴的民风与独特的习俗。这类露营地一般可结合当地乡风民俗设计主题活动，如摘茶叶，摘草莓，油菜花节、特色美食、乡村庙会、草绳编织等独具风味的露营地主题活动。

在《休闲露营地建设与服务规范》（GB/T 31710—2015）中，专门为青少年营地建设制定了标准。青少年露营是中国青少年非基础教育的核心活动之一，是家庭教育和学校教育的积极补充，是一种行之有效的社会教育模式，其目标是帮助青少年增长知识、掌握技能、健康身心，使青少年德、智、体、美、劳均衡发展，磨炼意志、认知自然、历练身心，成为富有责任感、正义感、能自强自立的社会主人。青少年露营活动主要依托青少年营地开展。❶

 漳州滨海火山地质公园房车营地

 上海金山枫泾古镇房车营地

（三）根据对露营地使用目的分类

根据露营地主要针对的服务对象、游客在营区露营时间的长短和露营目的，露营地可以定性为三种类型：通过型营地，例如公路驿站；基地型营地，例如乡村营地、房车小镇；休闲度假型营地，例如露营公园。总之，可以从使用目的、自然资源、逗留时间、营位类型等方面来确定。

（四）不同类型露营地的进一步细分

不同类型的露营地，又可以进行进一步的细分。例如帐篷露营地和自驾车露营地可进行如下的细分。

对帐篷露营地，根据《休闲露营地建设与服务规范》（GB/T 31710—2015），可按照可进入性和自然环境标准进行细分。按可进入性分：步入式露营地、徒步式露营地、骑行式露营地、船入式露营地、飞入式露营地。按自然环境分：山地露营地、滨水露营地、森林露营

---

❶ 吴军生．《休闲露营地建设与服务规范》青少年营地的解读．大众标准化，2015（10）：20-23.

地、海滨露营地、草原露营地、沙漠露营地等。步入式露营地位于停车场附近，步行 30 分钟内抵达的帐篷露营地。徒步式露营地是通过较长距离以徒步方式进入的帐篷露营地。骑行式、船入式和飞入式露营地分别是通过骑行工具、船只和空中飞行器进入的帐篷露营地。区分不同的进入方式，在露营地策划时选择适当的位置和交通方式，划分适当的区域建设帐篷营地。

对自驾车露营地，根据功能定位可分为目的地型营地、驿站型营地及景区依托型营地三类。①目的地型营地，综合了露营生活体验、户外用品展销、商务会展、户外娱乐等多重功能于一体。营地占地面积较大，对可建设用地需求较高，例如，北京龙湾国际露营公园，总占地面积约 180 万平方米，可同时满足 2000 人的露营需求，涵盖帐篷露营、木屋、房车各类露营。②驿站型营地，驿站在古代是指供传递文书者或来往官吏中途住宿、补给、换马的场所。我国各地为自驾游提供的公共服务设施称为旅游驿站。位于自驾游游线沿途的城镇或交通节点附近，营地内提供餐饮、住宿、车辆维护等基础型营地项目，部分营地同时配置少量的互动娱乐项目。③景区依托型营地依托大型旅游景区或景区组团而存在，是景区的特色体验项目与住宿接待设施。营地的建筑规模依据景区发展需求而定，建筑风格则需与景区生态环境及文化氛围相协调。例如，甘肃省宕昌官鹅沟国家森林公园大河坝景区汽车露营地，位于官鹅沟国家森林公园境内，北临白浪滚滚的岷江，南对林海茫茫的叠山，风光奇骏。

三、露营地的市场趋势

（一）自驾游对露营的推动

第二次世界大战后旅游发展进入到现代阶段，自驾游成为西方中产阶层的旅游方式，并迅速风靡全球。西方旅游营地的发展是随着国际露营运动和自驾车旅游的发展应运而生的。中国家庭拥有小汽车现象出现较晚，而随着我国汽车购买力上升和旅游大众化时代的到来，我国自驾游增长十分迅速。根据中国露营网统计数据，我国露营地由 2013 年的 50 多个增加至 2015 年的 415 个，逐渐进入爆发式增长阶段。❶ 急剧增长的自驾游市场是露营地持续发展的客源基础。

（二）露营地增长态势

从发展速度来看，2015 年作为露营地发展的元年，2016 年经历了发展的爆发年，2017 年中国露营地产业开始迎来高速发展的黄金期。根据中商情报网报道披露，截至 2017 年 12 月，全国共有 1273 个露营基地，优秀露营地的年均营业额为 1068 万元。

从偏好来看，2011 年，中国旅游报联合清华大学媒介调查实验室在全国范围内对房车旅游的需求意愿进行了一次抽样调查，在发放的 1199 份有效问卷中，问及"您是否愿意参加房车旅游"时，85％的受访者表示"愿意"或"非常愿意"参加房车旅游❷，说明公众对房车旅游抱有较大的热情。

从区域来看，原国家旅游局于 2007 年启动环渤海露营旅游的方案设计计划，《2018 年中国房车露营市场前景研究报告》发布了全国露营地分布情况进行，华东、华北沿海地区仍为露营地发展领头羊地区，在 2017 年已建成露营地数量排名中位列前茅，华东和华北地区露营地数量占全国总量的 50％以上。这样的分布呈现出供需的结构问题，我国西部地区面

---

❶ 方琰，吴必虎. 中国露营地：现状与未来. 旅游研究，2016（4）：11-13.

❷ 毕志强. 85％的受访者愿意参加房车旅游. 中国旅游报，2011-02-23（004）.

积辽阔，交通不如华东、华北发达，自驾游是较为合适也是游客非常喜欢的旅游方式，因此，西部地区营地的数量与自驾游的需求是不够充分的。

此外，中商产业研究院基于大量的市场调研和文献研究，得出的结论是未来我国露营旅游发展将呈现规范化、个性化、多样化等特点，露营旅游将成为新的消费增长点。

（三）营地消费的特点及变化趋势

露营旅游作为一种行住一体的新的旅游形式，与单纯的交通和单纯的住宿有着明显不同的消费特点。业内行家认为，营地消费者对住宿的需求不同于酒店，是一种具有多元需求的重复性复合型消费，未来露营地将出现产品、消费人群、营销和品牌方面的四大升级。主要顾客群从旅游景区自然分流或者度假区的落地分流客群，变成以所在地城市及短周边（2小时车程）为主的重复性消费人群为主，并且将关注度从扩大消费者人群基数，到深度聚焦精准人群的重复性消费，重复消费节庆、夏令营、主题日等不同的活动产品。

《2018年中国房车露营市场前景研究报告》也显示，"特色露营地和多功能复合型露营地将成为趋势"，人们的旅游方式表现为人与大自然的亲近方式，逐步由静静观赏变成了互动体验，这促使露营地的功能逐步由单一功能向特色露营地或者多功能复合型露营地发展，并通过特色产品设计和服务提供，提高服务质量，提升游客体验。

（四）未来的产品创新和升级

未来营地产品创新和升级的趋向是：采用注入更多故事、丰满度、产品内涵的方法，升级为生活方式品牌。《2018年中国房车露营市场前景研究报告》提出，丰富营地产品内涵是品牌再造的策略，营地教育、主题营会、生活节事将是未来营地运营和管理的方向。

体育部门也提出了推动汽车自驾运动营地发展品牌要求，体育总局办公厅2018年《关于加快推动汽车自驾运动营地产业发展的通知》中指出，要在全国重点打造一批精品汽车自驾运动赛事活动，推出一批主题鲜明的汽车自驾线路。要求各地体育行政部门要加大宣传力度，普及汽车自驾运动知识和营地文化，积极实施"营地＋"行动，要推动汽车自驾运动营地与文化、旅游、教育、康养等融合，丰富营地各方面的功能。

任务二　露营地开发的必备条件和功能区

【问题导入】

对于露营地如何运营？有观点认为：出租营地营位，多样性营地度假设施，出租空闲场地，房车出租及出售，配套开发休闲、游乐项目。

露营地的运营主要是提供营位、度假设施、房车等交通和住宿服务，同时要配备休闲、游乐项目，那么露营地建在哪里合适，营位如何布局，如何配置休闲娱乐项目呢？

【任务描述】

基于露营地运营所涉及的内容，本部分的学习任务是进行露营地建设的市场定位，根据自驾车和房车露营的市场偏好，选择开发露营地的用地位置，按照露营活动的需求合理划分露营地的功能区，运用旅游创意技巧策划露营地的休闲游乐项目。

一、露营地建设市场条件与定位

作为旅游营地的从业者，需要具备旅游的思维，即以旅游市场需求为导向，旅游资源为基地，判断游客选择露营地的决策行为，进而开展营地的开发建设。

上海某策划公司提出了旅游营地的一般特征：设施完备，管理保障、多元功能体验、强调景观与环境、针对宿营者提供完善的服务链、交通条件，由此可以看出，通过策划可以解决的问题是功能定位、提供设施、环境营造和可进入性布局。

（一）市场条件

在旅游营地建设之前，有诸多需要厘清的问题，例如，自驾车营地建设，就要厘清下列问题：中国自驾车旅游的市场具有什么样的特点？自驾车旅游营地的建设该怎样满足这些独特的市场需求？在未来旅游营地的开发过程中，是新建还是在目前的旅游接待设施上加以改造？自驾车营地未来的趋势该如何把控？营地的运营模式应该怎样构建等一系列问题。

（二）市场定位

市场定位是露营地产品开发前，需要确定好重点针对的目标市场，因为不同的市场对露营的诉求不同，例如，一般来说露营爱好者具有尝试、冒险、追求变化的特点，从心理上来看，属于多中心人群，对旅游和露营地的选择倾向于具有独特风景、距离遥远、文化差别大、特色突出的陌生地，因此，在进行露营地项目和活动的建设和设计时，需要进行市场定位，便于有的放矢吸引特定类型的露营者。

市场定位的简单办法是根据露营地的发展趋势确定目标市场。例如，我国现在露营所使用的交通工具是小汽车，房车还比较少，那么市场近期的定位可以是：小汽车为主，兼顾房车，露营地建设围绕汽车自驾游进行，可建设服务区、帐篷营位区、机动营位区小汽车营区、组合营位区等。

二、露营地选址及其依托的资源条件

露营地是随着自驾车、房车露营旅游的发展所产生的需求，营地建设的主要特征是与旅游相结合。

（一）微观选址

营地的开发从定位和选址开始，选择露营地开发所处的地理位置，是建立在对营地所处区域的区位、资源（吸引物）、环境、市场需求等综合性分析的基础上。具体来说，就是所在区域的自然、人文和社会环境，核心旅游吸引物、交通情况与目标客源市场的关系等，是露营地的具体位置、规模、投资方式、运营模式等的决定因素。

有几个要素是露营地选址必须考虑的，即地形、水体和植物。

（1）地形。从露营消费者喜欢的地形来看，可作为销售卖点的地形有：安静的湖边、海滨浴场、大面积草坪的帐篷区、温泉或露天温泉等优美的环境、景观、设施等，都可称为营地销售的卖点。

从露营地的具体地形要求来看，地形还包含土丘、台地、斜坡、平地，或因台阶和坡道所引起的水平面变化的地形，在选址时期，就要选择平坦（或起伏平缓），通风良好及排水良好的土地；要选择远离滑坡、巨浪、洪水的安全场所。

（2）水体。从审美的角度，水是最迷人和最激发人兴趣的因素之一。房车营地选择在湖畔、河滨、海边表明很重视水体。安静的湖边、海滨浴场、温泉或露天温泉等优美的环境也是营地的重要卖点。

（3）植物。自驾游活动的魅力之一就是回归大自然。营地必须充分响应广大露营者的这种心声，选择植物茂密和物种丰富的地方，建设和自然环境相融合、与自然环境相配套的设施，满足露营者回归自然的诉求。

（二）资源依托

我国的露营地有露营旅游的特点，很大程度上，露营是旅游中的一种住宿方式，景区是旅游者的目的地，露营地与景区必然是相互依托的。从露营旅游的角度来看，露营地是为去景区游玩游客提供驻留、中转和休息的场所，具备满足游客吃住游娱的服务功能。因此，露营地的位置是依托旅游景区和旅游线路的，可以是旅游景区的特定功能区，也可以是旅游线路上的休息驿站，露营地凭着其完善的服务设施和功能完全可以成为景区的配套设施。

依托当地特色资源建设形成的特色露营地。例如：芜湖市的龙山露营地，是利用现有的一些自然资源，结合景观打造，建成的自然风景和房车结合的露营地。道教名山齐云山山脚下建有定位于国际原生丛林户外探险家游乐园的自由家营地，山上山下遥相呼应，改变了齐云山长期以观光为主的旅游格局。

（三）营地与景区结合

在业内人士看来，目前中国大部分景区客源结构已发生重大的转变，自驾式旅游已代替传统的"大巴士"跟团旅游。但是很多景区的配套服务设施因使用的周期性滞后于市场的变化，对自驾车旅游而言就存在停车难、自由周转难等的问题。业内人士从我国自驾游、自助游市场的无序服务状态的观察中，提出我国景区需要建设营地来为自驾游、自助游和户外休闲市场提供基础设施。那么在景区内的露营地到底如何建设？如何与景区的资源、环境和娱乐活动形成有机的联系，就成为自驾游、自助游时代景区开发建设要考虑的重要问题。

从千岛湖露营地的发展来看，景区与营地的结合经历了两个阶段：一是1.0阶段，这个阶段主要是依靠当地风景名胜引流，辅之基础的帐篷元素，帐篷更多的是景区内一种可有可无的闲置资源。二是2.0阶段，在该阶段除结合原有的景区资源外，更注重人工服务和活动体验，通过增加完善的餐饮、住宿、娱乐等设施可以留住游客，将以景物为主的观光型旅游转变为以营地住宿为特色的休闲度假旅游。

三、露营地开发必备的功能区

崇明岛东平森林公园房车营地和烧烤营地

在选址和定位之后，下一步就是对露营地进行功能分区和功能开发。首要考虑的是必备功能区的位置和特色功能区的设置，基本原则是充分利用场地空间，合理设置路线，方便露营者进行休憩活动。

（一）露营地的功能区

根据营地的功能和用途，露营地的功能区一般包括为4个区块：即综合服务区、休闲娱乐区、露营区和拓展区，各区块之间既相对独立又相互呼应、相互作用，形成整体的营地产品组团。综合型的露营公园还会根据自身客源市场需要，进行功能延伸或优化，例如增设度假、旅游地产等功能分区，完善服务功能。

综合服务区是整个露营区的控制中心，小型的营地有配套的服务站。该区主要配备接待室、值班室内、医务室等，有些地方也提供餐饮服务、呼叫中心、淋浴、汽车救援设施等，这些设施为前来露营的游客提供安全、快捷的服务，并保障游客夜间露营的安全。

休闲娱乐区是公共娱乐活动区，策划与设计的娱乐项目应满足各个方面、各个层次、各个年龄段的游客对娱乐活动的需求。公共娱乐区作为自驾车露营地的重要支撑体系，直接影响着汽车露营地运营与发展。娱乐活动项目的建设，一般包括：探险运动区、水上娱乐区、拓展训练区、儿童游乐区、康体健身区、歌舞表演区和综合广场区等。

露营区是为各类露营者提供合适的营位和活动空间的区域，也称为营位区，一个营位主要由停车位、活动区和宿营区三个空间构成。通常包括帐篷露营区、自驾车露营区、房车露营区中的一种、多种或者组合，是为露营者提供停车、搭帐篷、休息、露营生活的主要场所。

帐篷露营地为徒步或乘公共交通露营者服务。主要由搭设帐篷区和生活区组成。帐篷营位的场地要求有一定的平坦度和开敞度，更贴近自然。与汽车露营地相比，对地面要求较低，适应性强，可变性也较强，但容易受天气影响。

拓展区实际上也可以包含于娱乐区中，是基于地理、人文、环境等各方面因素而设计的最精彩的部分。各个露营地因活动形式的不同，对拓展活动内容的设计具有一定的差异。

（二）自驾车的营位区

自驾车露营地的功能体系除了露营地需要的基本功能区，最主要的是要有自驾车的营位区，根据游客的不同需求和露营地的属性，可规划建设自驾车营位区，自驾车营位区由停车区、搭设帐篷区和活动区三部分构成，营位区场地选址要考虑的基本条件是：充足的水源和良好的排水系统，设有活动所需的基本设施。

（三）房车露营地的营位区

房车露营地与其他露营地最大的区别是其营位区是房车营区。房车营区包括自行式房车营位区、拖挂式房车营位区。①自行式房车是指本身具有机动性，可依靠自身牵引力前进行驶的房车，车长度约在8~15米之间，自行式房车营位因在车内提供了餐饮和睡眠空间，主要由房车车位、日常活动区这两部分组成，占地面积为120~220平方米，日常活动区面积最小为50平方米。车内装备了旅行的装备、给养和一些生活设备，让乘客在车内具有家的感觉。②拖挂式房车本身没有驱动装置，需要由其他车辆牵引，宿营者到达营地后，可将房车卸下，牵引车可自由活动。拖挂式房车营位主要由拖车和牵引车两辆车的车位、日常活动区两部分构成，占地面积约120~200平方米，日常活动面积一般为50平方米，排列方式可以是正交式、联排式和分离式。

张掖民乐扁都口国际自驾车营地功能区和旅游休闲项目

 苏州太湖一号房车露营公园功能区

 露营地标准及露营地文化

四、露营地项目配置

（一）可开发的露营地游憩活动项目

露营是顺应人们渴望回归自然、亲近自然的体验活动而发展起来的。露营活动除了以露宿帐篷的方式亲近自然，还通过参与一些休闲野外活动，例如徒步、观察野生动物、垂钓、露天游泳、植物种植和采摘、自然风光摄影等活动，通过这些活动以释放工作压力，排解日常生活琐事积累的压力和烦恼，还能通过拓展活动锻炼身体，提高身体和心理素质。

露营地的游憩活动具有很强的参与性、体验性和拓展性，可划分为游憩、运动类与竞技类、教育类、传统游戏类、艺术类等几种类型，见表15-1。全面了解露营地的活动类型，积累一定的活动形式，有助于在策划露营地旅游活动产品时，根据不同类型营地的实际需要配备相应的游憩活动。例如，山地型露营地创造山谷特色游玩，回归自然乐趣生活，滨海型露营地配备水上活动等。

表 15-1　按照不同标准分类的露营地休闲娱乐活动项目

项目类型	露营地休闲娱乐活动项目
游憩	观光、采集、登山、狩猎、垂钓、野餐、野炊、夜间游戏等
运动类与竞技类(满足游客对健康运动生活的追求)	包括游艇、划船、漂流、网球、赛车、溜冰、露天游泳、排球、皮划艇、卡丁车、滑雪、登山、远足(健身徒步走)、射箭等
教育类	野外植物、动物、鸟类、矿物、地质、天象等野外观察等
传统游戏类	放风筝、踢毽子、抛飞碟、捉迷藏、绕口令、集体游戏等一些具中国特色的传统游戏活动
艺术类(适合家庭或个人)	手工艺品、野外写生、摄影、露天电影等
特殊活动	素质拓展、野外探险、定向越野、蹦蹦床、快乐大本营、CS野战、沐浴疗养、森林浴、空气浴、阳光浴、花浴等
室内娱乐活动	实感RS、桌上足球、儿童游戏机、斯诺克、花式台球、乒乓球、健身房、按摩椅等

（二）露营地建设的必备设施

单一功能型的露营地，通常有供水设施、排水设施、卫生设施、解说系统等。综合功能型营地设施包括供水设施、排水设施、卫生设施、娱乐设施、管理建筑、解说系统、游步道等。

（1）供水设施是营地必不可少的。饮水器应尽可能利用临近的建筑物，将其视为临近建筑的附件部分，在注重特色的同时，设计符合各类人群需要的设施，例如儿童使用的附加设施（如台阶）。

（2）餐饮设施。在野餐区一般配备坚固耐用的固定桌椅，供游客用餐使用。一些营地划分特定区域供游客烧烤，允许烧烤的地区要提供设施和器具，烧烤区要配备足够的消防设备。

（3）卫生设施包括洗濯池、垃圾桶、个人洗浴设施、厕所设施等。

（4）管理设施除了营地管理中心等，还应具备汽车修理设施等。

（5）服务设施包括贵重物品保管处、商店与供应站。

（6）娱乐设施包括室内或室外的游乐场或运动设施，如森林剧场、艺术中心或简易活动设施。

总之，营地设施应与营地功能、主题和周边环境相协调，旅游业的快速发展和开发建设项目的增多对景区森林、草地、水、空气、野生动物等的扰动进一步增大，会造成原始风貌的破坏。因此营地设施建设应处理好保护与开发的关系，加强生态治理、环境监测、节能减排、环境保护等方面的工作，做到在开发中保护好生态环境。

任务三　露营地主题活动策划

主题活动是为露营地赢得竞争力的关键，也是露营地持续发展的灵魂。如何利用营地丰富的资源进行露营地的活动开发与规划，实现一个营地就是一个目的地，进而为露营地带来更多的经济效益，是一个值得思考的问题。

【问题导入】

主题开发和文化创意产业的交融发展。发展露营旅游必须和文化创意产业跨界融合，突出内容主题唤起更多人的精神需求和归属感。一个优美的故事、一部感人的电影都可以提供好的题材，瑜伽熊Jellystone公园采用卡通熊作为形象代言和故事营销强化品牌，为营地注入活力，贯穿全年的营地活动、焕发出勃勃生机，让市场宣传和可爱卡通形象以轻松愉快的方式抓住市场，强化露营者对品牌的认知。

【任务描述】

要让露营者在露营地度过一个特别的假期，在营地开展主题化的活动是一个不错的选择。本部分的学习任务是了解露营地主题活动策划的必要性，学习中外露营地开发的各类主题活动及其策划要点，结合露营地的类型、特定细分市场、季节性和其他因素，策划具有一定特色的主题露营活动。

【任务描述】

一、露营地主题活动策划的缘由

在大众观光旅游时代，景区的项目是以静态陈列为主，游客基本上采取登山观云看风景的观光游模式，停留时间较短，如何延长游客特别是年轻人的停留时间，需要一些理由。在定制化旅游阶段，旅游者不仅需要动态参与性的旅游项目，而且更偏爱那些多元化的、主题性的、个性化的专题旅游。这些变化，使得露营地也千方百计从用户体验角度去思考，研究设计具有独特主题的活动项目，以突显自身的特色，提高竞争能力。

面对需求，为野外露营、自驾游露营为核心的产品规划设计和供应体系，存在如下问题：一是露营地推出的产品和活动相对单一。露营地的活动基本上围绕篝火、露天电影、自助烧烤、团建活动、户外运动项目开展，虽然项目本身颇具吸引力，但总体类型都比较单一，缺乏特点。二是淡旺季差异较大。根据中商情报网披露，2017年中国优秀露营地平均出租率为38%，淡季出租率为20%，旺季出租率为93%，淡旺季出租率相差悬殊。三是营地规划空间布局及产品设计简单、变化少。从房车露营地来看，早期营地规划的功能区比较少，仅有简单分区和营位，因为房车经营的目的是想通过发展营地来推动房车的销售。随着旅游企业、地产企业加入露营地的开发，营地运营者逐渐意识到营地空间布局和项目设计的重要性，开始由规划公司为营地进行项目策划和产品设计。然而由于缺乏对露营地市场需求的研究，市场定位不明确，房车营地类似营地酒店，主要满足好奇者的住宿需求，缺乏体现露营特色的主题活动。

通过策划突出主题可增强露营地的竞争优势，确定了主题后，露营地就会相应地设计反应主题的营地活动，这不仅可以延长游客在露营地或含露营景区的停留时间，还会给他们留下深刻的印象。主题是现代露营地产品设计的风向标，具有活力的露营地，会围绕营地主题设计游乐化、互动化的体验活动，形成特色鲜明的产品体系。

二、露营地主题活动的特点

露营地所开展的活动除了具有一般旅游活动特点，还具有区别于其他旅游活动的独特性。

（1）较为自由和轻松，偏闲适。自由和休闲是露营所倡导的核心理念。作为一种自助或半自助的旅游休闲方式，露营者不必受制于旅行社的行程安排，露营生活沉浸在自然节律中，节奏完全掌控在自己手中。

（2）强调参与性和动作性，偏体验。游客前来露营地不仅是简单的休闲度假，更多的是借助露营地场地参与丰富而有特色的活动，如拓展训练、极限运动、亲子活动、篝火晚会、仰望星空等项目，因此露营地是否具有丰富多样的活动供露营者选择，是露营地运营重点考虑的问题。虽然露营地一般建在旅游景区内或其他风景优美之地，但相比观光型旅游产品，自然资源不是露营者的最主要的旅游动机，而是参与特殊的活动，因此，露营地活动的设计，非常要注重针对性、个性化、参与性和全过程的体验。

（3）锻炼身体和心理，偏素质。由于露营活动大多是城市日常生活环境中不常接触的，例如野外垂钓、打猎、露天游泳、植物种植、观察研究野生动物、自然风光摄影等活动，参加者不但可以释放在都市工作和生活所积累的压力，还能通过这种具有体质拓展特点的活动锻炼身心，尤其是营地内的集体活动，有利于增加自信心，中老年人也能在陌生环境中提升挑战自我的能力。

三、露营地主题活动分类

作为露营地重要组成部分的露营主题活动，包含着越来越多的内容，由最初的基本户外体验，到涵盖诸多领域的多元化方向发展，利用跨界融合的优势，开展富有创意的活动。

露营地主题策划无外乎本地历史文化和当地特色资源两大基石，通过创意形成高水平、高质量的特色鲜明的主题露营活动。露营地的活动主题，一般可以分为自然山水类、社会文化类、动物生态类、运动拓展类和军事训练类，在进行露营地主题活动策划时，可结合所要吸引的重点目标市场偏好，策划专门的或综合性的主题活动。

（一）自然山水主题

自然山水是露营地活动最基本的主题，露营地可根据具体的地理位置，策划相关主题。例如，滨海型露营地可策划海洋节和滨海野餐露营主题活动，森林露营地可策划森林有氧露营。在沙漠露营地，可开展沙漠生存主题活动，例如，沙漠取水、露营、方向辨别、野外救护等。广西新闻网推出汉军集团在南宁市五象新区的滨江公园举办"一号山水，城市露营"活动，就是以亲近自然为主题的活动，活动项目有：看户外电影，听不插电音乐会；观看繁星、享受水上 BBQ、放飞夜光风筝等，在一号山水间尽情享受城市露营的乐趣，让一起参与的家庭和朋友享受不一样的周末。

此外还可以结合自然环境中的民俗生活策划主题活动。例如，在甘肃张掖以"亲近大自然·露营在肃南"为主题的活动，就是在张掖各露营地开展具有民族特色的露营活动，包括白银蒙古族乡"喀尔喀"蒙古特色村寨露营活动，裕固风情苑星空气泡酒店露营基地露营活动，大河乡西柳沟裕固族民俗体验区露营活动等。活动富有民族特色，例如，在特色村寨举行喀尔喀蒙古特色村寨露营活动启动仪式，观看文艺演出、服饰展演，举办传统民族体育项目竞赛和文艺活动，如摔跤、押加、射箭，蒙古族群舞快闪活动。

（二）社会文化主题

文化是旅游主题策划灵魂，露营地主题活动策划也绕不开对当地历史文化的依托。呼和浩特市的大青山房车（自驾车）露营地 2019 年举办露营地文化节，该活动以民族与时尚相结合，在传播蒙元文化的同时，以营地产业为基点，带动青少年教育、全民健身、体育旅游、乡村振兴、休闲度假等产业的联动发展。

扬州市的中为瓜洲国际露营地，依托便捷的区域交通优势、良好的自然生态环境、深厚的历史文化底蕴，以"春江花月夜 浪漫瓜洲营"为主题意境，打造集时尚交友、运动休闲、湿地体验等多种功能于一体的复合型国际露营地和旅游体验式交友营地。其中交友活动具有开创性，是全世界第一个以交友为主题的国际旅行目的地，创造一种全新的相亲模式。

（三）动物生态主题

动物主题的露营活动是利用露营地的动物资源，组织了解动物和关爱动物为目的的主题活动。例如，法国多尔多涅特色营地活动——"呦呦鹿鸣"主题周末、重庆动物园推出动物主题露营区等。动物主题的营地活动，首先要有独特的动物资源，可以是某个突出的动物为核心，也可以是多种动物的集合。例如，重庆动物园推出了 7 个动物主题露营区，如老虎区、长颈鹿区、梅花鹿区等；"呦呦鹿鸣"主题周末是围绕鹿来组织活动。一些露营地还积极设法引入孩童喜爱的 IP 主题，比如 Hello Kitty，熊本熊等。

（四）运动拓展主题

露营地的运动主题活动，是以运动有关的主题设计主题运动项目，使某一类或若干类运动项目围绕某一主题而设计，主要以家庭或团建的方式展开。

选择在能够开展露营活动的景区、度假区，根据主题对体育和拓展类项目进行组合。例如，长沙壹品团建组织的"趣味运动会"，主题有"疯狂坦克"，可选毛毛虫大比拼、三方拔河、同舟共济、袋鼠运瓜、龟兔比赛、八仙过海、众星捧月等。

趣味运动会是运动会的延伸，传统的运动项目中，大多都以竞技为目的，对参与者的体能与技巧要求特别高，需要长时间的训练，才能掌握一定的技巧，这只能适合少数从事体育的运动者，而不适合全民运动。而趣味运动会则是适合任何人群参加的一项健康运动，主要项目有：陆地龙舟、龟兔赛跑、撕名牌、射箭、蛟龙出海、袋鼠跳、水上篮球、水上拔河等。

（五）军事训练主题

利用营地设施进行军事化拓展训练，包括培训、野外生存军事活动，配合漂流、徒步等体育探险活动，训练独立能力、交往能力、生存能力。进行思想品德教育和军营生活方式的养成，强调对参与者进行体能和技能训练，培养坚强、刚毅的军人品质和良好的团队合作意识。例如，甘肃凤凰岭自然营地开展的"少年军自然成长兰州营"，参加者把自己当成一个兵，学习射箭基础知识及实践运用，学习野外生存技能，例如不同的绳结的打法，搭建结构学习，实践运用至罗马炮台搭建、晚间夜行、观星，锻炼营员的胆识，学习星象知识。

四、策划露营地主题活动时要考虑的因素

（一）分析露营地的现有资源

分析露营地所处区域的自然旅游资源。进行露营地主题活动策划时，需要针对不同的营地类型，如高原和草原不同，合理利用露营地旅游资源，配置与资源相协调的娱乐活动项目。

分析露营地所处区域的气候景观资源。露营地环境一般在野外，气候对其影响比较大。在营地开展主题活动，需要在尊重自然的前提下，充分利用特殊的气象景观资源，掌握好气象景观（如云雾、日出、雪和雾凇等）出现的最佳时机，恰到好处地策划主题露营活动和线

路，此外，可以利用独特的气候条件如云雾等开发特色露营地主题活动。

分析露营地当地的民俗等文化资源。利用风情民俗、历史传说、民间故事等来策划具有地方特色的主题野营活动，如传统美食、趣味体育运动、节日庆典、歌舞晚会等项目，这对提高营地的吸引力、增强游客的体验感都是十分有益的。

（二）研究游客类型

任何旅游活动项目开发都要以市场为导向，以游客需求为核心。露营地的市场较为独特，总体上露营游客更加喜欢个性化、互动性高、体验性强、休闲娱乐多元化的主题活动产品。但不同类型露营市场具有一定的差异性，例如，帐篷露营者和房车露营显然有很大的差异。因此，主题露营活动策划需要进一步细分客源市场，调查、研究和分析已有或潜在露营游客的心理和情感诉求，针对选定的目标市场设计个性化甚至是定制化的旅游主题活动，例如，要根据亲子露营和青少年露营的不同设计主题，并根据主题配置相应的娱乐项目。

（三）研究市场淡旺季

露营地具有明显的淡旺季，需要研究淡旺季明显的原因，辅以根据不同季节设置不同的项目。还可通过创新活动策划模式转淡季为旺季，增加淡季活动主题，在淡季集聚人气，降低露营地的季节性。

（四）研究核心资源与辅助资源，发挥资源的优势

审慎衡量核心资源和配套资源，发挥核心资源的优势。可以在已有资源基础上，为导入露营地主题活动内容进行资源重新赋能。例如，深入挖掘当地物质及非物质资源禀赋，以创意为主导，提炼特色主题。在特定主题整合下，设计出不仅有亮点、有吸引力，更具有较强的可操作性、有一定深度的营地活动。同时要注意充分发挥营地周边配套的景区、餐饮、住宿和娱乐设施的作用，形成综合优势。例如，上海东平森林公园的"森林音乐烧烤露营节"，将烧烤、露营和音乐演唱等活动融为一体，当篝火点燃、音乐响起，营友们激情狂欢，抛开生活的烦恼、工作的压力，跟着音乐的节奏尽情舞动。

【思考与讨论】

阅读上述内容，说说不同类型的露营地如何进行主题活动创意？

【任务训练】

大学生暑期露营主题活动项目的策划。

1. 实训目标

大学是充满青春和活力的阶段，旅游既丰富了课外生活，又陶冶了情操，锻炼了意志。暑期大学生有时间开展各项活动，通过露营活动，可以和自然亲密接触，培育环保意识，同时组织开展一系列团体活动和合作安排，能够培养集体意识、加强同学之间的交流和沟通，促进集体的团结协作。

（1）分析特定的大学生群体对露营的偏好。

（2）结合实际认识针对大学生进行露营主题活动策划。

（3）培养市场调研和主题提炼的归纳能力。

2. 实训内容与方法

（1）选择你身边熟悉的大学和学院，设计市场调研问题，了解大学生群体对露营的

偏好。

（2）根据露营地的环境和接待设施情况，结合市场偏好分析，策划活动主题，并提出具体的活动内容。

3. 标准与评估

（1）标准：能够完成一份完整的大学生露营主题活动策划方案。

（2）评估：①有完整的内容框架。②能按照策划的程序完成各阶段的策划任务。③有一定的可操作性，活动方案能对有关大学产生吸引力并有兴趣落实。

【复习思考题】

1. 分析国家和地方推动汽车露营地发展的政策。

2. 影响我国露营发展的因素有哪些？如何为露营地的发展提供机遇？

3. 不同露营地的功能分区如何划分？需要把控的核心要素是什么？

4. 分析不同细分市场对露营地项目的诉求。

5. 露营地主题活动策划的基础是什么？如何从影响露营地主题活动的因素策划露营地的特色主题活动？